KB052630

만주독립전쟁

만주독립전쟁

초판 1쇄 인쇄 2021년 9월 20일
초판 1쇄 발행 2021년 9월 29일

저 자 박 환

발행인 윤관백
발행처 도서출판 선인

디자인 박애리
편 집 이경남 · 박애리 · 이진호 · 임현지 · 김민정 · 주상미
영 업 김현주

등 록 제5-77호(1998. 11. 4)
주 소 서울시 마포구 마포대로4다길 4 곶마루 B/D 1층
전 화 02)718-6252/6257
팩 스 02)718-6253
E-mail sunin72@chol.com

정 가 35,000원
ISBN 979-11-6068-616-6 93910

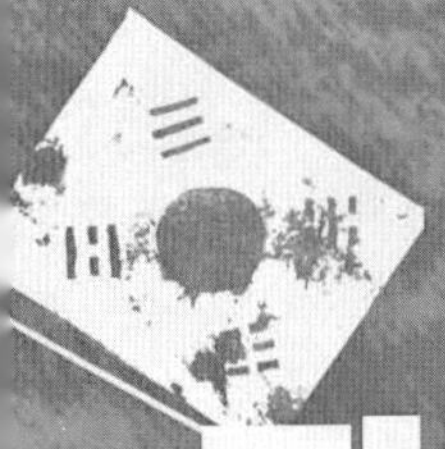

만주독립전쟁

박 환

도서출판 선인

책을 내면서

30여 년의 세월을 고민해왔다. 그럼에도 불구하고 인물, 단체 등을 중심으로 한 기초적인 연구에만 몰두해온 시간들이 아닌가 생각된다. 그것은 독립운동사에 대한 기본적인 연구들이 아직 제대로 이루어지지 않았기 때문일 것이다. 만주 지역의 경우도 물론 예외는 아니다. 최근 학문적으로 융합, 창조 등의 단어들이 회자되면서 좀 더 다양한 인접 분야와 접촉할 수 있는 기회들이 늘어나게 되었다. 음악, 사진학 등의 경우는 콘텐츠라는 새로운 학문의 등장으로 우리와 더욱 친근하게 교류할 수 있는 장이 된 것이 아닌가 한다. 다양한 새로운 시각 속에서 만주지역 한인민족운동사를 접근해 보면 어떨까 하는 생각들이 들었다. 노래, 교과서 속의 독립운동사 사진들에 대한 분석은 시험적 접근에 큰 도움이 되었다.

1장에서는 새로운 시각으로서 아리랑과 독립운동사진들을 통하여 한국독립운동사를 살펴보고자 하였다. 아리랑으로 상징되는 노래는 독립운동사를 투영해 볼 수 있는 또 하나의 잣대가 아닌가 생각되었다. 또한 국내외 주요기관이 소장하고 있는 간도지역 사진첩 및 사진들의 현황에 대하여도 알아보고자 하였다. 가장 기초적인 작업이지만, 처음으로 이루어지는 것들이라 학계에 도움을 줄 수 있을 것으로 보인다.

2장에서는 독립군 기지건설을 위해 군자금 모금 활동을 하였던 안승구와 김좌진의 첫 만남을 살펴보았다. 1910년대 안승구와 김좌진은 서울에서 함께 군자금 모집 활동을 전개하였다. 안승구에 대한 연구는 안승구의 항일운동을 넘어 김좌진의 초기 활동을 밝히는데도 큰 도움을 준다. 아울러 그동안 주목하지 못한 김좌진의 신민부 군자금 모금 활동도 보천교와 연계하여 살펴보고자 하였다. 그러나 자료의 부족으로 일정한 한계가 있었음을 자인하지 않을 수 없을 것 같다.

3장에서는 잊혀진 청산리의 영웅들인 나중소와 박영희에 관심을 기울였다. 처음에는 독립전쟁의 무명용사들에 대하여 주목하고자 하였다. 그러나 병사들을 논문화하기에는 자료들을 발굴할 수 없었다. 그 대신 잊힌 청산리의 영웅 나중소와 박영희에 대하여 살펴보고자 한다. 전자는 대한제국군의 장교 출신으로 청산리전투에 참여한 가장 나의 많은 노혁명가인 반면, 후자는 아마도 신흥무관학교 출신의 가장 어린 학도대장 겸 지도자가 아니었나 판단된다. 이들 두 혁명가는 그동안 모두 학계의 주목을 받지 못하였다. 잊힌 운동가들을 밝힌다는 것은 학자의 책무이자 큰 보람이다. 두분의 독립운동가를 연구하며 큰 희열을 맞보았다.

4장에서는 중국군 장교 김정묵, 의사 김교준 , 농장주 염석주등 기존에 주목하지 못한 다양한 직업의 인물들에 대하여 살펴보았다. 경북 선산 출신으로 중국군 장교였던 김정묵의 만주지역에서의 활동과 김정묵집안사람들의 민족운동 부분도 밝혀보고자 하였으나 자료 부족으로 글쓰기에 일정한 제약이 있었다. 특히 황귀호와의 연계부분, 황귀호가 남긴 자료들에 대하여는 앞으로 자료보완을 통하여 신중한 검토가 요청된다. 또한 대종교 2대교주 김교헌의 동생이며, 신식 의사인 김교준의 만주 망명에 대하여도 알아보고자 하였다. 아울러 수원지주 염석주의 만주이주와 농장 건설, 특히 만주지역 독립운동가 김창환과의 상호관계에 대하여 밝혀보고자 하였다. 〈농장과 독립운동〉이라는 주제는 매우 흥미로웠다. 염석주의 추공농장이 있던 하얼빈인근 오상현의 농장현장을 답사하며,

당시를 그려보기도 하였다.

5장에서는 만주지역 3·1운동에 대한 한국과 중국의 사료분석과 구술자료를 통하여 독립운동을 보다 입체적으로 알아보고자 하였다. 우선 간도지역의 3·1운동에 대한 검토를 진행하고자 하였다. 특히 우리 측 자료와 중국 측 자료 등의 검토를 통하여 간도지역 3·1운동의 실상을 보다 정확하게 밝혀보고자 하였다. 지금까지 알려지지 않았던 중국 당국의 입장과 대책은 더욱 흥미를 자아내게 한다. 광복군으로 알려진 이영수를 통하여 광복군이 되기까지의 과정을 하나하나 풀어가고자 하였다. 광복군이 되기 이전의 만주생활도 흥미롭다. 광복군 출신으로 지금 수원에 살고 있는 이영수가 바라본 만주, 중국대륙은 어떠하였을까. 그는 어떻게 광복군에 참여하였고, 활동하였는지를 그의 생생한 육성 증언을 통하여 살펴보고자 하였다.

『만주지역 한인민족운동사연구』(일조각, 1991), 『만주지역 한인민족운동의 재발견』(2014, 국학자료원) 간행 이후 작성한 논문들을 중심으로 책자를 구성해보고자 하였다, 지난 6-7년 동안의 화두는 독립운동의 새로운 시각이었다. 사진역사학, 음악, 무기, 군자금, 행군, 식량, 전략, 질병, 근거지 등 다양한 주제들과의 관련성을 어떻게 잘 꾸며볼 수 있을까 하는 것이었다. 그러나 능력과 시간적 제한으로 이러한 주제들은 공상이 되고 말았다. 앞으로 지속적으로 관심을 기울일 것이다.

책자 간행을 위해 도와주신 여러분들께 진심으로 고마운 마음을 전한다. 특히 만주에 처음 관심을 갖게 해 주신 아버지 박영석 교수, 함께 답사를 진행하며 동고동락한 황민호교수, 조규태교수 등께 진심으로 감사의 마음을 전하다. 또한 항상 변함없이 응원해 주는 선인출판사 가족들께도 고마움을 전하다. 아울러 항상 도움을 주는 수원대학교 졸업생 정명희, 송민지, 홍민석 선생에게도 인사를 하고 싶다.

끝으로 동학인 박경, 박찬 그리고 막내딸 박윤에게도 아빠의 따뜻함과 미안한 마음을 함께 표현하고 싶다.

가을에 졸수연을 맞으신 어머니의 건강을 기원하며 큰절을 올린다.

2021. 9.
문화당에서
청헌 박 환

차례

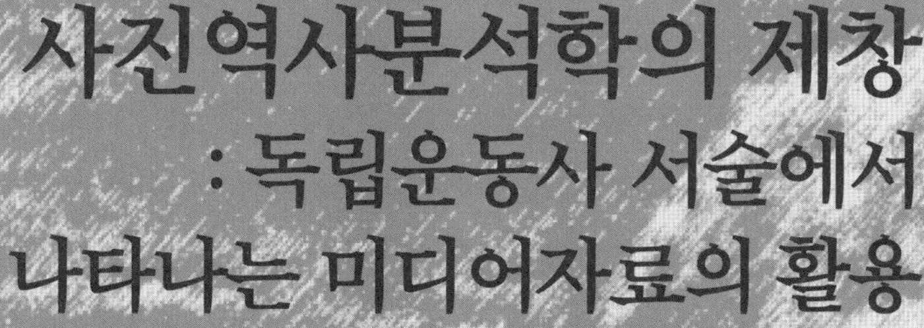

사진역사분석학의 제창
: 독립운동사 서술에서 나타나는 미디어자료의 활용

1. 사진역사분석학의 제창

한국독립운동 관련 사진들은 남아 있는 것이 그리 많은 편이 아니다. 그럼에도 불구하고 지금까지 체계적으로 정리된 바도 없어 그 존재 양상과 현황을 정확히 파악할 수 없다. 아울러 사진에 대한 역사학적 관점에서의 연구 또한 제대로 이루어지지 못하고 있다. 다만 2005년 김태웅에 의해 처음으로 군산지역 사진들을 중심으로 사진의 역사성에 대한 신중한 검토가 이루어졌다. 또한 2011년에도 한국근현대사 역사사진의 허실과 정리방향에 대한 연구가 이루어졌다.[1] 이어 2016년 이후 박환에 의해 만주, 러시아, 중앙아시아 등 씨가 연구하는 지역 사진들에 대한 사료비판이 이루어지고 있다.[2] 앞으로 우리가 사용하는 다양한 사진들에 대한 신중한 접근과 해설이 이루어져야 한다고 생각된다. 스마트폰 시대인 오늘날 가짜 사진과 그 설명들이 난무할 수 있기 때문이다. 특히 전문가가 아닌 가짜? 역사학자들에 의해 너무나 쉽게 대중화되고 있다.

---

1 金泰雄「日帝强占期 群山地域 寫眞의 現況과 史料化 問題」, 『역사연구』15, 역사학연구소, 2005; 김태웅, 「한국근현대사 역사사진의 허실과 정리방향」, 『歷史敎育』119, 2011.

2 박환의 연구 및 그에 대한 서평은 다음과 같다.
(1) 만주: 박환, 『사진으로 보는 만주지역 한인의 삶과 기억의 공간』, 민속원, 2016; 박환 · 박호원, 『간도사진첩 – 만주, 제국주의 시선과의 첫 만남』, 민속원 ,2016; 박환 · 박호원, 『재만조선총독부시설기념첩 – 일본 제국의 양면; 탄압과 회유』, 민속원, 2017; 박환, 『간도의 기억 : 일본제국의 대륙침략과 조선인의 항쟁』, 민속원, 2017.
(2) 러시아, 중앙아시아: 박환, 『사진으로 보는 러시아지역 한인의 삶과 기억의 공간』, 민속원, 2013; 박환, 『사진으로 보는 중앙아시아 한인들의 삶과 기억의 공간, 민속원, 2017.
(3) 3 · 1운동: 박환, 『사진으로 보는 3 · 1운동 현장과 혁명의 기억과 공간』, 민속원, 2019.
(4) 적십자사: 박환, 『독립운동과 대한적십자』, 민속원, 2020.12.
(5) 서평: 성주현, 「백년의 기록, 백년의 기억, 그리고 공간들–박환」, 『사진으로 보는 3 · 1운동 현장과 혁명의 기억과 공간』, 민속원, 2019; 장세윤 「【서평】지배자의 시선으로 본 한반도 북방 · 만주와 중국 연변지역(북간도) – 박환, 『간도의 기억 – 일본제국의 대륙침략과 조선인의 항쟁』(민속원, 2017) – 박환 · 박호원, 『재만 조선총독부시설 기념첩 – 일본제국의 양면 ; 탄압과 회유』(민속원, 2017)」 『만주연구』24, 2017; 심헌용, 「【서평】중앙아시아, 고려인사회 이해를 위한 길라잡이 – 박환, 『사진으로 보는 중앙아시아 고려인의 삶과 기억의 공간』(민속원, 2018) –」 『한국민족운동사연구』96, 2018.

사진들에 대한 정확한 해설은 역사학자들의 또 다른 책무라고 판단된다. 그러므로 필자는 사진역사분석학을 제창한다. 사진역사분석학은 사진을 역사학의 주요 사료의 하나로서 규정하며, 사진의 촬영시기, 촬영자, 사진의 내용에 대한 역사학적 분석을 포함하는 개념이라고 할 수 있다.

독립운동의 경우, 앞으로 일본외무성 사료 등에 첨부되어 있는 수많은 사진들부터 차례차례 수집 정리 촬영할 필요가 있다. 아울러 신문, 잡지, 우편엽서, 수형자카드, 학교 졸업앨범 등의 사진들도 적극 수집되어야 할 것이다.[3] 또한 참조자료로서 일본군 및 각종 일제침략기관 및 개인이 간행한 다양한 사진첩들도 수집이 필요하다고 판단된다. 이런 작업들이 이루어진다면 한국독립운동 사진정리에 큰 도움이 될 수 있을 것으로 보인다. 아울러 당시의 동영상 수집에도 관심을 기울여야 할 것이다.[4]

본고에서는 먼저 제한된 범위이긴 하지만, 국사편찬위원회 〈우리역사넷〉에 실려 있는 독립운동관련 사진들에 대하여 검토해 볼 예정이다. 그것은 사진의 출전 등에 대한 국가기관의 인식의 한 사례를 알아보기 위해서이다. 즉, 사진역사분석학의 관점에서 사진을 사용하고 있는지를 밝히는 작업이라고 할 수 있다. 이어서 만주지역과 3·1운동의 사례를 중심으로 사진 현황을 검토해 보고자 한다. 그것은 이들 주제와 관련하여 특히 논쟁들이 있기 때문이다. 특히 3·1운동, 제암리학살사건, 만주지역 청산리전투 등 관련 사진들을 중심으로 검토해 보고자 한다. 이러한 검토들이 계기가 되어 학계에 사진역사분석학이

---

3 국사편찬위원회에서는 사진, 포스터, 책자, 기념비, 기념탑, 초상화, 신문, 삽화 등을 사용하고 있다.

4 박환, 「만주지역 한인 및 독립운동관련 사진들」, 『사진으로 보는 만주지역 한인의 삶과 기억의 공간』, 민속원,2016에는 부록으로 두 편의 동영상이 실려 있어 참조된다. 1. 개척하라 만몽, 가자 만주로. 2. 일본인 이민촌과 조선인 거주지 연길과 도문. 한편 박환, 『사진으로 보는 중앙아시아 고려인의 삶과 기억의 공간』, 민속원, 2018에는 부록으로 카자흐스탄 선봉 집단농장과 우즈베키스탄 집단농장 북극성의 영상 필름과 독립운동가 황운정의 육성증언이 실려 있다.

자리를 잡아나가기를 기대한다.

2. 국사편찬위원회 고등학교 국사교과서 사진 출처와 내용

사진역사분석학의 필요성을 살펴보기 위하여 국사편찬위원회에서 간행한 교과서의 사진을 하나의 예로서 검토해보고자 한다. 교과서의 경우 교육현장 및 일반에게도 가장 많은 영향력을 행사하고 있기 때문이다. 앞으로 다양한 공적 역사책자들의 사진들이 다양한 전공자들에 의하여 사진역사분석학의 관점에서 검토되어야 할 것이다.

국사편찬위원회 우리역사넷 7차교육과정 고등학교 국사교과서 〈사진 자료 및 인용 문헌〉 중 독립운동과 관련된 것으로 보이는 것은 다음과 같다.

■ 7차교육과정 고등학교 국사교과서에 실린 독립운동 사진자료의 출처

번호	자료명	관련 페이지*
1	가톨릭출판사, 『사진으로 본 백 년 전의 한국 : 근대 한국 1871~1910』, 1977	p.78좌, p.317우 p. 325.
2	교학사 사진실 제공	p.44우, p.45, p.46, p.64, p.79, p.311, p.332, p.384, p.397, p.399우
3	국가상훈편찬회, 『광복50년사』	p.395중
4	국사편찬위원회 제공	p.44좌, p.47, p.62우, p.104, p.106우, p.118, pp.132~133, p.162우, p.194좌, p.209, p.212, p.261좌, p.265하우, p.272상, p.295상, p.394우
5	독립기념관, 『독립기념관전시품도록』, 1988	p.32, p.115좌, p.119하, p.120좌, p.182하, p.183, p.232중, p.258, p.389
6	독립기념관, 『독립기념관전시품도록』, 2000	p.106중, p.116우, p.179
7	독립기념관, 『독립기념관전시품도록』, 2002	p.241, p.390좌, p.391중
8	동아일보, 『사진으로 보는 한국 백년』	p.237우, p.316좌

9	서문당, 『사진으로 보는 독립운동』(상·하), 1999	p.109, p.109, p.110, p.112우, p.115우, p.116좌, p.121우, p.121좌, p.123좌, p.237좌, p.239, p.323, p.387우, p.391좌, p.392좌
10	숭실대학교, 한국 기독교 박물관, 1988	p.306
11	천도교 중앙 대교당 제공	p.229
12	한국정신문화연구원, 『한국민족문화대백과사전』, 1989	p.30상중, p.98, p.108, p.157좌, p.157우, p.218, p.228, p.305, p.319좌, p.327상, p.327중, p.328상, p.349

(* 쪽수는 교과서 수록 면임)

위에서 보는 바와 같이, 고등학교 국사교과서에 실린 사진들은 다양한 사진첩 및 기관 등에서 간행한 것들을 그 출처로 하고 있다. 교학사, 서문당, 한국민족문화대백과사전 등 출판담당기관, 독립기념관, 국사편찬위원회, 한국기독교박물관 등과 같은 전문기관, 천도교 중앙대교당 등 해당 기관 등이 그곳이다. 특히, 『사진으로 보는 독립운동(상·하)』(서문당, 1999)이 다수 인용되는 특징을 보이고 있다.

앞으로는 대한민국역사박물관, 대한민국임시정부설립추진위원회 등 최근에 많은 자료들을 수집한 기관의 것도 적극 활용할 필요가 있다고 판단된다. 특히 대한민국역사박물관의 경우 한국독립운동사 관련 자료집들도 다수 간행하고 있다.[5]

여기서 주목하고 싶은 점은 국사편찬위원회가 교과서를 작성하기 위하여 참조한 이들 사진첩에서는 사진들의 원출처를 정확히 밝히고 있는 사례들이 많지 않다는 점이다. 따라서 기존에 간행된 사진첩들의 사진들을 교과서에 인용할 경우, 이들 사진들의 원출처를 밝히는 신중함을 보여야 할 것으로 생각된다. 그럴 때 사진이 사료로서 그 역할과 의미를 다할 수 있게 될 것이다. 너무나

5 대한민국역사박물관 홈페이지 참조.

가까운 예로서, 우리는 논문을 쓸 때 1차 자료를 근거로서 주석으로 제시하고 있지 않은가? 사진 또한 논문이나 책자에 이용될 때에는 분명한 증빙이 필요한 것이다.

1) 국사편찬위원회, 〈영상 이미지 속 우리역사, 근대편〉의 사진 내용

교과서에 실린 사진 자료는 총 35건이다. 이를 주제별로 나누어 보면 다음과 같다.

■ 〈민족독립운동의 전개〉 속 이미지 자료

번호	주제	사진자료
1	3·1운동	유관순, 한용운, 태화관, 고종의 인산행렬, 파리강회회의에 파견된 임시정부 대표단과 한국, 미국 필라델피아 동포들의 만세시위
2	의열투쟁	안중근, 윤봉길, 이봉창, 김원봉(조선의용대)
3	만주지역	이회영, 이상룡, 김좌진과 북로군정서군
4	임시정부	대한민국임시정부 청사(상하이), 이륭양행 건물1, 대한민국임시정부가 발행한 애국공채,대한민국임시정부 임시의정원 신년축하기념사진, 건국강령의 기초를 만든 조소앙, 삼균주의 기념비, 한국광복군, 한국독립당 창당사진
5	국내	신간회, 조선물산장려회 10주년 기념포스터, 조선물산장려회 선전지, 물산장려운동시가행진, 조선민립대학기성회 발기인 총회, 일장기말소사건, 경성방직주식회사, 6.10만세운동, 광주학생항일운동기념탑
6	미주	하와이이주 한인농민, 대조선국민군단의 시가 행진, 대한인국민회, 미국 센프란시스코에서 개최된 흥사단 대회 개최 사진

위에서 살펴볼 수 있는 바와 같이 3·1운동, 대한민국임시정부, 독립운동가, 만주[6], 미주, 중국본토 등 해외독립운동, 물산장려운동 등 국내 독립운동 전반에 대하여 사진들을 배열하고 있음을 알 수 있다. 해외의 경우 임시정부, 국내의 경우 물산장려운동 부분이 상대적으로 다수임을 짐작해 볼 수 있다. 물산

6 만주, 러시아, 중앙아시아, 미주, 일본 등의 경우 최근 한국학중앙연구원에서 개설한 세계한민족문화대전 및 박환이 사진역사학적 관점에서 민속원에서 간행한 사진첩들도 적극 활용할 필요가 있다고 생각된다.

장려운동의 경우 물산장려운동회보(1권 2호)[7]도 포함되어도 좋을 듯하다. 다만 해외의 경우 러시아, 멕시코, 쿠바 등지의 사진들이 보이지 않는 것은 아쉬운 부분이라고 판단된다. 아울러 대한적십자회 간호부 사진들도 포함되었으면 하는 생각이 든다.[8] 인도주의와 여성들의 활동과 관련하여 주목해 볼 수 있는 대목이기 때문이다. 위에 언급된 사진들 중 학계에서 이견이 있는 것은 아래와같다.

1. 〈고종의 인산행렬〉

사진은 3·1 운동 당시 만세 시위하는 장면과 고종 황제의 장례일인 인산(因山)일의 장면이다.

2. 〈김좌진과 북로군정서군〉

사진은 청산리 전투에서 승전한 김좌진(金佐鎭, 1889~1930) 장군과 북로군정서군의 모습이다.

3. 〈이륭양행 건물〉

사진은 대한민국임시정부의 교통국이 입주해 있던 만주 단둥(丹東)의 이륭양행(怡隆洋行) 건물 모습이다.

첫 번째 사진의 경우 여러 장을 동시에 보여주고 있어, 설명이 만세운동 사진인지, 고종황제의 인산일 장면인지 불분명하다. 즉, 설명이 정확하지 못한 것 같다. 두 번째 사진의 경우는 인물이 김좌진장군인지 여부, 군대가 북로군정서군인지 보다 분명한 규명이 필요할 것으로 보인다. 학계에서는 이에 대한 연구성과가 전혀 없는 상태이다. 세 번째의 경우 구체적인 근거없이 언급되고 있고, 중국 대련대학 유병호교수는 그의 논문에서 다른 곳을 지목하고 있다.[9] 즉, 이륭양행 구지

7대한민국역사박물관 소장

8박환, 『사진으로 보는 독립운동과 대한적십자』, 민속원, 2020.12.

9유병호, 「대한민국임시정부의 안동교통국과 怡隆洋行 연구」, 『한국민족운동사연구』 62, 한국민족운동사학회, 2010.

를 흥릉가에서 이미 철거된 단동시 제1경공업국 건물이라고 하고 있다.

2) 〈일제의 식민통치와 민족의 수난〉

(2) 민족의 수난
불타버린 제암리 교회, 일본군 '위안부', 토막민, 소작 문제 삽화, 노동 문제 삽화, 국외 이주 삽화, 농촌 부녀자들의 목화 고르기 작업

위의 내용 중 우리의 주목을 끄는 것은 제암리교회 사진이다. (2) 민족의 수난 〈불타버린 제암리교회〉에서는 다음과 같이 설명하고 있다.

> 사진은 1919년 4월 15일, 전국적으로 3·1 만세 운동이 벌어지는 와중에 이를 저지하기 위해 일제가 화성 제암리에서 조선인들을 교회에 모아놓고 방화·학살한 사건이 있었던 곳으로 일제의 만행에 의해 불타 버린 흔적이다.

위의 설명은 타당하다. 다만 제암리 사진의 경우는 사진에 대한 여러 상이한 설명들이 있다.[10]지점의 경우도 제암리로 표현되거나, 수촌리, 화수리, 장두리 등으로도 자료에 따라 달리 기록되고 있다. 특히 일본경찰이 외국인에게 설명하는 장면의 경우는 그 대표적인 것이라 할수 있다. 신한청년당에서 간행한 『신한청년』 창간호(1920년 3월 1일 간행)에는 제암리, 정한경 책(Henry Cheng, The case of korea, Fleming H. Revel. Co. New York, 1921)에도 제암리라고 하고 있고, 독립기념관책자(독립기념관, 『캐나다 선교사가 본 한국 한국인』, 2013)와 대한적십자사책(The Korean Independence Movement, The Oriental Press, Shanghai, 1920)에는 화수리라고 하고 있다. 앞으로 이에 대하여는 신중한 접근이 필요하며. 그 출처 역시 분명히 밝혀져야 할 것이다.

10 박환, 「수원 3·1운동을 알리는 또다른 주역, 사진」, 『참담하고 노여웠던 우리들의 시대, 1919-2019』, 수원시정연구원 수원학센터, 2019, 203-221쪽.

3) 〈주권수호운동의 전개〉

명성황후 생가, 옥호루, 러시아공사관, 러시아와 일본의 대립 풍자화
서재필, 독립문, 고종황제, 원구단과 황궁우, 대한제국 군대, 덕수궁 중명전, 덕수궁 석조전
한일협약도, 헤이그 특사, 의병부대, 체포된 호남 지역 의병장들, 금수회의록, 안창호

위에 언급되고 있는 사진 중 〈의병부대〉는 일제의 국권 침탈 기도에 맞서 총을 들고 일어났던 의병 부대의 모습이다. 영국인 종군기자였던 프레드릭 맥켄지(F. A. Mckenzie, 1869~1931)가 1907년 접전지였던 현장으로 가서 의병들을 직접 만나보고 찍은 사진으로, 그의 저서인『대한제국의 비극』(1908)에 실려 있다는 식으로 구체적 설명이 요청된다. 〈체포된 호남지역 의병장들〉의 출처는『남한폭도대토벌기념사진첩南韓暴徒大討伐紀念寫眞帖』, 임시한국파견대조제臨時韓國派遣隊調製(山本誠陽, 1910)이다. 〈안창호(1878-1938)〉사진 등 인물 사진의 경우, 촬영 시기, 촬영 시점의 나이 등의 서술이 필요하다고 판단된다.

3. 만주지역 관련 사진 현황

1) 사진 설명의 원조? :『사진으로 보는 독립운동』상, 하(서문당, 1987)

만주지역 한인이주 및 독립운동, 독립운동가에 대한 사진은 그동안『사진으로 보는 독립운동』(상, 하)이 그 중심을 이루고 있다. 이 사진첩에는 일단 독립운동에 대한 다양한 사진들을 싣고 있다. 그 항목을 보면 다음과 같다.

풍운의 왕조, 일제의 침략, 항일의병투쟁, 애국자주자강운동, 군대해산과 항일투쟁
나라가 없어지던 날, 국외 독립운동, 3 · 1독립운동(이상 상권)
대한민국임시정부, 독립군의 투쟁, 항일투쟁의 현장, 경제수탈의 현장
광복군의 항쟁, 전쟁의 제물, 일본제국의 패망, 조국광복(이상 하권)

이 사진첩을 토대로 독립기념관의 전시 및 기타 기념관의 전시, 교과서의 사진 수록 등이 전반적으로 이루어졌다고 해도 과언이 아니다. 그러므로 이 사진첩에 대한 구체적인 분석작업이 이루어질 필요가 있다고 판단된다. 그러나 사진첩에서는 그 출전을 독립기념관, 동아일보, 조선일보, 한국사진사연구소, 한국역사자료연구원, 일본국서간행회日本國書刊行會 등으로 막연히 밝히고 있어 그 원전을 확인하는 작업은 간단한 일이 아님을 누구나 짐작해 볼 수 있다.

만주지역 한인이주 및 독립운동, 독립운동가에 대한 사진들을 보면 다음과 같다.

▣ 만주 한인이주관련 주요사진 목록

번호	사진	비고
1	한인들의 이주행렬	『재만조선총독부시설기념첩』(1937)에는 〈희망에 불타 길에 줄지어 入植地로 향하는 개척민〉으로 표현됨. 1930년대 사진으로 판단됨
2	두만강 건너 만주땅 간도가 바라보이는 철교	
3	간도 용정 전경	
4	용정부근 두도구의 한국인거리	
5	간도시골의 한국인 부락	
6	두만강 상류	
7	간도로 이주한 한국인들	
8	겨울철의 간도풍경	太田기사일행의 백두산탐험의 광경, 1909년 4월 하순 촬영
9	간도에서의 한국인의 명절풍경	한인부인들의 嬉戲
10	간도의 한국인들	서부간도 고동하지방에 있는 변발한인, 1908년 6월 촬영
11	1909년의 간도의 한국인들	용정시 우마시장, 1909년 10월 촬영
12	간도이주민의 가을 타작 마당	한인의 大麥 調製
13	간도이주민의 벌목 장면	서부간도 대사하 金廠砂金地
14	만보산사건 – 만보산 사건의 발단이 된 수로, 조선일보 기사	

앞의 표에서 볼 수 있는 〈1. 한인들의 이주행렬〉은특정한 시기 언급 없이 만주로 이주하는 사진으로 설명되어 있다. 『재만조선총독부시설기념첩』(1937)에는 〈희망에 불타 길에 줄지어 입식지入植地로 향하는 개척민〉으로 되어 있다. 1930년대 사진으로 판단된다.

〈사진 1〉『在滿朝鮮總督府施設記念帖』(조선총독부 외사과)

〈8. 겨울철의 간도풍경〉, 〈9. 간도에서의 한국인의 명절풍경〉, 〈10. 간도의 한국인들〉, 〈11. 1909년의 간도의 한국인들〉, 〈12. 간도이주민의 가을 타작 마당〉, 〈13. 간도이주민의 벌목 장면〉 등은 『간도사진첩』(통감부임시간도파출소, 1909)에 있는 사진들이다. 이들 사진들 역시 출처도 없이 설명도 잘못되어 있다. 〈8. 겨울철의 간도풍경〉은 태전太田기사일행의 백두산탐험의 광경, 1909년 4월 하순 촬영이다. 〈9. 간도에서의 한국인의 명절풍경〉은 한인부인들의 희극嬉戲이다. 〈10. 간도의 한국인들〉은 서부간도 고동하지방에 있는 변발한인, 1908년 6월 촬영이다. 〈11. 1909년의 간도의 한국인들〉은 용정시 우마시장, 1909년 10월 촬영이다. 〈12. 간도이주민의 가을 타작 마당〉은 한인의 대맥 조제大麥 調製이고, 〈13. 간도이주민의 벌목 장면〉은 벌목장면이 아니고, 서부간도 대사하 금항사금지金廠砂金地이다.

▣ 독립운동

번호	사진	비고
1	서전서숙	『간도사진첩』에 〈헤이그 평화회의의 밀사 이상설이 용정촌에 설립한 서전서숙, 명치 41년, 1908년 9월 촬영〉이라고 표현.
2	노동하며 훈련받는 신흥강습소 학생들	
3	만주 흥경현 이도구의 깊은 산속. 신팔균장군 지휘하의 독립군 훈련장	
4	일본군이 작성한 봉오동 습격을 위한 작선 요도	
5	독립군의 러시아식 장총, 탄약과 각종 휴대품	
6	일본군에게 빼앗긴 독립군 장비들	
7	청산리전투관련 사진	
7-1	김좌진	
7-2	청산리에 주둔한 대한독립군을 섬멸하기 위해 도문강을 건너 청산리로 진군하는 나남 제19사단 산하의 일본군 여단	러일전쟁
7-3	청산리전쟁에서 대승한 대한독립군은 승전 축하 기념 사진(맨앞에 앉은 사람이 김좌진장군)	1940년대 독립군
7-4	청산리전쟁때 부상병을 실어나르는 일본군	중일전쟁
7-5	이범석	
7-6	대한독립군이 청산리전쟁때 사용한 총기와 군도. 블라디보스톡에서 철수하는 체코군으로부터 소총 1200정, 기관총 6정, 박격포 2문, 탄약 80만발, 수류탄 , 권총 등을 구입했다.	
7-7	체코군으로부터 구입하여 청산리전쟁때 사용한 기관총과 박격포	
8	자유시관련 사진	
8-1	블라고베센스크	
8-2	소만국경의 우수리강	
8-3	자유시 위치도	

■ 독립운동가

번호	사진	비고	번호	사진	비고
1	이상설		13	양세봉	
2	이회영		14	홍진	
3	이갑		15	신숙	
4	서일		16	조경한	
5	신팔균		17	김창환	
6	이시영		18	오광선	
7	홍범도	새로 발굴된 사진있음	19	유동열	
8	이범석		20	현익철	
9	남자현 관련 사진	남자현, 남자현의 묘, 남자현의 가족사진	21	최동오	
10	김동삼		22	이준식	
11	양기탁	노인, 젊은시절 2장	23	김학규	
12	지청천		24	안희제	

■ 일제, 북간도에서의 한국인 대학살

번호	사진	비고
1	훈춘사건에 동원된 나남주둔 일본군 제19사단 장병들	
2	피해당한 간도지방의 한국인 농가	장고봉사건
3	가옥을 잃고 남편과 아이들 마저 잃은 부녀자들	장고봉사건
4	간도성 연길에 있던 일본 순찰국	

위의 〈표 2〉에 있는 〈1. 서전서숙〉 사진의 출처는 『간도사진첩』이다. 〈헤이그 평화회의의 밀사 이상설이 용정촌에 설립한 서전서숙, 명치 41년, 1908년 9월 촬영〉이라고 되어 있다. 〈표 2〉 청산리전투와 관련된 사진들에 대하여는 장을 달리하여 설명하도록 하겠다.

2) 독립기념관 소장

독립기념관 수장고는 독립운동 문헌 및 사진 자료의 보고이다. 그럼에도 불구하고 그 자료들을 효율적으로 관리 이용하고 있지 못한 측면이 있다. 특히 사진들에 대한 정확한 설명들이 부재한 채 보관되고 있다. 더욱이나 사진자료들 가운데에는 기존의 책자 등에서 재촬영한 사진들이 다수를 형성하고 있어 안타까움을 더해주고 있다. 영상, 사진들이 중요한 만큼 사진실의 확대와 전문가 충원이 필요한 것이 아닌가 한다. 아울러 사진실과 연구실, 전시실의 보다 유기적인 협력체계가 필요할 듯하다. 앞으로 보다많은 예산을 투여하여 독립운동관련 사진의 촬영과 발굴에 매진하기를 기대한다.

독립기념관에서 생산된 사진첩 중 만주지역 관련사진은 다음과 같다.

▣ 『캐나다 선교사가 본 한국 한국인』(독립기념관, 2014)

번호	사진
1	만주지역 기독협동조합 제1회 정기총회 기념(1930년대)
2	용정에 자리한 바커선교사의 집
3	용정은진중학교 제14회 졸업식
4	간도부인전도회
5	용정의 제창병원 이관기념
6	용정제창병원 간호원들

▣ 독립기념관 사료관 소장 만주관련 사진

번호	사진
1	유하현 거리
2	유하현 공소
3	유하현 한인 마을
4	반석현공립학교들 사진
5	유하현 학교 사진(변진복 제공)

3) 국립민속박물관 김재홍 컬렉션

국립민속박물관에는 간도지역의 대통령으로 불렸던 김약연 목사의 후손인 김재홍이 기증한 다수의 사진이 보관되어 있다. 민속박물관에서는 수년전 이들 자료들을 정리, 학술회의를 개최하는 한편 사진집을 간행하기도 하였다.

가) 국립민속박물관: 『김재홍기증사진집-북간도에 세운 이상향 명동(2008)』
국립민속박물관에 기증한 1,060건의 자료 중 250여점의 사진 자료를 선별하여 편집한 것으로 김재홍 컬렉션의 주제어와 수량을 보면 다음과 같다.

시작하는글 : 북간도 한인(조선인)과 명동촌 명동학교 = 12
1) 이상향을 세우다 = 31
2) 민족을 위한 백년지대계, 교육 = 89
3) 독립을 위한 노력 = 169
4) 명동 사람들의 생활 = 217
5) 민속아카이브와 북간도 사진 = 313
기증사진목록 = 377

3·13의사릉 합성리(12점), 광명중학(36), 구춘선(4), 국자가(1910-30년대)(11), 규암(장례식 추모비)(15), 규암유택(25), 규암의 용정시대(80), 규암재(25), 김하규(28), 나운규(8), 대포산(13), 도산 안창호 미주 대한인국민회 자료(7), 명동교회(48), 명동촌(선반위)(54), 명동촌(전경 지도)(24), 명동학교(67), 명신여학교(54), 문암골 만진기(석문) 안중근의사 사격연습현장(4), 문익환(24), 서전대야, 용정 3·13 만세시위(8), 서전서숙(4), 송몽규(13), 용정(1930-40년대 각급학교)(20), 용정(오키사진관, 1930년)(97), 용정 용주사(1), 용정역(5), 윤동주(25), 은진중학(76), 인물사진(52), 임국정의사 임뵈베여사(13), 장암동유적지(노루바위골)(8), 장재촌(93), 정기선묘(와룡동)(5), 정동학교(8), 제창병원(3), 종합(1), 창동중학 광성중학(15), 철혈광복단(조선은행 15만원 탈취사건)(60), 최봉설의사(14)

4) 만주지역 사진의 시발점: 『간도사진첩』(통감부임시간도파출소, 岩田寫眞館, 1909)

일제는 1905년 을사늑약 체결 이후 조선의 외교권을 강탈한 다음, 조선이 갖고 있던 만주지역에 대한 권리를 보다 확실시하기 위하여 간도지역에 통감부임시간도파출소를 1907년 8월에 설치하였다. 이는 조선이 갖고 있던 권리를 자신들의 권리로 바꾸기 위한 속셈이었음은 주지의 사실이다. 그러므로 그동안 학계에서는 일제의 조선침략과 대륙침략에 대한 연구의 일환으로서 간도파출소에 주목하고 그 설치, 구성원, 내용 등에 대한 다양한 연구들이 이루어져 간도파출소에 대한 많은 부분들이 밝혀졌다.[11]

그렇다고 하여 간도파출소 관련 모든 부분들이 밝혀졌다고 보기는 어려울 듯하다. 왜냐하면 통감부임시간도파출소에서 1909년 11월에 간행한 『간도사진첩』(岩田寫眞館 제작부, 경성 남대문통 2정목)에 대하여는 거의 주목하지 못하였기 때문이다.[12] 『간도사진첩』은 주지하는 바와 같이 통감부임시간도파출소에서 간행한 사진집으로서 표지와 더불어 총 138장의 사진(1907년 8월 23일-1909년 11월 2일)으로 이루어져 있으며, 간도파출소의 설치, 활동 등을 사진으로 보여주고 있다는 점에서 1차적으로 중요한 의미를 갖는 다고 할 수 있다. 아울러 활동 부분을 사진을 통하여 일제의 관심이 제국주의적 시각에 있었는가를 또한 살펴볼 수 있다는 측면에서도 특별한 의미를 갖는 것으로 보인다. 또한 만주지역에 살고 있는 한인들의 모습과 한인들이 살고 있는 지역들을 사진의 형태로써 최초로 보여주고 있다는 그리고 1907년에 촬영한 백두산정계비를 사진으로 대할 수 있다는 것 또한 이 사진집의 중요성을 인식하게 한다. 즉, 간도사진첩은 만주지역 한인들의 거주지역과 한인들의 모습을 제국주의적 시각에서 최초로 담고 있는 사진첩이라고 할 수 있으므로 그 역사적 의의는 자못 크

11 대표적인 연구 성과로서 다음의 논문들을 들 수 있다. 權九薰, 「日帝의 統監府間島派出所 設置와 性格」『한국독립운동사연구』6, 1992; 최장근, 「일제의 간도 '統監府 臨時派出所'의 설치 경위」, 『한일관계사연구』7, 1997; 이규수, 「일본의 간도영유권에 대한 인식과 통감부임시간도파출소」, 『담론』201, 한국사회역사학회, 2006; 이왕무, 「통감부임시간도파출소의 설립과 간도 경계 분쟁」, 『역주 통감부임시간도파출소기요』, 동북아역사재단, 2013.

12 다만 이종학이 『간도사진첩』의 중요성에 대하여 일찍 주목하여 역사학적인 시각에서 접근하였다(이종학, 「間島 寫眞帖과 關聯하여」『백산학보』27, 1983).

다고 할 수 있다.

그러므로 우리 역사교과서 및 근현대 사진첩들 그리고 역사전공서적들에서도 이 사진첩의 내용을 일찍부터 산발적으로 두루 활용하고 있었다. 그럼에도 불구하고 이 사진첩의 역사적 의미와 출처를 밝혀준 바 없었다. 1906년에 만주 용정에 설립된 서전서숙의 사진의 예는 그 대표적인 것이라고 할 수 있다. 역사교과서들에서도 특별한 설명과 출처 없이 서전서숙 사진으로 표기하고 있다. 아울러 『사진으로 보는 독립운동』상(서문당, 1987) 161쪽에서도,

> 1906년 8월, 이상설선생이 간도 용정 부첫골에 설립한 서전서숙. 근대적 항일민족 교육의 요람이었다. 일본의 박해로 문을 닫았으나, 김약연 선생은 서전서숙의 후신으로 1908년 명동서숙을 설립했다.

라고 하고 있다. 또한 똑같은 사진에 대한 설명이 『간도사진첩』과 다르게 달려 있는 것들도 종종 보게 된다. 대표적인 예로 『사진으로 보는 독립운동』상(서문당, 1987)의 경우를 예로 들 수 있다. 이 부분에 대하여는 앞서 살펴본 바 있다.

4. 3·1운동 관련 사진 현황

1) 3·1운동 사진의 시발점: 대한적십자회 간행, The Korean Independence Movement (Shanghai: Oriental press)

1919년 국내에서 전개된 3·1운동은 사진을 통하여 미국, 캐나다, 프랑스, 일본, 중국 등 전세계로 퍼져 나갔다. 사진을 촬영한 사람들은 선교사, 기자, 외교관 등 다양한 사람들이었다. 이 사진들은 선교본부를 통하여 또는 신문들을 통하여 알려졌다. 그 가운데 영문, 프랑스어로도 작성되었다. 전자는 상해 대한적십자회, 후자는 파리위원부에서 제작한 책자를 통하여 살펴볼 수 있다.

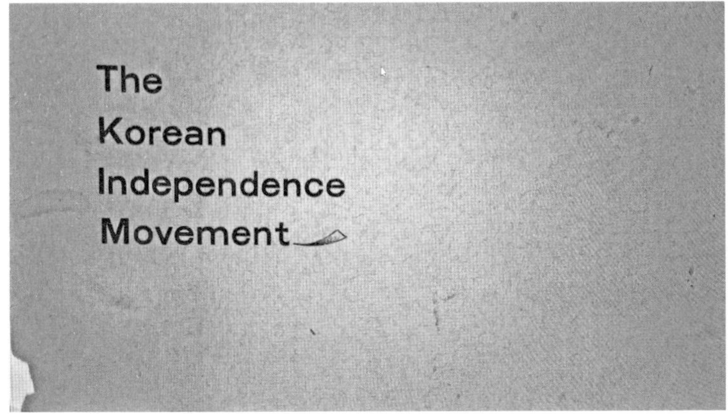

〈사진 2〉 The Korean Independence Movement 표지

상해 대한적십자회에서는 1920년 상해에서 3·1운동 영문 화보집 '한국독립운동(The Korean Independence Movement)'을 간행하였다. 가로 23㎝, 세로 15㎝의 신국판 크기로 표지를 포함해 총 52쪽으로 구성돼 있다. 화보에는 발행 지역이 상해로 명기돼 있으나 발행처와 발행 일자는 표시돼 있지 않다. 발행 시기는 설립시기 등을 통해 볼 때 1920년으로 추정된다. 아울러 최근에 발견된 일본측 정보기록을 통하여도 1920년에 발간되었음을 짐작해 볼 수 있다.

문서철명: 조선소요사건관계서류 共7册 其6
문서제목: 국외정보 – 불온인쇄물 압수의 건
문서수신번호: 밀密 제102호 其948
문서수신일자: 1920년 6월 5일
문서발신번호: 고경高警 제5744호
문서발신일자: 1920년 6월 1일
(블라디보스토크(Владивосток) 파견원 보고 요지)

상해에 있는 독립신문 기자 이영렬李英烈이라는 자가 블라디보스토크 신한촌 윤능효尹能孝 앞으로 다음의 인쇄물을 송부하였다. 이를 일본 헌병대에서 발견하고 압수하였다. 영문으로 된 인쇄물은 구미 각국에, 조선문으로 된 인쇄물은 조선 내 및 재외 조선인에 대하여 선전용으로 배포한 것으로 관찰된다.

대한민국임시정부 공보公報 제13호 및 호외 (조선문) 30부씩
한국독립운동의 진상 (조선문) 49권
한국독립운동 사진첩 (영문) 113권
조선의 진상 (영문) 216권

이 사진첩은 3·1운동 당시의 사진과 일제의 가혹한 탄압 실상 사진자료를 하나로 묶어 발행했다는 점, 특히 국제적인 선전홍보를 목적으로 제작해 배포한 영문 사진첩이라는 측면에서 주목된다.

목차가 따로 있지는 않지만 화보집은 크게 세 부분으로 나뉜다. 서문에 해당하는 첫 부분에는 3·1운동이 발발한 사실과 일제의 무자비한 탄압 내용, '3·1 독립선언서'의 공약 삼장과 선언서의 주요 내용 등을 영역英譯해 수록했다. 두 번째 부분은 3·1운동의 만세시위와 일제의 만행을 담은 사진 31장과 상해 대한적십자회와 독립문 사진 3장 등 총 34장의 사진이 수록돼 있다. 마지막 부분은 1919년 7월 1일자로 발기한 상해 대한적십자회의 발기문과 발기자 명단, 대한적십자회의 조직 상황을 담고 있다.

수록된 34장의 사진을 내용별로 보면 3·1운동과 직접 관련된 사진이 30장, 대한적십자회 사진 2장, 기타 2장이다. 이 가운데 그간 국내에 알려지지 않았던 3·1운동 관련 사진이 7~8장으로, 특히 수원 화수리와 제암리에서 찍은 일제 만행의 사진과 만세시위에 참가한 여학생의 참사 사진, 일제의 탄압으로 대량학살을 당한 만세시위자들의 합동 장례식 사진, 1919년 3월 13일로 추정되는 북간도 용정에서의 만세시위 사진들이 눈길을 끈다.

사진집의 기록에 따르면, 수록된 3·1운동 관련 사진들은 모두 외국인이 찍

은 것이다. 촬영자의 이름을 일일이 밝히고 있지는 않지만, 여러 가지 정황으로 볼 때 주요 외국인 중 한 명은 영국 출신의 캐나다 선교사이자 세브란스의학전문학교 교수였던 프랭크 스코필드(Frank W. Scofield)였을 것으로 추정된다. 그 밖에 화수리 참사 사진도 넉 장이 수록돼 있는데 이는 당시 현장을 조사했던 선교사 스코필드나 선교사 노벨이 촬영한 것으로 추정된다.[13]

현재 독립기념관, 도산 안창호기념관, 미국의 도서관들에 보관되어 있다. 미국의 캘리포니아 주립대학의 경우 표지가 없는 상태로 *Red Cross pamphlet on March 1st Movement Japan Chronicle*, kobe, Japan, 1919. 라는 책자명으로 있다.

▣ The Korean Independence Movement(Shanghai, Oriental Press)

페이지	사진설명
1	한국독립운동
2-7	독립선언서의 영문
8	독립선언서 공약 3장
9	한국인들의 자유를 위한 외침
10	일본의 프러시아주의
11	미국 영사관에 독립선언을 제출한 후에, 한국인 시위자들의 거대한 행렬, 미국 영사관 건물이 보인다.
12	서울 궁궐(덕수궁) 근처에서 부인과 여학생들을 포함한 수천의 열성적인 한국인들이 평화적으로 만세를 부르는 모습
13	공원에서 평화적인 만세운동 모습
14	공원 문 앞을 경계하는 일본군인들
15	데모진압을 위해 일본 군인들이 공원 근처에서 주둔하고 있다.
16	한 명의 일본군인이 5집 간격으로 경계-서울 거리와 다른 중요한 도시. 평소 분주한 시장거리가 황량한 모습이다.
17	첫 갑작스러운 공격 후에, 잔인한 일본군에 의해 한국군인이 구타를 당하고 낭자를 당했다.
18	일본의 잔악상을 보여주는 또 다른 장면. 총상을 입은 한국인 다리의 적나라한 모습.

13 홍선표의『신동아』2011년 4월 호, 참조.

19	한인 상점들의 철시, 순찰하는 일본군인들
20	눈에 상처를 입고 운좋게 치료를 받은 남자. 상처를 입은 후 1주일 후에 찍은 사진.
21	한인들의 반대에도 불구하고 상점을 강제로 열게 하는 일본군인들과 경찰들
22	일본군이 방화, 학살로 폐허가 된 화수리의 모습. 지금은 부서진 타일, 먼지, 벽돌 더미만 남았고, 아무것도 남아 있는 것이 없다. 4월 11일 어느 날 새벽, 마을 사람들은 갑자기 총성과 타는 냄새 때문에 잠에서 깨었다. 그들은 군인과 경찰이 집에 불을 지르고 사람들을 총으로 쏘고 때리는 것을 발견하였다. 노인과 젊은이, 젖먹이를 안은 어머니들, 그리고 어린 자녀들을 둔 아버지들은 살기 위해 모든 것을 버리고 산으로 도망치려 하였으나 체포되어 두들겨 맞거나 총살되었다.
23	일본군에 의해 파괴되어 질그릇의 잔해만 남은 화수리마을
24	화수리 마을의 목제품들이 새까맣게 탄 잔해 모습. 일본 경찰은 조사하러 온 외국인에게 수원에서 그들이 저지른 잔악행위들에 대해 발뺌하고 있다. 독자들은 한국의 독립운동에 대한 어떠한 문서나 사진도 얻기 어렵다는 것을 알아야 한다.
25	수원 화수리. 오두막 앞에 서 있는 여자의 세 명의 아이중 한명은 일본군으로부터 살해당해 천으로 덮혀 있다. 나머지 두 아이는 분명히 죽은 형제를 슬퍼하고 있다. 그리고 그들의 아버지 역시 살해당하였다.
26	제암리일대에서 4-5마일 떨어진 일본군에 의해 집과 음식이 파괴된 수촌리의 아이들. 날이 새기전 4월 6일. 일본군인들이 모두 잠들어 있는 마을에 들어가 집집마다 초가 지붕에 불을 지르고는 순식간에 집을 파괴했다. 사람들이 서둘러 나가보니 온 마을이 불타고 있었으며, 사람들이 불을 끄려고 했지만, 총을 쏘거나 총검으로 찌르는 일본군에 의해 저지되었다. 군인들이 마을을 떠나갈 때까지 그들은 마을과 집이 잿더미로 변하는 것을 지켜볼 수밖에 없었다.
27	제암리 마을의 잔해. 1919년 4월 15일 목요일 수원에 있는 제암리마을에서 39채 중, 교회를 포함한 가옥 31채가 모두 야만적인 일본군에 의해 불타버렸다.
28	한때 풍요로웠던 제암리마을의 집 중 유일하게 남은 집.
29	일본군의 학살로 남편을 잃은 불쌍한 과부들. 1919년 4월 15일 일본군인들은 제암리로 들어와 남자교인들 23명을 교회에 모이게 한 후 총격을 가했다. 그들의 대부분은 죽거나 상처를 입었으며, 주민들을 학살하고 교회에 불을 질렀다. 여섯 구의 시체가 교회 밖에서 발견되었다. 일본군인들은 마을에 불을 지르고 떠났다.
30	서울에서 수원으로 가는 도중 일본경찰에 의해 살해당해 버려진 여학생의 시신
31	자유를 주장한 대가로, 일본이 행한 고문과 야만주의
32	자유를 주장한 대가로, 일본이 행한 고문과 야만주의

33	자유를 주장한 대가로, 일본이 행한 고문과 야만주의2
34	자유를 주장한 대가로, 일본이 행한 고문과 야만주의
35	만세를 외쳤다고 하여 감옥으로 일본경찰에 의해 잡혀가는 아낙네들
36	일본의 지배로부터 1919년의 처형, 이 사진은 일본 군인에 의해 처형당한 지 몇분 후에 국제영화사에서 촬영한 사진3
37	만세운동으로 일본군에 의해 살해된 한국인들의 장례식
38	만세운동 참여로 행해진 태형. 대나무로 엉덩이를 90대를 맞았다.
39	심하게 맞고 석방된 여성의 넋 잃은 모습. 그녀는 일본의 고문을 받고 희생당한 사람들의 시신과 3일동안 함께 있었다.
40	한국인 혁명가를 도왔다는 이유로 체포되어 용수를 쓰고 재판장으로 향하는 외국인4
41	한국의 독립을 축하하는 만주 용정의 한국인들
42	대한적십자회 의료진과 참여인사들 5
43	독립문에서 국기를 바라보는 한국인들. 3·1운동 전에는 볼 수 없었던 태극기의 모습이 선명하다
44	대한적십자회의 공식 발표, 1919년의 간호 학급.6
45–51	대한적십자회 공식 발표(1919.7.1.)

5. 사진 설명에 대한 엇갈린 의견

이장에서는 3·1운동과 청산리전투의 사진에 대한 서로 다른 의견을 통하여 사진역사분석학의 필요성을 언급하고자 한다.

1) 3·1운동

아래의 〈사진 3〉에 대하여 우리 측 기록에서는 3·1운동 사진으로 널리 알려져 있다. 그러나 다음의 일본 신문들에서는 고종국장예행연습일 사진이란 설명과 더불어 촬영날짜, 촬영자 등도 명기되어 있다. 〈사진 4〉의 경우도 우리 측에서는 부녀자, 때에 따라서는 기생 등의 사진으로 설명되어 오고 있다. 일본 신문들에서는 여학생이라고 언급하고 있다. 현재 학계에서는 머리 모양 등을 언급하면서 여학생으로 수정되어 가는 분위기이다. 〈사진 5〉의 경우도 일본 측 기록에는 촬영일시, 촬영장소, 촬영자까지 구체적으로 언급되고 있다.

우리 측 기록이 잘못되었고, 일본 측 기록이 무조건 옳다는 것은 아니다. 우리 측은 근거 제시가 없다. 이 부분 등을 고려하여 좀 더 신중한 논의가 있어야 할 것이라는 것이다.

〈사진 3〉 광화문 기념비각에 몰려든 시민들이 시위행진 군중에 호응하고 있다(『사진으로 보는 독립운동』 상, 175쪽)

(1) 일본 동경 아사이신문(1919년 3월 4일자)고종국장 배관자

(2) 일본 오사카 아사히 신문(1919년 3월 3일자)경성 광화문통 기념비문 앞의 군중. 경성본사 야마모토 특파원 촬영(고종 국장 예행 연습일)

〈사진 4〉 부녀자들의 만세행진(『사진으로 보는 독립운동』상, 180쪽)

(1) 일본 동경 아사이신문(1919년 3월 5일자) 여학생들의 만세운동사진

(2) 일본 대판 아사히 신문(1919년 3월 5일자) 3월 1일 조선인여학생들이 만세를 외치며 전차 길을 행진한다.

〈사진 5〉 법정으로 끌려가는 민중들(사진으로 보는 독립운동』상, 182쪽)

일본측 기록에는 1919년 3월 1일 경성 본정 파출소 앞에서 체포되어 가는 학생들(村上 天眞 촬영)(『역사사진』1919년 3월호, 동경, 역사사진회 발행)로 되어 있다.

2) 만주지역

〈사진 6〉 북로군정서원들 사진(지휘자는 김좌진)-청산리전투 승전기념
독립신문 중국어판 1944년 8월 29일자에는 만주지역 한국독립군을 되어 있다.

在東北打游擊的韓國戰友 ↓

〈사진 7〉 독립신문 중국어판 1944년 8월 29일자 화보

〈사진 6〉은 청산리전투 후 승전기념으로 촬영한 북로군정서원들 사진(지휘자는 김좌진, 전면 앉아 있는 인물)으로 알려진 것으로, 독립운동을 알려주는 각종 전시관 및 교과서면 등에 널리 소개된 사진이다. 전면에 지휘자인 김좌진이 앉아 있고 후면에는 북로군정서원들이 총을 갖고 있는 모습이다. 이 사진의 원래 출처는 독립신문 중국어판 1944년 8월 29일자 화보 〈사진 7〉에 등장하는 것이다. 여기에는 광복군사진과 더불어 러시아, 미국 등에서 활동하고 있는 독립군 사진들이 함께 실려 있다. 시기적으로는 1940년대에 활동하던 독립군의 모습이어서 혹시 만주지역 사진도 1940년대 사진은 아닐까 상상하게 된다. 아울러 사진에 등장하는 지휘자의 모습은 김좌진장군처럼 보이나 장병들은 전투를 막 치르고 승전한 독립군의 모습과는 약간 차이가 있어 보이기도 한다. 등장인물들의 나이 역시 어려보이기도 하다. 표정 등도 무표정이다. 무기의 경우 목총이란 주장도 제기되고 있는 실정이다. 군복과 무기, 탄피 등의 경우 북로군정서원들의 것과 비교해 볼 만하다.

북로군정서원 군복은 군인은 황색, 사관생도는 회색이었다. 대한국민회군은 쥐색, 홍범도의 대한독립군은 다갈색으로 독립군들은 소속 부대에 따라 색깔을 달리하였음을 알 수 있다. 이와 관련된 일본 측의 첩보기록들을 보면 다음과 같다.

> (1) 북로군정서 군인들의 복장
> 생도 이외의 단병(團兵)은 황색 군복에 구한국(舊韓國) 팔괘(八卦)의 휘장(徽章)을 단 군모를 쓰고 매일 4시간 내지 5시간의 연병(練兵)을 하고 있다.[14]
> (2) 북로군정서 사관생도들의 군복
> 서대파로부터 왕청하(汪淸河) 상리(上里) 삼리(三里)에 있는 서대파 상촌의 군정서 직영의 무관학교에는 현재 약 4백 명의 재학생이 있어서 회색의 군복을 입고 모두

14 『독립운동사자료집』 9, 1975, 742쪽.

상등병(上等兵)격의 견장을 붙였으며 18세로부터 30세까지의 청년인데 6개월의 강습을 완료하면 모두 소위 자격이 되며 1소대의 지휘관이 될 수 있다.

(3) 대한국민회

대한국민회의 징모에 응하고 약 2개월간 동회에서 훈련을 받은 조선 청년이 다음과 같이 말하였다.

군복은 중국 군대용과 거의 같은 쥐빛(鼠色) 무명으로 하고 무명제 각반을 착용하였다.

(4) 홍범도의 대한독립군

대한독립군은 대한 국민회 대원과 함께 의란구 지방 일대에 걸쳐서 양식의 징수 및 군장의 준비에 노력하고 있는데, 양식은 조선인 매호당 서속 1수 내지 1석씩을 과하고 군병 1명에 대하여 약 5승을 휴대하게 하였다.

전기 운계동에서는 구룡평 지방 조선인으로부터 재봉틀 몇 대를 가지고 와서 조포(粗布)를 다갈색으로 물드려 대원 스스로 동 기계를 사용하여 군복 제조에 힘을 다하였다.

기타 군복의 준비에는 국자가 중국인에게 제작시키고 있는 것도 있고 용정촌 조선인 양복점에 약 60착을 제작하게 한 사실이 있으며 최근 그 조선인은 총영사관에서 취조를 받고 있다.

(5) 12월 6일(1920년) 김병덕(金秉德, 별명 金星)을 수괴로 하는 약 30명의 조선인은 다갈색(茶褐色) 군복을 착용하고 총기를 휴대, 삼산동(三山洞)에 와서 동 부락을 포위하여 촌민의 도주를 막고 군자금 1천 원의 제공을 요구하여 촌민은 시일을 결정하고 그 금액을 조달할 것을 응락하여 철수하였다. 또, 이 날 김호준(金浩俊)을 수괴로 한 불령 조선인 4명은 세린하(細麟河) 대회동(大會洞)에서 촌민을 협박하고 돈 5백 원의 제공을 받았다.

위의 기록들과 의문점 등을 고려해 볼 때, 청산리전투 직후 승전기념 사진의 경우 역사분석학적 관점에서 보다 다양한 검토들이 필요하다고 판단된다.

(1) 청산리전투 관련 사진

청산리전투를 보여주는 사진들로서 많이 활용되는 것으로, 청산리전투에서 부상을 당한 일본군의 모습과 청산리계곡으로 진군하는 일본군의 모습들이 있다. 이들 사진 역시 청산리전투를 극명하게 보여주는데 큰 도움을 주고 있다. 그러므로 각종 전시와 역사교과서에도 실려져 있을 정도이다. 그런데 일찍이 일본에서 간행된 『1億人の 昭和史』(每日新聞社)[15]라는 사진첩에는 그 설명이 달리 실리고 있어 혼동을 주고 있다. 일본 측에서는 러일전쟁사진(1977년 7월호)과 중일전쟁 사진(1975년 7월호) 등으로 기술하고 있어 우리측 청산리전투 설명하고는 전혀 다른 설명을 하고 있다. 이에 대한 신중한 검토 역시 있어야 할 것 같다.

〈사진 8〉 청산리 계곡을 진국하는 일본군.

일본 측 기록에는 1905년 3월 9일 압록강 제1군 제4군은 퇴각하는 러시아군을 추격해서 훈하渾河로 전진으로 되어 있다.

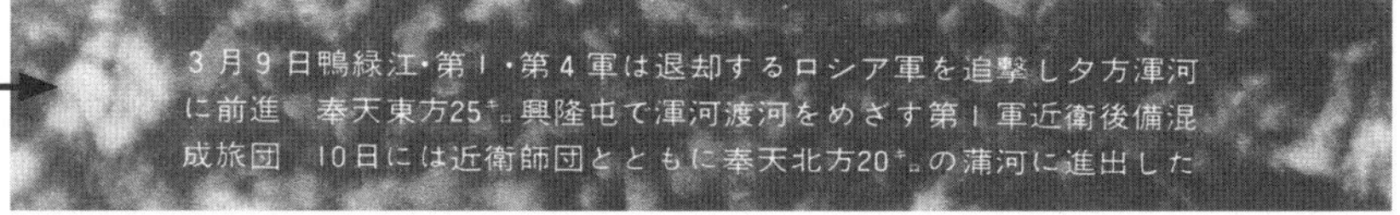

3月9日鴨緑江・第1・第4軍は退却するロシア軍を追撃し夕方渾河に前進 奉天東方25キ。興隆屯で渾河渡河をめざす第1軍近衛後備混成旅団 10日には近衛師団とともに奉天北方20キ。の蒲河に進出した

15 매일신문사에서 간행한 이 사진첩들의 사진들은 기본적으로 매일신문사에서 촬영한 것들이다. 그런데 책자에 실려 있는 모든 사진에 출전이 명시되어 있는 것은 아니다. 제법 유명한 사진은 적당히 인용하여 쓴 것도 있는 것으로 보인다. 개인이 기증한 사진에 대하여는 비교적 자세하게 기증자와 촬영정보를 밝히고 있다. 그 외의 사진에 대하여는 사진첩 권말의 판권지에 제공자들을 한 번에 기재하고 있다(사진작가 안해룡, 일본 불교대학 교수 이승엽의 교시가 있었음)

14年 9月　華中湖南戦線で作戦が始まり　激
戦が繰り返された　負傷者の続出に　タンカ
部隊を編成　傷ついた兵は続々と後送された

〈사진 9〉 청사리에서 패퇴하는 일본군.
일본 측 기록에는 1939년 9월 호남 화중전선에서 작전을 시작했다. 격전으로 부상자가 속출했다. 단카부대를 편성하여 부상병을 후송하였다고 되어 있다.[16]

16 박환, 「만주지역 한인 및 독립운동관련 사진들」, 『사진으로 보는 만주지역 한인의 삶과 기억의 공

(2) 경신참변 사진

경신참변 당시 사진으로 교과서 등에 다음의 사진들이 등장하고 있다.

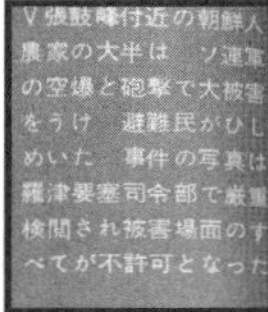

▽張鼓峰付近の朝鮮人
農家の大半は　ソ連軍
の空爆と砲撃で大被害
をうけ　避難民がひし
めいた　事件の写真は
羅津要塞司令部で厳重
検閲され被害場面のす
べてが不許可となった

〈사진 10〉 피해당한 간도지방의 한국인 농가
일본 측 기록에는 『1億人の 昭和史』, 만주, 1978년 8월호』에 1938년 8월 10일 휴전협정 체결로 훈춘 방천防川 항촌項村 촌민인 조선인들이 집으로 돌아온 모습으로 되어 있다.

▽張鼓峰付近の朝鮮人
農家の大半は　ソ連軍
の空爆と砲撃で大被害
をうけ　避難民がひし
めいた　事件の写真は
羅津要塞司令部で厳重
検閲され被害場面のす
べてが不許可となった

간』, 민속원, 2016, 599쪽.

下：8月10日「10日夜半の両軍の位置で停戦」という協定が成立　戦火をさけていた防川項村村民は　この日　自分たちの村に帰って来た

〈사진 11〉 가옥을 잃고 남편과 아이들 마저 잃은 부녀자들
일본 측 기록에는『1億人の 昭和史』10(불허가 사진사), 1977년 1월호에 장고봉 부근의 조선인 농가의 대부분은 소련군의 공습과 포격으로 대부분 파괴되었다. 이 사진은 나진요새사령부의 엄중한 검열로 불허가 사진이라고 되어 있다.

그런데 일본 측 자료들에는 장고봉사건 당시 사진으로 등장하고 있어 신중한 검토가 요청된다. 장고봉사건은 1938년 소련과 만주의 동부 국경에서 일어난 소련, 일본 양군간의 충돌 사건이다. 장고산의 귀속歸屬은 전부터 소련과 일본의 현안 문제였는데, 1938년 7월 소련군이 산꼭대기에 진지陣地 공사를 시작하면서 사건이 발생하였다. 당시 국경 지대에 집결해 있던 일본 군대의 적극적인 공세로 사건은 점차 확대되어 7월 15일부터 8월 11일까지 전투가 계속되었지만 압도적인 화력과 기동력에 의한 소련군의 반격을 받고 일본군은 결국 패배하였고, 8월 12일 정전 협정 조인으로 장고봉은 소련에 귀속되었다.

6. 독립운동사진의 특성과 사진분석의 과제

한국독립운동사 서술에 있어서 미디어 자료의 활용, 특히 그중에서도 사진은 중요한 사료 중의 하나이다. 그럼에도 불구하고 그동안 학계에서는 사진에 제대로 주목하지 못하였다.[17] 이에 결어부분에서는 한국독립운동 관련 사진들의 전반적 특성과 사진분석의 과제에 대하여 살펴보고자 한다.

1) 인물, 단체, 사건, 지역별 사진의 특성

독립운동 관련 사진은 다양하게 나누어 볼 수 있다. 거칠게 분류하여 인물별, 단체별, 사건별, 지역별 등으로 밝혀볼 수 있을 것 같고, 그 각각의 특성을 알아보면 다음과 같다.

(1) 인물

인물별 사진의 경우 주로 체포되어 감옥에 투옥된 경우가 대부분이다. 이런 경우 동아일보, 조선일보 등 신문이나 수형자카드[18]를 통해 그들 모습의 일단을 살펴볼 수 있다. 현재 남아 있는 독립운동가들 사진의 상당 부분은 바로 이러한 유형이다. 때에 따라서 후손들이 출옥기념사진 등을 소장하고 있는 경우도 있다.[19] 인물사진들의 경우 학교 졸업, 결혼, 묘비에 부착되어 있는 사진 등에서 확인할 수 있는 경우도 있다. 북한의 애국열사릉[20], 혁명열사릉, 재이북자묘[21] 등과 러시아, 미주 등지의 묘비에 사진이 부착되어 있어, 인물들의 사진 파

17 장세윤, 「검인정『한국근현대사』교과서의 국제정세와 해외독립운동 서술검토」, 『한국근현대사 교과서의 독립운동사 서술과 쟁점』, 역사학회편, 경인문화사, 2006에서 사진과 그림에 대하여 개척적으로 언급하였다. 최근, 역사교육연구회 2020년 9월 12일 발표회에서 신효승이 〈2015 개정 고등학교『한국사』 교과서의 무장 독립운동사 서술 경향과 특징〉이란 주제로 발표하면서 사진에 대하여 보다 심도있는 발표를 진행한 바 있다.

18 국사편찬위원회, 일제 감시대상 인물카드.

19 대표적인 예로서 홍면옥(수원군 송산면 3 · 1운동)의 경우를 들 수 있다.

20 조소앙, 윤기섭, 김보안, 오동진, 이극로, 유동열, 양세봉, 최동오, 조완구, 김시우 등이 있다.

21 대표적으로 이광수, 정인보 등이 있다.

악에 도움을 준다.

지역별로 보면, 중국 본토 특히 상해 임시정부시절(1919~1931)의 경우 사진들이 다수 남아 있는데, 인물사진이 대부분 양복 입은 모습이다. 미국 본토의 경우도 이와 유사하다. 1931년 윤봉길의거 이후 임시정부의 유랑시절의 경우는 거의 현지인 복장인 중국인 옷을 입고 있는 경우가 대부분이다. 일제의 정탐을 피하기 위해서였을 것이다.

만주, 러시아 등 무장투쟁의 현장에서 활동한 인물들의 사진은 거의 없다. 러시아 항일운동의 대부라고 알려진 최재형, 문창범 등의 사진도 1장 정도 남아 있는 상태이다. 간도관리사였던 이범윤의 경우도 사진을 발견할 수 없다. 홍범도와 같이 봉오동전투의 영웅으로 알려진 최진동의 경우도 정확한 사진이 알려져 있지 않은 실정이다. 다만 추정치를 정확한 것으로 서술하고 있다고 보여진다.

현재 남아있는 인물별 사진을 활용할 경우, 인물의 나이 등을 고려하여 그 활동 상황에 맞게 사용할 필요가 있다고 생각된다. 안중근, 이동휘, 홍범도, 안창호, 여운형, 조소앙, 김붕준 등의 사진은 여러 장이 있는 편이므로 이것이 가능하다고 보여진다.

인물 사진들의 경우 제대로 출처가 밝혀져 있지 않은 경우들이 종종 있다. 독립운동사의 경우는 아니지만, 전봉준의 경우는 대표적 사례이다. 전봉준 체포 이송의 경우, 서울 일본공사관에서 심문을 받던 전봉준이 1895년 2월 27일 법무아문으로 이송되기 직전에 일본 신문기자 무라카미 텐신村上 天鎭이 촬영한 것이고, 〈사진화보寫眞畫報〉 14권(1895년 5월 10일 발간)에 실려 있다. 전봉준이 들 것에 태워진 것은 발에 중상을 입어서이다.[22]

---

22 대한민국역사박물관 소장, 박맹수 기증.

〈사진 12〉 서울 일본공사관에서 심문을 받던 전봉준이 1895년 2월 27일 법무아문으로 이송되기 직전 모습

GHOR LOK TOO, CHIEF OF THE TONG HAK PARTY AND THE POLICEMEN, COREA. 東學黨首領全綠斗及朝鮮巡査

(2) 단체별

독립운동가 단체별 사진은 주로 중국 본토의 임시정부, 한국독립당, 광복군, 조선의용대, 대한적십자회, 만주의 참의부, 미주 흥사단, 애국부인회 등의 단체에서 일부 발견할 수 있다. 특히 임시정부 사진이 중심을 이루고 있다고 할 수 있다. 대한적십자회 간호부 사진처럼 독립신문에서 확인할 수 있기도 하다. 그 가운데 시기적으로 보면, 임시정부의 경우 상해, 중경 시절 사진이 다수를 이루고 있고, 광복군의 경우는 1940년대 서안 사진이 중심을 이루고 있다.

(3) 사건별

사건별 사진의 경우는 3·1운동, 조선공산당, 각종 독립운동 사진 등으로 나눌 수 있을 것 같다. 특히 3·1운동 이후의 경우는 신문에서 다양한 사진들을 생각보다 많이 찾아볼 수 있다. 조선일보의 나석주의거 호외 사진 등은 대표적인 경우이다.

사건별 사진 중 가장 많은 부분을 차지하는 것은 3·1운동이다. 그 중에서도 스코필드 등 외국인 목사 및 신문 기자(일본신문기자 포함)들에 의해 촬영되어 미국이나 프랑스, 캐나다, 일본 등으로 보내진 것들이 다수이다. 특히 주목되는 것은 대한적십자회가 1920년에 상해에서 간행한 영문 사진첩 The Korean Independence Movement이다. 이 책에는 스코필드가 촬영한 다수의 사진들이 실려 있어 3·1운동 이해에 큰 도움을 주고 있다. 아울러 3·1운동과 관련하여 우리가 주목할 또 다른 부분은 한국에 파견된 일본기자들이 촬영한 것들이다. 오사카 아사이 등 여러 신문에 사진들이 실려 있다. 또한 일본 개인이 촬영하여 제공한 사진도 있다.[23]

아울러 3·1운동 1주년 등 기념행사 사진들도 다수 있다. 임시정부 행사의 경우 독립신문에 자주 실리고 있으며, 러시아, 미주 지역의 경우도 그러한 편이다. 특히 러시아의 경우 1920년 3월 블라디보스토크 신한촌에서 거행된 1주년 행사. 미주지역의 경우 다뉴바지역 3·1운동 1주년 행사 사진이 다수 있다.

(4) 지역별

지역별 사진 중 가장 많은 범주를 차지하는 것은 상대적으로 안정적이었던 국내, 중국본토, 미주 등지이다. 무장투쟁의 현장이었던 만주와 러시아 연해주, 그리고 미주 중 멕시코, 쿠바, 몽골(외몽고, 내몽고자치구) 등지의 사진은 상대적으로 희소한 편이다. 최근에는 인천 한국이민사박물관에서 멕시코, 쿠바 특별전을 개최하여 이 지역 사진들의 범주를 보다 확대해 나가고 있다. 지역별 사진 중 일본이 시베리아에 출병했던 1918부터 1922년 사이의 러시아지역 사진들이 일본에서 만든 엽서 형태로 남아 있는 경우도 가끔 있다.

---

23 3월 1일 경성 본정 파출소 앞에서 체포되어 가는 학생들이 대표적이다.(村上 天眞 촬영) 『歷史寫眞』 1919년 3월호, 東京, 歷史寫眞會 발행.

2) 사진분석의 과제

첫째, 학계에서는 그동안 사진자료에 주목하지 못하였으며, 이에 대한 체계적인 정리 및 사료 비판 등이 이루어진 적이 거의 없었다. 대표적인 예로 교과서를 담당하는 기관에서조차 이에 주목하지 못하였음은 인용 사진출처에서 단적으로 살펴볼 수 있었다.

둘째, 사진의 경우 인물, 단체, 지역, 사건 등으로 나누어 볼 수 있는데, 그 각각의 특징과 내용에 주목하지 못하고 있다. 특히 인물 사진을 사용할 경우, 인물과 나이, 활동시기 등이 입체적으로 검토되어 사용될 필요가 있다. 그러나 사진의 희소성으로 인하여 무차별적으로 사용되는 사례들이 있어 안타깝다. 촬영시기, 촬영자 등에 대한 언급도 필요하다고 생각된다.

셋째, 대표적인 사례로서 만주와 3·1운동, 청산리전투, 간도참변 등에 대하여 살펴보았다. 이들의 경우도 구체적인 사료비판 없이 사용된 경우를 볼 수 있었다. 사진 역사학의 관점에서의 접근과 원전 확인 작업 등이 보다 선행되어야 할 것이다.

넷째, 사진에 대한 해석에는 융합작업이 필요하다고 보여진다. 사진이 종합예술임은 주지의 사실이다. 사진속의 내용도 다양하다. 그만큼 각 주제별 다양한 전공자들이 모여 검토해야만 사진을 입체적으로 잘 분석해 낼 수 있을 것으로 판단된다.

다섯째, 사진역사분석학이 제대로 자리 잡을 때, 역사학은 새롭게 부활할 수 있을 것이며, 역사학의 내용도 보다 풍성해질 수 있을 것이다. 역사학의 범주를 보다 확장시킬 때, 역사학은 박물관학, 사진학, 민속학, 인류학 등 인접 학문들과 교류도 보다 확대될 수 있을 것이며, 21세기 새로운 역사학의 창조에 보다 근접해 갈 수 있을 것으로 기대된다.

스마트폰 시대와 4차혁명 시대. 학생들과 일반인들의 관심 등으로 인하여 사진, 영상 등에 대한 수요와 관심은 보다 증대될 것이다. 이와 관련하여 보다 적극적인 대처가 필요하다고 판단되며, 특히 역사교육에 있어서 더욱 그러하다고 생각된다. 이에 다시 한번 더 사진역사분석학을 제창한다.

제1장

미디어 자료의 활용
: 아리랑과 사진

1. 독립군과 아리랑 : 중원대륙. 독립정신에 깃들다.

아리랑 고개 너머
죽음 위에 피는 꽃이
조선의 독립이오

아리랑은
일본군 3천명을 전멸시킨
독립군들이 모여부른 노래이다
(김산, 『Song of Ariran』)

1. 3·1운동과 대한민국임시정부 수립

3·1운동은 1919년 3월 1일 시작되어 4월말까지 지속된 우리 항일독립운동 사상 최대 규모의 독립만세 시위운동이다. 3·1운동은 전국 방방곡곡에서 일어났을 뿐 아니라 만주, 러시아 연해주, 미국 본토와 하와이, 일본 등 한민족이 있는 곳에서는 어디서나 일어났으며, 남녀노소, 신분과 계급, 지역과 종교의 차이를 초월하여 자유와 독립을 목표로 일치단결하여 일어난 전 민족적 운동이었다. 뿐만 아니라 약육강식의 제국주의가 지배하는 세계에 대하여 정의와 인도, 인류평등의 새로운 세계질서를 주창하였다. 3·1운동은 제1차 세계대전 이후 세계 피압박민족의 독립운동 가운데 첫 봉화였고, 정의와 인도, 인류평화의 새로운 세계상을 그리며 용감하게 나아간 세계사적 사건이었다.

대한민국임시정부 수립은 3·1운동의 역사적 산물이었다. 3·1운동을 통해 민족의 절대독립 의지와 열망이 표출되었고, 이것이 한 곳으로 결집되어 임시정부를 수립한 것이다. 임시정부는 민족의 대표기구로서, 또 독립운동을 지휘 통할해 나갈 최고기구로 수립되었고, 1945년 해방을 맞아 환국할 때까지 27년 동안 이러한 임무와 역할을 수행하며 활동하였다.

임시정부의 수립은 전제군주제에서 민주공화제로 바뀌는 역사적 대전환의 계기가 되었다. 임시정부는 수립 당시 그 헌법인 임시헌장에서 "임시정부는 민주공화제로 함"이라 천명하였다. 한민족 역사상 최초로 민주공화제 정부를 수립한 것이다. 해방 후 대한민국 정부가 별다른 무리 없이 민주공화제로 수립될 수 있었던 것도 이러한 경험이 작용한 것이었다.

식민지치하에서 조국의 독립을 위해 고난과 역경 속에서도 독립과 민주라는 시대정신을 구현하기 위해 투쟁했던 선열들의 고귀한 모습에 고개가 저절로 숙여진다. 그 속에 바로 독립정신, 바로 아리랑 정신이 깃들여져 있다고 생각된다.

2. 1938년 3·1운동 20주년기념:조선의용대의 가극 아리랑

중국인들이 조선의용대가 공연한 아리랑을 듣고 느낌 감상을 『구망일보救亡日報』를 통해 살펴볼 수 있다. 이 공연은 조선의용대가 1938년 3·1운동 20주년 기념으로 무대에 올린 연극이다. 낮에 기념식에 참석하고 저녁에는 신화희원新華戲院에서 연극 '조선의 딸'을 관람하였다. 이때 연극에 앞서 아리랑이 공연되었다. 아리랑은 제목에 맞게 민요 아리랑의 선율과 함께 시작한다. 극에서는 아리랑고개를 넘어 고향을 떠나 이역을 유랑하는 조선민족의 고통스러운 삶을 표현하였다. 무대 한 가운데에는 아리랑 산봉우리와 조그마한 오솔길이 나있고, 늙은농부와 소녀가 침통한표정으로 한번 넘으면 영원히 조국으로 되돌아올 수 없는 아리랑고개를 넘고 있다. 그러나 죽더라도 조국의 품안에서 죽겠다고 절규하는 청년들의 굳은 의지를 표현하며 극은 끝이 난다.

『구망일보』 1939년 3월 3일 〈연극 '조선의 딸'을 보고난 감상〉에,

> (一) 가극 '아리랑'의 공연이 시작되자마자 관중석은 금세 숙연한 분위기에 휩싸이기 시작하였다. 무대장치와 배우들의 복장 그리고 전혀 새로운 느낌의 선율을 타고 극장 가득히 울려 퍼지는 노랫소리는 고향을 떠나 이역을 유랑하는 조선 민족의 고통스러운 삶을 표현하기에 충분하였다. 무대 한가운데를 차지한 산봉우리와 거기에 나있는 조그마한 오솔길은 극 전체의 분위기를 대변하듯 황량한 모습이었다. 농민과 청년으로 분장한 배우들의 연기는 썩 뛰어나다고 할 수는 없었지만 관중들에게 전달하고자하는 내용을 전하는 데는 부족함이 없는 모습이었다.
>
> 늙은 농민과 소녀가 무대에 등장하면서 보여준 우울하면서도 침통한 표정은 아리랑 고개를 한번 넘으면 영원히 조국으로 되돌아 갈 수 없는 조선 민족의 운명을 대변하는 듯한 매우 뛰어난 연기였다. 산봉우리에 기대어 '죽더라도 조국의 품안에서 죽겠다!'고 절규하는 청년의 격앙된 외침은 <u>조선인은 아리랑 고개를 떠나는 순간 모든 것을 잃는다는 의미를 관중들에게 전달하기에 충분하였다 모든 것을 조국과 함께 하겠노라는 조선 민족의 굳은 의지를 표현한 가극 '아리랑'은 관중들에게 깊은 감동을 안겨주었다(王瑩)</u>

라고 하고, 『구망일보』 1939년 3월 3일자 〈조선의용대의 공연을 보고 난 감상〉에서는,

> 1. 아리랑의 선율은 너무나도 아름다웠다. 아니, 아름답다기보다는 뭔가 침통하면서도 엄숙한 분위기가 묻어나오는 노래였다. 조선 민족의 고통을 담은 듯한 아리랑의 선율은 망국민의 한을 노래한 것처럼 들렸다. <u>아리랑의 선율은 일본제국주의의 침략을 당하고 있는 중국인의 상심을 대신 노래하는 것처럼 들렸다.</u>
> 조선의 형제들이여, 무거운 행낭을 벗어버리고 나고 자란 형제들의 고향으로 돌아가라. 조상으로부터 물려받은 형제들의 땅으로 속히 돌아가라. 자유와 해방을 되찾

> 은 뒤 그곳에 영원한 행복을 노래하는 기념비를 세워라.(太陽)
> 2. '아리랑'의 산길은 설사 대리석이 깔려 있다 해도 넘기에 쉽지 않은 길이다.(舒羣)
> 3. 조선의 민요 '아리랑'을 들으면서 마치 조선의 망국을 슬퍼하는 듯한 애잔한 선율에 나도 모르게 눈물이 흘러내렸다. '아리랑'고개를 넘어가면 다시는 고향 산천으로 돌아갈 수 없고 하염없이 이역을 유랑해야 하는데 어찌 슬프지 않겠는가? 그러나 우리 중화민족의 충만한 항전 의지, 고조된 중한 두 민족 합작 정신, 조선의 영용한 아들딸들이 혁명을 위해 흘리는 피가 있는 한 수십 년의 치욕은 금세 씻어질 것이다. 그때가 되면 '아리랑' 산길은 중한 두 민족을 부흥의 길로 인도하는 탄탄대로로 바뀔 것이며, '아리랑'의 선율도 경쾌한 곡조로 바뀌게 될 것이다. 망국의 한을 담은 '아리랑'의 슬픈 이야기가 하루속히 역사의 물결을 따라 영원히, 영원히 사라지기를 간절히 바란다.(林林)

라고, 아리랑의 감상문을 적고 있다.

3. 한국청년전지공작대의 가극 아리랑 공연과 감동

1) 가극 아리랑 공연(1940년)

한국청년전지공작대는 1939년 11월 중경重慶에서 무정부주의 계열 독립운동세력이 조직한 항일군사단체이다. 나월환羅月煥이 대장이었고, 서안西安으로 이동한 다음, 일본군 점령지역으로 들어가 한인청년 모집 활동을 전개하였다. 후일 한국광복군 제5지대로 편입되었다.

『한국청년』은 중국 서안에서 무정부주의 계열의 무장단체인 한국청년전지공작대가 발행한 기관지이다. 한국청년전지공작대는 1940년 7월 15일 『한국청년』을 창간하여 중국인과 한인이 연합하여 일본제국주의를 타도해야 한다는 것을 선전하였다. 본지의 주요 임무는 중국인과 한인으로 하여금 서로를 이해하고, 혁명과정에서 손잡고 함께 나아가며 공동의 임무를 완수하게 하는 것이었다. 「발간사」는 일본제국주의를 중한中韓 양대 민족의 공동의 적으로 규정한 뒤, 중국 항일전쟁의 승리는 곧 한국독립·한국민족해방 승리의 개시라고 하면서 조선인들은 있는 역량을 다해서 중국 항전의 최후 승리를 촉진해야 한다는 것을 역설하였다.

『한국청년』 제1기(1940. 7. 15)에는 가극 아리랑에 대한 글들이 다수 실려 우리의 주목을 끈다.

'아리랑'의 연출에 관해- 글의 앞에 부침- 편자
'아리랑' 공연 설명서
흥분된 마음으로 '아리랑'을 보고 建民
'아리랑'을 감상하고 난 소감 誠
'아리랑' 松江
'아리랑'을 보고난 소감 雁

먼저 〈'아리랑'의 연출에 관해--글의 앞에 부침-〉을 보면 다음과 같다.

전방의 장병들을 위로하기 위한 서안시 각계의 모금운동에 호응하고자 본대는 5월 20일부터 10일간 실험극장을 빌려 공연활동을 펼쳤다. 공연수익금 가운데 모든 비용을 제외한 나머지 수익은 4천여 원에 불과하였지만, 우리 한국청년들이 중국의 영용한 항전전사들에게 바치는 경의는 지극한 것이다. 아울러 머지 않은 장래에 우리 일단의 한국청년들은 중국항전에 참가하고 있는 전사들의 뒤를 따라 생명까지 포함하여 모든 것을 항전건국의 대업에 바칠 준비를 하고 있다.
중한 두 나라 청년들의 더욱 긴밀한 연계를 위해 우리는 6월 하순 간부훈련단의 青年勞動營에서 中韓青年聯歡會 공연을 펼쳐, 당시 공연은 열렬한 호응 속에 성황리에 마감되었다. 이번 위문공연은 각급 기관과 각계 인사들의 열렬한 지도와 환영 속에 무사히 끝마칠 수 있었으며, 특히 西京 시내에 거주하고 있는 음악계 청년 친구들의 열정적인 참여와 협조가 있었기에 순조롭게 공연을 마칠 수 있었다. 이에 본대 대원 모두는 이 자리를 빌려 다시 한 번 진정으로 고맙다는 말은 전하고 싶다.
평소 본대의 발전에 많은 관심과 성원을 보내주었으나 외지에서 공작을 진행하고 있는 관계로 이번 공연을 직접 보지 못한 많은 동지들이 여러 차례 공연의 준비와 연출과정을 묻는 편지를 보내왔다. 본대의 공작이 바쁜지라 일일이 답장을 보내지 못하였으므로, 이에 특별히 이번 연출과 관련한 4편의 글을 실어 답장에 대신할까 한다. 작자와 독자 여러분의 이해를 바란다. －편자.

라고 있듯이, 1940년 5월 20일부터 10일간 서안에서 실험극장을 빌려 아라랑공연을 하였음을 밝히고 있다.

이어서 『한국청년』〈'아리랑' 공연설명서〉에서는 먼저 대회직원과 무대작업 인원에 대하여 밝히고 있다.

대회직원

대회주임 : 羅月煥
총무주임 : 周向榮
교제주임 : 潘雲生
극무주임 : 韓悠韓
안내책임 : 歐陽軍
규 찰 장 : 玄以平

무대작업 인원

연출 : 韓悠韓
무대감독 : 田榮
무대 앞 관리 : 吳塗
무대 뒤 관리 : 何有
장치 : 范里
복장 : 金成浩
도구 : 林載南
효과 : 王者
조명 : 劉曄
화장 : 王者
제시 : 韓悠韓·何友·雷羣
기록 : 作生

특히 여기서 주목되는 점은 연출자 한유한이다. 한유한은 1910년 2월 21일 부산 동래에서 태어나 6살 때 중국에서 활동하던 부친 한흥교韓興教를 찾아 중국으로 건너갔다. 1937년 중일전쟁발발이후 중국희극학회中國戲劇學會에가 담하면서 본격적인 예술구국의 행보를 걷기 시작하였다. 그는 중국희극학회 구망연극대원救亡演劇隊員으로 서안으로 활동지를 옮긴 후 전시공작간부 훈련 제4단 예술대 음악조音樂組 소교小校 교관으로 임명되어 활동을 시작하였다. 이후 중경에서 조직된 한국청년전지공작대가 서안으로 이동해오자 이들과 함께 활동하며 예술구국활동을 전개하였다.

한편 〈'아리랑' 공연설명서〉에서는 〈한국청년전지공작대 위문공연〉이라는 제목하에 공연에 대하여 상세히 설명하고 있다.

– **머리말** –

중국의 항전은 약소민족이 강권에 대항하는 '정의의 싸움'이다. 아울러 우리는 중한 두 민족이 연합하여 우리의 공동의 적 – 일본제국주의 – 을 향해 진공함으로써 피의 투쟁을 통해 자유해방의 대로에 나설 수 있다고 굳게 믿고 있다.

이에 우리는 모든 것을 희생할 굳은 결심으로 중경에서 西北으로 온 것이다. 일전 일부 동지들은 유격전에 참가하기 위해 太行山을 향해 먼저 길을 떠났다. 남아 있는 우리들은 전지로 떠나기 전 여러 차례 위문공연을 펼쳐 영용한 투쟁을 전개하고 있는 전방의 장병들에게 조금이나마 경의와 성의를 표시하고자 하였다(중략).

세 번째 극 – 아리랑(가극)

韓悠韓 : 작곡 · 편극

배우

촌녀 : 沈承衍

목동 : 韓悠韓

목동의 아버지 : 金松竹

목동의 어머니 : 李敬女

한국이민자들 : 20명

한국혁명군 : 35명

'아리랑' 가극 중의 가곡

제1장1. 서곡 2. 봄이 왔네(한국 산노래) - 촌녀 독창 3. 목동의 노래 - 목동 독창 4. 삼천리 한국강산에 깃발을 올리자 - 합창

제2장5. 아리랑(한국민요) - 유랑자들의 합창

제3장6. 한국행진곡 - 한국혁명군 합창 7. 고향을 그리며(한국민요) - 20년 후의 목동과 촌녀 합창

제4장8. 한국행진곡

극의 줄거리

40년 전의 한국, 금수강산은 평화롭고 따스한 자유의 공기로 가득 차 있었다. 늦은 봄의 어느 날, 목동과 촌녀는 조국의 아리랑산 기슭에서 달콤한 사랑을 속삭였고, 얼마 뒤 두 사람은 연인에서 부부가 되었다. 그러나 삼천리 금수강산은 이미 피로 물들고, 아리랑산 꼭대기에는 태양기가 꽂히고 말았다. 강도들에게 굽신거리는 순민이 되기를 거부한 두 사람은 조국을 위해 몸바칠 것을 약속하며 아리랑산 아래에서 연로하신 부모님과 작별을 고하고 서쪽을 향해 떠났다.

그들은 마침내 조국을 위해 헌신할 기회를 찾았다. 한국혁명군에 가입하여 압록강을 건너 수십 년 전 떠났던 그 자리에 그들은 다시 돌아왔다. 맹렬하고 완강한 투쟁 끝에 피비린내가 진동하는 도살장과 같던 아리랑산에 다시 자유가 숨쉬고 환한 빛이 돌았다. 늙어버린 목동과 촌녀는 적들의 포화 속에 장렬하게 희생되었지만, 한국의 국기는 다시 아리랑산 꼭대기에 힘차게 나부끼기 시작하였다.

2) 중국 서안의 주요 신문 보도

중국 서안의 주요 신문에서는 가극 아리랑에 대한 감동을 다음과 같이 수록하고 있다.

흥분된 마음으로 '아리랑'을 보고(-『서북문화일보(西北文化日報)』에서 전재(轉載) -), 건민(建民)

하남(河南)·호북(湖北) 접경지대에서 국군이 대첩을 거두었다는 소식이 알려지자

전국이 흥분의 도가니에 빠졌다. 동시에 이 소식은 세계를 크게 놀라게 하였다. 특히 하남 전선 가까이에 자리하고 있는 우리 서안시의 민중들은 엄청난 흥분에 휩싸였다. 수많은 군중들이 모두들 대첩을 축하하고 있을 무렵, 한국청년전지공작대가 위문공연을 펼친 것은 매우 큰 의의를 지닌 것이다.
어제(5월 22일)는 한국청년전지공작대가 공연을 시작한지 이틀째 되는 날이었다. 기자는 흥분된 마음으로 남원문(南院門) 실험극장에 가 한국청년전지공작대가 공연한 '아리랑'을 관람하였다.(중략)
'아리랑' 공연이 시작되었다.
<u>'아리랑'은 한국 민간에 널리 알려진 비장하면서도 웅대한 분위기를 풍기는 가극이다. 이번 공연은 한국의 청년 작곡가인 韓悠韓이 편극 · 작곡 · 연출을 담당하였다.</u>
반주를 맡은 악대는 서안에 거주하고 있는 수십 명의 저명한 음악가들로 구성되었다. 동시에 은련 · 위생총대 · 연합청년회 등 합창단이 합창을 담당하였다. 이 얼마나 웅장한 음악의 향연인가. '서곡'은 20여 명의 음악가가 각종 악기로 연주하여 특히 웅장한 느낌을 주었고, 관중들도 흥분된 기분을 감추지 못하는 표정들이었다.
이 가극의 여주인공인 촌녀역은 戰幹團 학생인 沈承衍－유명한 화가인 沈逸千의 여동생－이 열연하였다. 남자주인공인 목동역은 본극의 편극자이자 연출자인 한유한이 담당하였다.
'서곡'의 연주가 끝나자 다시 막이 열렸다.
춘삼월의 어느 늦은 봄날, 아리랑산 기슭에서 한 한국소녀가 꽃바구니를 손에 들고 한국의 산 노래인 '봄이 왔네'를 부르고 있었다. 이때 목동이 멀리서 '목동의 노래'를 부르며 소녀에게 다가오고 있었고, 무대 아래서는 반주가 이어졌다. 두 남녀가 부르는 노래의 마디마다 40년 전 망국 이전 한국의 금수강산에 넘쳐나던 위대한 자유의 공기가 묻어나는 듯하였다.
흉악하고 잔폭한 왜구들의 침략을 당하여 자유를 누리던 수천만 한국인민들은 대포와 기관총성이 울려 퍼지는 가운데 졸지에 이족의 노예로 전락하고 말았다.
평화와 자유가 넘치던 아리랑산이 왜구에게 유린된 뒤, 망국노의 생활을 거부한 수많은 한국청년들은 무리를 지어 압록강을 건너 동북으로 유랑의 길을 떠났다.
생이별은 얼마나 처참하고 비통한 일인가! 누가 사랑하는 고향을 떠나도록 했는가! 누가 연로하고 자애로운 부모님을 버려두게 했는가! 누가 우리를 타향을 떠도는 유랑자로 만들었는가! 아리랑산 앞에는 40년 전부터 지금까지 계속하여 이런 비극이 이어지고 있었다.
무대 앞의 악대가 연주하는 음악에 울음소리가 묻어나오기 시작하였다. 도망자의 처량하고 원한 섞인 노랫소리가 산야에 울려 퍼지자 고향을 버리고 후방으로 도망온 무대 아래의 수많은 관중들도 하염없이 눈물을 흘리기 시작하였다.
자유와 평등은 피와 살로 쟁취하는 것이다. 적국의 기관총이 불을 뿜을 때마다 영용한 한국청년들이 조국의 자유독립을 쟁취하기 위해 장렬히 희생되었다. 그러나 희생을 무릅쓴 고투 끝에 마침내 아리랑산 위에 나부끼던 왜국의 깃발이 내려지고 한국의 태극기가 다시 힘차게 휘날리기 시작하였다.
'아리랑' 가극의 연출은 긴장감이 감도는 가운데서도 극의 구성이 치밀하여 매우 만족스러운 수준이었다. 특히 음악과 무대배경의 조화는 근래 서안 연극계에서 찾아볼 수 없었던 훌륭한 것이었다.

'아리랑'을 감상하고 난 소감(-『서북문화일보西北文化日報』에서 전재 -), 성(誠)

한국청년전지공작대는 요 며칠 남원문 실험극장에서 전방의 전사들에게 위문품을 보내기 위한 모금공연을 벌이고 있는데 이미 삼일간의 공연을 마쳤다. 지난 삼일간의 공연은 매회 만원을 기록할 정도로 성황을 이루었다. 어제 저녁 기자가 직접 공연을 관람하러 갔을 때는 마침 비가 내리고 있었다. 날씨의 영향으로 분명 관객이 많지 않을 것이라 생각했다. 저녁 6시 기자가 몇몇 친구들과 함께 극장에 도착했을 때, 뜻밖에도 극장 안은 이미 관중들로 만원이었다. 다행히 안내 책임을 맡은 구양군(歐陽軍)과 담문빈(譚文彬) 두 선생의 호의로 맨 앞자리에 자리 잡고 극을 관람할 수 있었다(중략).
두 번째는 가극 '아리랑' 공연이 이어졌다. 침묵이 감도는 무대 아래 어두운 곳에는 악대가 자리하고 있었다. 비록 그들이 가진 악기는 보잘 것 없는 것이었지만, 우리들의 눈앞에 앉아 있는 청년 친구들의 예술에 대한 열정에 우리 모두는 존경의 마음을 갖지 않을 수 없었다. 돌연 북소리가 울려 퍼지고 지휘자가 활기차고 능숙한 손동작으로 지휘를 시작하자, 10여 명의 단원들이 일제히 조화로우면서도 장렬한 음악을 연주하는 가운데 막이 올랐다. 무대 위에는 '아리랑'산의 웅장한 모습이 배경으로 그려져 있었다. 천진난만한 촌녀가 손에 대바구니를 들고 한국의 산 노래인 '봄이 왔네'를 부르며 천천히 산 뒤편에서 걸어 나왔다. 촌녀는 노래를 부르면서 들꽃을 따기 시작하였다. 이때 산 뒤편 오솔길에서 목동이 촌녀에게 다가왔다. 양떼를 몰고 목가를 부르는 목동과 함께 촌녀는 조국의 대자연 속에서 사랑을 속삭였다. 평화롭던 이 순간 갑자기 대지에는 전쟁의 화염이 번져나갔다. 일본강도들은 목동과 촌녀의 감미로운 꿈을 산산이 부숴버리고 행복한 전원을 유린하였다.
5년 후, 왜구의 발에 짓밟힌 '아리랑'산 오솔길을 따라 한 무리의 한국인 유랑민들이 '아리랑' 노래를 부르며 지나갔다. 그들의 처량한 노랫소리는 마치 우는 소리 같기도 하고, 뭔가를 호소하는 듯하기도 하였다. 비장한 악대의 반주소리 때문인지 유랑민이 부르는 노랫소리는 더욱 비애와 고통을 담고 있는 듯하였다. 한스럽도다! 망국의 슬픔이여! 망국노가 되기를 거부한 유랑민들은 적들의 압제와 착취를 견딜 수 없어 그나마 남아 있는 목숨만 부지한 채 동북을 향해 도망하였다. 타향에서 유랑생활을 하면서도 그들은 조국을 향한 충정만은 영원토록 보존하였다. 혁명지사들은 암중 조국을 부흥시키기 위한 사업에 몸 바쳤다. 비록 하나 둘씩 적들에게 목숨을 잃고, 매번 혁명은 실패로 마감되었지만, 그들은 여전히 희생의 결심을 품고 모든 위험을 무릅쓴 채 끊임없이 분투하였다.
극중의 시간이 35년을 훌쩍 뛰어넘어 목동과 촌녀는 이미 노인으로 변해 있었다. 젊은 시절 이들은 '아리랑'산을 떠나며 부모들과 "멀지 않은 장래에 우리는 광명을 안고 돌아올 것입니다"라고 약속하였었다. 그러나 이미 청춘을 다 넘기고도 아무것도 이루지 못한 채 늙어버린 이들은 실망감에 가득 차 "아! 밝은 내일이 언제일지 모르겠다?"며 침통함을 감추지 못하였다. 이때 한 무리의 한국혁명군이 출현하였다. 노인들도 어린 아들을 데리고 혁명군의 대오에 들어오기 시작하였다. 복수를 위해 희생하였다.

'아리랑'(-『공상일보(工商日報)』 전재-), 송강(松江)

(전략) '아리랑'은 이번 위문공연에서 가장 중요한 작품이었다. 이 작품은 한유한 선생이 지난 수개월간 모든 정력을 쏟아 부은 결정체로, '위대'하다는 평을 듣기에 충분한 가극이었다. 총 4장으로 구성된 가극 '아리랑'은 노래·연기·조명·배경·화장·음악이 모두 조화를 이루어 전혀 흠잡을 곳이 없는 작품으로, 가극이 거둘 수 있는 최고의 효과를 거두었다. 특히 배경음악의 경우, 현재와 같은 서안의 물질적 조건에서는 악대를 구성한다는 것 자체도 쉽지 않은데 이번 공연에 참가한 악기의 구성은 너무나도 환상적이었다. 근래에 보기 드문 서안 음악계의 경사였다.
가극 '아리랑'은 20세기를 살고 있는 한국인이 40년 사이에 평화롭고 행복한 생활에서 타향을 떠도는 유랑생활을 하게 된 과정을 묘사한 작품이다. 왜구의 유린 하에 전 국민이 신음하며 '아리랑'을 읊조리다. 결국은 고향을 떠나 동북 4성을 유랑하다가 한국혁명군에 가입하여 영용한 투쟁을 전개하게 된 배경을 그리고 있다.
가극 '아리랑'은 이전에는 볼 수 없었던 매우 신선한 형식을 취하고 있다. 그러면서도 동방적인 색채가 강하게 담겨있다. 이번 공연의 효과를 놓고 볼 때 '아리랑'의 형식이 지금 현재 우리 민족에게 가장 알맞은 것이라고는 할 수 없지만, 많은 사람들이 우리 가극계도 이런 형식을 채용할 필요가 있다는 느낌을 받았을 것이다.

'아리랑'을 보고난 소감(－『서경일보(西京日報)』에서 전재－), 안(雁)

<u>한국청년전지공작대원들은 그들의 부모형제들과 자신들이 직접 겪은 망국 후 30년간의 참통한 경험을 '아리랑'이라는 제목의 가무극 형식을 빌려 공동의 적을 쳐부수기 위해 함께 노력하고 있는 중화의 친구들에게 선보였다.</u>(중략)
가무극은 대체로 상징적인 수법을 사용하여 관중들의 마음을 사로잡는 형식을 취한다. 그러나 지나친 상징성은 오히려 본래의 의미를 전달하지 못할 수 있다. 이에 '진짜 같은' 상징성을 통해 '진상'을 관중들에게 전하려는 시도가 출현하였으나, 이는 가무극의 본질을 파괴할 우려가 없지 않다. 곧 가무극의 본질을 호도하여 관중들로 하여금 아름다운 경지에 이르지 못하게 하는 결점이 있다. 그러나 가무극의 특성상 이 또한 큰 잘못이라고 지적할 수는 없을 것이다. 기자가 보기에 '아리랑'의 어떤 장면들은 바로 이런 잘못을 저지르고 있다. 이와 더불어 극 전체의 화장 · 효과 · 조명 및 인물들의 표정 등등 세세한 부분에서 어수선하고 잘못된 부분들이 적지 않았다. 극 전체의 성패를 좌우하는 결정적 요인들도 바로 이런 사소한 듯 보이는 것에서 찾을 수 있다.

4. 치열했던 독립투쟁시절, 우리의 힘이 되어준 아리랑 노래.

1) 중국본토 독립전사들의 동반자 아리랑

아리랑은 1940년대 전반 독립전사들의 동반자로서, 머나먼 중원대륙에서 이념을 초월하여 우리 항일전사들과 함께 한 우리의 민족혼이었다. 대한민국임시정부의 기관지인 『독립신문』 중경판 대한민국 25년 6월 1일자 창간호 《창간사》에서도,

> 세계 제1차 대전 후에 한국에서는 위대한 3·1대혁명운동이 발생했다. 이 때부터 한국의 독립문제는 비단 한국 한 나라만의 문제가 아니라 실로 세계 문제의 일환이었다. 중일전쟁으로부터 시작해서 구라파전쟁·태평양전쟁 등이 연달아 폭발하면서 한국의 독립문제는 국제적으로 더욱 현저하게 그 중요성이 부각되기 시작했다. 이리하여 세계정치가들의 관심은 점차 동방인 한반도로 향하였다.
> 대한민국임시정부는 3·1운동 중 우수한 민족대표들에 인해 조직된 정치기구이다. 임시정부의 탄생은 한국 역사상 민주정치의 신기원을 이루었다. 3·1운동 이후 세계의 혁명정신이 실로 저조할 때에, 임시정부는 해외에 근거하여 허다한 어려움을 맛보았으며, 수많은 피눈물에 가득 찬 역사의 여러 페이지를 장식하였다.(중략)
> 더욱이 두 나라는 공동의 적인 일본제국주의의 압박 밑에서 똑같은 박해를 받고 있다. 이런 이유로 우리는 중국의 대일항전 승리를 한국독립의 선결조건으로 간주하고 있는 것이다. 그런 때문에 우리 한국 사람들은 모두 항전에 참가하기를 원하고, 중국의 군민들과 어깨를 나란히 하고 적을 죽였던 것이다. <u>과거 朝鮮義勇隊와 현재 光復軍의 깃발이 중국의 여러 전장에서 휘날리고 있다. 아리랑의 노래 소리는 華南부터 華北까지 퍼지고 있다. 중국의 대지 위에는 어느 곳이나 한국의 혁명건아들의 뜨거운 피가 뿌려지지 않은 곳이 없다.</u>

라고 하여, 3·1운동과 대한민국임시정부를 높이 평가하고, 아리랑의 노래소리가 중국대륙에서도 항일투쟁을 전개하는 우리와 항상 함께 하고 있음을 보여주고 있다.

또한 『독립신문』 중경판, 대한민국 27년 7월 20일자, 〈날로 가열되는 한국의 지하운동〉에서도,

> –자유의 꽃은 피바다 위에 피어나고 있으며, 민족의 광명은 삼천리 방방곡곡에 널리 퍼지도다. 哭하라! 웃으라! 일하라! –
> 한국 임시정부 특파 중국 제○戰區 대표겸 한국광복군 제3지대 대장 金學奎는 지난달 4일, 한국 임시정부 金九 주석에게 올리는 글 속에서 "哭하라! 웃으라! 일하라!" 하는 세 글자로써 전방에서 일하는 동지들의 일상생활을 묘사했으며, 또 한국 내에서 지하활동을 하고 있는 동지들의 긴장상태를 묘사하기도 했다.

> 무엇 때문에 우는가? 곧 희생을 당한 동지를 추도하는 것이다. 무엇 때문에 웃는가? 그것은 일의 성공을 축하하려는 것이다. 그리고 또 새로 합세한 동지들을 위한 환영의 모임을 갖는 것이다. 그러나 그들은 긴장된 상황 아래서 처음부터 마음 놓고 울어 볼 틈이 있는 것도 아니며 통쾌하게 웃어 볼 시간은 더욱 없다. 그들 앞에는 오직 일하는 것만이 기다리고 있는 것이다. 김학규 장군이 영도하는 지하공작대원들은 이미 오래 전부터 중국의 동북·화북의 적 점령구 및 한국 국내에서 지하공작을 전개하고 있는 동지들과 하나가 되어 깊은 연계를 맺고 있다. 이들간의 협조는 강화되어 가고 있고 동지들간의 왕래 또한 빈번하다. 최근 한달 사이 새로 공작대에 가담한 대원이 백 여 명에 이르는데, 앞으로 격증할 것으로 예상하고 있다. 김 장군의 보고에 의하면, 최근 두 세 달 사이 국내의 지하운동은 이전까지의 침묵을 깨고 왕성한 활동을 개시하여, 이미 왜적과 정면으로 맞서 적지 않은 전적을 올렸다 한다.
> 현재 화북에 거주하고 있는 한국 청년남녀들은 곳곳에서 「광복군아리랑」을 소리 높여 부르며 광복군 비밀공작대원에 대한 환영을 표하고 있다. 뿐만 아니라 이들은 암암리에 공작대원을 정성껏 대접하고 있다.

라고 하여, 중국에서 광복군아리랑이 널리 불리워지고 있음을 전해주고 있다. 즉, 아리랑은 국내는 물론 저 이역만리 중국본토의 전역에서도 우리 민족의 상징으로서 동포들과 함께 이념을 초월하여 항일독립운동가들과 함께 독립운동의 상징으로서 독립운동의 토대로서 널리 불리우고 있었던 것이다.

한편 중국 『해방일보』, 1942년 9월 20일자 《중국혁명을 위해 희생된 조선의용군 동지 추도 특간》에서 조선독립동맹 섬감령陝甘寧 지회 애청艾青은 동년 9월 17일에 개최된 추도회의 추도사 〈반파시스트 투쟁 중 희생된 조선 열사들에게 바침〉에서도,

> 친애하는 전우들이 죽었다.
> 영용한 동지들이 죽었다.
> 우리의 동지들은 중국의 반침략 전장에서 목숨을 잃었다.
> 우리의 동지들은 반파시스트 투쟁 중 희생되었다.

동지들의 죽음으로 우리의 영광이 더해졌다.
우리의 조국 – 조선의 영광이 더해졌다.
우리는 자유 없는 국토 위의 자유 없는 사람들이다.
우리의 조국은 이미 이민족에게 침점되었다.
우리의 부모들은 이민족의 압박에 시달리고 있다.
우리의 재산은 적의 재산으로 변하고 말았다.
우리가 가꾼 농토에는 적의 양식이 자라고 있다.
우리의 딸들은 적의 처첩으로 끌려가고 말았다.
조선의 도로 위에는 적의 말발굽 소리가 가득하다.
그러나 적들은 결코 이것만으로 만족하지 못하고 있다.
적들은 우리에게 채찍을 휘두르고,
우리를 감옥에 가두려 하고 있다.
수없이 많은 용감한 반항자들이,
적들의 독수에 스러져 갔다.
우리는 생명을 보전하여,
계속 조국을 위한 투쟁을 전개하기 위해,
우리는 중국으로 망명하였다.

중국은 조선의 형제,
장구한 세월 동안,
두 형제는 똑같이 적들의 박해를 받아왔다.
더 이상 박해를 참을 수 없어 마침내 침략에 반항하여 투쟁을 벌이게 되었다.
우리는 아무런 주저 없이 스스로를 이 전쟁에 바치기로 맹세하였다.
무한히 광대한 대지 위에서,
우리와 중국의 형제들이,
어깨를 나란히 하고 투쟁한 지 어언 5년이 되었다.

아리랑의 노래소리가,
華南에서 華北까지 울려 퍼지고,
우리의 족적은,
중국 전장 곳곳에 미치지 않은 곳이 없었다.

라고 하여, 아리랑을 조선 민족의 상징으로 표현하고 있다.

2) 중국동북지방, 만주벌의 아리랑

미주에서 간행된『국민보』에도 박기홍의 〈혁명객의 아리랑 타령〉을 1938년 7월 27일부터, 9월 7일, 9월 28일, 10월25일 등 4회에 걸쳐 게재되었다. 대표적으로 7월 27일 것을 보면 다음과 같다.

> 1. 운종룡풍종호는 구름 가는데 용이 간다. 연조비가 노래 끝에 혁명지사 모여드네. 아리랑 아리랑 아라리오 아리랑 활무대 집을 짓자.
>
> 2. 창해역사 가슴 속에 위한 보구 끓는 피가 뛰다. 방랑사 모래밭에 쇠방망이 때를 기다린다. 아리랑 아리랑 아라리오 아리랑 활무대 집을 짓자.
>
> 3. 놀다가게 자다가게 저 달이 지도록 놀다가게. 놀다 가면 성공인가 목적을 이뤄야 성공이지. 아리랑 아리랑 아라리오 아리랑 활무대 운동가세.
>
> 4. 뜻 같은 선비 뭉친 곳에 말썽도 많고 일감도 많다. 풍찬로숙 우리산림 위국단심이 밑천일세. 아리랑 아리랑 아라리오 아리랑 활무대 준비하자.
>
> 5. 홍구물결 지나간 후 천하 인심 동정한다. 앵전문 앞 못 다한 일 성공할 자 너냐 내냐. 아리랑 아리랑 아라리오 아리랑 활무대 춤을 추세.

만주벌의 아리랑에서는 아리랑 활무대, 아리랑 결사대, 아리랑 선봉대, 아리랑 애국단 등을 강조하고 있다. 특히 1938년 10월 25일자에서는, 논개와 같은 애국여사를 강조하여 주목된다. 아울러1938년 9월 7일에도 〈혁명객의 아리랑타령〉의 5절에서는,

> 5. 두만강 언덕에 쇠북이 울고, 장고봉 꼭대기 탄환비 온다. 무장들은 백의 장사, 내 소원 네 목적 이루어라. 아리랑 아리랑 아라리오, 아리랑 결사대 용감하다

라고 하여, 두만강, 장고봉, 백의장사, 결사대 등이 아라랑의 무장투쟁적 성격을 잘 보여주고 있다. 또한 국민보 1938년 9월 28일자 〈혁명객의 아리랑타

령〉 6절에서도,

> 6. 초초주자 뱃사공아, 혈성대 바삐 건네어라. 장백산 속에 둔 천군사, 출전명령을 기다린다
> 아리랑 아리랑 아라리오, 아리랑 선봉대 고함치네

라고 하여, 만주 백두산의 무장투쟁력을 과시하고 있다.

2. 간도 한인사회 사진자료 현황과 추이

머리말

만주지역은 한국의 고토이며, 우리 민족의 삶의 애환과 땀이 서려있는 곳이다. 그러므로 우리들은 이곳 대륙을 그리워하며, 그곳에서 활동하며 생활을 영위한 많은 대륙의 영혼들을 생각하게 된다.

필자는 어려서부터 만주지역에 대한 많은 이야기들을 들으며 성장해왔고, 만주와 러시아 연해주 지역을 공부하며 또한 많은 지역을 답사하기도 하였다. 그리고 그 결과물들을 함께 나누고자 연구서뿐만 아니라 답사기, 사진첩 등을 간행하여 답사하면서 보고 느낀 부분들을 정리하기도 하였다. 그런 가운데 현장 확인과 당시를 보다 생생하게 살펴보고자 당시 사진들을 많이 구하여야겠다는 생각은 계속하였으나 뜻을 이루지 못하였다.

만주지역의 한인과 관련하여서는 그동안 많은 연구들이 이루어졌다. 특히 만주지역으로 한인이주 및 독립운동사에 대한 집중적인 연구가 이루어진 것은 주지의 사실이다. 그러나 만주지역의 한인들에 대한 사진자료들에 대한 검토는 한번도 이루어진 바가 없다. 그러나 사진들은 만주지역 한인들을 이해하는데 또 하나의 주요한 부분이라고 판단된다. 아울러 만주지역 한인박물관 또는 전시관을 만들 때 기초가 되는 작업이 될수 있을 것으로 보인다.

그러므로 본고에서는 만주지역 한인들과 그들을 둘러싸고 있는 다양한 부분들을 사진들을 중심으로 정리해보고자 한다. 이를 위해 관련자료들을 정리하는 일차적 단계인 아키이빙을 중심으로 본고를 진행해 보고자 한다.

1. 기존의 대표적 연구: 『사진으로 보는 독립운동』(상, 하, 서문당, 1987)

이 책자는 한국독립운동사를 사진을 통해서 살펴본 최초의 사진첩으로서, 간도한인사회를 살펴보는데도 큰 기여 하였다. 그러나 대부분의 사진들의 경우 출처를 밝히고 있지 않은 아쉬움을 남기고 있는 것 또한 지적해야 할 부분이다. 이 책자에 실린 간도지역 사진들을 몇가지로 나누어 보면 다음과 같다.

1) 한인이주

1. 한인들의 이주행렬 / 2. 두만강 건너 만주땅 간도가 바라보이는 철교 / 3. 간도 용정 전경 / 4. 용정부근 두도구의 한국인거리 / 5. 간도시골의 한국인 부락 / 6. 두만강 상류 / 7. 겨울철의 간도풍경 / 8. 간도로 이주한 한국인들 / 9. 겨울철의 간도풍경 / 10. 간도에서의 한국인의 명절풍경 / 11. 간도의 한국인들 / 12. 1909년의 간도의 한국인들 / 13. 간도이주민의 가을 타작 마당 / 14. 간도이주민의 벌목 장면 / 15. 만보산사건-만보산 사건의 발단이 된 수로, 조선일보 기사

2) 독립운동

1. 서전서숙 / 2. 노동하며 훈련받는 신흥강습소 학생들 / 3. 만주 흥경현 이도구의 깊은 산속. 신팔균장군 지휘하의 독립군 훈련장 / 4. 일본군이 작성한 봉오동 습격을 위한 작전 요도 / 5. 독립군의 러시아식 장총, 탄약과 각종 휴대품 / 6. 일본군에게 빼앗긴 독립군 장비들 / 7. 청산리전투관련 사진들

1) 김좌진 / 2) 청산리에 주둔한 대한독립군을 섬멸하기 위해 도문강을 건너 청산리로 진군하는 나남 제19사단 산하의 일본군 여단(잘못된 것임) / 3) 청산리전쟁에서 대승한 대한독립군은 승전 축하 기념 사진(맨앞에 앉은 사람이 김좌진장군)(추정임-필자) / 4) 청산리전쟁때 부상병을 실어나르는 일본군(잘못된 것임) / 5) 이범석 / 6) 대한독립군이 청산리전쟁때 사용한 총기와 군도. 블라디보스톡에서 철수하는 체코군으로부터 소총 1200정, 기관총 6정, 박격포 2문, 탄약 80만발, 수류탄 , 권총 등을 구입했다. / 7) 체코군으로부터 구입하여 청산리전쟁때 사용한 기관총과 박격포

8. 자유시관련 사진
 1) 블라고베센스크 / 2) 소만국경의 우수리강 / 3) 자유시 위치도

3) 독립운동가

1. 이상설 / 2. 이회영 / 3. 이갑 / 4. 서일 / 5. 신팔균 / 6. 이시영 / 7. 홍범도
8. 이범석 / 9. 남자현관련 사진-남자현, 남자현의 묘, 남자현의 가족
10. 김동삼 / 11. 양기탁(2장 노인, 젊은 시절) / 12. 지청천 / 13. 양세봉
14. 홍진 / 15. 신숙 / 16. 조경한 / 17. 김창환 / 18. 오광선 / 19. 유동열
20. 현익철 / 21. 최동오 / 22. 이준식 / 23. 김학규 / 24. 안희제

4) 일제, 북간도에서의 한국인 대학살

1. 훈춘사건에 동원된 나남 주둔 일본군 제19사단 장병들 / 2. 피해당한 간도지방의 한국인 농가 / 3. 가옥을 잃고 남편과 아이들 마저 잃은 부녀자들 / 4. 간도성 연길에 있던 일본 순찰국

2. 새로운 연구의 시작: 박환교수의 일련의 사진역사학 작업들

1)『간도사진첩 : 만주, 제국주의 시선과의 첫 만남』(엮은이: 박환 · 박호원, 민속원, 2016)

▣『간도사진첩』(통감부임시간도파출소, 岩田寫眞館, 1909)

『간도사진첩』에는 모두 138장의 사진이 실려 있다. 이 사진들은 간도사진첩이라는 제목 하에 표지 6페이지에 걸쳐 총목차가 실려 있다. 이를 보면 다음과 같다.

목차
제1. 통감부임시간도파출소 청사 (1908년 10월 준공) / 제2. 파출소 소원 간부(기1)
제3. 파출소 소원 간부(기2) / 제4. 간도자혜병원 / 제5. 통감부파출소 최초의 고시
제6. 파출소 설치 당초의 임시사무소와 齊藤소장(1907년 9월 촬영) / 제7. 급조

임시청사의 건축(1907년 9월 기공, 동 10월 준공) / 제8. 파출소 구청사 / 제9. 파출소 소장과 각 과장(1908년 11월 촬영) / 제10. 파출소원과 헌병대 장교(1907년 11월 촬영) / 제11. 파출소 소장 관사 / 제12. 파출소원 숙사의 일부 (1908년 3월 촬영) / 제13. 신축 간도보통학교(1909년 8월 촬영) / 제14. 헤이그 평화회의 밀사였던 李相卨이 용정촌에 경영한 瑞甸書塾(1908년 9월 촬영) / 제15. 간도우편국 / 제16. 간도구락부 / 제17. 간도구락부내 所員의 球戱 / 제18. 局子街 헌병분견소 / 제19. 龍井市 청국 派辨所 / 제20. 국자가 연길청 知府衙門 / 제21. 국자가 청국순경국 / 제22. 국자가 청국우정국 / 제23. 국자가 변무공서 건축 중의 광경 / 제24. 百草溝 청국병영 / 제25. 간도보통학교 개교식(1908년 7월 1일 거행) / 제26. 간도보통학교 생도의 학습 / 제27. 명치 41년(1908년) 天長節축하회에 간도관사립학도의 參集 / 제28. 용정촌 전경(기1)(1908년 8월 촬영) / 제29. 용정촌 전경(기2)(1908년 8월 촬영) / 제30. 용정촌 전경(기3)(1908년 8월 촬영) 제31. 용정시 시가 / 제32. 발전하는 용정시(1909년 8월 촬영) / 제33. 모아산방면으로부터 바라본 邊務公署(기1) / 제34. 모아산방면으로부터 바라본 邊務公署(기2) / 제35. 국자가 遠望(기 1) / 제36. 국자가 遠望(기 2) / 제37. 국자가 시가(기 1) / 제38 국자가 시가(기 2) / 제39. 국자가 청인 가옥의 건축 / 제40. 頭道溝 시가 / 제41. 銅佛寺 시가 / 제42. 甕聲摺子街 / 제43. 琿春시가(기 1) / 제44. 훈춘시가(기 2) / 제45. 백두산상 정계비 / 제46. 백두산상 龍王潭 / 제47. 神武城의 東南森林 / 제48. 신무성의 동남으로부터 無頭峰, 小白山脈을 보다 / 제49. 신무성으로부터 백두산, 대연지봉, 소연지봉, 대각봉, 무두봉을 보다 / 제50. 太田기사일행 백두산탐험대의 광경(무두봉 부근)(1909년 4월 하순 촬영) / 제51. 백두산 정계비 소재지에 있는 태전기사일행(1909년 5월 상순 촬영) / 제52. 六道溝 평야 / 제53. 육도구 河畔의 水車 / 제54. 육도구 하반의 광경 / 제55. 海蘭河 건너 馬鞍山을 보다 / 제56. 茂山間島 大淵 부근의 沼澤 / 제57. 東京臺 부근 두만강 渡船場 / 제58. 무산간도 두만강 연안 耕地 / 제59. 무산간도 부근의 두만강 제60. 무산간도 釜洞의 한인부락 / 제61. 三道溝 靑山里 평야 / 제62.해란하와 부르하통하(布爾哈通河)의 합류점 / 제63.두만강과 嘎呀河의 합류점 / 제64. 北崗 葦子溝에 있는 조사과원 일행(1908년 10월 촬영) / 제65. 알아하 하구 도선장에 있는 조사과원 일행(1908년 10월 촬영) / 제66. 穩城 부근의 두만강 渡船 / 제67. 朝陽河 상류 三頭葳지방 / 제68. 삼두위 청국 병영의 遠望 / 제69. 삼두위 청국 兵舍(背面으로부터 보다) / 제70. 百草溝 전경(기 1) / 제71. 百草溝

전경(기 2) / 제72. 百草溝 전경(기 3) / 제73.백초구 개방지 부근 / 제74. 哈爾巴嶺上에 있는 八田기사 일행(1908년 11월 촬영) / 제75. 會寧郡 鳥啼岩 玄武洞 / 제76. 天寶山 광산 사무소 / 제77. 천보산 坑口 / 제78. 천보산 洋式 용광로의 폐지 / 제79. 老頭溝 탄광 / 제80. 二道溝 砂金地 / 제81. 부속 모범농원 / 제82. 부속 모범농원 花壇(1909년 8월 촬영) / 제83. 부속 모범농원 양배추(甘藍圃)(1908년8월 촬영) / 제84. 부속 모범농원 試驗圃(1909년 8월 촬영) / 제85. 부속 모범농원 果樹苗圃(1908년 8월 촬영) / 제86. 부속 모범농원 水稻 재배(1909년 6월 중순 촬영) / 제87. 부속 모범농원産菜蔬(1908년 9월 촬영) / 제88. 한인의 농구 / 제89. 청인의 중농가(노두구) / 제90. 청인의 대농가(삼도구 土山子) / 제91. 용정시 우마시장(1909년 10월 촬영) / 제92. 청인의 牛耕 / 제93. 한인의 연초 재배(용정시 부근) / 제94. 한인의 연초 건조(용정시 부근) / 제95. 동불사의 水稻 / 제96. 한인의 大麥 調製 / 제97. 韓夫人의 조(粟) 精白 / 제98. 청인의 小麥 調製 / 제99. 고량주 증류기 / 제100. 西部間島 탐험 鈴木사무관 일행(窩集嶺上)(1908년 5월 31일 촬영) / 제101. 서부간도 大砂河 金廠砂金地 / 제102. 서부간도 古洞河 西南岔의 渡船(1908년 6월 촬영) / 제103. 西部間島 탐험 鈴木사무관 일행(고동하 徒涉)(1908년 6월 촬영) / 제104. 서부간도 大沙河口子에 있는 筏組場 / 제105. 서부간도 土門江(娘娘庫)의 流筏 / 제106. 서부간도 고동하지방에 있는 변발한인(1908년 6월 촬영) / 제107. 兩江口(토문강과 富爾河의 합류점) / 제108. 서부간도 낭낭고 지방 한인서숙 / 제109. 서부간도에 있는 삼림의 개척 / 제110. 加藤淸正 兀良哈정벌의 때, 통과한 門巖 / 제111. 회령군 甫乙下鎭 雲淵城趾(일명 五國山城) / 제112. 東古城子에 있는 古石獸 / 제113. 동고성자 古獸의 하나 / 제114. 城子山으로부터 부르하통하 건너, 小莫盤山을 보다 / 제115. 소막반산 堡壘의 舊址 / 제116. 소막반산 보루 舊蹟의 左端崖 / 제117. 국자가 북방고지(훈춘가도)로부터 서방 土壘線을 통과해서 延吉河를 보다 / 제118. 육도구 부근 고적 / 제119. 西古城子내의 광경(성내의 건물은 청국병영) / 제120. 연길하 石人溝에 있는 古石人 / 제121. 성자산에서 습득한 銅印(실물 大) / 제122. 성자산에서 습득한 鏃과 古錢 / 제123. 용정시 부근 해란河畔 고적에서 습득한 古錢 / 제124. 회령대안 土城峙에서 습득한 鏃 / 제125. 서고성자에서 습득한 古瓦의 문자 / 제126. 서고성자에서 습득한 古瓦片 / 제127. 두만강연안 五國城址에서 습득한 古瓦片(기 1) / 제128. 두만강연안 五國城址에서 습득한 古瓦片(기 2) / 제129. 두만강연안 五國城址에서 습득한 古

瓦片(기 3) / 제130. 서부간도 낭낭고에 있는 고려고분과 토문강 / 제131. 서부간도에 있는 古石棺 / 제132. 서부간도에서 발굴된 土人의 古石臼 / 제133. 서부간도에서 발굴된 토인의 古器具 / 제134. 韓婦人의 嬉戲 / 제135. 銅佛寺街에 있는 청인의 豊年祝演劇(1909년 9월 29일 촬영) / 제136. 간도에 관한 일청협약발표 당시의 파출소원(1909년 9월 9일 촬영) / 제137. 파출소 철퇴 전에 러시아 청국관리의 초대(1909년 10월 26일 촬영) / 제138. 파출소원과 헌병대의 간도철퇴(1909년 11월 2일 촬영)

위에서 보는 바와 같이, 간도파출소의 설치, 구성원, 활동, 철수에 이르기까지의 전체적인 내용을 담고 있다. 아울러 총 138장의 사진 가운데 일부는 그 촬영 시기를 적시하고 있어 당시 간도지역을 이해하는데 큰 도움을 주고 있다. 이를 보면 다음과 같다.

제1. 통감부임시간도파출소 청사 (1908년 10월 준공) / 제6. 파출소 설치 당초의 임시사무소와 齊藤소장(1907년 9월 촬영) / 제7. 급조 임시청사의 건축(1907년 9월 기공, 동 10월 준공) / 제9. 파출소 소장과 각 과장(1908년 11월 촬영) / 제10. 파출소원과 헌병대 장교(1907년 11월 촬영) / 제12. 파출소원 숙사의 일부 (1908년 3월 촬영) / 제13. 신축 간도보통학교(1909년 8월 촬영) / 제14. 헤이그 평화회의 밀사였던 李相卨이 용정촌에 경영한 瑞甸書塾(1908년 9월 촬영) / 제25. 간도보통학교 개교식(1908년 7월 1일 거행) / 제28. 용정촌 전경(기1)(1908년 8월 촬영) / 제29. 용정촌 전경(기2)(1908년 8월 촬영) / 제30. 용정촌 전경(기3)(1908년 8월 촬영) / 제32. 발전하는 용정시(1909년 8월 촬영) / 제50. 太田기사일행 백두산탐험대의 광경(무두봉 부근)(1909년 4월 하순 촬영) / 제51. 백두산 정계비 소재지에 있는 태전기사일행(1909년 5월 상순 촬영) / 제64. 北崗 葦子溝에 있는 조사과원 일행(1908년 10월 촬영) / 제65. 알아하 하구 도선장에 있는 조사과원 일행(1908년 10월 촬영) / 제74. 哈爾巴嶺上에 있는 八田기사 일행(1908년 11월 촬영) / 제82. 부속 모범농원 花壇(1909년 8월 촬영) / 제83. 부속 모범농원 양배추밭(甘藍圃)(1908년 8월 촬영) / 제84. 부속 모범농원 試驗圃(1909년 8월 촬영) / 제85. 부속 모범농원 果樹苗圃(1908년 8월 촬영) 제86. 부속 모범농원 水稻 재배(1909년 6월 중순 촬영) / 제87. 부속 모범농원産

菜蔬(1908년 9월 촬영) / 제91. 용정시 우마시장(1909년 10월 촬영) / 제100. 西部間島 탐험 鈴木사무관 일행(窩集嶺上)(1908년 5월 31일 촬영) / 제102. 서부간도 古洞河 西南岔의 渡船(1908년 6월 촬영) / 제103. 西部間島 탐험 鈴木사무관 일행(고동하 徒涉)(1908년 6월 촬영) / 제106. 서부간도 고동하지방에 있는 변발한인(1908년 6월 촬영) / 제135. 銅佛寺街에 있는 청인의 豊年祝演劇(1909년 9월 29일 촬영) / 제136. 간도에 관한 일청협약발표 당시의 파출소원(1909년 9월 9일 촬영) / 제137. 파출소 철퇴 전에 러시아 청국관리의 초대(1909년 10월 26일 촬영) / 제138. 파출소원과 헌병대의 간도철퇴(1909년 11월 2일 촬영)

위에서 보는 바와 같이, 총 138장 중 촬영시기를 짐작해 볼 수 있는 것은 총 34정도이다. 촬영시기는 1907년 9월부터 1909년 11월까지 약 2년간에 걸쳐 있음을 짐작해 볼 수 있다. 제6. 파출소 설치 당초의 임시사무소와 제등齊藤소장(1907년 9월 촬영), 138. 파출소원과 헌병대의 간도철퇴(1909년 11월 2일 촬영) 등이 그것이다.

사진촬영시점 가운데 중요한 의미를 갖는 것은 서전서숙 및 백두산정계비 등이라 볼 수 있다, 전자로는 제14. 헤이그 평화회의 밀사였던 이상설이 용정촌에 경영한 서전서숙(1908년 9월 촬영), 후자로는 제50. 태전太田기사일행 백두산탐험대의 광경(무두봉 부근, 1909년 4월 하순 촬영), 제51. 백두산 정계비 소재지에 있는 태전기사일행(1909년 5월 상순 촬영) 등을 들 수 있다.

2) 『사진으로 보는 만주지역 한인의 삶과 기억의 공간』(박환, 민속원, 2016)

Ⅰ. 만주로의 이주와 정착

한인의 만주 이주와 정착 / 새로운 꿈을 위하여 신천지로의 이주 / 숨을 죽이며 압록강을 건너다 / 만주와 러시아로의 이동의 길목

남만주지역 / 북간도지역 / 중만주지역 / 북만주지역

Ⅱ. 독립전쟁의 준비

독립운동기지의 건설 / 간도지역의 한인모습 / 교육활동 / 종교활동 / 서간도 독립운동기지건설 / 『간도사진첩』속의 한인들의 흔적들 / 북간도 및 북만주 독립운동기지건설 / 북간도 / 북만주

Ⅲ. 3·1운동과 무장투쟁

3·1운동 / 국내에서의 3·1운동 / 만주에서의 3·1운동 / 간도15만원 탈취의거
무장투쟁 / 북간도지역 무장독립운동단체 / 서간도지역 무장독립운동단체
봉오동전투 / 청산리대첩

Ⅳ. 독립운동단체의 재정비와 독립군 항쟁

독립운동단체의 재정비 / 경신참변과 자유시참변 / 참의부의 성립과 무장활동
정의부의 조직과 활동 / 신민부의 조직과 활동 / 한족총연합회 / 한국독립당과 한국독립군 / 국민부와 조선혁명당, 조선혁명군

독립군의 항쟁 / 일제의 만주침략 / 조선혁명군과 한국독립군의 한·중연합투쟁
동북항일연군의 성립과 활동 / 동북항일연군의 전사들 / 동북항일연군의 항일투쟁 / 일제의 탄압 / 조국광복회의 결성과 항일민족통일전선의 확대

Ⅴ. 만주지역의 항일독립운동가들

만주벌의 항일투사들 / 만주지역의 독립운동가들-재류금지 / 만주지역 항일열사들 중국인 / 북한애국열사릉 만주지역 독립운동가들 / 만주에 주소지를 두고 있는 일제감시대상 인물카드 / 만주지역 항일운동 연표

Ⅵ. 친일 관련 단체들 :조선인민회, 학교, 자경단

독립군들의 주요 공격대상 : 친일단체 조선인민회 / 친일조선인 교육기관
독립군 "토벌"에 앞장선 조선인 자경단 / 마적

Ⅶ. 논고

1. 만주지역 한인 및 독립운동관련 사진들 / <u>2. 동영상으로 엿보는 만주국시절 : 만주, 한국인의 삶과 풍경...(하략)</u>

3)『간도의 기억』박환, 민속원, 2017.

Ⅰ부 일제의 간도진출과 조선인

1장 3·1운동 이후 일제의 조선인 탄압과 회유 / 2장 1920년대 간도와 조선인들 / 3장 사진 엽서로 보는 1920년대 간도의 풍경

II부 독립운동, 그 열정의 기록

4장 만주지역 독립운동가들의 외침, 정의부 기관지

III부 일본제국의 대륙침략을 위한 안내서

5장 러일전쟁 후 새로운 군사도시 청진에서 간도로 / 6장 일제의 조선강점과 간도침략 / 7장 1차 세계대전과 대륙으로의 진출 / 8장 지방지에 보이는 북방표상

IV부 사진첩을 통해 본 국경

9장 긴장과 평화의 공존, 독립군의 활동과 국경

■ 『간도기념사진첩』(1924.5, 재간도일본총영사관)

사진첩에 있는 사진들을 나열하면 다음과 같다.

2쪽(이하 생략). 총영사 堺與三古(전임), 총영사 鈴木要太郎, 총영사 공관 / 3. 大神宮 및 재간도일본총영사관 옛 청사(용정촌), 재간도일본총영사관 임시청사(용정촌) / 4. 백두산정의 용왕담(별명 闥門池), 조선 함경북도 上三峯과 간도 和龍縣地 坊曲間의 가교(도문강 중류), 회령 부근의 도문강, 훈춘현 黑頂子 부근의 도문강[한·청·러 삼국의 국경](도문강 하류) / 5. 간도 용정촌 전경 / 6. 총영사관 직원, 부영사 大和久義郎, 부영사 近藤信一 / 7. 경찰부장 警視 末松吉次, 1923년 10월 16일 경찰관 야구시합의 입장식(총영사관 구내), 1924년 5월 3일 경찰관 야구 외 연습의 강평(용정촌 남쪽 高地), 경찰부와 총영사관 경찰서 직원 일부 / 8. 총영사관 경찰서장 警部 古山又之丞, 총영사관 경찰서 직원 / 9. 光明學校(용정촌), 간도중앙학교(용정촌), 간도심상고등소학교(용정촌) / 10. 間島救濟會(용정촌), 조선은행 용정촌출장소, 간도신탁주식회사(용정촌), 용정촌 금융부 / 11. 간도자혜의원(용정촌), 용정촌 稅關村 경찰관파출소, 간도신보사(용정촌), 간도공회당(용정촌) / 12. 용정촌 商埠分局, 용정촌 우시장, 용정촌 중국공원, 용정촌 시가 / 13. 조선 소달구지, 天圖輕便鐵道 용정촌정차장(中日合辦鐵道), 짐을 실은 중국의 노새들, 중국의 마차 / 14. 벼농사(용정촌 부근), 조선인 마을(용정촌 부근), 綿羊 / 15. 天寶山 分署 직원, 천보산 분서 청사, 천보산 銀銅鑛(중일 合辦) / 16. 銅佛寺 分署 직원, 동불사분서 청사, 老頭溝 石炭鑛(중일 합판), 동불사 시가 / 17. 大拉子 분서 직원, 대랍자 분서 청사 / 18. 兀良哈(회령 용정촌 街道), 명동학교(조선인 경영), 和龍縣 분서 / 19. 南陽坪 분서 직원, 門巖(가토 키요마

사加籐淸正의 군대가 통과한 곳으로 上三峯 용정촌 街道에 있다), 남양평 분서 청사 / 20. 부영사 芝崎路可, 부영사 川南省一(전임), 서기 生川俣方平(전 분관 주임), 局子街 분관 청사 / 21. 국자가 분관 직원, 국자가분관 경찰서장 警部 齋藤孫治, 국자가 전경 / 22. 延吉道 都尹 陶彬, 延吉都尹 공서(국자가), 延吉鎭守使 공서(국자가) / 23. 국자가 布爾巴通河 교량, 吉林省立師範學校(국자가), 국자가 시가, 국자가 중국공원 / 24. 八道溝 분서 직원, 팔도구 분서 청사 / 25. 依蘭溝 분서 직원, 의란구 전경(국자가 백초구 가도), 의란구 분서 청사 / 26. 傑滿洞 분서 직원, 걸만동 분서 청사 / 27. 凉水泉子 분서 직원, 양수천자 분서 청사 / 28. 嘎呀河 분서 직원, 알아하분서 청사 / 29. 頭道溝 분관, 부영사 諏訪光瓊(전임), 두도구 분관 주임 書記生 毛利此吉, 두도구 商埠分局 / 30. 두도구 분관 직원, 두도구 분관 경찰서장대리 警部 補林順三, 두도구 분관 부근의 봄빛 / 31. 二道溝 분서 직원, 이도구 분서 청사 / 32. 釜洞 분서 직원, 부동 분서 청사 / 33. 부영사 佐藤今朝藏(전임), 부영사 田中正一, 훈춘 분관 / 34. 훈춘 분관 경찰서장 경부 田中新八, 훈춘 분관 직원, 훈춘 분관 경찰서 경찰관의 기관총 훈련 / 35. 훈춘 시가, 훈춘현 公署, 훈춘하의 流筏 / 36. 두도구 분서 직원, 두도구에서의 낚시, 두도구 분서 청사 / 37. 黑頂子 분서 직원, 흑정자 분서 청사 / 38. 百草溝 분관 주임 서기생 吉非秀男, 백초구 분관, 백초구 분관 청사 / 39. 백초구 분관 직원, 백초구 분관 경찰서장대리 警部補 田中利通, 백초구 시가 / 40. 汪淸縣 공서(백초구), 알아하 백초구 부근의 유벌, 알아하에서 뗏목의 繫留, 東三省 육군 제13여대 제7사단 본부 및 병영(백초구)

위에서 살펴본 바와 같이, 서문을 제외하고 사진만으로는 총 39쪽으로 이루어져 있다. 그 가운데 간도총영사관 사진이 중심이다. 총영사관의 전임, 현임 총영사, 총영사관 직원, 총영사관 공관 등의 사진이 일차적으로 배치되어 있다. 그 중 총영사관의 경찰이 다수를 차지하고 있다. 다음으로는 간도 용정촌 전경, 용정에 있는 일본인학교, 일제의 기구, 공공기관, 시가, 교통, 조선인마을 등의 사진이 배치되어 있다. 아울러 중국 기관 등도 수록되어 있다.

4) 『재만조선총독부시설기념첩 일본 제국의 양면: 탄압과 회유』(박환·박호원, 민속원, 2017)

제1부

『재만조선총독부시설기념첩』 / 해제 1930년대 만주벌의 조선인을 만나다._ 박환 / 번역 재만조선총독부시설기념첩_ 박호원

제2부

부록

1 해제 순회 진료로 간도지역 조선일을 회유하다._ 박환 / 번역 『훈춘 및 간도 지방 순회 진료기』(1933)_ 박호원

2 해제 1940년대 왕청현과 안도현의 조선인들_ 박환 / 번역 「동만개척지순회진료기」(『조선』11월호「제342호」, 1943)_ 박호원

5) 『在滿朝鮮總督府施設記念帖』

▣ 『재만조선총독부시설기념첩』 (조선총독부 외사과, 1940)소재 사진일람표

번호	제목	페이지
1	개척되어진 만주 광야	7쪽
2	조선총독부(1)	8쪽
3	조선총독부(2)	8쪽
4	역대 총독	9쪽
5	역대 정무총감	10쪽
6	역대 외사과장, 부장	11쪽
7	역대 만주파견 수석사무관	12쪽
8	재만수석파견원의 회합	13쪽
9	만주제국 국무원	14쪽
10	재만대일본제국대사관	14쪽
11	만주국에 피는 벚꽃	15쪽
12	선만척식주식회사	16쪽
13	만선척식주식회사	17쪽
14	주식회사 만선일보사(신경-장춘)	18쪽
15	만주개척의 使者	19쪽
16	대지를 개척하다(1)	53쪽

17	대지를 개척하다(2)	53쪽
18	용강성 태래현에서(봄볕의 따사로운 한가한 농가의 정경)	102쪽
19	목단강성 영안현 신안진(집단부락 자경단)	105쪽
20	목단강성 영안현 남전자(白衣의 영령 황야에 잠들다)	106쪽
21	만주개척의 사자	107쪽
22	전만조선인민회연합회 제7회 정기총회	114쪽
23	신경조선인민회(신경 일본총영사관 관내)	115쪽
24	신경조선인민회 사무실	116쪽
25	신경조선인민회 회의실	116쪽
26	신경조선인민회 회장실	116쪽
27	전만조선인민회연합회 사무실의 일부	116쪽
28	하얼빈 조선인민회사무소와 민회간부 (하얼빈 일본총영사관 관내) (1)	117쪽
29	하얼빈 조선인민회사무소와 민회간부 (하얼빈 일본총영사관 관내) (2)	117쪽
30	동흥 조선인민회(하얼빈총영사관 관내)	118쪽
31	파언 조선인민회	118쪽
32	도뢰소 조선인민회(하얼빈 일본총영사관 관내)	119쪽
33	모아산 조선인민회(하얼빈 총영사관 관내)	120쪽
34	오상 조선인민회(하얼빈 총영사관 관내)	120쪽
35	해륜 조선인민회(하얼빈총영사관)	121쪽
36	해북진 조선인민회(하얼빈총영사관 관내)	121쪽
37	아성 조선인민회(하얼빈 총영사관 관내)	122쪽
38	취원창 조선인민회(하얼빈 총영사관 관내)	122쪽
39	연수 조선인민회(하얼빈 총영사관 관내)	123쪽
40	일면파 조선인민회(하얼빈 총영사관 관내)	123쪽
41	청강 조선인민회(하얼빈 총영사관 관내)	124쪽
42	목단강 조선인민회(하얼빈 총영사관 목단강분관 관내)	125쪽
43	신안진 조선인민회(하얼빈 총영사관 목단강분관 관내)	126쪽
44	해림 조선인민회(하얼빈 총영사관 목단강분관 관내)	126쪽
45	동경성 조선인민회(하얼빈 총영사관 목단강분관 관내)	127쪽
46	영안 조선인민회(하얼빈 총영사관 목단강분관 관내)	127쪽
47	가목사 조선인민회(하얼빈 총영사관 가목사분관 관내)	128쪽
48	방정 조선인민회(하얼빈 총영사관 가목사분관 관내)	129쪽
49	임구 조선인민회(하얼빈 총영사관 가목사분관 관내)	129쪽

50	안동 조선인민회(안동영사관 관내)	130쪽
51	관전 조선인민회(안동영사관 관내)	131쪽
52	집안 조선인민회(안동영사관 관내)	131쪽
53	임강 조선인민회(안동영사관 관내)	132쪽
54	장백 조선인민회(안동영사관 관내)	132쪽
55	통화 조선인민회(봉천 총영사관 통화분관 관내)	132쪽
56	교하 조선인민회(길림 총영사관 관내)	133쪽
57	돈화 조선인민회(길림 총영사관돈화분관 관내)	133쪽
58	액목 조선인민회(길림 총영사관 관내)	133쪽
59	영구 조선인민회(봉천 총영사관 관내)	134쪽
60	요양 조선인민회(봉천 총영사관 관내)	134쪽
61	공주령 조선인민회(신경 총영사관 관내)	135쪽
62	사평가 민회사무집행상황	135쪽
63	사평가 조선인민회(신경 영사관 관내)	135쪽
64	고유수보통학교	136쪽
65	봉가둔보통학교	136쪽
66	목단강보통학교(추위를 이기기 위한 체조광경)	137쪽
67	목단강보통학교(본부 목단강파견원관내)	137쪽
68	목단강보통학교(추계운동회)	138쪽
69	목단강보통학교(학예회 두번째)	138쪽
70	목단강보통학교(학예회의 한 장면)	138쪽
71	신안진보통학교(본부 목단강파견원 관내)	139쪽
72	신안진보통학교(사무소)	139쪽
73	신안진보통학교(아동작품)	139쪽
74	해림보통학교(교사전경)	140쪽
75	해림보통학교(본부 목단강파견원 관내)수업광경	140쪽
76	해림보통학교(사무실)	140쪽
77	해림보통학교(아동작품)	140쪽
78	해림보통학교(남랍고분교)	141쪽
79	해림보통학교(산시분교)	141쪽
80	해림보통학교분교(사호분교)	141쪽
81	동경성보통학교	142쪽
82	영안보통학교	142쪽
83	동흥보통학교(본부 하얼빈파견원 관내)(2)	143쪽
84	동흥보통학교(본부 하얼빈파견원 관내)	143쪽

85	선목보통학교와실습상황(본부 하얼빈파견원 관내)(2)	144쪽
86	선목보통학교와 실습상황(본부 하얼빈파견원 관내)	144쪽
87	가목사보통학교	145쪽
88	인구보통학교	145쪽
89	목란보통학교	146쪽
90	연수보통학교	146쪽
91	돈화보통학교와 교화보통학교(본부 돈화파견원 관내)	147쪽
92	돈화보통학교	147쪽
93	교화보통학교	147쪽
94	청원보통학교와 산성진보통학교(본부 해룡파견원 관내)(1)	148쪽
95	청원보통학교와 산성진보통학교(본부 해룡파견원 관내)(2)	148쪽
96	청원보통학교와 산성진보통학교(본부 해룡파견원 관내)(3)	148쪽
97	유하보통학교와 휘남보통학교(본부 해룡파견원 관내)(1)	149쪽
98	유하보통학교와 휘남보통학교(본부 해룡파견원 관내)(2)	149쪽
99	삼도진보통학교(안동파견원 관내)(1)	150쪽
100	장백보통학교(안동파견원 관내)(2)	150쪽
101	대한서당	154쪽
102	명신학교	154쪽
103	삼성학교	154쪽
104	영의학교	154쪽
105	재만조선인의료기관(신경조선인민회 촉탁의)	155쪽
106	재만조선인의료기관(하얼빈조선인민회 촉탁의)	155쪽
107	재만조선의료기관2(사평가조선인민회 촉탁의)	156쪽
108	재만조선의료기관2(안동조선인민회 촉탁의)	156쪽
109	재만조선인의료기관3(영구조선인민회 촉탁의)	157쪽
110	재만조선인의료기관3(집안조선인민회 촉탁의)	157쪽
111	재만조선인의료기관4(신안진조선인민회 촉탁의)	158쪽
112	재만조선인의료기관4(해림조선인민회 촉탁의)	158쪽
113	재만조선인의료기관5(장백에서의 순회시료상황)(2)	159쪽
114	재만조선인의료기관5(장백에서의 순회시료상황)	159쪽
115	하얼빈금융회본지소 (1)	160쪽
116	하얼빈금융회본지소 (2)	160쪽
117	목단강금융회본지소 (1)	161쪽
118	목단강금융회본지소 (2)	161쪽
119	가목사금융회본지소 (1)	162쪽

120	가목사금융회본지소 (2)	162쪽
121	신안진금융회와 동경성금융회(2)	163쪽
122	신안진금융회와 동경성금융회	163쪽
123	자경단상황(1)(통화성 유하현 삼원포)	165쪽
124	자경단상황(2)(통화성 유하현 삼원포)	165쪽
125	자경단상황(3)(통화성 유하현 삼원포)	165쪽
126	자경단상황(빈강성 파언현 서집진 동성지)	166쪽
127	자경단상황(삼강성 의란현 화소구)	166쪽
128	자경단상황(용강성 통화현 화북농장)	167쪽
129	자경단상황	167쪽
130	자경단의 공적 (1)	168쪽
131	자경단의 공적 (2)	168쪽
132	자경단의 공적	168쪽
133	간도성에서의 집단부락상황(1)	171쪽
134	간도성에서의 집단부락상황(2)	171쪽
135	간도성에서의 집단부락상황1(1)	171쪽
136	간도성에서의 집단부락상황1(2)	171쪽
137	간도성에서의 집단부락상황2(1)	172쪽
138	간도성에서의 집단부락상황2(2)	172쪽
139	간도성에서의 집단부락상황3(1)	173쪽
140	간도성에서의 집단부락상황3(2)	173쪽
141	간도성에서의 집단부락상황4(1)	174쪽
142	간도성에서의 집단부락상황4(2)	174쪽
143	간도성에서의 집단부락상황5 (1)	175쪽
144	간도성에서의 집단부락상황5 (2)	175쪽
145	간도성에서의 집단부락상황6(1)	176쪽
146	간도성에서의 집단부락상황6(2)	176쪽
147	간도성에서의 집단부락상황6(3)	176쪽
148	간도성에서의 집단부락상황7(1)–소백구집단 자경단원과 부락민	177쪽
149	간도성에서의 집단부락상황7 (2)–집단부락을 보호하는 자경단	177쪽
150	간도성에서의 집단부락상황8 (1)–부락민을 보호하는 외무성 경찰관	178쪽
151	간도성에서의 집단부락상황8 (2)–부락민을 보호하는 외무성 경찰관	178쪽
152	간도성에서의 집단부락상황8 (3)–부락민을 보호하는 외무성 경찰관	178쪽

153	간도성에서의 집단부락상황9–자경단의 훈련과 토벌상황 (1)	179쪽
154	간도성에서의 집단부락상황9–자경단의 훈련과 토벌상황 (2)	179쪽
155	간도성에서의 집단부락상황9–자경단의 훈련과 토벌상황 (3)	179쪽
156	간도성에서의 집단부락상황10 (1)–집단부락건설의 측면적 원조를 주는 일만군헌	180쪽
157	간도성에서의 집단부락상황10 (2)–집단부락건설의 측면적 원조를 주는 일만군헌	180쪽
158	간도성에서의 집단부락상황10 (3)–집단부락건설의 측면적 원조를 주는일만군헌	180쪽
159	간도성에서의 집단부락상황11(운반경위의 책무를 담당하는 외무성 경찰관과 자경단) (1)	181쪽
160	간도성에서의 집단부락상황11(운반경위의 책무를 담당하는 외무성 경찰관과 자경단) (2)	181쪽
161	간도성에서의 집단부락상황11(운반경위의 책무를 담당하는 외무성 경찰관과 자경단) (3)	181쪽
162	간도성에서의 집단부락상황12(집단부락입식이민 수송상황) (1)	182쪽
163	간도성에서의 집단부락상황12(집단부락입식이민 수송상황) (2)	182쪽
164	간도성에서의 집단부락상황13(집단부락입식이민 수송상황) (1)	183쪽
165	간도성에서의 집단부락상황13(집단부락입식이민 수송상황) (2)	183쪽
166	간도성에서의 집단부락상황13(집단부락입식이민 수송상황) (3)	183쪽
167	간도성에서의 집단부락상황14(집단부락입식이민 수송상황) (1)	184쪽
168	간도성에서의 집단부락상황14(집단부락입식이민 수송상황) (2)	184쪽
169	간도성에서의 집단부락상황15(집단부락에 있어서의 부락제) (1)	185쪽
170	간도성에서의 집단부락상황15(집단부락에 있어서의 부락제) (2)	185쪽
171	주체없는 집단부락상황1	186쪽
172	주체없는 집단부락상황2 (1)–목단강 영안현 해림	187쪽
173	주체없는 집단부락상황2 (2)–빈강성 오상현 두가참	187쪽
174	주체없는 집단부락상황2 (3)–경작지와 수확물	187쪽
175	주체없는 집단부락상황3 (1)	188쪽
176	주체없는 집단부락상황3 (2)	188쪽
177	주체없는 집단부락상황3 (3)	188쪽
178	주체없는 집단부락상황3 (4)	188쪽
179	주체없는 집단부락상황4(부락민생활) (1)	189쪽
180	주체없는 집단부락상황4(부락민생활) (2)	189쪽
181	주체없는 집단부락상황4(부락민생활) (3)	189쪽
182	주체없는 진답부락상황5 (1)–집단부락에서의 선만인의 연합운동회	190쪽

217	농업상황1(사변당시의 만보산농장) (2)	211쪽
218	농업상황1(사변당시의 만보산농장) (3)	211쪽
219	농업상황1(사변당시의 만보산농장) (4)	211쪽
220	농업상황2 (1)-빈강성 파언현 동성둔농장 언지전경	212쪽
221	농업상황2 (2)-봉천성 요원현 정가둔농장 언지전경	212쪽
222	농업상황2 (3)-빈강성 오상현 대달농장 언지전경	212쪽
223	소작농경작지상황 (1)-길림성 장춘현 만보산	213쪽
224	소작농경작지상황 (2)-용강성 통북현 하북,경영자 이선계	213쪽
225	소작농경작지상황 (3)-길림성 액목현 남교하, 경영자 조동오	213쪽
226	자작농부락상황 (1)-길림성 액목현 남교하둔	214쪽
227	자작농부락상황 (2)-연안현 신한지 자작농 집단부락	214쪽
228	자작농부락상황 (3)-목단강성 영안현 신안진	214쪽
229	영안현 자작농의 주택 (1)	215쪽
230	영안현 자작농의 주택 (2)	215쪽
231	영안현 자작농의 주택 (3)	215쪽
232	영안현 자작농의 주택 (4)	215쪽
233	자작농의 수납상황 (1)	216쪽
234	자작농의 수납상황 (2)	216쪽
235	자작농의 수납상황 (3)	216쪽
236	자작농의 수납상황 (4)	216쪽
237	자작농부락민과 소작농 부락민 (1) -길림성 액목현 교화지방 소작농	217쪽
238	자작농부락민과 소작농 부락민 (2) -빈강성 아성현 취원창지방 자작농	217쪽
239	思想주의자의 귀농 (1)	218쪽
240	사상주의자의 귀농 (2)	218쪽
241	영구안전농촌상황1 (1)-농촌기공식	221쪽
242	영구안전농촌상황1 (2)-영구농촌공사착수전의 상황	221쪽
243	영구안전농촌상황2 (1)-영구농촌 양수장 기초공사	222쪽
244	영구안전농촌상황2 (2)-영구농촌수용피난민의 공사취역상황	222쪽
245	영구안전농촌상황2 (3)-영구농촌 양수장 기초공사상황	222쪽
246	영구안전농촌상황2 (4)-영구농촌수용피난민의 공사취역상황2	222쪽
247	영구안전농촌상황3 (1)-영구농촌 용수간선	223쪽
248	영구안전농촌상황3 (2)-영구농촌 양수장의 변전소	223쪽
249	영구안전농촌상황3 (3)-영구농촌의 완성된 用水幹線	223쪽

250	영구안전농촌상황3 (4)-영구농촌장수장의 導水路 浚渫	223쪽
251	영구안전농촌상황4 (1)-영구농촌경찰청분서	224쪽
252	영구안전농촌상황4 (2)-영구농촌 농무계연합회사무소	224쪽
253	영구안전농촌상황4 (3)-영구농촌의원	224쪽
254	영구안전농촌상황4 (4)-영구농촌농무계연합회 사무소 구내	224쪽
255	영구안전농촌상황5 (1)-영구농촌역에서 본 중앙구부락	225쪽
256	영구안전농촌상황5 (2)-기상에서 본 영구농촌중앙구	225쪽
257	영구안전농촌상황5 (3)-영구농촌중앙구의 일부	225쪽
258	영구안전농촌상황5 (4)-영구농촌중앙구의 일부	225쪽
259	영구안전농촌상황6 (1)-영구농촌수확상황(탈곡작업)	226쪽
260	영구안전농촌상황6 (2)-영구농촌의 개간상황	226쪽
261	영구안전농촌상황6 (3)-탈곡상황	226쪽
262	영구안전농촌상황6 (4)-영구농촌의 여무는 가을	226쪽
263	영구안전농촌상황7 (1)-수확벼의 둔적저장	227쪽
264	영구안전농촌상황7 (2)-생산벼의 적출영구농촌	227쪽
265	영구안전농촌상황7 (3)-종자벼의 저장(영구농촌)	227쪽
266	영구안전농촌상황7 (4)-영구농촌정미공장	227쪽
267	영구안전농촌상황8 (1)-부업생산품의 매상	228쪽
268	영구안전농촌상황8 (2)-영구농촌의 부업	228쪽
269	영구안전농촌상황8 (3)-공동판매 및 공동구입	228쪽
270	영구안전농촌상황9 (1)-영구농촌의 교육(운동회)	229쪽
271	영구안전농촌상황9 (2)-영구농촌의 교육(학예회1)	229쪽
272	영구안전농촌상황9 (3)-영구농촌의 교육(학예회2)	229쪽
273	영구안전농촌상황10 (1)-이민의 입촌	230쪽
274	영구안전농촌상황10 (2)-이민의 입촌	230쪽
275	영구안전농촌상황10 (3)-이민의 입촌	230쪽
276	영구안전농촌상황10 (4)-이민의 입촌	230쪽
277	영구안전농촌상황11 (1)-이민의 입촌	231쪽
278	영구안전농촌상황11 (2)-이민의 입촌	231쪽
279	영구안전농촌상황11 (3)-이민의 입촌	231쪽
280	영구안전농촌상황11 (4)-이민의 입촌	231쪽
281	영구안전농촌상황12 (1)-이민의 입촌	232쪽
282	영구안전농촌상황12 (2)-이민의 입촌	232쪽
283	영구안전농촌상황12 (3)-이민의 입촌	232쪽
284	영구안전농촌상황12 (4)-이민의 입촌	232쪽

285	영구안전농촌상황13-植田 관동군사령관의 농촌방문기념촬영	233쪽
286	영구안전농촌상황14 (1)-각계의 농촌방문	234쪽
287	영구안전농촌상황14 (2)-각계의 농촌방문	234쪽
288	영구안전농촌상황14 (3)-각계의 농촌방문	234쪽
289	하동안전농촌상황1 (1)-농촌경찰서원 및 자경단	235쪽
290	하동안전농촌상황1 (2)-농촌사무소	235쪽
291	하동안전농촌상황1 (3)-농촌민의 집으로 만든 제품 매매상황	235쪽
292	하동안전농촌상황1 (4)-叺職상황	235쪽
293	하동안전농촌상황2-농촌의 일부	236쪽
294	하동안전농촌상황3-제초작업	237쪽
295	하동안전농촌상황4-하얼빈총영사관경찰서 하동분서	238쪽
296	하동안전농촌상황5-농수취입구	239쪽
297	수화안전농촌상황1-농촌사무소	240쪽
298	수화안전농촌상황2 (1)-수로공사	241쪽
299	수화안전농촌상황2 (2)-堰止공사	241쪽
300	수화안전농촌상황3 (1)-경작지의 일부	242쪽
301	수화안전농촌상황3 (2)-通水현황	242쪽
302	철령안전농촌상황1 (1)	243쪽
303	철령안전농촌상황1 (2)	243쪽
304	철령안전농촌상황1 (3)	243쪽
305	철령안전농촌상황1 (4)	243쪽
306	철령안전농촌상황2 (1)	244쪽
307	철령안전농촌상황2 (2)	244쪽
308	철령안전농촌상황2 (3)	244쪽
309	철령안전농촌상황2 (4)	244쪽
310	만주사변에 의한 피난민구호상황1 (1)-刀匪사건에 의한 수용피난민(해룡파견원구제)	247쪽
311	만주사변에의한피난민구호상황1 (2)-영구에서의 수용피난민(영구파견원구제)	247쪽
312	만주사변에 의한 피난민구호상황2 (1)	248쪽
313	만주사변에 의한 피난민구호상황2 (2)	248쪽
314	만주사변에 의한 피난민구호상황3 (1)-영구피난민수용소의내부	249쪽
315	만주사변에 의한 피난민구호상황3 (2)-봉천변문외 박격포공창 직공숙사적 수용소정문앞 피난민의일부	249쪽
316	만주사변에 의한 피난민구호상황4 (1)	250쪽

317	만주사변에 의한 피난민구호상황4 (2)-영구수용피난민의 승입상황	250쪽
318	만주사변에 의한 피난민구호상황5 (1)	251쪽
319	만주사변에 의한 피난민구호상황5 (2)	251쪽
320	만주사변에 의한 피난민구호상황6 (1)-피난 民原地 귀환을 끝내고 건배(중앙은 堂本사무관)	252쪽
321	만주사변에 의한 피난민구호상황6 (2)-피난민구제소	252쪽
322	만주사변에 의한 피난민구호상황6 (3)-歸還地에서의 피난민의 가택	252쪽
323	만주사변에 의한 피난민구호상황6 (4)-귀환지에서의 가택건축상황	252쪽
324	만주사변에 의한 피난민구호상황7-식량배급을 받는 상황 (1)	253쪽
325	만주사변에 의한 피난민구호상황7-식량배급을 받는 상황 (2)	253쪽
326	만주사변에 의한 피난민구호상황7-식량배급을 받는 상황 (3)	253쪽
327	비적의 습격에 의한 희생자의 합동장광경 (1)	254쪽
328	비적의 습격에 의한 희생자의 합동장광경 (2)	254쪽
329	비적의 습격에 의한 희생자의 합동장광경 (3)	254쪽
330	인계상황1	256쪽
331	인계상황2	257쪽
332	인계상황3-하얼빈파견원 결별 (1)	258쪽
333	인계상황3-하얼빈파견원 결별 (2)	258쪽
334	인계상황4	259쪽
335	인계상황5	260쪽
336	인계상황6.	261쪽
337	인계상황6	261쪽

3. 주요 기관소장의 간도한인사회 사진들

1) 독립기념관 소장

(1) 도록 『캐나다 선교사가 본 한국 한국인』(독립기념관, 2014)

1. 만주지역 기독협동조합 제1회 정기총회 기념(1930년대) / 2. 용정에 자리한 바커선교사의 집 / 3. 용정은진중학교 제14회 졸업식 / 4. 간도부인전도회 / 5. 용정의 제창병원 이관기념 / 6. 용정제창병원 간호원들

(2) 독립기념관 사료관 소장 만주관련 사진

1. 유하현 거리 / 2. 유하현 공소 / 3. 유하현 한인 마을 / 4. 반석현공립학교들 사진 / 5. 유하현 학교 사진(변진복 제공)

2) 국립민속박물관

(1) 김재홍 컬렉션: 『김재홍기증사진집-북간도에 세운 이상향 명동』(2008)

국립민속박물관에 기증한, 1060건의 자료 중 250여점의 사진 자료를 선별하여 편집한 것으로 김재홍 컬렉션의 주제어와 수량을 보면 다음과 같다.

〈참고논문〉 김시덕, 「사진과 회고로 보는 1900년대 전반기 북간도 한인의 장례문화」,국립민속박물관 2018. 6.

3·13의사릉 합성리(12점), 광명중학(36), 구춘선(4), 국자가(1910-30년대)(11), 규암(장례식 추모비)(15), 규암유택(25), 규암의 용정시대(80), 규암재(25), 김하규(28), 나운규(8), 대포산(13), 도산 안창호 미주 대한인국민회 자료(7), 명동교회(48), 명동촌(선반위)(54),명동촌(전경 지도)(24), 명동학교(67), 명신여학교(54), 문암골 만진기(석문) 안중근의사 사격연습현장(4), 문익환(24), 서전대야, 용정 3·13 만세시위(8), 서전서숙(4), 송몽규(13), 용정(1930-40년대 각급학교)(20), 용정(오키사진관,1930년)(97), 용정 용주사(1), 용정역(5), 윤동주(25), 은진중학(76), 인물사진(52), 임국정의사 임뵈베여사(13), 장암동유적지 (노루바위골)(8), 장재촌(93), 정기선묘(와룡동)(5), 정동학교(8), 제창병원(3), 종합(1), 창동중학 광성중학(15), 철혈광복단(조선은행 15만원 탈취사건)(60), 최봉설의사(14)

(2) 『(1906~1907 한국 · 만주 · 사할린) 독일인 헤르만 산더의 여행』(국립민속박물관 편, 국립민속박물관, 2006)

3) 국립중앙도서관 소장 만주관련 사진첩

1.『大連 : 満洲の旅. 2』北小路健, 文:渡部まなぶ 写真,国書刊行会, 昭和56年, 1981 / 2.『瀋陽 : 満洲の旅. 1』北小路健, 文:渡部まなぶ 写真, 国書刊行会, 昭和56年, 1981 / 3.『撫順·本渓·丹東·遼陽·鞍山 : 満洲の旅. 3』北小路健, 文;渡部まなぶ 写真, 国書刊行会, 昭和56年, 1981 / 4.『(第二回登錄)滿洲國寫眞集』滿洲事情案內所編, 滿洲事情案內所, 康德9, 1942 / 5.『ハルピン : 満洲の旅. 6』北小路健, 文;渡部まなぶ 写真, 国書刊行会, 昭和57年, 1982 / 6.『長春·吉林 : 満洲の旅. 4』北小路健, 文;渡部まなぶ 写真, 国書刊行会, 昭和57年, 1982 / 7.『時局及排日ポスタ : 寫眞帖』滿洲日報社編, 滿洲日報社, 昭和7, 1932 / 8.『滿洲寫眞帖. 1-2』南滿洲鐵道 情報課編, 中日文化協會, 昭和2, 1927 / 9.『(昭和六,七年滿洲事變)朝鮮軍出動記念寫眞帖』越智兵一編,[發行者不明],昭和7, 1932 / 10.『滿洲駐劄師團記念寫眞帖』三船秋香編, 三船寫眞館, 大正1, 1912 / 11.『(滿洲事變, 上海事變)新滿洲國 : 寫眞大觀』大日本雄辯會講談社編,大日本雄辯會講談社, 昭和7, 1932 / 12.『大陸のシルベ)滿蒙風俗大觀』民俗苑, 1998 / 13.『滿洲紀行 : 寫眞と隨想』長谷川傳次郎,目黑書店,昭和1, 1941 / 14.『満洲鉄道写真集』高木宏之, 潮書房光人社, 2013 / 15.『(明治三十七八年)戰蹟紀念寫眞帖』滿洲戰蹟保存會編, 滿洲戰蹟保存會,大正9, 1920 / 16.『若き滿洲 : 寫眞に觀る』滿洲帝國政府編,滿洲帝國政府, 康德5, 1938 / 17.『外地鐵道古寫眞帖』片創佳史;山田京一 [共]著, 新人物往來社, 2005 / 18.『外務省警察史. 1-53』不二出版編. 不二出版,1996-2001 / 19.『(寫眞集)懐かしの満洲鉄道』戸島健太郎, 國書刊行會, 昭和55, 1980 / 20.『(寫眞記錄)日中戰爭. 1-6』鈴木亮;笠原十九司 [共]編. ほるぷ出版, 1995 / 21.『滿洲事變と支那事變』名越二荒之助編, 展輕社, 2001 / 22.『滿洲農業移民寫眞帳』拓務省拓務局編, 拓務省, 1900-1945, 추정 / 23.『建國紀念聯合大運動會寫眞帖』滿洲國體育協會編, 滿洲國體育協會, 大同1, 1932 / 24.『滿洲駐劄師團記念寫眞帖』三船寫眞館, 1912 / 25.『滿洲農業移民寫眞帳』拓務省, 1900 / 26.『建國紀念聯合大運動會寫眞帖』滿洲國體育協會, 1932 / 28.『(第二回登錄)滿洲國寫眞集』滿洲事情案內所, 1942
29.『(滿洲事變, 上海事變)新滿洲國 : 寫眞大觀』大日本雄辯會講談社, 1932
30.『滿洲紀行 : 寫眞と隨想』目黑書店, 1941 / 31.『滿洲寫眞帖. 1-2』남만주철도 정보과, 中日文化協會, 1927 / 32.『亞細亞大觀』黑龍會出版部編,黑龍

會出版部,大正7[1918] / 33.『最新亞細亞大觀』 黑龍會出版部編,黑龍會出版部,昭和6[1931] / 34.『(圖解表解)在滿朝鮮人現勢要覽』金義用編,全滿朝鮮人民會聯合會,昭和12[193 / 35.『在滿朝鮮人通信』 興亞協會,1936-1940

4) 경상대학교 도서관

『만주사집첩』, 1908 / 『만주토산사진첩』, 1913 / 『남만주사진첩』, 1917 / 『전적명승만주사집첩』, 1922 / 『최신만주사진첩』, 1933 / 『증보만주사진첩』, 1935 / 『약진만주화첩』, 1942

5) 수원광교박물관(이종학 기증자료)

035.『咸北要覽附간도훈춘』, 1929 / 053『남부오소리지역시찰보고서』, 1923 / 094.『간도산업조사서』, 1910 / 108.『백두산식물조사서』, 1918 / 162.『장백산맥 및 그 부근의 약용식물조사보고』, 1919 / 195.『일한만실업명감』, 1907 / 197.『만주사변의 경과』, 1932 / 212.『間島琿春北鮮及東海岸地方行脚記』, 1932 / 245.『백두산정계비』, 1938 / 280.『압록강의 목재와 만주의 목재시장』, 1930 / 301.『조선만주여행안내』, 1925 / 315.『조선사 만주사』, 1939 / 350.『백두산』, 1935 / 360.『장백산종합조사보고서』, 1941 / 396.『조선만주여행안내』, 1934 / 413.『最近間島事情附 露支移住鮮人發達史』, 1927 / 427.『압록강』, 1937 / 492.『간도소사』, 1933 / 552.『龍井街勢一斑』, 1939 / 578.『間島問題의 經緯』, 1931 / 655.『鮮滿사진첩(만주사진첩, 선만巡遊)』, 1929 / 656.『등행백두산특집』, 1943 / 664.『약진만주화첩』, 일제강점기 / 668.『중일전쟁화보』, 1935 / 703.『대만주국풍경』, 1942 / 708.『조선국경사진집』, 1928 / 724.『만주사진첩』, 1913 / 730.『대만주국사진첩』, 1936 / 731.『만주사변기념 대사진첩 부록 最新滿家大地圖』, 1931 / 763.『최신만주사진첩 附여순전적』, 일제감점기 / 780.『만주사변특집호 제2권 역사사진』, 1931 / 784.『사진으로 본 조선과 만주』, 1919 / 798.『만주국 안동성 집안현 고구려유적』, 1936 / 802.『만주사변사진집』, 1934 / 〈지도〉-기증목록집 1 / 672.『간도삼림도』, 1917 / 673.『간도사정개요』, 1929 / 기타:『間島支那及朝鮮人呼稱社名略圖』

6) 일본 동양문고東洋文庫 소장 만주지역 한인들 관련 사진(『亞東』)

1. 노두구의 조선인거리 / 2. 압록강변의 조선인마을 / 3. 연길지방 조선인마을-4장 / 4. 북만주의 조선인가옥(1943) / 5. 연길 두도구 거리 / 6. 용정의 장날
7. 연길시장거리 / 8. 조선인이 살던 주요 지역들-명월구 길림. 두만강 회막동, 천보산, 옹성라자 등 다수.

7) 『고요한 아침의 나라(1923년 본)』(노르베르트 베버 총아빠스, 박일영 장정란옮김, 분도출판사, 2012)

두만강에서(카나시오 신부 촬영) / 용정본당(카나시오 신부 촬영) / 팔도구의 남학교와 여학교(카나시오 신부 촬영)

맺음말

간도지역 사진들에 대한 관심은 1980년대 후반에 시작되었다. 그러나 역사학적인 시각에서 사진이 학자들의 관심을 갖게 된 것은 최근의 일이라고 할 수 있다. 그동안은 역사학의 단순한 보조자료로서 인식되어 왔으나 최근 문화콘텐츠, 영상 등의 발전에 따라 사진은 점차 역사학의 주된 자료로서 그 중요성이 더해가고 있다. 앞으로 입체적 역사학의 발전을 위해서는 사진들이 더욱 적극적으로 활용되어야 할 것이다. 아울러 사진에 대한 철저한 고증 또한 함께 이루어져 나가야 할 것으로 판단된다.

지금까지 국내에서 살펴볼 수 있는 간도지역 한인사회에 대한 사진들을 대략적으로 살펴보았다. 사진들은 국립중앙도서관, 국립민속박물관, 독립기념관 등에 주로 있으며, 대학으로는 경상대학 도서관에 다수 있는 것으로 파악되고 있다. 아울러 일본의 동양문고 등에도 있으나 경도대학 등 다양한 대학 도서관 및 일본외무성사료관, 방위청문서보관소, 우방문고 등에도 있는 것으로 파악된다.

영상의 경우는 노르베르트 신부 등의 사례에서 볼 수 있듯이 우리가 주목해야 할 또 다른영역이 아닌가 한다. 일본 또는 만주국 등에서 촬영한 영상들도 다수 있음을 알 수 있다.

앞으로는 지금까지의 기초적인 작업들을 토대로 중국 현지의 자료들이 우선적으로 적극적으로 수집되어야 할 것이다. 아울러 일본, 미국 등지에 산재해 있는 사진 자료들 역시 수집의 대상이 되어야 할 것이다. 수집의 경우 지역별, 주제별 사진 수집 또한 중요한 부분이라고 생각된다.

마지막으로 필자가 강조하고 싶은 것은 사진역사분석학의 중요성이다. 사진의 진위, 사진의 내용분석, 출처 등 기본적인 작업들이 먼저 이루어져야 할 것이다. 아울러 다양한 전공자들이 함께 융합적이고 입체적인작업을 진행할 때 사진의 생명력을 보다 확대시킬수 있을 것으로 판단된다.

제2장

잊혀진 군자금 이야기
: 안승구와 김좌진

1. 안승구 : 김좌진과 함께 군자금 모집 활동

안승구

안승구安承龜, 1886-1931는[1] 1886년 4월 10일 황해도 배천군白川郡 화성면花城面 송천리松川里에서[2] 안만용安晩鎔의 아들로 태어났다.[3] 안만용은 1867년생으로 배천군에 있는 문회서원文會書院의 원장으로 일하였다. 이 문회서원은 대원군의 서원철폐령 때 훼철되지 않고 존속한 47개 서원 중의 하나였다. 재임 시절 기독교 창동학교彰東學校에 빼앗긴 위토를 되찾기도 하는 등 위정척사적 사상을 가진 전통 유림이었다.

안승구의 자는 문창文昌, 호는 동오東吾로 향리에서 1893년~1900년까지 8년 동안 사서삼경까지 수학하였다[4]. 『순흥안씨족보』(1918년 간행)에 보면 그는 궁내부宮內府 조사위원을 역임하였다. 한편 16세에 경성외국어전문학원에서 수학하였다고 하나 이에 대한 증거는 찾지 못하고 있다.[5] 안승구의 처는 매일신보 1911년 4월 12일자에 따르면, 박자애朴慈愛로 되어 있으나, 족보상에는 이름이 올라와 있지 않고, 상산商山 김씨金氏, 파평坡平 윤씨尹氏로만 기록되어 있다[6].

---

1 서울 서부지방법원 판결(2021년 3월 16일자)에 따르면, 사망일시는 1931년 8월 28일(음력 7월 15일)이다.

2 『延白郡誌』(延白郡民會, 1986) 316면에는 安承龜 : 선생은 花城面 松川里 출신으로 되어 있다. 제적부에는 원적이 京畿道 延白郡 銀川面 鴻谷里 108番地로 기재되어 있다. 명치 44년(1911년) 형사공소사건부에는 道上面으로 되어 있다.

3 안승구 제적부.

4 「독립유공자 평생이력서」(子 安泰模, 1922년생, 1997. 5. 20)

5 『延白郡誌』(延白郡民會, 1986) 316쪽.

6 족보상에는 박자애의 이름은 없다. 안승구의 손자 안희찬에 따르면, 3번째 부인으로 신천 강

1. 경찰전문학교 졸업--동명이인인가?

고향 황해도 배천에서 전통 한학을 공부한 안승구는 성년이 되어 서울로 상경, 경찰학교에서 공부한 것으로 보인다. 그러나 이 부분에 대하여는 앞으로 좀더 신중한 논의가 필요할 것 같다. 1905년 일제에 의해 조선이 외교권을 빼앗긴 이후 경찰이 되고자 한 동기 등은 알 수 없다. 판결문(경성지방법원 : 1911. 5. 17)에는 도이면道二面으로 기록되어 있다.

다음의 기록들은 안승구의 경찰학교 관련을 보여주는 것들이라 흥미롭다.

황성신문(1907. 6. 8)

○ 警校月試成蹟

警察專門學校에서 月終試驗을 經하였는데 (중략) 優等은 安承龜, 尹圭祜 등 38인이라더라.

위의 기록을 통해 보면, 안승구는 1907년 6월, 월말시험에서 우수한 성적을 보여주고 있다.

황성신문(1908. 2. 6)

○ 警校卒業

綜內警察專門學校에서 卒業試驗을 經하였는데 最優等에 金基元, 沈鯉澤, 李秉承, 安承龜, 金赫鎭 5氏요 (하략)

위의 기록을 보면, 1908년 2월 안승구는 김기원 등 동료들과 함께 경찰전문학교를 졸업하였다. 안승구가 졸업한 경찰전문학교는 어떤 학교일까?

황성신문(1908. 2. 16)

○ 盍**圖維持**

씨가 있으며, 넷째 부인이 박자애라고 한다.

1906년도에 유지신사들이 發起하여 警察學校를 設하고 聰俊子弟를 募集하여 警察의 學科를 敎授하더니 1回를 纔經한 後에 財政이 窘絀하여 廢止할 境에 至하여도 財産이 贍富한 人들은 頓不顧見함으로 安承龜 氏가 此에 對하여 維持할 方針을 同胞에게 勸告하고 義捐金을 募集하는 中이라더라.

라고 있듯이, 이 학교는 1906년도에 유지신사들이 발기하여 설립한 학교이다. 그러나 안승구 등이 1회로 졸업한 이후 학교 유지가 어려워졌는데, 안승구는 동포들에게 권고하고, 의무금을 모집하는 활동을 전개하였다.

황성신문(1909. 5. 7)

本人 等이 警察專門學校 繼維事로 留外 警察卒業生과 協議코 來 8日(土曜) 下午 1時에 総會를 孤兒院 內에 開하니, 一般 警察卒業生은 光臨을 爲要.
警察卒業生 安承龜, 金爀鎭 等 白

라고 있고, 또한 대한매일신보(1908. 6. 10)의 〈경교유지警校維持〉와 황성신문(1908. 6. 10), 〈차문졸업此門卒業〉 등에서도 살펴볼 수 있다. 후자의 기사를 보면,

警察專門學校 卒業生 諸氏가 該校를 繼續 維持하기 爲하여 日前에 維持會를 開하고 安承龜, 金赫鎭, 李秉承, 尹圭祐 4氏로 繼維委員을 選定하였는데, 財政은 卒業生 中 隨力 辦備하기로 決定하고, 本日 上午 10시는 通常會요, 來 日曜 上午 10시는 總會를 開한다더라.

라고 있음을 통하여도 짐작해 볼 수 있다.

2. 『장학월보』 발행과 국채보상운동 참여

1907년 안승구는 『장학월보』 발행지의 발기인으로 참여한 것 같다.

대한매일신보(1907. 12. 20)

○ 奬學月報 – 發行趣旨書에,

學也者는 以之博識하며 以之廣智하여 用之身用之家하며 用之邦國而之天下也라. 雖然이나 學非勸奬이면 無以推進이오 奬非佈報이면 莫知優劣이라. 彼歐美列邦의 文明富强이 皆由於勸奬學問而擇用人材를 必取於其中 즉 其淺學薄識이 如深井短繩이라 能汲引이리오. 今此維新以來로 公私設校가 靡不衆且多矣로대 朝建而夕廢하고 東進而西退者이 拾居八九하니 此實由無勸奬力所致也라. 盖夫學力不進이 卽國力不振이라. 豈不寒心哉아. 畧箇同志로 共設此報하고 名之曰奬學月報라호니 學界俊彦은 此月報로 認爲機關하여 互相興起어다. 學果成立이면 其能力은 如大海風濤에 觸巖이 不動하고 弘量은 如宇宙無窮에 包含萬像하여 個人으로 能興國하며 一言으로 爲世師라. 富豪가 不能奪其德하고 兵力이 不能壓其權하리니 大哉라. 學也며 偉哉라. 報也여. 惟我同胞□ 勉旃勉旃. - 發起人 : 朴泰緖, 金燦洙 劉정烈, 安承龜 (일부 생략)

라고 있다. 여기서 주목되는 것은 1910년대 그가 함께 활동한 김찬수도 발기인 명단에 있다는 점이다. 이것으로 보아 안승구와 김찬수는 일찍부터 동지로 활동한 인물이 아닌가 추정된다. 장학월보사奬學月報社는 학생연합친목회 조직으로 1907년 12월 5월 조직되었다.[7]

아울러 안승구는 국채보상운동에도 참여한 것으로 보인다.

대한매일신보(1908. 6. 25)

○ 國債報償義捐金 收入 廣告

<u>白川順興安氏宗中</u>

安夻鎬 安承淑 安敎夏 安敎殷 각 壹圓,安寬鎬 壹圜五十錢,安瑛鎬 三十전,安承武 二十전,安定鎬 安建鎬 ㄹ三十전,安重鎬 安明烈 安敎龍 安興烈 安敎益 安敎仁 安敎鴻 안敎鳳 安敎明 安敎天 安相鎬 ㄹ四十錢,안鎬成 安德鎬 安馨鎬 安敎玉 安敎泳 안敎稷 안光烈 安敎昇 ㄹ壹圓 , 安承殷 安秉鎬 安昌烈 각 六拾錢,安秉鎬 安承呂 安鎭호 안徵호 안敎鵬 安敎契 安敎德 安貞호 안敎義 안英호 각 二拾錢,안聖功 안承軒 안敎協 각 五십錢,안壽天 안栽壽 안重烈 안成烈 안敎洪 안

7 황성신문 1908. 5. 13. 황성신문 1907. 12. 25.

> 敎俊 各三十전, 안明祿 안興明 안敎閏 각 四십전, 안彭烈 안政烈 안敎七 안敎一 안景春 안公允 안景吾 안德允 안永賚 안承云 안聖七 안致達 안承龜 안敎학 각 二十錢, 안敎五 안成萬 안슌호 안敎信 안周호 안命호 각 十젼.
> 合三十圜七十錢
> 前號摠合六萬壹千○九十九圜○○七厘

라고 있듯이, 배천에 거주하는 순흥안씨 안승구가 20전을 기부하고 있는 것이다.

3. 일제의 조선 강점 후 독립운동기지건설 참여

1) 신민회의 독립전쟁론에 동감

구한말 애국계몽운동에 진력하던 안승구는 1910년 9월통감과 담판을 위해 통감부에 장서를 제출하기도 하였다. 대한매일신보 1910년 9월 21일자 안씨자천安氏自薦에,

> 北部 壽進洞居 安承龜氏는 毛遂自薦과 如히 再作日 統監府에 長書를 提呈하엿다더라

라고 있음을 통해 짐작해 볼 수 있다. 앞으로 장서를 발견한다면 안승구의 사상과 생각을 파악하는 데 큰 도움이 될 수 있을 것으로 판단된다.

또한 1910년 그해 겨울 김좌진의 권유로 군자금을 모금하여 서간도지역에 독립운동 기지를 건설하고자 하였다. 판결문에서는 이를 다음과 같이 기록하고 있다.

> 피고 金佐鎭은 명치42년(1909년) 음력 6월중에 西間島 移住를 계획하고, 먼저 피고 安承龜에게 이를 권유하고 다음에 피고 閔內玉, 金燦洙, 朴鐘元, 趙亨元, 南廷冕, 李永烈 기타의 동지를 얻었다. 이에 金左鎭 安承龜 등은 그 이주실행의

> 자금을 필요로 하여, 동 43년(1910년) 음력 10월중에 安承龜 李永烈 趙亨元 등은 金左鎭집에서 서로 만나, 동인과 함께 협의를 한 결과, 강도를 행하여 그 자금을 조달하는 것으로 결정하고 그후 安承龜는 金燦洙에게, 金燦洙는 閔內玉에게, 또 金左鎭은 南廷冕, 朴鐘元에게 위 강도를 행하기로 결정한 뜻을 알리고, 그 동의를 얻어 다음과 같은 죄를 범하였다.

위의 기록을 통해 보면, 1909년 음력 6월 중에, 김좌진이 서간도 이주를 계획하고, 먼저 안승구에게 권유한 것으로 되어 있다. 이어 안승구와 김좌진 등은 이주 실행의 자금을 필요로 하여, 1910년 음력 10월 중에 김좌진집에서 자금 조달을 결정했다고 밝히고 있다. 그런데 군자금 마련 운동을 주도한 인물은 안승구가 아니었나 판단된다.

미주에서 간행된 신한민보 1911년 4월5일자에서, 〈애국당이 도적으로 잡힘〉이라는 제목하에,

> 안승구 등 10인은 시세의 절박함을 분개하여 한번 창의기를 들고 반도의 풍운을 움직이고자 하다가 도적의 누명을 쓰고 원수의 손에 잡힌 바 되었으니, 그 내정은 자세히 알 수 없으나 일인신문에 게재된 바를 참고하여 보건대, 뜻을 정하고 북간도로 건너가 동지를 규합하여 활동을 시작코자 하나 운동비가 없음으로 2월 18일에 청석동 신태균의 집에 가서 900원을 간청하다가 필경 日순사에게 잡혀 연루자 18명이 취박되었으니 심히 불행한지라. 이제 그 성명과 신분을 번등하건대 (중략) 두령 안승구는 36세인데 삼청동 사는 양반이라 하였더라.

라고 하여, 안승구를 두령으로 표현하고 있는 것이다. 안승구는 이 사건과 관련하여 징역 7년을 받음으로서[8] 동지들 가운데 민병옥과 함께 가장 큰 형량을 받고 있다. 또한 판결문의 내용을 보더라도 안승구가 중심 인물임은 자연스러운 귀결이다.

---

8 1914년 3월 19일. 假出獄이 許可되었다.[刑事控所事件簿 확인]

안승구와 김좌진 등은 1910년 8월 일제에 의해 조선이 강점되는 시기를 전후하여 보다 효과적인 독립운동을 위해서 서간도지역으로 망명하고자 하였던 것으로 보인다. 이는 신민회의 서간도 독립운동기지 건설과 궤를 같이 하는 것이 아닌가 추정된다.

2) 두령 안승구의 동지들

안승구의 동지들을 파악해 볼수 있는 자료는 1911년도의 판결문과 신한민보 1911년 4월 5일자, 〈애국당이 도적으로 잡힘〉 등이다. 우선 판결문에 보이는 인물과 인적사항 등을 보면 다음과 같다.

判 決
京城北部 三淸洞 居住
黃海道 白川郡 道二面 出生, 教員
安承龜 4月 10日生 26세

京城 南部 甲洞 36統 4戸 居住
忠淸南都 洪州郡 高南面, 石炭石油商
金佐鎭 11月 24 日生 23세

京城 中部 貞美坊 上麻洞 居住
京畿道 通津郡 奉城面 出生, 巡査補
閔丙玉 4月 26日生 34세

京城 北部 三淸洞 25統 5戸 居住
黃海道 平山都 古之面 出生, 無職
趙亨元 8月 20日生 22세

京城 北部 三淸洞 居住
京畿道 陽川郡 加谷面 出生, 無職

金燦洙 1月 3日生 30세
京城 北部 三淸洞 居住
忠淸南都 洪州都 葛山里 出生, 無職
南廷冕 6月 14日生 20세

京城 北部 苑洞 居住
忠淸南都 洪城都 高南面 出生, 金佐鎭方 雇人
朴鐘元 8月 26日生 23세

京城 東部 後井洞 居住
京畿道 抱川郡 淸凉面 出生, 學生
李永烈 23세

위의 기록을 통해 보면, 안승구는 1886년생으로 교원이었다. 현재 어느 학교 교사인지는 밝혀져 있지 않다. 다음으로 함께 체포된 동지들에 대하여 언급하고 있다. 김좌진의 인적사항은 "성명 김좌진, 주소 경성 남부 갑동 36통 4호, 직업 석유 및 석탄상", 연령은 23세로 되어 있다. 이어서 민병옥, 조형원, 김찬수 등에 대하여 언급하고 있다. 민병옥은 주소는 경성 중부 빈선방 상마동이며, 나이는 24세이고, 직업은 순사보였다. 그리고 조형원은 주소는 경성 북부 삼청동 25통 5호이며, 직업은 무직, 나이는 22세였다. 김찬수의 주소는 경성 북부 삼청동이고, 직업은 무직이며, 나이는 30세였다.[9]

주목되는 인물은 김좌진, 민병옥, 김찬수 등이다. 김좌진은 무골이었고, 민병옥은 순사보, 김찬수는 대한제국육군으로 1907년 군대해산시 해직된 인물이다. 즉, 이들은 혈기왕성한 20대 30대 초의 인물들이다. 앞서 살펴본 바와 같이 안승구 역시 경찰학교 출신이다.

안승구와 같은 황해도 출신은 조형원이다. 김좌진과 같은 충남 출신은 남

9 위와 같음

정면, 박종원 등이다. 경기도 출신은 민병옥, 김찬수, 이영렬 등이다. 즉, 경기, 충청, 황해도 등 출신들이 중심이다. 연령을 보면, 30대의 경우 민병옥, 김찬수 등이다. 20대는 안승구, 김좌진, 조형원, 남정면, 박종원, 이영렬 등이다. 즉, 20-30대가 중심이다. 직업은 교원, 석탄 석유상, 순사보, 무직, 고용인 학생 등이다. 안승구와 함께 활동한 인물들의 집안은 구체적으로 알 수 없지만 대한매일신보 1911년 3월 7일자에 〈명가후예와 강도〉라고 한 것으로 보아 신분적으로 양반집 자제들이었다고 판단된다.

신한민보에는 판결문과 다른 내용도 있고, 인원수도 더 많아 참조가 된다. 신한민보 1911년 4월 5일자에서, 〈애국당이 도적으로 잡힘〉이라는 제목 하에,

> 안승구 등 10인은 시세의 절박함을 분개하여 한번 창의기를 들고 반도의 풍운을 움직이고자 하다가 도적의 누명을 쓰고 원수의 손에 잡힌 바 되었으니, 그 내정은 자세히 알 수 없으나 일인신문에 게재된 바를 참고하여 보건대, 뜻을 정하고 북간도로 건너가 동지를 규합하여 활동을 시작코자 하나 운동비가 없음으로 2월 18일에 청석동 신태균의 집에 가서 900원을 간청하다가 필경 日순사에게 잡혀 연루자 18명이 취박되었으니 심히 불행한지라. 이제 그 성명과 신분을 번등하건대, 김좌진 23(전 황성신문기자), 민병옥, 34 전 육군 부위, 조형원, 22 학생, 김찬수,30 전 육군 참위, 남정면, 20 학생, 박종원 23 (보경학교 학생), ,정규석,35 소학교 교원, 최창식, 20, 고아원 교사, 이완규, 29 연초회사 사장, 조희동,39, 박제설,36, 홍태선,26, 서병두,34, 김병황 28, 전용빈 24, 이효직 29, 이외에 이영철 23은 간 곳을 알지 못하고 두령 안승구는 36세인데 삼청동 사는 양반이라 하였더라.

라고 하여, 안승구와 함께 활동한 인물들에 대하여 보도하고 있다. 이들 가운데 특별히 주목되는 인물은 구한국 육군 부위, 참위였던 민병옥과 김찬수이다.

『대한제국관원이력서』에 따르면, 민병옥은 여흥驪興 민씨로, 1878년 4월 26일생이다. 현 주소는 한성 북서 가회방 재동계 상동곡동 제20통 제3호와 한성 북서 대안동 37통 9호이다. 학력을 보면, 1900년 10월 14일 무관학교에

입학하였고, 1903년 6월 26일 졸업하였다. 경력 및 활동은 다음과 같다.

1) 1903년 7월 3일 任陸軍騎兵參尉
 1904년 2월 6일 見習騎兵隊
 1905년 4월 3일 處笞五十 補職有次在中間而見漏故徑軍部質問時言辭失當
 동년 4월 7일 補幼年學校
 동년 9월 18일 移補騎兵隊
 1906년 7월 20일 移補武官學校
 1907년 4월 30일 任騎兵副尉
 1907년 9월 3일 解本官

2) 1903년 7월3일 任陸軍騎兵參尉 奏任六等
 1905년 4월3일 處笞五十 補職肩次在中間見漏故言辭失當
 동년 4월7일 補陸軍幼年學校學徒隊附
 동년 9월18일 移補騎兵中隊附
 1906년 7월20일 移補陸軍武官學校學徒隊附
 1906년 현재 九品陸軍武官學校學徒隊附陸軍騎兵參尉
 1906년 12월10일까지 合計在職通算 一個年八個月四個日

김찬수金燦洙는 광산 김씨로 1882년 1월 3일생이다. 현 주소는 한성 북서 관광방 벽동계 암동 제44통 6호이다. 학력을 보면, 1899년 10월 13일 무관학교 입학 , 1903년 6월 26일 졸업이다. 경력 및 활동은 다음과 같다.

1903년 7월3일 任陸軍騎兵參尉
1904년 2월6일 見習騎兵大隊
1905년 3월18일 補侍衛騎兵大隊
1905년 4월18일 補陸軍研成學校
1907년 8월27일 大皇帝陛下卽位紀念章
동년 9월3일 解本官

김찬수의 경우. 『독립유공자공훈록』 14권(2000년 발간)에 보면, 김좌진과 더불어 청산리전투에 참여한 인물로 기록되고 있다.

> 구한국군인 출신으로 중국 만주에서 북로군정서(北路軍政署) 제3중대장으로 청산리전투에 참전하여 전공을 세웠다. 김찬수는 1920년 8월 북로군정서에서 대한제국 장교 영입을 위하여 국내에 파견된 이성규(李成奎)를 따라 김규식(金圭植)·홍충희(洪忠喜)·박형식(朴亨植) 등과 함께 북로군정서에 입대하였다. 북로군정서는 1919년 북간도 왕청현(汪淸縣)에서 서일(徐一)·김좌진(金佐鎭) 등이 중심이 되어 조직한 무장독립운동단체였다. 그는 1920년 9월 12일 북로군정서에서 보병 1개 대대를 편성하였을 때 김규식·홍충희·오상세(吳祥世) 등과 함께 중대장에 임명되어 대대장 김사직(金思稷)을 보좌하였다. 1921년 10월 21일 아침 화룡현(和龍縣) 삼도구(三道溝) 천수동(泉水洞)에서 일본군과의 전투에 참전하였다.
> 청산리부근 전투에서 적군의 공격을 격파한 독립군이 갑산촌(甲山村)에 도착하여 거주동포들의 환대를 받으며 쉬는 동안, 북로군정서 독립군 사령부는 부락민들로부터 적정에 대한 보고를 받았다. 적 기병 1개중대가 갑산촌을 지나 30리 떨어져 있는 천수평에 들어가 머물고 있다는 것이었다. 이에 공격을 가하여 적의 기마 중대 120명을 거의 전멸시켰다. 이 천수평 전투시 그는 제3중대장으로 참전하여 큰 전과를 올렸다.
> 정부에서는 고인의 공훈을 기리어 1998년에 건국훈장 독립장을 추서하였다.

또한 『독립운동사자료집』10, 〈진중일지〉에도 김찬수의 이름은 등장한다.

> **8월 20일 (금요일) 맑음 (경신 7월 7일)**
> 이성규(李成圭)씨는 서울로부터 전 부위(副尉) 김규식(金奎植) 동 홍충희(洪忠熹), 전 참위(參尉) 김찬수(金燦洙) 및 박형식(朴亨植) 제씨와 동반하여 본서로 돌아와서 본서에서 수일 체류하다가 이날 오후 5시 경 입영하였다.
> 탁지국장은 공민 대표 20여 인과 작반하여 입영하였다.
> 경찰과장은 과원 2명을 거느리고 본서로 입영하였다.

9월 12일 (일요일) 맑음 (음 8월 1일)

김홍진(金宖鎭)씨는 길림으로부터 입영하다.

보병 1개 대대를 편성하였는데 대대장은 김사직(金思稷)씨, 중대장은 김규식·홍충희(洪忠熹)·김찬수(金燦洙)·오상세 4씨로 하고 소대장은 이교성·허활(許活) 외 10 인으로 하였는데 10인은 사관 연성소 필업생으로부터 채용하다.

사관 학도 필업생 중으로부터 임명된 80여 명 이외에 2백 명은 교성대를 조직하였는데 대장은 나중소(羅中昭), 부관은 최준형, 중대장에 이범석, 소대장에 이민화·김훈·이탁(李鐸)·남익(南益) 제씨다.

또한 대한민국임시정부의 기관지인 독립신문 1921년 1월 18일자에 청산리 전투에 제3중대장으로 참여하였음을 보여주고 있다.

4. 판결문을 통해 본 안승구의 군자금 모금활동

안승구, 김좌진 등의 투옥 사실과 관련하여 국가기록원에 소장되어 있는 고등법원(경성 공소원 형사부, 1911년 6월 7일) 형사재판 원본 판결 원본철에[10] 의하면, 1910년 말, 1911년 초에 있었던 안승구의 군자금 모금 의거는 안승구, 김좌진 등 5명의 동지와 함께 이루어진 것이었다. 매일신보에서는 안승구 등의 체포, 공판 등에 대하여 상세히 보도하고 있다.

고등법원 판결문, 1911년 5월 17일 경성지방재판소에서 언도한 유죄판결에 대해 각 피고가 공소를 신청한 것을 고등법원에서 심판한 내용에 근거하여 안승구의거(일제는 강도피고사건이라고 하였음)의 개요를 살펴보면 다음과 같다.

먼저 안승구는 김좌진, 민병옥, 조형원, 김찬수, 이영열 등과 함께 상의하여 군자금 모금을 추진하였다. 1910년 12월 14일 밤 안승구는 몽둥이를 가지고, 민병옥과 조형원은 쇠칼牛刀를 가지고 경성 서부 반석방 한림동에 거주하는 우

10 명치 44년(1911) 6· 7월 판결원본철 경성공소원형사과(국가기록원 소장)

성모의 집에 가서, 안승구, 조형원은 문 앞에서 망을 보고, 민병옥과 이영렬, 김찬수는 방안에 들어가돈 4원과 은제 5작 2개, 은제 반지 15개, 은 귀고리 한 개를 빼앗았다.[11] 첫번째 거사에는 김좌진은 직접 참여하지 않은 것 같다.

두번째 의거는 안승구와 민병옥이 다시 상의하여 서간도지역 근거지 마련을 위한 군자금을 얻을 목적으로 시행하였다. 그들은 1910년 12월 17일 밤에 경성 북부 제동 남정철의 집에 들어가남정철로부터 20원을 받았다.[12] 남정철의 집에서는비교적 쉽게 거사가 성공한 셈이었다.

세번째 의거는 안승구, 김좌진, 민병옥, 김찬수, 조형원, 남정면, 이영렬, 박종원 등이 김좌진의 종증조부인 김종근의 집에 들어간 사건이었다. 1911년 1월 어느 날 밤 민병옥 외 1명은각각 쇠칼을 가지고, 김좌진은 다른 사람들을 데리고 경성 중부 한 동에 거주하고 있는 김종근의 집 근처에 이르렀다. 그러나 김종근은 큰 부호였기 때문에 집안에 사람들이 많아 계획을 추진하기가 용이하지 않았다.[13] 이에 김좌진 등은 재차 의논하고 민병옥 외 1명을 보내어 같은 달 어느 날 밤중에 김종근의집을 털기로 하였다. 그러나 이날의 거사 역시 사람들이 많아 실패하고 말았다. 이에 김좌진은 민병옥, 김찬수, 남정면과 재차 상의하여 다른 집을 알아보기로 하였다. 그래서 택한 집이 경성 북부 소안동에 있는 오명환의 집이었다. 민병옥이 쇠칼을 들고 집 외문을 들어갔으나 이 역시 사람들이 많아 하는 수 없이 철수하였다.[14]

네번째 의거는 안승구가 거주하는 경성 중부 청석동 신좌현의 집에 현금 900원이 있다는 소식을 듣고 이것을 빼앗고자 한 것이었다. 김찬수, 조형원, 남정면, 이영렬 등과 상의하여 1911년 2월 28일 밤에 신좌현의 집에 도착하

11 판결문
12 판결문
13 판결문
14 판결문

여, 신좌현의 아버지인 신성균의 거실에 들어가 손을 묶었는데 이 때 신좌현의 동생 신우현의 처가 구씨댁 뒷담을 뛰어넘어 피하는 바람에 모두 그들이 목적한재물을 얻지 못하고 도망하였다.[15]

지금까지 살펴본 바와 같이 안승구는 김좌진 등 여러 동지들과 함께 중국 동북지역에서 항일독립운동의 근거지를 마련하기 위한 의거를 계속적으로 시도하였다. 일제가 한국을 강점한 직후인 1910년과 1911년, 안승구, 김좌진을 중심으로 한 혁명동지들은 국내에서의 독립운동은 불가능하다고 판단하고 해외인 서간도 지역에 독립운동기지를 마련하고자 하였다. 그러나 그들에게 제일 중요한 것은 군자금의 마련이었다. 이에 안승구, 김좌진 등은 서울의 부호집들을 택하여 군자금을 마련하고자 하였다. 그러나 그들 부호들이 이들을 대상으로 쉽게 군자금을 제공할 리가 없었다. 그러므로 그들은 하는 수 없이 강제적인 방법으로 군자금을 마련하고자 하였다. 하지만 그 역시 쉽지 않아 김좌진은자신의 친척집까지 그 대상으로 삼게 되었다. 그러나 별반 성공을 거두지 못하고 불행하게도 경찰에 체포되어 결국 감옥생활을 하게 되었다.

5. 『매일신보』를 통해 본 안승구의 위상

안승구의 군자금 모금 활동은 세간의 깊은 관심을 일으킨 것으로 보인다. 매일신보 1911년 5월 4일자에,

○ 7犯의 제2회의 공판

15 매일신보에 김좌진의 의거 관련기사가 다음 제목으로 보도되었다.「명가후예와 강도」(1911년 3월 7일자), 「명가후손의 패행」(1911년 3월 9일자), 「강도압송, 북부경찰서에」(1911년 3월 16일자), 「양범선사」(1911년 3월 21일자), 「김좌진등의 개연기」(1911년 4월 15일자), 「칠명의 강도의 공판」(1911년 4월 22일자), 「김좌진의 불복」(1911년 4월 25일자), 「칠범의 제2회공판」(1911년 5월 4일자), 「삼범의 제2회공판」(1911년 5월 7일자), 「김좌진의 재산조사」91911년 5월 7일자), 「칠범의 제3회공판」(1911년 4월 15일 계해), 「각범의 선고」(1911년 5월 18일자)

경성지방재판소 제3호 법정에서 재작일 오후 2시에 강도범 金佐鎭, 安承龜, 閔丙玉, 朴鍾元, 趙亨元, 金燦洙, 南廷冕 7명의 제2회 공판을 개시하였는데, 其 가족及 방청자가 100여 명에 달하였다더라.

라고 있다. 1910년 8월 29일 나라가 일제에 강점된 직후라 더욱 그러했을 것으로 보인다.

또한 아울러 매일신보에서도 본 사건에 대하여 지속적으로 관심을 보이고 있다. 매일신보는 1911년 3월 7일 안승구의거를 처음으로 보도하고 있다. 보도에서 보는 바와 같이,

매일신보(1911. 3. 7)

○ 명가 후예와 강도 南部 甲洞 金佐鎭, 北部 三淸洞 安承龜, 中部 上麻洞 閔丙玉, 安承龜 집에 留連하는 趙亨元, 南廷冕, 北部 三淸洞 金燦洙, 北部 苑洞 朴鍾元 7인은 작년 冬에 단도를 持하고 北部 齋洞 거하는 南廷哲 씨와 西部 翰林洞 거 하는 禹聖模 씨와 中部 下靑石洞 거하는 申性均 씨 등 가에 돌입하여 금전과 물품을 강탈, 분취하여, 그 후에는 中部 校洞 거하는 崔龍煥, 金宗根 양씨 가에 돌입하여 금전을 강탈하기로 同謀하다가 其意를 미수하였고 (중략) 何許人의 錢財던지 다수히 탈취하여 간도로 이주하자는 논의로써 회의하던 情跡이 탄로되어 일전 북부 경찰서에서 一幷 被捉하였는데 차제로 심의한 즉 개개이 자복하였다더라.

강도라고 표현하고 있다. 이에 대하여 신한민보 1911년 4월 5일자에서는 〈애국당이 도적으로 잡힘〉이라고 반박하고 있다.

매일신보에서는 수사상황에 대하여도 보도하고 있다.

매일신보(1911. 3. 14)

○ 金佐鎭 등 越交延期 북부경찰서에 被捉한 金佐鎭, 安承龜 등 18명은 작일에 경성지방재판소로 越交하려다가 미진한 事가 有하여 更히 10일간을 유치하기로 연기하였다더라.

매일신보(1911. 3. 21)

○ 兩犯先査

북부경찰서에서 강도죄 安承龜, 金佐鎭, 閔丙玉, 趙亨元, 金燦洙, 南廷冕, 朴鍾光 등 7명을 捉致審査하고 경성지방재판소 검사국으로 압송하였다는 설은 기보하였거니와, 작일 該所에서 安承龜, 金佐鎭 양인만 우선 제1회로 심사하였다더라.

매일신보(1911. 4. 12)

○ 安妻 願讀 夫罪

강도죄로 경성구류감옥에 在囚한 安承龜의 부인 朴慈愛는 年今 22세라. 작일 오전에 右 手指를 切하여 혈서로 경성지방재판소 검사국에 대하여 原情書를 提呈하였다는데, 其 개요를 聞한즉 소첩의 夫 安承龜가 하등 罪犯으로 피착하였는지 강도죄로 일절 자복하였다 하니, 그 곡절을 知得키 難하오나 죄의 경중을 물론하고 소첩이 죄벌을 代受하겠사오니 夫罪를 讀하심을 切望한다 하였다더라.

또한 매일신보에서는 공판상황도 상세히 보도하고 있다.

매일신보(1911. 5. 4)

○ 7犯의 제2회의 공판

경성지방재판소 제3호 법정에서 재작일 오후 2시에 강도범 金佐鎭, 安承龜, 閔丙玉, 朴鍾元, 趙亨元, 金燦洙, 南廷冕 7명의 제2회 공판을 개시하였는데, 其 가족及 방청자가 100여 명에 달하였다더라.

매일신보(1911. 5. 5)

○ 3犯의 제2회 공판

재작년에 경성지방재판소에서 강도죄 金佐鎭, 安承龜, 閔丙玉 등 3명의 제2회 공판을 개시하였는데, 공판 시에 金佐鎭은 극구 불복하고 其餘는 절절 자복하였다는데, 來 12일경에 제3회의 공판을 개하기로 결정하였다더라.

매일신보(1911. 5. 13)

○ 7犯의 제3회 공판

既報와 如히 京城地方裁判所 제6호 법정에서 제3회 공판을 개시하고, 강도범 安承龜, 閔丙玉, 金佐鎭, 金燦洙, 南廷冕, 趙亨元, 朴鍾元 등을 押上하여 심사한

후, 伊藤검사가 安承龜, 閔丙玉 2인은 懲役 7年으로, 金佐鎭, 金燦洙 2인은 懲役 5年으로, 南廷冕, 趙亨元 2인은 懲役 3年으로, 朴鍾元은 懲役 1年半으로 논고하였는데, 來 17일에 결시하기로 내정하였다더라.

매일신보(1911. 5. 18)

○ 各犯의 선고

去 12일에 경성지방재판소 형사법정에서 검사가 출석하여 강도범 安承龜, 閔丙玉, 金燦洙, 趙亨元, 南廷冕, 金佐鎭, 朴鍾元 등 7명을 징역에 처하기로 논고하였다는 설은 기보하였거니와, 昨日 오전 10시에 該 법원에서 安承龜, 閔丙玉 2명은 懲役 각 7년으로, 趙亨元, 金燦洙 2명은 각 5년으로, 南廷冕은 1년으로, 金佐鎭은 2년으로, 朴鍾元은 1년으로 결심 선고하였다더라.

매일신보(1911. 6. 27)

○ 强盜 判決 延期

强盜犯으로 被捉한 金佐鎭, 安承龜, 閔丙玉, 趙亨元 등은 不服하고 控訴院에 申訴하였으므로 該院에서 公判을 開始함은 已爲 報道어니와, 昨日에 決審하려다가 時間의 相値로 인하여 來 31일 確定 判決하기로 延期하였다더라.

매일신보(1911. 7. 1)

○ 各犯의 懲役 宣告

强盜犯으로 被捉한 安承龜, 金佐鎭, 閔丙玉, 趙亨元, 金燦洙 등 5명은 京城地方裁判所에서 各其 懲役의 선고를 受한 後에 不服하고 控訴院에 申訴하였으므로, ○日 該院에서 公判을 開始하였다 함은 衆所 共知하는 바어니와, 昨日 該院에서 決審한 結果로 安承龜, 閔丙玉 2명은 懲役 各 7年으로, 趙亨元, 金燦洙 2명은 懲役 各 5年으로, 金佐鎭은 懲役 2年에 宣告하였다더라.

위에서 보는 바와 같이, 매일신보에서는 1911년 3월 7일부터 동년 7월 1일까지 총 10회에 걸쳐 자세히 보도하고 있다. 이는 1910년 일제에 의해 조선이 강점된 직후에 일어난 중요한 사건이라 그런 것이 아닌가 추정된다. 아울러 이 의거는 신한민보 1911년 4월 5일자에서도, 〈애국당이 도적으로 잡힘〉이라는 제목하에 크게 보도되고 있다. 이에 대하여 안승구의 부인은 일제에 강력히 항의하고 남편 안승구를 대신하여 자신이 형을 살겠다고 강력히 호소하고 있다.

매일신보는 1911년 4월 12일자의 다음의 기사는 이를 잘 확인시켜주고 있다.

> ○ 安妻 願讀 夫罪
> 강도죄로 경성구류감옥에 在囚한 安承龜의 부인 朴慈愛는 年今 22세라. 작일 오전에 右 手指를 切하여 혈서로 경성지방재판소 검사국에 대하여 原情書를 提呈하였다는데, 其 개요를 聞한즉 소첩의 夫 安承龜가 하등 罪犯으로 피착하였는지 강도죄로 일절 자복하였다 하니, 그 곡절을 知得키 難하오나 죄의 경중을 물론하고 소첩이 죄벌을 代受하겠사오니 夫罪를 讀하심을 切望한다 하였다더라.

매일신보의 보도들을 보면, 처음에 안승구를 언급하고 있는 보도들이 많고, 안승구는 민병옥과 더불어 최고 형량인 징역 7년을 선고받고 있다. 이를 통하여 보면, 1911년 군자금 모급 운동은 김좌진의 권유에 의하여 이루어졌지만 실행에 있어서 안승구가 주도한 것으로 판단해 볼 수 있을 것 같다.

안승구는 출옥후 전통유교지킴이로 활동하였다. 그러던 중 1931년 8월 28일 급서하였다. 지금까지 안승구의 사망시기는 해방이후로 기록되었으나 이번에 추도회 안내엽서가 발견됨으로써 사망시기를 분명히 확인하게 되었다.

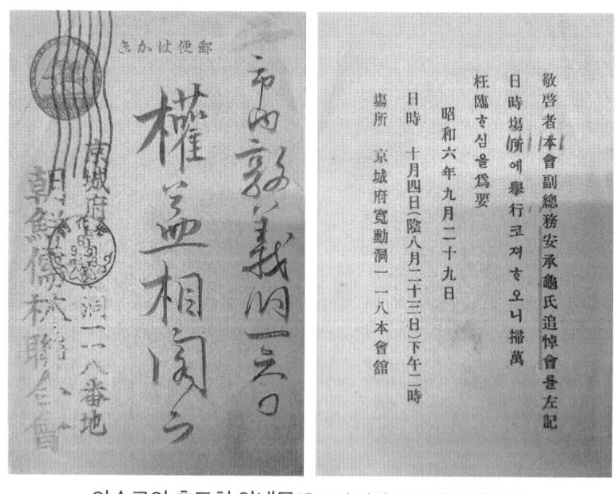
郵便はがき

敬啓者本會副總務安承龜氏追悼會를左記
日時場所에擧行코져ᄒᆞ오니掃萬
枉臨ᄒᆞ심을爲要
昭和六年九月二十九日
日時 十月四日(陰八月二十三日)下午二時
場所 京城府寬勳洞一一八本會館

안승구의 추도회 안내문(추도회 날짜, 1931년 10월 4일)

2. 김좌진 : 보천교 군자금 모금

머리말

독립운동 전개에 있어서 군자금의 중요성은 지역과 시대를 불문하고 모두 주지의 사실이다. 1920년대 만주지역의 독립운동들 또한 예외는 아니었다. 만주지역의 독립운동단체들은 일차적으로는 만주에 거주하는 동포들로부터 군자금을 모금하고자 하였다. 그러나 이것만으로 독립운동단체들의 재정이 제대로 충당될 수 있는 상황은 아니었다. 이에 독립운동단체들은 국내로 군자금 모금 부대를 파견하는 등 다양한 방안을 수립하고자 하였다.

1920년 10월 청산리전투를 승리로 이끈 김좌진부대 또한 군자금 모금을 위해 국내와 긴밀한 관계를 유지하고자 하였다. 그 가운데 한 선이 보천교였다. 당시 보천교는 막대한 재정의 소유자였으며, 민족운동적 성향을 지니고 있었던 것이다. 이에 중소국경지대를 중심으로 활발히 움직이고 있던 김좌진부대는 보천교의 재정적 지원을 받았다. 또한 1925년 북만주지역에 신민부를 조직한 이후에도 보천교의 재정적 지원이 있었던 것으로 보인다. 그럼에도 불구하고 그동안 이 부분에 대하여 본격적인 논의가 이루어지지 못한 것으로 판단된다. 이에 본고에서는 1920년대 김좌진과 보천교와의 연계, 특히 군자금 모금을 중심으로 살펴보고자 하는 것이다.

결국 본고는 만주지역 독립운동단체들의 군자금 모금을 김좌진과 보천교의 사례를 통하여 밝혀보고자 하는 작업의 일환으로서 볼 수 있을 것이다.

1. 김좌진부대의 북만주 동녕현으로의 이동과 재정상의 어려움

안승구

청산리독립전쟁은 독립군의 대승리로 끝났으나 이를 계기로 일본군이 계속 증원되어 각 독립군부대들은 작전상 개별적으로 후퇴하여 밀산으로 향하였다. 그들은 계절적으로 겨울이라 날씨도 춥고 일본군이 계속 추격해오는 상황에서 조직적으로 이동하지 못하고 산발적으로 후퇴하였다. 그러한 가운데 낙오병이 생겼고, 또한 일본군에 체포되기도 하였다. 이러한 비참한 상황 속에서 계속 북상한 독립군은 밀산에 집결, 대한독립군단을 조직하였다.

대한독립군단에서는 총재에 서일을 추대하고, 김좌진은 홍범도, 조성환 등과 함께 부총재에 추대되었다. 그리고 총사령에는 대한제국 군인 출신인 김규식이, 참모장에는 역시 대한제국 무관학교 출신인 이장녕과 일본군출신으로 신흥무관학교 교장을 지낸 지청천이 각각 임명되었다. 병력은 3,500명 정도 되었다.

그러나 정세는 독립군측에 유리하지 않았다. 이곳에도 일본군이 주둔하고 있었고, 이웃 러시아 국경지대에는 러시아 혁명군이 있었기 때문이다. 많은 독립군 병력이 밀산에 집결하였으나 무기와 식량의 보급 문제 그리고 앞으로의 향배 등이 큰 문제였다. 그리하여 각각의 독립군 부대들은 자신의 갈 길을 선택하기로 하였다. 그 결과 일부는 러시아로, 일부는 남만으로, 일부는 밀산에 머물러 있기로 하였다. 이 때 밀산에 남았던 서일은 토비들에게 부하들이 살해되었다는 소식을 듣고 암담한 현실을 비관하여 자살하였다.

러시아로 넘어간 한국독립군은 계속 북상하여 서쪽으로 흑하까지 진군하였다. 당시의 정세는 러시아혁명이 진행되는 과정이었으므로 러시아의 백군과 소비에트혁명군과의 전투가 계속되었고, 특히 시베리아에 출병한 연합군이 러시아 백군과 연합하여 러시아혁명을 진압하기 위하여 소비에트혁명군과 전쟁을 계속하고 있는 상황이었다. 그런 가운데 독립군과 재만한인 중의 박일리아 부대와 박그리고리부대도 소비에트 혁명군의 편에 서서 시베리아에 출병한 일본군과 전투를 하고 있었다. 그런 와중에 불행하게도 독립군은 소·만국경선인 흑하까지 가서 러시아에 거주하고 있는 한국인으로 조직된 한인부대와 군권 쟁탈전을 벌이게 되었다. 독립군인 대한의용군은 러시아 적군 29부대에게 무장해제되었고 그 과정에서 지청천을 위시하여 많은 독립군이 체포되고 감금되는 등 다수의 희생자가 생겼다. 이 사건이 바로 1921년 6월에 있었던 자유시 참변이다. 이 참변을 겪은 김좌진 부대는 북만주 지역으로 이동하였다.

1922년 김좌진은 수분하와 북만주 일대에서 대한독립군단을 조직하여[16] 총사령관으로 활동하였다.[17] 본부는 중소 국경지대인 동녕현을 본거지로 하였다. 대한독립군단은 이범윤을 중심으로 한 대한제국의 재건을 주장하는 복벽주의자들과 김좌진을 중심으로 한 공화주의자들의 연합적인 성격을 띤 단체였다고 할 수 있다. 이때 김좌진은 무장투쟁에 의한 국권의 회복을 강조하였다.

당시 그가 동녕현에 본부를 둔 것은 소·만 국경을 배경으로 만주와 연해주 지역의동포들을 바탕으로 독립전쟁을 전개하고자 하였기 때문이 아닐까 한다. 그것은 1923년 8월 경 당시 김좌진부대의 경우 대한군정서원 400여명 외에, 소수분 무관학교 생도 60명과 연해주로부터 모집한 무관학교 후보생 120명 등 합계 580여명이 있었다는 보고를 통해 짐작해 볼 수 있다.[18] 즉 김좌진은 이범윤, 박영희박두희, 朴斗熙 등과 함께 동녕현 소수분을 중심으로 소수

16 「고김좌진동지의 약력」, 『탈환』 9호, (1930년 4월 20일 간행)

17 김좌진이 대한 5년 3월에 대한독립군단 총사령관으로서 발한 部令 제11호에서 확인(흑룡강성 당안관 소장)

18 불령단관계잡건 조선인부, 재만주 36, 432-2-2-3, 1923년 9월 3일, 김좌진 행동에 관한 건

분에 무관학교를 설립하여 독립군을 양성하고 그 인적자원을 러시아 연해주 한인사회를 바탕으로 제공받았던 것이다.[19]

김좌진은 당시 총사령관으로서 군자금 모집, 독립군 징모 등에 상당히 고심하였을 것으로 추정된다. 1919년 3·1운동 이후에는 대중적인 지지 속에서 군자금을 모금할 수 있었으나 1920년 일본군의 만주출병 이후 경신참변을 겪으면서 일본군에 대한 두려움 때문에 재만한인사회가 크게 위축되었기 때문이었다. 이에 김좌진은 재만동포들에게 회유와 더불어 강력한 경고를 통하여 이 문제를 해결하고자 하였다. 이점은 대한독립군단 총사령관 김좌진의 명의로 1924년 3월에 발표한 부령部令 제11호에 잘 나타나 있다. 이를 보면 다음과 같다.

부령 제11호

제1조 각 지역에서 나라일에 진력하다가 순직한 씨명을 조사해서 역사사책에 기입한다.
제2조 나라일을 위해서 부상 또는 환자에 대해서는 상당한 구휼을 한다.
제3조 적의 우롱을 받아서 귀순한 자와 생활을 위해서 일시적 수종 동화한 자에 대해서는 정상을 작량해서 벌하는 것을논의하고, 개정의 정이 확실한 자는 사면한다.
제4조 본군단의 징모대 또는 모연대를 적 또는 외국관헌에 고발한 자는 극형에 처한다.
제5조 본 군단에 있어서 징모한 병사로서 병역의 복무를 기피하는 자는 중벌에 처한다.
제6조 본 군단에서 청연(請捐)한 군자금의 납부를 거절한 자는 중벌에 처한다.
대한민국 5년 3월 대한독립군단 총사령관 김좌진[20]

김좌진은 부령 11호에 근거하여 군자금 모집을 적극적으로 추진하였다. 즉 부령 제12호를 보면 다음과 같다.

19 불령단관계잡건 조선인부, 재만주 37, 432-2-1-3. 1924년 1월 18일, 북만주에 있어서 독립운동가의 소재 및 그 계획에 관한 건 보고.
20 부령 제11호(흑룡강성 당안관 소장)

부령 제12호

일금 5천 원정

右 금액은 본년 음력 4월말까지 본 사령부 경리부에 직접 납입해야 한다. 만약 기일을 어길 경우에는 부령 제11호 제6호에 의거하여 처벌한다.

대한민국 5년 음 4월 20일

대한독립군단 총사령관 김좌진 [21]

아울러 김좌진은 주민들에 대하여 군자금을 요청하면서 대한국민으로서 배달민족으로서 자각해서 그 의무와 책임을 다해줄 것을 요청하였다.[22] 그럼에도 불구하고 군자금 모금활동은 주민들로부터 원성을 샀다. 이에 중국지방관헌은 대한독립군단의 간부들을 체포하려 하였다.[23]

김좌진의 군자금 모집은 그 본부가 있는 동녕현일대 뿐만 아니라 영안 지역에서도 이루어졌다. 그는 1923년 영안에 살고 있는 김서기에게 군자금 5천 원을 요구하였다는 사실이 일본 첩보기록에 나타나고 있다.[24]

2. 보천교와의 연대를 통한 독립운동의 활성화 추진

1920년 청산리전투 이후 북만주로 피신하였던 김좌진은 1923년경 동녕현 지역을 중심으로 중소국경지대의 주민들의 도움으로 항일투쟁을 지속적으로 전개하고자 하였다. 그러한 과정에서 당시 국내에서 많은 신도와 자금을 바탕으로 새로운 길을 모색하고 있던 보천교에 주목하였다. 김좌진에게 보천교의 존재와 상황에 대하여 전달한 사람이 누구인지에 대하여 정확히는 알 수 없다. 다만 1923년 당시 김좌진의 신복인 유정근의 재판기록은 이에 대한 궁금

21 부령 제12호(흑룡강성 당안관 소장)
22 대한민국 5년 음력 4월 20일자로 김좌진이 동포들에게 드린 글(독립기념관 소장)
23 신주백, 『만주한인민족운동사』, 아세아문화사, 1999, 60쪽.
24 1923년 6월 14일자 재하얼빈 총영사가 일본 외무대신에게 보낸 문서, 「김좌진의 군자금 강요에 관한 건」(독립기념관 소장)

증의 일단을 해결하는 실마리를 제공하여 준다. 이를 보면 다음과 같다.

판결 대정 12년(1923년-필자주) 형공 제561호

본적 천안군 갈전면(葛田面) 매당리(梅堂里)

주소 길림성 영안성내 서관(西關)

농업 유정근(兪政根=晩松) 당 35세

우 자에 대한 대정 8년 제령 제7호 위반 피고 사건에 대하여 당 법원은 조선총독부 검사 평산정상(平山正祥)의 간여로 심리하고 다음과 같이 판결한다.

주문

피고를 징역 3년에 처한다.
압수된 물건 중 대정 12년 영 제1107호의 2 내지 6은 이를 몰수하고 기타는 각 소유자에게 환부한다.

이유

피고는 일찍부터 조선독립의 희망을 가지고 중국 만주에서 대한독립군 총사령관 김좌진과 아울러 신현대(申鉉大) 및 기타 다수 동지들과 함께 조선독립 준비에 진력하고 있었는데, 대정12년(1923년-필자주) 2월경 전기 김좌진이 타일 조선 안으로 진입하여 독립 착수의 경우를 미리 준비해 두기 위함과 자기의 병력을 착실히 보호하려하고 백계 러시아군으로부터 무기의 공급을 받을 것을 기도하였으나 그 자금이 결핍하므로 피고 유정근은 동인의 의뢰에 응하여 전기 무기 구입 자금을 조선 내 유력자로부터 모집하고 또 전술한 병력의 충실을 용이하게 하기 위하여 약 3백만의 신도를 가진 보천교주 차경석(車京錫)을 북만주에 초치하고 조선독립운동에 가담시킬 목적으로 김좌진으로부터 박영효(朴泳孝)·민병승(閔丙承)·이종근(李鍾根)·한규설(韓圭卨)·장길상(張吉相)·김태연(金泰然)·정대균(鄭大均)·차경석에게 오인은 서로 연락 원조를 부단히 하여 조선독립운동에 전심하고 2천만의 대 동원으로서 일거에 일본을 격파하고 조국을 광복하지 않으면 아니되겠으므로 이것을 완성하는 데에 진력이 있기를 바람 이란 불온한 기재로 된 공함이라 칭하는 각 서장과 박영효·민병승·이종근·한규설 앞으로의 각 서장(이상 중 순차로 모두 압수된 증 제 2,4,5,6,10이다.) 및 동인으로부터 김승진(金昇鎭)·김용진(金容鎭)·김정진(金鼎鎭)·김동규(金東圭)·김익동(金益東)·김완규(金完圭)·임석진(林碩鎭) 등 각 개인 앞으로 된 것과 신찬우(申贊雨)·한명석(韓明錫) 두 사람 앞으로된 것에는 '근래 일·

중간의 국교가 원활을 결할 뿐 아니라 러시아·중국의 풍운도 역시 급하여 졌으니 이 참으로 천재일우(千載一遇)의 좋은 기회로서 이미 중국 당국에게도 양해를 얻었으므로 수만의 병을 훈련시켜 남하할 기회를 대기하고 있으나 군수가 뜻과 같지 못하므로 이에 참모 유정근을 파견하니 극력 원조가 있기를 바람'이라는 내용의 불온한 기재가 있는 사신이라 칭한 각 서장 및 전시 신현대로부터 박영효(압수된 증 제3호)·정대균·임석종(林碩鍾)·김태연 앞으로 보낸 피고 유정근을 위한 소개장을 휴대하고 동 6월 20일경 경성부로 와서 다음 7월 상순경까지 사이에 경성부대 기타 근교에서 김항규(金桓圭)·김동진·김병희(金炳僖)·김완규(金完圭)·김정진·신찬우 및 김익동(金益東)과 면회하고 동인 등에 대하여 모두 전술한바, 피고인의 귀국 목적을 밝혀서 원조를 요청하고 또 김완규·김정진·신찬우·김익동에 대하여 각자 전시 동인 앞으로의 각 사신을 교부하고 김동진으로 하여금 김동규에게 김완규로 하여금 김용진·김승진에게 전시 동인 등 앞으로의 각 서신을 교부하게 하고 김병희에 대하여 박영효의 전시 공함 및 신현대의 소개장을 수교(手交)하고 박영효에게 교부할 것을 의뢰함으로써 안녕 질서를 방해한 것이다.

이상 사실은

1. 피고인이 당 공정에서 판시와 부합한 자백.

1. 피고인에 대한 검사의 신문 조서 중 동인의 공술로서 자기는 대정 8년 이래 조선독립운동에 뜻을 두고 있었는데 대정 9년(1920년-필자주) 12월 길림성으로 간 이래 동소에서 농업에 종사하던 중 김좌진으로부터 동인과 장작림과의 사이를 양해시킨 사항으로 장작림이 그의 병력을 남하시키기 위하여 김좌진은 보위단을 조직하고 적로군 및 서적(鼠賊) 방위의 임무에 담당하도록 되어 있어서 김좌진은 그 보위단이 필요한 무기를 백제 러시아 군으로부터 구입할 자금이 결핍하다는 것을 듣고 이의 모집 및 차경석이 3백만여의 신도를 가지고 있으므로 동인의 찬동을 얻는다면 군자금모집에 효과가 있을 것이므로 동인을 북만주로 데리고 갈 두 가지 목적을 가지고 공함 및 김좌진·신현대 앞으로의 사신 및 자기가 동지자라는 것을 증명하는 사진을 휴대하고 대정 12년 음 5월 5·6일 경성에 왔었으며 평택에서 신찬우에게 김좌진(신현대라 한 것은 그릇된 기록)으로부터의 사신을 건네 주고 또 그 무렵 독립운동 자금의 모집으로 왔다는취지를 설명하고 그 뒤 경성에서 김항규와 면회하여 자기가 군자금모집으로 왔다는 뜻을 말하고 또 동인으로부터 김동진·김완규·김병희·김정진에게 소개받았다는 뜻의 기재.

1. 피고에 대한 사법 경찰관 사무 취급 제4회 신문 조서 중 동인의 공술로서 김좌진이 장작림과의 양해 하에서 북만주 지역 김좌진의 부하로서 보위단을 조직하여 군비를 충실히 한 다음 먼저 적로군을 격퇴한 뒤에 조선 내로 진입하여 독립에 착수하기로 결정하고 있었으나 보위단이 필요로 하는 무기를 구입할 자금이 결핍되므로 약 3백만의 신도를 거느려 자금이 풍부한 보천교주 차경석을 북만으로 데리고 가서 협력시킨다면 신도 중 이주한 자를 군적에 넣을 수 있을 것이고, 또 무기를 구입할 자금도 얻을 수 있는 편의가 되므로 차경석을 데려가는 일 및 조선 안의 유력자로부터 군자금을 모집할 목적으로 경성으로 왔다는 내용의 기재.

1. 김항규에 대한 검사의 신문 조서 중 동인의 공술로서 자기는 강용구(姜鎔求)라는 자의 소개로 처음 유정근과 면회할 무렵 동인은 김좌진과 같이 있던 자인데 김좌진의 사업에 대하여 금전상의 원조 또는 주선을 하여 달라는 의뢰를 받았다는 기재.

1. 김완규에 대한 사법 경찰 사무 취급의 신문 조서 중 동인의 공술로서 자기는 대정 12년 4·5월 12·3일경 경성부내 적선동에서 유정근과 면회하였는데 그 무렵 유정근은 김좌진이 군자금을 필요로 하므로 출자자를 소개하여 달라는 뜻의 의뢰를 받고 또 김좌진으로부터 자기 및 김승진·김용진 앞으로 한 흰 명주에 독립운동 자금의 출자를 의뢰하는 뜻을 기재한 서신 3통을 받고 그 뒤 김승진 동인 앞으로 한 전기 서신을 전하였다는 기재.

1. 김동진에 대한 검사의 신문 조서 중 동인의 공술로서 자기는 경성부 내자동의 여관에서 유정근과 면회하고 동인으로부터 김좌진이 김동규 앞으로 하는 서신을 전달할 것을 의뢰받고 이를 수행하였다는 뜻의 기재.

1. 김병희에 대한 검사 신문 조서 중 동인의 공술로서 자기는 유정근과 대정 12년 7월 초순 면회하고 동인으로부터 박후작의 지인 신현대라는 자로부터의 서신이라고 하면서 청취(請取)할 것을 의뢰되어 자기는 이것을 받고 누구의 서신인 가는 모르나 그 서신을 박후작에게 손수 전하였다는 뜻의 기재.

1. 압수된 각 문서 중 각 판시에 부합되는 불온 문서의 기재를 종합하여 고찰하고 이를 인정한다.

법률에 비춰 보니 피고의 소위는 대정 8년 제령 제7호 제1조 제1항에 해당하므로 동항

소정의 징역형을 선택하게 하고 주문의 형에 따라 처벌하고 압수 물건 중 주문 특기의 물건은

형법 제19조 제1항 제2호 제2항에 해당하므로 이를 몰수하고 기타의 물건은 형사

소송법
제202조에 준하여 각 소유자에게 환부하기로 한다.
따라서, 주문과 같이 판결한다.

위의 판결문 가운데, 피고에 대한 사법 경찰관 사무 취급 제4회 신문 조서 중 동인의 공술로서 김좌진이 장작림과의 양해하에서 북만주 지역 김좌진의 부하로서 보위단을 조직하여 군비를 충실히 한 다음 먼저 적로군을 격퇴한 뒤에 조선 내로 진입하여 독립에 착수하기로 결정하고 있었으나 보위단이 필요로 하는 무기를 구입할 자금이 결핍되므로 약 3백만의 신도를 거느려 자금이 풍부한 보천교주 차경석을 북만으로 데리고 가서 협력시킨다면 신도 중 이주한 자를 군적에 넣을 수 있을 것이고, 또 무기를 구입할 자금도 얻을 수 있는 편의가 되므로 차경석을 데려가는 일 및 조선 안에서 유력자로부터 군자금을 모집할 목적으로 경성으로 왔다는 내용의 기재에서 보는 바와 같이, 김좌진은 약 3백만의 신도를 거느려 자금이 풍부한 보천교주 차경석을 북만으로 데리고 가서 협력시킨다면 신도 중 이주한 자를 군적에 넣을 수 있을 것이고, 또 무기를 구입할 자금도 얻을 수 있는 편의가 되므로 차경석을 데려 가는 일에 상당히 주목하였던 것 같다.

아울러 김좌진이 당시 국내의 보천교와 연계를 맺고자 한 이유에 대하여 판결문에서는 다음과 같이 언급하고 있다.

1. 피고인에 대한 검사의 신문 조서 중 동인의 공술로서 자기는 대정 8년 이래 조선 독립운동에 뜻을 두고 있었는데 대정 9년 12월 길림성으로 간 이래 동소에서 농업에 종사하던 중 김좌진으로부터 동인과 장작림과의 사이를 양해시킨 사항으로 장작림이 그의 병력을 남하시키기 위하여 김좌진은 보위단을 조직하고 적로군 및 서적(鼠賊) 방위의 임무에 담당하도록 되어 있어서 김좌진은 그 보위단이 필요한 무기를 백계 러시아 군으로부터 구입할 자금이 결핍하다는 것을 듣고

라고 하고 있다.

보천교의 자금 마련에 직접적인 관련이 있는 인물은 유정근이다. 그에 대한 『독립유공자공훈록』의 기록을 보면 다음과 같다.

> 유민식(俞民植, 1898-1969) 이명 俞政根,俞晩松,俞后檀
> 본적 충청남도천안聖居 茅田 213
> 충남 천안(天安) 사람이다. 1910년 일제에게 국권이 침탈되자 조국 광복의 염원을 안고 고국을 떠나 만주와 해삼위(海蔘威) 등지를 돌아다니면서 국권회복 운동을 하다가, 1919년 독립만세운동이 일어나기 전에 상해로 갔다. 1919년 4월 임시정부 수립에 참여하여 활약하였으며, 홍진(洪震)·신규식(申圭植)·이명교(李命教) 등과 함께 임정의정원에 충청도 대표로 선임되었다. 이어 재정심사위원회, 예결위원회 위원 등으로 활약하였고, 민단부장(民團部長)에 임명되어 교민(僑民)들의 활동을 통활하였다.
> 1922년 3월경 북로군정서 김좌진(金佐鎭)의 요청으로 다시 만주로 건너가 군정(軍政) 양면에서 김좌진을 충실히 보좌하였다. 1923년 5월 독립군의 군비강화를 위하여 백야(白冶 : 김좌진의 號)의 밀명을 받고 보천교도(普天教徒)인 신찬우(申贊雨)와 함께 국내에 특파되었다. 그는 '대한독립군총사령부파견 군자금 모집책' 또는 '김좌진장군의 밀사'로 불리었는데, 주로 안동 김씨를 중심으로 군자금 모집 활동을 벌였으며, 당시 교세가 대단하던 보천교주 차경석(車京錫)을 만주로 데려갈 계획을 세웠다. 그는 백야의 동생인 김동진(金東鎭)을 비롯하여 33인의 한 사람인 김완규(金完圭)와 김항규(金恒圭)·김병희(金炳僖)·신찬우(申贊雨) 등과 접촉하여 군자금을 모금하였으나 마침내 일경에 탐지되어 체포되었으며, 징역 3년형을 받고 옥고를 치렀다.
> 1925년 11월 27일 출옥하여서는 "썩은 만주밤(滿洲栗)을 7일이나 먹고 단식동맹운동을 벌였다"고 옥중투쟁의 일화를 말하기도 하였다. 출옥 후에는 일경의 끈질긴 감시를 따돌리고 다시 만주로 탈출하여, 1925년 3월에 김혁(金赫)·김좌진(金佐鎭) 등이 발해의 고지(故地)인 영안(寧安)에서 조직한 신민부(新民府)에 참여하였다. 그는 중앙집행위원회의 경리부 위원장에 선임되어 무력항일 투쟁을 계속하였다. 그러나 이들을 눈의 가시처럼 여기던 하얼빈 일영사관경찰대는 중국 군벌의 지원을 받아 중동선 석두하자(中東線 石頭河子)에서 신민부의 비밀본거지를 포위 습

격하여, 1927년 2월에 집행위원장 김혁을 비롯하여 그와 본부 직원이 모두 체포되었다. 그는 1929년 7월 23일 평양복심법원에서 징역 15년형이 확정되어 옥고를 치렀으며, 1934년에는 옥중에서 독립만세운동을 주도하였다가 형언할 수 없는 폭행과 고문을 당하기도 하였다고 한다. 정부에서는 고인의 공훈을 기리기 위하여 1977년에 건국훈장 독립장을 추서하였다.

위의 기록을 보면 유정근은 보천교도인 신찬우와 함께 국내로 파견된 것으로 되어 있다. 보천교도인 신찬우가 보천교와의 연결에 일정한 연결고리 역할을 한 것이 아닌가 보여진다. 아울러 신민부가 조직된 후 유정근이 경리부위원장으로 활동한 점을 통해 볼 때, 유정근을 고리로 신민부 재정 확충에 있어서 유정근이 일정한 역할을 하였을 것으로 추정된다.

김좌진은 1923년 5월(음력)에는 유정근을 국내로 파견하였다. 유정근은 한말 기호학교, 대동법률전문학교에 재학했고, 임시정부재무위원·신민부 중앙집행으로 활동한 인물이었다. 김좌진은 이때 북만지역에서 군비를 갖추고, 국내로 진격해 독립전쟁을 수행하기 위해 무기를 러시아로부터 구입하려는 목적이었다. 김좌진은 유정근을 밀사로 파견하면서 국내 자산가들에게 자금협조에 대한 문서(공함)를 보냈으며 유정근이 자신의 밀사임을 증명하기 위해 자신과 함께 찍은 사진을 동봉하는 방법을 사용하였다. 이때 김좌진이 가장 크게 중점을 두었던 점은 바로 보천교주 차경석을 만주로 도망시켜 그의 자금력을 비롯한 종교적 역량을 이용하려는 것이었다. 당시 보천교는 전국적으로 3만명의 교도가 있을 정도의 교세였고 교주 차경석은 300만원의 자금을 소유한 인물로 파악되었고, 그를 독립운동에 참여시킨다면 큰 성과를 거둘 수 있을 것으로 판단했기 때문이었다. 이는 교주 차경석을 북만으로 도망 시킬 수 있다면 보천교의 자금력 뿐만 아니라 이주하는 보천교도들을 군적에 입적시켜 군사력 증강에도 크게 도움이 될 것으로 판단한 결과였다.

유정근의 활동에는 김좌진의 친동생인 김동진과 일찍이 김좌진과 단발을 단행했던 김항규의 협조가 절대적이었다. 유정근은 국내로 잠입하자마자 김동진, 김항규에게 협조를 구했고 이들의 도움으로 활동을 시작할 수 있었으며, 보천교와의 접촉은 김항규가 담당했을 것으로 보인다. 이 시기 보천교는 근대종교로의 개편을 시도하면서 민족운동 진영으로의 진출을 모색하던 시기였다. 이때 혁신세력으로 활동했던 주익·이종익·임규·이득년·설태희 등은 모두 조선민흥회에 참가했던 인물들로 차경석의 지지를 얻고 있었다. 이는 김항규가 조선민흥회와 신간회에 참가했던 점을 고려해 본다면 그를 통해 보천교와의 접촉 가능성을 쉽게 유추해볼 수 있다. 유정근을 파견한 목적은 일정한 성과가 있었던 것으로 보인다.[25] 김좌진은 1924년 10월 초순 보천교로부터 2만원의 자금을 지원받았다.[26]

> 근년 김좌진은 자금 부족하여 부하를 해산하고 모든 활동이 불능한 상태가 되어 금년 봄 조선 내 보천교 교주 차경석과 연락하여 만주별동대로서 행동하는 일로지난 10월 초순 교주 대표 某씨가 영고탑에 와서 2만여 圓이 군자금을 제공함으로써 김은 이 돈으로 옛 부하를 소집하여 三岔口에 근거를 두고, 포교와 무장대 편경을 계획하고 동지를 거느려 동녕현으로 들어왔다

한편 신민부도 보천교로부터 매년 상당의 보조를 받았다고 한다.[27] 현재까지 보천교가 신민부에 자금을 지원했다는 자세한 기록을 찾을 수 없으나 만약 신민부에 자금을 지원했다면 이때 유정근이 국내로 파견되었을 때 맺었던 관계의 지속이었던 것으로 볼 수 있다. 유정근은 신민부에서 경리부위원장을

25 이성우, 「백야 김좌진의 국내민족운동」, 『호서사학』 44, 84-85쪽.
26 不逞團關係雜件-朝鮮人의 部-在滿洲의 部 40金佐鎭 一派의 行動 1924-11-10 關東廳 警務局長,
不逞團關係雜件-朝鮮人의 部-在滿洲의 部 40金佐鎭 軍資金을 얻다 1924-11-26 關東廳 警務局長
27 국사편찬위원회, 『한국독립운동사』 4, 1968, 760쪽

담당하고 있었다.

3. 신민부 설립자금과 보천교

1924년 11월 김좌진은 신민부를 조직하고자 하였다. 이에 많은 자금이 소요되었고, 자금 마련의 방법으로 보천교와 접촉을 시도하였던 것 같다. 그리고 보천교로부터 2만원이라는 거금을 마련하였던 것으로 보인다.

북만주지역에서 활동하던 김좌진의 대한독립군단 등 독립운동단체들은 남만주지역에서 1924년 10월 18일 정의부라는 남만주지역을 통괄하는 독립운동단체가 조직되자 이에 자극을 받아 1925년 1월 목릉현에 모여 부여족扶餘族 통일회의를 개최한 결과 동년 3월 10일에 영안현 영안성 내에서 신민부를 조직하게 되었다. 이 때 김좌진은 창립총회에 남성극, 최호, 박두희, 유현 등과 함께 대한독립군단의 대표로서 참석하였는데 이 회의는 대한독립군단, 대한독립군정서 및 16개 지역의 민선대표, 10개의 국내단체 대표 등이참가한 가운데 개최되었다.[28] 필자의 생각으로는 이 10개의 단체 중 보천교가 있지 않았을까 추정된다. 1928년 7월 일본 측 정보기록에 따르면,

> (신민부는) 경제는 곤란하여 블라디보스토크 조선인공산당으로부터 다수 자금원조를 받고 있다. 경상비는 정의부와 같이 1만 5천호의 부민으로부터 매년 1호 금 7원의 의무세금을 받고 또 군자모집등에 의하여 충용한다. 조선의 유력한 자본가와 보천교로부터 매년 상당한 보조를 받고 있다

라고 보고되고 있다.[29]

28 국사편찬위원회, 『한국독립운동사』 4, 808쪽.
29 국사편찬위원회, 『한국독립운동사』 4, 760쪽.

1) 신민부의 성립

3·1운동이 실패한 후 만주滿洲 지역에서의 독립운동은 점차 무장 투쟁으로 전환되었다. 1920년의 봉오동鳳梧洞·청산리靑山里 독립전쟁 등은 그 결과로써 일어난 것이었다. 그런데 이 전쟁에서 패배한 일제日帝는 그대로 보고만 있지 않고 보복책을 강구하기에 이르렀다. 즉 군대를 대거 만주지역에 출동시켜 독립군은 물론 재만한인在滿韓人을 무차별 학살하는 작전을 강행하였던 것이다. 이에 병력과 무장면에서 열세였던 재만독립군의 주력부대는 노령露領 방면으로 이동하여 무력배양을 꾀하고자 하였다. 그러나 이것 또한 뜻대로 되지 않았다. 그 까닭은 이른바 '자유시참변自由市慘變'을 겪게 되었기 때문이었다. 자유시참변이란 러시아에 거주하고 있는 한국인들로 구성된 한인부대韓人部隊와 만주지역에서 이동한 독립군이 고려혁명군정의회高麗革命軍政議會와 대한의용군大韓義勇軍으로 갈라져서 벌인 군권쟁탈전軍權爭奪戰의 소산이었다. 이 사건을 계기로 재만독립군의 주력부대가 속한 대한의용군은 러시아 적군赤軍 제29연대에 의해 무장해제를 당하였다. 하는 수 없이 독립군은 1922년 말경부터 다시 만주지역으로 복귀하여 독립운동단체의 통합을 추진하기에 이르렀다. 이것은 효과적인 대일투쟁을 전개하기 위함이었다.

때마침, 즉 1923년 1월에 중국 상해上海에서 국민대표회의國民代表會議가 개최되었다. 만주지역의 각 독립운동단체들도 희망을 안고 여기에 참여하였다. 그러나 참가 단체들은 대한민국임시정부大韓民國臨時政府를 둘러싸고 창조파創造派와 개조파改造派 등으로 분열되었다. 창조파의 윤해尹海·원세훈元世勳·신숙申肅 등은 대한민국임시정부의 불신임을 주장하는 동시에 노령지역에 새로운 정부를 건설하고자 하였다. 반면에 개조파에 속하는 안창호安昌浩·김철金澈·김정하金鼎夏·양기탁梁起鐸·김동삼金東三 등은 대한민국임시정부의 개선을 주장하였다. 양파의 대립의 격화로 국민대표회의는 동년 5월 16일 결렬되고 말았다. 이에 실망한 만주지역의 대표들은 동지역만이라도 통일세력을 이루고자 하였다. 그러한 노력은 개조파인 양기탁과 김동삼 등에 의하여 결실을 맺게 되었다. 이것이 곧 1924년 7월에 길림吉林에서 개최된 전만주통일회의주비회全滿洲統會議壽備會이다. 이 때 참가한 대표들은 개조파에 속하는 인물들이었다. 그 결과 1924년 10월 정의부正義府라는 남만지역을 통괄하는 통일체를 조직하기에 이르렀다.

이에 북만지역의 독립운동단체들도 이 지역 독립운동단체들의 통합을 위하여 1925년 1월 목릉현穆陵縣에 모여 부여족통일회의扶餘族統一會議를 개최한 결과, 동년 3월 10일에 영안현寧安縣 영안성 내에서 신민부新民府를 조직하게 되었다. 이 때 참가한 각 단체와 지역 대표는 대한독립군단大韓獨立軍團·대한독립군정서大韓獨立軍政署·북만지역의 민선대표民選代表 및 국내 단체의 대표 등으로 알려져 있다. 창립총회 때 서명한 단체와 지역 대표의 명단을 보면 그 구체적인 내용을 알 수 있는데 이는 다음과 같다.

단체대표

대한독립 군단 : 김좌진(金佐鎭)·남성극(南星極)·최호(崔灝)·박두희(朴斗熙)·유현(劉賢)

대한독립군정서 : 김혁(金赫)·조성환(曹成煥)·정신(鄭信)

민선대표

중동선교육회장(中東線敎育會長) 윤우현(尹瑀鉉) / 동빈(東賓) 박세황(朴世晃) / 오길밀(烏吉密) 김규현(金奎鉉) / 최우(崔愚) / 위사하(葦沙河) 이주현(李周鉉) / 석두하(石頭河) 김태선(金泰善) / 구강포(九江浦) 박정덕(朴正德) / 해림(海林) 김유성(金有聲) / 목단강(牧丹江) 이근(李根) / 신안진(新安鎭) 이동천(李東天) / 사하자(沙河子) 우기형(于璣衡) / 사사도(嗄沙濤) 유응진(劉應鎭) / 마도석(磨道石) 최수완(崔秀完) / 구참(九站) 강수군(姜壽君) / 목릉현 황공삼(黃公三) / 소추풍(笑秋風) 이영백(李英伯) / 동녕현(東寧縣) 김정현(金鼎鉉) / 양수천자(凉永泉子) 정

석준(鄭錫俊)

국내단체대표

○○○○○ 최○○ / ○○○○○ 박○○ / ○○○ 회이○○ / ○○○○사(社) 백(白) ○○ / ○○○○회 김○○ / ○○○단 박○○ / ○○○○회 허(許) ○○ / ○○○회 최○○ / ○○사 ○○ / ○○○회 홍(洪) ○○

민선대표는 중동선교육회 및 16개 지역의 대표로 이루어져 있다. 이들 각 지역은 중동선철도를 중심으로 한 인근지역에 해당 된다. 즉 신민부의 조직에 참가한 민선대표들은 북만지역의 대표로 구성되었던 것이다. 그러나 이들 민선대표들은 모두 개인자격으로 신민부의 창립에 참가한 것이지 직접 그 지방에 거주하고 있는 동포들이 선출한 대표는 아니었다. 한편 이 단체에는 국내단체의 대표들도 참가한 것 같으나, 모든 것을 비밀로 하였으므로 그 정체를 분명히 파악할 수 없다.

한편 신민부의 결성에 대해서는 국내 언론에서도 다음과 같이 보도하고 있었다.

> 북만통일기관 신민부조직, 「대한독립군단」 대표 김좌진 등, 부여족통일회의를 개최, 세력단톄로 신민부조직, 중앙조직은 위원제. 이번 남북만주에 있는 대한독립군단 대표 김좌진, 남극 등은 대한독립군의 김혁, 조선환 등과 중동선교육회장 윤우현 및 조선 내지(內地) 단체 ㅇㅇㅇㅇ의 최ㅇㅇ등 각 단체의 주뇌자 되는 약 38명이 북만주 목릉에 모여 부여족 통일회의를 개최하고 부여족 전부를 규합하여 큰 세력을 만든 뒤에 모 중대사업을 실행하리라고 신민부를 조직하였는데 그 부의 행정구역은 남으로 안도현으로부터 북으로 요하현에 이른 다고하며……더욱 이때 회의에 참석한 조선 내지 대표 두사람은 현금 3천원을 의연하였고 또 장래로도 계속하여 사업유지비로 많은 돈을 내리라고 공언하였다는데……[30]

위의 내용은 『동아일보』 1925년 4월 28일자에 게재되었던 김좌진 장군관련

30 『동아일보』 1925년 4월 28일.

기사 내용의 일부인데 이 내용을 통해서 보면 당시 국내언론에서는 신민부 결성에 '대한독립군단의 대표 김좌진'이 참여하고 있음을 머리 기사로 보도함으로써 신민부의 결성과정에 백야가 참여했다는 사실이 상징적인 의미를 갖고 있음을 나타내고 있었던 것으로 보인다.[31]아울러 더욱 주목되는 것은 조선내지 대표 2인 중 한사람이 보천교계열의 인물이 아닐까 추정된다.

김좌진은 신민부 조직 당시 중앙집행위원회의 군사부위원장 겸 총사령관의 직책을 맡았다. 그의 무장투쟁가로서의 경력을 인정받았기 때문일 것이다. 그리고 중앙집행위원장에는 고종황제의 시종무관을 지낸 김혁, 민사부위원장에는 최호, 참모부 위원장에는 나중소, 외교부위원장에는 조성환, 실업부위원장에는 이일세, 심판원장에는 김돈, 교육부위원장 겸 선전부위원장에는 허성묵 등이 임명되었다. 그리고 김좌진의 지휘 아래 백종열, 오상세, 문우천, 주혁, 장종철 등이 각각 무장부대를 거느리고 있었다.[32]

신민부의 이념은 대종교적 민족주의였고 그것은 조선인의 민족정신, 즉 단군을 중심으로 한 민족정신을 배양하여 이상적인 국가인 배달국을 지상에 재건하려는 것이었다. 또한 신민부에서는 공화주의도 추구하였다. 이러한 신민부의 이념은 김좌진의 사상과 일치하는 것이었다.[33]

신민부에서의 김좌진의 활동을 보면 첫째, 군자금 모금 활동을 들 수 있다. 군자금은 무장투쟁에 있어서 필수적인 조건이다. 군사작전에 있어서 군자금이 없이는 무기구입을 할 수 없다. 그 뿐만 아니라 독립전쟁을 수행하는 데는 무엇보다도 군자금이 뒷받침되지 않으면 안되었다. 이에 김좌진은 재만한인들로부터 의무금을 징수하고자 하였다. 그러나 재만한농의 생활상태로 보아서

---

31 유준기편, 황민호, 「북만에서 쓰러진 항일무장투쟁의 거인」, 『한국근현대인물강의』, 2007, 국학자료원, 389-390쪽

32 국사편찬위원회, 앞의 책, 810-811쪽.

33 박환, 앞의 논문, 183-188쪽.

그것이 그리 순탄한 것은 아니었다. 김좌진은 재만한인에게 의무금을 잘 징수할 수 없게 되자 모연대를 조직하여 국내에 파견하였다. 그러나 이것 역시 일제의 감시로 여의치 못하였다.[34] 한편 『동아일보』에서는 백야가 군자금을 확보하기 위해 총독부가 만주로 보내는 돈 약 6,000을 '탈취' 했던 것으로 보도하고 있다.[35]

한편 김좌진은 자금 마련을 위하여 다양한 국내세력과 연계하였을 것으로 보인다. 당시 신민부의 재정상황은 다음과 같다.

> 일년 총수입은 16만 5,800원이다. 구체적으로 살펴보면, 경성 및 각지방 회원연 賦收入 5,800원, 영안지부 1만원, 목릉지부 5천원, 액목지부 1,500원, 돈화지부 1천원, 안도지부 1,500원, 무송지부 1,500원, 화전지부 2천원, 밀산지부 1,500원, 간도지부 1만원, 훈춘지부 2천원, 중동선 2만 3천원, 러시아 2만원, 嶺西지부 1천원 등이다. 1년 지출 내역은 다음과 같다. 본부경비 3만 5천원, 군대경비 3만 5천원, 모험대 경비(기밀비) 5만 2천원, 각 통신비 3800원, 선전비 25000원, 예비비 1만 5천원 등 16만 5천 800원이다.〈鮮匪團新民府의 財政狀態 및 共産黨과 提携說에 關한 件〉(1926년 3월 30일)

위에서 보는 바와 같이 신민부 재정은 어려웠다. 1924년 11월에 보천교가 제공한 금 약 2만원이 차지하는 비중은 그만큼 컸다고 볼 수 있다.

2) 신민부의 재정

창립대회에서는 "아등我等은 민족의 요구에 응하고 이래 단체의 의사에 기하여 각 단체의 명의를 취소하고 일치된 정신하에 신민부의 조직이 성립된 것을 玆에 선포한다 … "라는 선포문과 다음과 같은 <결의안>을 채택하여 발표

---

34 박환, 앞의 논문, 194쪽.

35 『東亞日報』 1926년 5월 26일자, '總督府公金 新民府가 奪取, 총독부에서 만주로 보내는돈 中東鐵道연선에서 신민부원 金佐鎭이 軍資에 쓰랴고 빼아서, 奪取된 金額은 六千圓'

하였다.

<결의안>

① 기관명칭 : 기관의 명칭은 신민부라 한다.

② 제도 : 제도는 위원제로 하고 중앙·지방·구로 정한다.

③ 사업의 방침, 민사 : 필요에 의하여 기성의 자치기관은 서로 협조하여 진행 시킬 것, 일체의 弊俗을 교정하고 각 기관에 警査機關을 설치할 것.
외교 : 대외관계는 가능한 한 신중 원만히 해결할 것.

④ 군사 : 의무제를 실시할 것. 둔전제 혹은 기타의 방법에 의하여 군사교육을 실시할 것, 사관학교를 설치하여 간부를 양성할 것, 군사서적을 편찬할 것.

⑤ 재정 : 재정은 의무금 및 募捐金으로서 충용할 것. 의무금은 토지에 대하여 水田은 小垧 2元, 大垧 3元으로 하고, 밭은 小垧 1元, 大垧 2元 5角으로 하며, 상가에 대해서는 소유재산의 1/20을 징수하나 단 大洋으로 함. 기관에 조직된 지방은 일체의 모연금을 폐지할 것.

⑥ 실업 : 토지의 매매와 조세는 기관의 지도하에서 행하기로 할 것, 各人은 勞動力作을 권할 것, 公農制를 실시하며 공동농지를 경영할 것, 식산조합을 둘 것, 부업을 장려할 것, 필요한 지방에는 소비조합을 설치할 것.

⑦ 교육 : 소학교 졸업연한은 6년, 중학교 졸업연한은 4년으로 할 것. 단 100호 이상의 촌에는 1개의 소학교를 둘 것. 필요에 의하여 기관에서 중학교 또는 사범학교를 설립할 것.

⑧ 헌장 : 헌장은 기초위원회에 위임하여 창립총회로부터 일주일 이내에 완성하고 이를 중앙집행위원회에 제출할 것.

⑨ 경상비 : 금년도의 경상비(음력 3월부터 10일까지)는 現大洋 3천원으로 결정함.

⑩ 연호 : 연호는 民國年號를 사용한다.

⑪ 기타사항 : 본 기관의 총회는 매년 3월 15일 까지로 정한다.

⑫ 人選 : 中央執行委員會·參議院·檢査院[36]

신민부는 무장투쟁을 전개하기 위하여 무엇보다도 군자금이 필요했다. 군자금은 무기의 구입·독립군의 양성·무장활동을 위해서 절대적이었다. 신민부

36 『독립신문』, 1925년 5월 5일, <新民府를 組織>

는 군자금의 대부분을 신민부의 관할구역에 거주하는 재만동포의 의무금에 의존하였다. 그래서 창립총회에서 논은 소상 2원元, 대상 3원, 밭은 소상 1원, 대상 2원 5각角씩, 상인들에게는 소유재산의 20분의 1을 징수하도록 하였고, 1925년 10월에 개최된 총회에서는 매호당 6원의 의무금을 징수할 것을 의결하였다.

그러나 이러한 계획은 순조롭게 이루어지지 못한 것 같다. 우선 당시 북만동포의 대부분이 소작농으로서 경제사정이 좋지 못하였다. 여기에 더하여 북만청년총동맹 등 공산주의 단체의 조직적인 반대공작이 있었다. 그 결과 1928년 11월 18일에는 빈주사건賓洲事件이 발생하였다. 이 사건은 북만지역에 있던 재만농민동맹과 주중청년동맹住中青年同盟 등이 빈주현의 주민들을 설득하여 신민부를 탈퇴하도록 한 데서 일어났다. 빈주현은 신민부의 관할구역으로 오래 전부터 의무금을 내던 곳이었다. 이에 신민부원인 이백호李白虎 등이 이것을 저지하기 위하여 권총을 발사해 사상자를 낸 것이다. 결국 이 사건을 계기로 하여 신민부는 해체의 지경에 이르게 되었다.

한편 신민부에서는 모연대募捐隊를 조직하여 군자금을 마련하고자 하였다. 이들의 활동지역은 신민부가 관할하고 있지 않은 만주지역 및 국내였다. 그러나 이것 역시 큰 성과를 거두지 못했던 것 같다. 1926년 12월에 모연대장인 황일초黃一樵는 대원 최보만崔普萬·채근우蔡根宇·이영조李永祚 및 박주찬朴朱瓚 등과 하얼빈에서 군자금을 모집하다가 체포되었다. 또한 훈춘琿春에서 군자금을 모집하던 신민부원은 일이 뜻대로 되지 않자 재만동포를 살해하기도 하였다.

1927년에 신민부의 조직이 군사체제로 강화된 뒤에 군정파의 지도자인 김좌진은 국내의 경상도 지역에까지 이병묵李丙默·신현규申鉉圭·손허孫許·손봉현孫鳳鉉·윤창선尹昌善 등을 파견하였다. 이러한 사실들은 군자금의 모집이 뜻대로 이루어지고 있지 못했음을 나타내는 것이 아닌가 한다.

맺음말

1920년대 김좌진부대는 만주지역의 동포들을 중심으로 군자금을 마련하여 무장투쟁을 전개하였다. 일면으로는 국내의 동포들의 후원과 군자금 모금을 통하여 부족한 재정을 준비하기도 하였다. 1920년대 중반 김좌진 부대는 국내의 보천교세력을 통하여도 군자금을 마련하였다. 차경석을 교주로 하는 보천교세력이 밀사를 북만주 영고탑에 파견하기도 하였던 것이다. 또한 김좌진은 자신의 밀사 유정근을 국내로 파견하기도 하였다.

보천교의 김좌진부대에의 군자금 제공은 1925년 신민부의 성립 전후시기에 이루어졌다. 1924년 10월 김좌진 부대에 2만여원을 제공하였다. 아울러 신민부 성립 그리고 그 이후에도 지속적으로 지원된 것이 아닌가 추정된다. 신민부는 대종교 세력이 중심을 이루었다. 그러나 밀양의 해원교에서도 지원을 받았다. 아울러 러시아 혁명세력으로부터도 지원을 받고 있었다. 즉 신민부는 항일투쟁을 전개하기 위하여 여러 세력으로부터 군자금을 조달하였던 것이다. 보천교는 그 한 부분이었다.

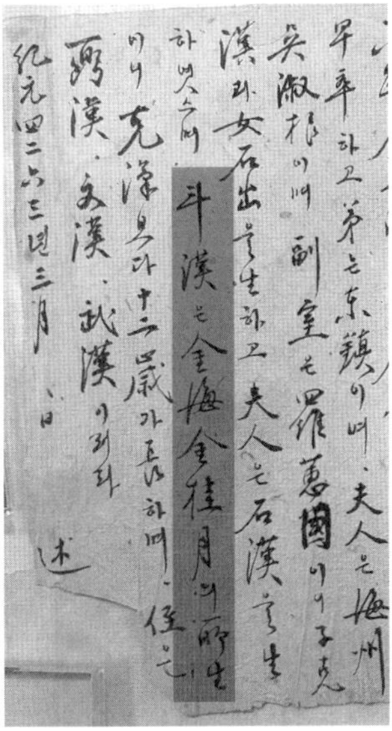

김좌진사회장약력서
(김두한이 김좌진의 아들임이 명시되어 있음)

제3장

새롭게 발굴한 청산리 영웅들
: 나중소와 박영희

1. 나중소 : 대한제국 장교출신

나중소

나중소羅仲昭(1867. 4.13-1928. 7.4 음)는 대한제국의 진위대 정위正尉로서 활동 중 군대가 해산되자, 1910년대 50대의 장년의 나이로 만주로 망명하여 북로군정서(대한군정서), 신민부 등에서 무장투쟁을 전개한 대표적인 항일독립운동가이다. 특히 그는 북로군정서 사관연성소 교성대장으로서 실질적으로 사관양성에 힘을 기울여 독립군 장교양성에 큰 기여를 한 대표적인 인물이라고 볼 수 있다. 1928년 10월 그가 만주 돈화현敦化縣에서 순국하자 『동아일보 』 1928년 10월 11일자에서는 〈나중소씨 영면〉이라는 제목 하에,

> 현적을 만주 길림성 돈화현에 둔 평안도 출신 라중소(羅仲昭)씨는 구한국시대 육군 부위(副尉)를 지내다가 정국의 변함을 딸아, 만주로 이거하야 북만일대에서 00단의 군정서 장교로 있든 중, 군대에 쫓기여 돈화현 산중에서 여생을 보내다가 지난 8월 18일에 세상을 떠났다는데, 슬하에는 자녀도 없이 단신으로 망명 중, 별세한 가련한 형편이라더라

라고 있듯이, 나중소는 일제의 조선강점 이후 만주로 망명하여 항일투쟁을 전개하다, 이국 땅 만주에서 순국한 인물이었다.

더구나 나중소는 노 혁명가로서 청산리 독립전쟁 당시에도 직접 전투에 참여한 인물로서 주목된다. 뒤늦은 기록이기는 하나, 『동아일보』 1958년 4월

22일에 연재된 〈대지의 성좌〉(박계주)에[1],

> 그는 후방에 있기로 한 백발이 성성한 참모장 나중소장군이었다. "아 이 웬일이십니까?, 여긴 위험합니다. 후방에 가 계십시오. 김좌진장군은 강위를 쏠 것도 잊고 당황한 얼굴로 권면했다. "아닐세. 나는 자네들 곁에 있으랴네. 자네를 곁에서 자네들 싸우는 광경을 보랴하네. 저 원수놈들이 하나하나 쓸어져 가는 것을 내 눈으로 보고 싶네" 나중소 참모장은 얼굴에 미소를 띠우며 시선을 적군 편으로 보냈다

라고 있듯이, 백발이 성성한 가운데 동지들과 함께 청산리전투에 적극적으로 참여하였던 것이다.

나중소는 만주에 망명한 이후 친김좌진계열의 대표적인 무장독립운동가로서, 김좌진과 함께 북로군정서, 신민부 등에서 생사고락을 같이한 동지였다고 할 수 있다. 또한 그는 김좌진과 함께 북로군정서를 대표하여 만주지역에서의 각종 독립운동 단체의 연합회의 등에 참여하여 독립운동을 이끌었던 중심적 인물이기도 하였다.

한편 나중소는 독립운동뿐만 아니라, 동포들의 생명과 재산을 보호하기 위하여 노력하기도 하였다. 『동아일보』 1926년 9월 28일자에는 〈마적 경계로 돈화현 동포들이 보위단 조직〉이라는 제목하에,

> 간도 돈화현 지방에 거주하는 동포들은 근일 간도일대에 출몰하는 마적으로 생명재산에 위협을 받아 그곳 중국관헌의 양해를 얻어 현내에 거주하고 있는 20세 이상 40세 미만의 동포청년 약 50명은 보위단을 조직하고 단장으로 나중소를 선거한 후 현재 각 주소지에 지단을 설치하여 7명 내지 10명의 무장대를 배치하여 주야로 엄중히 경계하는 중이라더라(간도)

라고 하여, 나중소가 돈화현 지역의 마적 퇴치를 위하여 주민들의 선거로 보

---

1 박계주가 쓴 조선일보 1946년 11월 1일자 〈靑山里싸움 (17)〉에서도 비슷한 내용을 살펴볼 수 있다.

위단 단장으로 활동하고 있었던 것이다.

이처럼 나중소는 만주지역의 항일독립운동, 특히 청산리전투와 북로군정서 및 김좌진 계열의 독립운동을 이해하는데 중요한 인물임에도 불구하고 지금까지 주목하지 못하였다. 다만 북로군정서, 신민부 등을 연구하는 가운데 간단히 언급되고 있는 정도였다.[2] 이에 본고에서는 나중소의 인물과 그의 민족운동에 대하여 본격적으로 살펴보고자 하는 것이다.

1. 대한제국 장교

나중소는 1867년 4월 13일 경기도 고양군 숭인면 정릉리(현 성북구 정릉동 106번지)에서 아버지 나윤철羅允鐵, 어머니 이李씨 사이에 2남으로 출생하였다.[3] 본관은 나주이며, 별명은 나비장군, 나중소.[4] 본명은 영훈泳薰[5], 호는 포석抛石, 또는 일운一雲이며,[6] 아명은 봉길奉吉이다. 부인은 밀양 손씨孫氏(1874년생)이며, 슬하에 2남 3녀를 두었다. 아들은 보길寶吉(1906년), 인상仁相(1915년생)이며, 딸은 복희福姬(1897생), 아지(1908년생), 운상云相(1910년생) 등이다.[7] 부인 손씨는 나중소가 만주로 망명할 때, 함께 가지 않고 서울 정릉동 206번지에 살았다고 한다.[8] 나중소는 망명시 아들 2명과 딸 2명을 데리고 만주로 갔다. 큰 아들 일상은 25세 만주에서 일본군에 잡혀 총살당하였다. 둘째 인상은 만주에

2 박환, 『만주한인민족운동사연구』, 일조각, 1991.
박환, 『만주지역 한인민족운동의 재발견』, 국학자료원, 2014.

3 나영훈제적부

4 불령단관계잡건 조선인의 부 39, 재외요주의 선인 별명 변명 아호 조사에 관한 건, 1924년 6월 17일

5 1899년 11월 8일 이름을 泳薰으로 개명하였다고 한다.

6 불령단관계잡건 조선인의 부 39, 재외요주의 선인 별명 변명 아호 조사에 관한 건, 1924년 6월 17일

7 나영훈제적부

8 나중소의 손녀 羅英子와의 면담에서 청취.

서 9세까지 거주하였다. 만주 거주시에는 경기도 파주 출신이며, 만주지역 독립운동가 박찬익朴贊翊의[9] 아들 박영준朴英俊과 함께 하였다고 전한다. 딸 가운데에는 둘째 딸이 아버지 나중소와 오래 동거하였다고 전해진다.[10]

나중소는 16세인 1882년 무과에 급제하고, 1898년 구한국 육군무관학교에 입학한 후, 국비유학생으로 선발되어, 1899년 일본육군사관학교에서 수학한 후 동년 8월 18일 육군무관학교를 졸업하고 참위參尉로 임명되었다. 그리고 동년 11월 8일 함경북도 종성鍾城지방대에 배속되었으며, 1900년 1월 8일 종성지방대 소대장에 임명되었다. 1900년 7월 22일에는 종성진위대로 전보되어,[11] 동년 동월 28일에는 진위5연대 제3대대로 배속되었다.[12] 1901년 3월 29일(양력 5월 17일)에는 함경북도 무산에서 청나라 비적 150명을 소탕하는 공훈을 세우기도 하였다. 『고종실록』 41권, 고종 38년 5월 17일 양력 2번째 기사 〈원수부에서 진위대의 승급을 아뢰다〉에,

> 또 아뢰기를, "진위 5연대 3대대장의 보고를 보니, 소대장 나영훈(羅泳薰)이 50명의 군사를 거느리고 청나라 비적 150명을 맞아 격파하여 비적들을 소탕하였다고 합니다. 해당 위관이 이런 군공(軍功)을 세운 만큼 응당 논상해야 하나 은전을 구하는 일에 관계되므로 감히 마음대로 할 수 없습니다." 하니, 제칙을 내리기를, "승서하라." 하였다.

라고 있는 것이다. 이에 1901년 5월 17일에는 육군 부위副尉로 승진하였다. 다음의 『고종실록』 42권, 고종 39년 7월 20일 양력 2번째 기사 〈조동윤이 변경지대에서 공을 세운 자들을 표창할 것을 청하다〉에서 이를 확인할 수 있다.

---

9 남파박찬익전기간행위원회, 『남파 박찬익전기』, 을유문화사, 1988.

10 The korean journal 1978.8.20. 캐나라 토론토 한인의 일간지. 나중소의 손녀 羅英子(1941년생, 아들 仁相의 장녀)와의 면담에서 청취.

11 『승정원일기』 고종 37년 6월 26일자

12 『승정원일기』 고종 37년 7월 3일자

육군 참위 송순진(宋淳鎭), 무산(茂山) 주참 육군 정위 반돈식(潘敦植), 육군 부위(陸軍副尉) 나영훈(羅泳熏), 무산 전 군수(茂山前郡守) 김병주(金秉周), 무산 사포 영장 최병륭(崔丙隆)이다. 하니, 제칙(制勅)을 내리기를, "아뢴 대로 하되 정위(正尉)로서 승륙(陞六)하지 못한 사람은 6품으로 승륙하고, 이미 승륙한 사람은 가자(歌資)하고 참위(參尉)는 승서(陞敍)하라." 하였다.

이후 나중소는 1907년 4월 18일에는 육군연성학교 陸軍硏成學校로 전보되었다. 그리고 동년 5월 14일 육군 정위에 임관 되었다.[13] 동년 9월 3일 군대해산으로 면직되었다.[14] 1922년 2월자 일본측 기록 〈군정서 이홍래李鴻來 일파의 농사경영에 관한 건〉에,[15]

지난 12월 상해임시정부 군무총장 노백린으로부터 나중소(노백린이 參領이었던 시절에, 나중소는 정위로서 부하였다)에게 송부한 ,

라고 있음을 통하여 나중소가 대한제국 장교였음을 확인할 수 있다. 나중소는 3품에 해당되는 정위였다. 그러나 오랫동안 한 단계 낮은 부위로서 활동하였기 때문인지 일반적으로 부위로 불리우고 있다.

나중소는 1907년 8월 군대해산 이후, 1917년 만주로 망명하였다. 그가 서울에서 만주로 망명한 것은 대한제국의 장교 출신으로서의 조선에 대한 애국심과 일제의 조선강점 이후 집안의 땅을 철도부지로서 모두 일본에 빼앗기게 되어 더이상 고향에서 살 수 없었기 때문이었다고 후손은 증언하고 있다.[16]

13 『승정원일기』 고종 44년 4월 3일. 나중소 자필이력서(1907년 육군연성학교에서 작성)

14 『승정원일기』 순종 1년 1907년 7월 26일. The korean journal 1978.8.20. 캐나다 토론토 한인의 일간지.

15 불령단관계잡건 조선인의 부, 재만주 31, 군정서 이홍래 일파의 농사경영에 관한 건.

16 나중소의 손녀 羅英子와의 면담에서 청취.

2. 만주지역, 대한정의단 군사교관으로 초빙.

나중소가 만주에서 처음으로 언급되고 있는 것은 대한정의단大韓正義團에 대한 기록이다. 대한정의단은 1919년 3월 북간도 왕청현汪淸縣에서 조직된 독립운동단체이다. 3·1운동이 일어난 지 24일만인 1919년 3월 25일 대종교인을 중심으로 한 중광단重光團의 토대 위에 서일徐一·계화桂和·채오蔡五·양현梁玄 등이 중심이 되어 적극적인 군사행동을 목적으로 조직되었다. 초기에는 아직 무장력을 갖추지 못한 상태에서 강령을 만들어 발포하였으며, 단원들을 모집하는 한편, 순 한글로 된 『일민조一民報』·『신국보新國報』 등의 신문을 발행하여 독립사상을 고취하는 등의 활동을 전개하였다. 뿐만 아니라 서일을 단장으로 만주 각지에 5개 분단과 70여 개 지단을 설치하였으며, 7월에는 국내의 동포들에게 분발을 촉구하는 창의격문倡義檄文을 배포하기도 하였다.[17]

대한정의단 산하 안도현安圖縣 지부의 경우, 무장독립군을 양성하기 위하여 김연일金延一, 김우종金禹鍾, 이태극李泰極 등을 중심으로 약 300-400명의 결사대원을 확보하여 50명씩 교대로 사하沙河국민학교에서 목총을 가지고 교련을 시작하였다. 이때 교관으로 안석진安錫鎭 등이 활동하였으나, 교관 인원의 부족으로 독립군 양성에 큰 어려움이 있었다. 이에 대한정의단에서는 만주에 망명한 나중소를 교관으로 초빙하였다.

> 대한독립군은 독립군 편성을 위한 준비로 각지에서 대한정의단의 결사대원 또는 단지결사대를 모집하여 모두 1,037명의 명부에 등록한 결사대원을 확보하였다. 안도현의 대한정의단을 보면, 金延一 金禹鍾, 李泰極 등을 주모자로 하여 약 300-400명의 결사대원을 확보하여 50명씩 교대로 沙河국민학교에서 목총을 가지고 교련을 시작하였다. 교관은 安錫鎭, 元某 등 2인이었는데, 교관이 불충분하여 羅副尉를 초빙하기도 하였다. 무기는 한국인 사냥꾼들의 것을 수집하였는데, 5연발총과

17 신용하, 「대한(북로)군정서 독립군의 연구」, 『한국독립운동사연구』 2, 1988 참조

管打銃이었다. 내도산에 거주하고 있는 중국인을 통하여 군총 구입을 꾀하였다.[18]

나중소는 이때부터 안도현에서 대한정의단 독립군 양성을 위해 진력하였던 것이다.[19]나중소와 마찬가지로 당시 만주지역에서는 대한제국 무관학교 출신 구한국장교들을 교관으로 초빙하곤 하였다.[20] 1920년 8월 북로군정서에서 대한제국 장교 영입을 위하여 국내에 파견된 이성규李成奎를 따라 김규식金奎植, 홍충희洪忠喜, 박형식朴亨植, 김찬수金燦洙 등이 북로군정서에 입대하여 동 부대에서 청산리대첩에 참여하기도 하였던 것이다.[21]

3. 북로군정서 참모부장으로 활동: 김좌진과의 만남

나중소는 대한정의단이 북로군정서로 확대 개편되자 북로군정서에서 중심적인 역할을 하였다. 특히 나중소는 북로군정서에서 김좌진을 만남으로써 그와 함께 만주지역에서의 항일투쟁을 지속적으로 전개해 나갔던 것이다.

북로군정서는 3·1운동 직후인 1919년 10월에 만주에서 편성된 독립군 단체이다. 1920년 7-8월 북로군정서의 조직은 총재 서일[22], 부총재 현천묵, 총재부에는 비서장 김성, 비서 윤창현, 사령관 김좌진[23], 사령관부 부관 박영희, 참모장 이장녕[24], 참모부장 나중소, 참모 정인철, 서무부장 임도준, 재무부장 계화, 인사국장 정신, 경리국장 최익항, 군법국장 김사직, 이사 남진호, 준사국장 김경준, 탁지국장 윤정현, 모연국장 최수길, 징모과장 김국현·이시권, 기계국장 양현, 기계보관과장 서청, 경신국장 채오, 제1분국장 이민주, 제10분국

18 강덕상, 『현대사자료』 조선 3, みすず書房, 1970, 225-226쪽, 배일선인의 행동에 관한 건
19 위와 같음.
20 박환, 『만주지역 한인민족운동의 재발견』, 165-247쪽.
21 김찬수 독립유공자공적조서.
22 이동언, 「서일의 생애와 항일무장투쟁」, 『한국독립운동사연구』38, 2011.
23 박환, 『만주벌의 항일영웅 김좌진』, 선인, 2016.
24 김주용, 「이장녕의 생애와 독립운동」, 『한국독립운동사연구』48, 2014

장 최주봉, 제21분국장 강훈, 제33분국장 이근식, 통신과장 채신석, 조사정탐대장 허중권, 지방시찰장 김석구, 경비대장 허활·이교성, 군의정 주견룡이었다. 즉 나중소는 참모부장으로 활동하였던 것이다.[25]

북로군정서 사령부일지 1920년 7월 8일에[26] 다음과 같은 기록이 있어 나중소의 활동을 짐작해 볼 수 있다.

> 이날 밤부터 사령관은 趙相衍군을 데리고 수도실에서 入定하다.
> 營內의 일체 要務는 참모副長(사관연성소 교수부장이 겸직) 나중소 각하에 위임하였다.

라고 있듯이, 나중소는 김좌진을 대신하여 사령부를 총괄하는 입장에 있을 정도로 중요한 역할을 하였던 것이다.

아울러 1920년 5월 3일 왕청현에서 신민단新民團[27]·도독부都督府·광복단光復團·국민회國民會·의군부義軍府·군정서軍政署 북간도지역 6개단체 대표들이 참가한 가운데 북간도 각 기관의 통일과 사업 발전을 논의할 때 김좌진과 함께 군정서 대표로서 참가하였다. 당시 신민단 대표로는 김준근金準根, 이흥수李興秀, 군무도독부 최진동[28], 이춘범李春範, 광복단 대표 김성륜金聖倫, 홍두극洪斗極, 국민회 대표 김동흡金東洽, 김규찬金奎燦, 의군단 대표 김종헌金鍾憲, 박재눌朴載訥 등인 것으로 보아[29] 당시 나중소의 비중을 짐작해 볼 수 있다.

1920년 4월 준비하는 과정에서 주도권을 행사하려는 국민회國民會 때문에 약간의 잡음이 있었지만, 5월초에 원만히 해결되어 같은 달 5월 3일 합의사항을 논할 수 있었다. 회합에 참여한 독립군단 대표들이 합의한 사항은, 임의적

---

25 신용하, 「대한(북로)군정서 독립군의 연구」, 『한국독립운동사연구』 2, 1988 참조
26국회도서관, 『한국민족운동사료』 1,1977, 사령부일지, 752쪽.
27 신용하, 「대한신민단독립군연구」, 『동양학』18, 단국대학교 동양학연구소, 1988.
28 김춘선 안화춘 허영길, 『최진동장군』, 흑룡강조선민족출판사, 2006.
29 불령단관계잡건 조선인의 부 19, 불령선인단체의 연합에 관한 건, 1920년 6월 10일

의로 모연대 또는 단원 모집원을 파견하지 말 것, 이미 타 독립군단에 적을 가진 독립군을 빼가지 말 것, 각 군단이 이미 조직해 둔 지방기관은 서로 인정하고 지켜줄 것, 통신사항 또는 긴급히 경계해야 할 사항이 있으면 신속하게 전달해주고 힘을 합해 지원해 줄 것 등이었다. 이를 위해 협의회를 구성해『협의회 기관보機關報』를 발행하고, 매월 1일과 15일 정기적으로 만나 상호 원활한 조국 광복사업을 이끌어 갈 수 있도록 소통하자고 합의했다. 그런데 이 같은 협의회가 조직되기 하루 전인 2일 북간도지역의 또 다른 독립군단인 임창세林昌世가 이끄는 야단野團이 북로군정서로 통합되었다.

아울러 나중소는 동년 5월 5일자로 신민단, 군정서, 군무도독부, 광복단, 의군부 등이 결속하여 국민회에 대하여 비판적 입장을 취할 때에도 김좌진과 함께 북로군정서를 대표하여 활동하였다.[30]

4. 북로군정서 사관연성소 교수부장

북로군정서는 총재 서일과 사령관 김좌진의 지휘하에 1919년 가을부터 준비를 시작하여 1920년 2월 초에 북간도의 왕청현 서대파西大坡 십리평十里坪의 깊은 밀림의 요충지에 병영을 짓고 연병장을 닦아 근거지를 설치하였다. 그리고 근거지의 동서남북의 산과 산기슭에 경계선과 경위선을 쳐서 참호를 파고 24시간 경비케 하였다. 근거지의 적과 외부인의 접근을 철저히 방지하고 근거지를 엄중히 경위케 하였다.

북로군정서는 약 1천 1백 명의 장정을 모집하여 근거지 안의 병영에 현역으로 입영시켜 군사훈련을 하였다. 매일 오전 9시부터 11시까지의 오전 훈련에는 제식制式훈련을 철저히 실시했고, 오후 2시부터 밤중까지 계속되는 오후 훈

30 국회도서관, 위의 책, 3권, 1979, 674-675쪽.

련은 주로 사격술과 총검술을 비롯한 총기사용 훈련과 학과 훈련을 실시해서 정예군대를 만들었다.

나중소는 김좌진 등과 함께 근거지를 설치하고 장정을 모집하여 독립군을 편성할 때에 근거지 안에 1920년 2월 초에 먼저 사관연성소를 설립하였다. 나중소, 김좌진 등은 서간도의 신흥무관학교에 도움을 요청하여 교관 李範奭과[31] 졸업생 장교 박영희朴寧熙·백종열白鍾烈·강화린姜華麟·오상세吳祥世·이운강李雲岡·김훈金勳[32] 등을 비롯한 다수의 훈련장교들과 각종의 교재를 공급받았다. 나중소, 김좌진 등은 모집한 장정들 중에서 18세 이상 30세 이하의 초중등 교육을 받은 신체 건강하고 애국심이 투철한 우수한 청년 300명을 선발하여 입교시켜서 사관연성소를 열어 사관교육을 시작하였다. 교수부장은 나중소가, 그리고 사관연성소 소장은 사령관 김좌진이 겸임하였다.

나중소는 교수부장으로서 생도들에게 민족정신의 함양을 위한 역사교육을 강조하였다. 아울러 군사교육도 실시하였다. 북로군정서는 두 개의 연병장에서 사관생도들에게 철저한 군사훈련을 실시했으며, 술과는 일본군의 모형을 만들어 놓고 실탄으로 사격연습을 하였다. 북로군정서 독립군은 모든 병사들에게 사관연성소에서 기초훈련을 받도록 하였다.

일제 측은 연길현 국자가局子街에 본부를 둔 중국군 혼성여단混成旅團보병제1단장步兵第一團長 맹부덕孟富德에게 북로군정서군을 '토벌'하라고 압력을 가하였다. 맹부덕은 9월 6일 200명의 중국군을 서대파에 파견하였으나, 나중소는 사령관 김좌진 등과 함께 중국군을 맞아 큰 소 2마리와 돼지 1마리를 잡아 대접하면서 '협상'한 결과 원만한 교섭이 이루어져 중국군은 9월 7일에 되돌아갔다. 북로군정서와 중국군 사이 '협상' 내용은 1개월을 기한으로 북로군정

31 김민호, 「이범석의 생애와 독립운동」, 『한국독립운동사연구』 44, 2013.

32 김훈은 양림장군으로도 알려져 있다. 하얼빈 동북항일열사기념관에는 양림장군으로 그의 사진 등이 전시되어 있다.

서 독립군 전부를 다른 삼림지역으로 은둔시키거나 국내로 진공시키고, 중국군도 1개월 기한을 조건으로 철군하여 북로군정서 독립군을 추격하지 않기로 약정한 것이었다.[33]

1920년 9월 9일에 왕청현 십리평의 삼림에서 제1회 사관연성소 필업식이 거행되었으며 이때 298명의 사관이 배출하였다. 그 중 80명은 소위로서 임명·배치되었고, 나머지 200여 명을 중심으로 교성대가 조직되었는데 이때 나중소는 대장으로 임명되었다. 부관은 최준형崔峻衡, 중대장 이범석, 소대장 이민화李敏華· 김훈·이탁李鐸·남익南益 등이었다.[34]

연성대는 최정예부대로서 북로군정서 독립군의 승전의 주역이 되었다. 청산리 독립전쟁의 백운평전투와 천수평전투에서 일본군을 전면에서 섬멸한 것도 연성대였다. 독립군을 창설하면서 처음부터 무관학교를 설립한 것도 다른 독립군 부대들이 가지지 못했던 북로군정서의 특징이었지만, 연성대라는 최정예부대가 북로군정서의 막강한 전투력의 골간이었다.

5. 청산리독립전쟁 참여

북로군정서 독립군은 최강의 정예 독립군으로서 청산리 독립전쟁에서 기습섬멸전으로 일본군을 능동적으로 공격해서 크게 섬멸하고 대승리를 거둔 주역이었다. 북로군정서 독립군은 청산리대첩의 주역으로서 홍범도 연합부대와 함께 일본군 1,200명을 전사시키고 일제가 한국민족 독립군 부대들을 토벌하기 위하여 수립한 '간도지방 불령선인 초토계획'과 간도 침입작전을 붕괴시켜 버렸다. 일본군은 '간도침입 때 2만 5천명의 병력으로 제1단계에서는 1개월 이내에 한국 무장독립군을 완전히 섬멸하고, 제2단계에서는 다시 1개월 내에 촌

33 신용하, 「대한(북로)군정서 독립군의 연구」, 『한국독립운동사연구』 2, 1988 참조
34 국회도서관, 『한국민족운동사료』 3 · 1운동편 1, 1977, 671쪽, 사령부일지 1920년 9월 12일자

락에 잠복하고 있는 비무장 독립운동 세력을 발본색원해서 간도지방의 한국 민족 독립운동을 완전히 소멸시킬 것을 목표로 하였다. 이것을 달성함으로써 국내 독립운동까지도 고립 차단시켜 이를 완전히 소멸시키려고 획책하였다.[35]

청산리대첩에 참가한 북로군정서 독립군 간부들은 사령관 김좌진, 부관 박영희, 연성대장 이범석, 종군장교 김민화金敏華·김훈·백종열·한건원韓建源, 대대장 서리 홍충희, 제1중대장 서리 강화린, 제2중대장 서리 홍충희, 제3중대장 김찬수金燦洙, 제4중대장 오상세, 대대부관 김옥현金玉玄, 제1중대 제1소대장 신희경申熙慶, 제1중대 제2소대장 강승경姜承慶, 제2중대 제1소대장 채춘蔡春, 제2중대 제2소대장 김명하金明河, 제3중대 제1소대장 이우구李栩求, 제3중대 제2소대장 정면수鄭冕洙, 제4중대 제1소대장 김동섭金東燮, 제4중대 제2소대장 이운강李雲岡, 기관총대 제1소대장 김덕선金德善, 기관총대 제2소대장 최인걸崔麟杰, 제1중대 특무정사 나상원羅尙元, 제3중대 특무정사 권중행權重行이었다. 이때 참모부관이 나중소였다.

청산리전투 당시 나중소는 김좌진과전투를 논의하는 등 중요한 역할을 담당하였다. 이는 김훈이 작성한『독립신문』1921년 3월 1일자〈三一節의 産物인 北路我軍實戰記〉에 잘 나타나 있다.

> 我北路軍의 從軍將校로 實戰에 立하야 奇功을 收하고 歸한 金勳氏는 親히 그 經過한 事實에 對하야 左와 如히 談하다(중략).
> ▷我軍의 避戰과 밋 策應
> 忠信場北方大進昌으로부터 靑山里松里坪(忠信場서 十里)에 至하야 駐할 時에 敵茂山守備隊一中隊가 忠信場으로 來한다는 報을 聞하엿소
> 그래서 곳 旅行團步兵第四中隊及機關銃隊가 合하야 松里坪서 二十里되는 새물둔지(泉水洞과는 不同)에 가서 排置하고 잇섯스나 아모 消息이 업슴으로 다시 松里坪에 回陣하엿나이다(松里坪에서 茂山邑이 百十里)

35 신용하,「대한(북로)군정서 독립군의 연구」,『한국독립운동사연구』2, 1988 참조

> 十月十八日에 敵이 忠信場과 鳳尾溝로부터 我를 包圍하는 줄 探知한 我側에서는 金佐鎭氏가 羅中昭 以下 各幹部로 더부러 擬議하엿는대 더러는 避戰策을 主하고 더러는 主戰策을 唱하나 乃終의는 避戰策이 成立되엿소
> 그러나 만일 一戰하는 境遇에는 我軍은 原野의 戰鬪를 避하고 森林中으로 誘擊코져 하야 主力을 靑山里 西北端 大森林內에 掩敵하고 若干의 兵力으로써 林緣을 警戒하야 敵狀을 監視하엿소.
> 十月十九日夜에 我軍은 松里坪에서 出發하야 거긔서 六十里되는 싸리밧村에 到하야 數時間의 假眠을 하고 잇던中 敵軍 二百名은 平壤村(松里坪上村이니 彼我의 距離가 二十里)까지 逼到하엿소.
> 我軍은 싸리밧村에서 一時用의 食糧을 準備하야 攜帶하고 靑山里 森林속으로 二十里를 伏行하야 森林中에서 一夜를 露營하고 翌日 (卽二十日)에 至하야는 携帶하엿던 食料가 盡하엿슴으로 終日 絕食되엿섯소 敵은 발서 싸리밧村에 到着하엿습데다.
> 我軍에서는 그날 밤에 軍士 五十名으로 하여곰 싸리밧村을 距하기 一里半쯤되는 林沿小村落에 派遣하여 糧食을 運搬하여다가 各隊에 分配하니 每名에 多則 甘蔗三顆요 其他는 小米一碗式이엇는대 이것을 딘작 다 먹지 말고 儲存하라 하엿스나 여러끼 굴믄 때문에 一時에 다 먹고 말엇소.

청산리전투 후 나중소는 김좌진과 행동을 같이하며 피신하였다. 1920년 11월 22일에 작성된 일본 측 첩보기록은 〈김좌진 및 홍범도의 무력 부대의 행동에 관한 건〉은 그 일단을 보여준다. 이 자료는 첩보자가 11월 14일, 황구령을 출발해, 청산리(만주 동부)를 거쳐 화룡현 삼도구 대금창에 온 북로군정서 중대장인 오상세로부터 얻은 것이었다고 기록되어 있다.

> 1. **김좌진 부대**
> (가) 김좌진 부대는 11월 7 일경, 황구령 부근을 출발해 오도양차(五道揚岔)에서 천보산 서쪽의 산맥을 거쳐, 치유댐을 나와 남하얼빈을 무사히 통과하였다는 취지의 통신연락이 있었다.(당시 북하얼빈에는 일본 군대가 (독립군) 토벌을 위해 출동해 있었다)

> 이 통신은 11월 15일, 모연대장인 김현묵(金玄默)이 한 것이어서, 참모장인 나중소(羅仲韶)는, 부하 2명을 거느리고, 변장해 판아코리(삼도구상마을의 동방 약1리(약 3.93km)에 있었다가, 이 통신을 받고 즉시 치유댐(텐뽀우산의 서방 약4리)으로 향했다.

라고 하여, 일제의 토벌을 피하여 김좌진과 연락을 취하며 이동하고 있는 생생한 모습을 느껴볼 수 있다.

6. 청산리 대첩 이후 독립전쟁의 재기를 모색

1) 자유시참변과 북만주로의 탈출

북로군정서 독립군은 청산리대첩 후 북만주로 이동하여 1920년 12월경 密山에 도착했다가 치타정부의 군사원조 약속을 받고 1921년 1월 흑룡강을 건너 러시아령 이만(현재 지명은 달레네첸스크)으로 갔다. 그러나 소련측은 독립군들이 무장을 해제한 후 자유시自由市로 이동해 자신들의 군軍에 편입할 것을 요구했다. 일부는 이를 수용한 측도 있었으나 북로군정서와 일부는 이를 거부하고 같은 해 3월 하순 6단團 회의의 결과 대한총군부라는 통합단체를 조직하여 군사통일을 실현하였다. 그러나 그들은 동년 4월 12일이만에서 다시 36개 대소 독립군 단체의 수뇌들이 모여 독립군대회를 개최하고 대한총군부의 이름을 대한독립단이라고 바꿈과 동시에 체제를 정비하였다. 이때 대한독립단은 단본부에 외교부를 설치하여, 흑룡강성 영안현寧安縣에 사관학교를 설치하기로 합의하고, 다시 임원을 선임하였다. 총재는 서일, 부총재는 홍범도[36], 고문 백순白純, 김호익金虎翼, 외교부장 최진동, 사령관 겸 참모부장은 김좌진이었다. 이때 나중소는 이장녕과 함께 참모직책을 맡았다.[37]

36 신용하, 「홍범도의 대한독립군의 항일무장투쟁」, 『한국학보』 43, 일지사, 1986.

37 불령단관계잡건 조선인의 부 27 불령단의 통일에 관한 건, 1921년 4월 20일, 불령단관계잡건

총재인 서일은 나중소를 서간도에 파견하며, 금후 독립기세를 왕성케 하려면 먼저 민심의 부활을 필요로 하므로, 각 독립운동단체의 통일, 러시아공산당의 원조, 중국관헌의 동정, 영안현에 우리 사관학교 설립 등 우리에게 유리한 것들을 선전하라고 훈시하였다. 이에 나중소는 독립사상을 고취하고 동지들을 다수 규합하고자 노력하였다. 이때 현천묵은 북간도로 파견되었다.[38]

한편 대한독립단은 웅대한 무장독립운동의 계획을 세우고 실행하기 시작했으나 1921년 6월 흑하사변(자유시참변)이 일어나 좌절당하게 되었다. 나중소는 서일·김좌진 등과 함께 자유시를 탈출하여 북만주를 돌아왔고 나머지 대부분의 병사들은 코민테른 동양비서부와 고려혁명조정의회에 의하여 이르크츠크로 이송되어 소비에트 적군 제5군단 산하 한족여단韓族旅團으로 개편되었다.

1921년 6월 자유시참변이후 1921년 9월 6일, 밀산에 있던 사령관 김좌진이 돈화현 사하현沙河沿에 있는 나중소에게 서신을 보냈다. 상해 임시정부의 통신에 따르면, 1921년 11월 1일 워싱톤에서 개최되는 태평양회의太平洋會議(1921. 11. 11 워싱턴에서 개최)시 임시정부는 외교적으로 한민족의 독립을 위해 노력할 것이니, 우리도 무장활동으로 일제에게 피해를 입혀 독립의 의지를 표명하자는 것이었다. 따라서 안도현에 주둔하고 있는 북로군정서 보병 제2중대를 국내로 진입시켜 함경도 삼수군三水郡에 파견 되어있는 보병 제3중대장 이영식李永植에게 힘을 합해 활동하라는 내용이었다. 아울러 김좌진은 돈화현에 숨겨 둔 무기 132정과 탄환을 이번에 파견되는 소대와 돈화현에 있는 강승경姜承京 등에게 운반해 오도록 하라는 내용도 함께 있었다[39]

조선인의 부 재서비리아 11, 노령 이만에서의 독립군대회에 관한 건, 1921년 5월 18일, 불령단관계잡건 조선인의 부, 선인과 과격파, 대한총군부의 개칭과 역원변경, 1921년 5월 25일

38 불령단관계잡건 조선인의 부 재만주부 28, 간도지방의 불령상황과 대한독립단원의 파견, 1921년 5월 30일

39 불령단관계잡건-조선인의 부-재만주의 부 30, 김좌진의 소재지에 관한 건, 1921년 10월 6일

1921년 10월 3일 밀산에서 나중소는 김좌진과 함께 국내진공을 위하여 전 군정서 사관학교 졸업생 전부를 차제에 소집하여 안도현 백하白河지방에 소집할 것과 특히 모연대 30명을 연길, 화룡, 왕청지방에 파견하여 소맥분小麥粉을 징발하고, 이를 안도현 백하지방으로 반출할 것을 협의하고 행동을 개시하였다. 사관생도에 대한 소집영장 송달에는 간도지방의 경우는 연길현에 살고 있는 박창손朴昌孫, 박봉춘朴逢春, 김성룡金成龍, 이춘근李春根 등에게 지시하였다.[40]

한편 나중소는 북경중한협회의 지부원인 김좌진, 박기헌朴基憲 등과 함께 1921년 10월 2일 천진天津 모 호텔에서 임시정부 의정원 의장 손정도孫貞道, 군무총장 노백린, 법무총장 신규식申圭植 등과 모여모스크바 공산정부와 연락을 도모하는 한편, 광동의 손문정부와 교섭하여 독립운동에 관하여 두 정부에 협조를 요청할 뿐만 아니라, 각 지역의 독립운동단체들이 단합하여 국내로 진공할 것을 협의하였다. 아울러 미국에 있는 서재필에게 이러한 사실을 전달하고, 그곳에서 암살단을 조직하여 워싱톤회의에 참석 중인 일본 대표 덕천德川, 가등加藤 등을암살할 것을 협의하였다.[41]

2) 독립운동단체의 통합 모색

만주로 돌아온 나중소는 돈화현 이도양자二道楊子에서 재기 활동을 전개하고 있었다. 그러던 중 1922년 1월 20일 경 안도현 군인양성소 사령관으로 임명되었다. 동년 1월 말 군정서 참모부장 나중소는 군비단 중대장 이철李哲과 안도현 군인양성소에서 약간의 의견충돌이 있었다. 이철이 군정서에 대하여 반감을 표했기 때문이었다. 이에 다수의 중상자가 발생하기도 하였다.[42]

40 국회도서관, 1권, 656쪽.
41 국회도서관, 1권, 670쪽
42 불령단관계잡건 조선인의 부 재만주 32, 돈화 안도방면 군정서 공산 양파 및 마적의 동정에

1922년 6월경에는 김좌진, 이장녕 등과 함께 길림성 영안현 영고탑에서 50여리 떨어진 한인마을에서 독립군 모집 및 군자금 모집 등을 추진하였다.[43] 그리고 1922년 7월에는 돈화현 동구東溝 거주 마진馬晉, 동현성同縣城 거주 방진성方振成(공산주의 중심인물), 이광태李廣泰 외 10여명 등과 함께 마적을 이용하여 간도지역에서 독립운동을 추진하기도 하였다.[44]

한편 나중소는 북만주로 돌아온 김좌진, 현천묵, 조성환 등 이전의 북로군정서와 대한독립군단 간부들과 함께 1922년 8월 4일 북만주에서 9개 독립군 단체들의 군사통일체로서 대한독립단을 재건하고 전만주 독립군 단체들의 군사통일을 추진하였다. 그러나 김좌진을 중심으로 한 대한독립군단의 군사통일이 순조롭지 않자, 현천묵을 총재로 하여 1924년 3월 북로군정서가 재조직되어 활동하기 시작하였다. 이때 총재는 현천묵, 군사부장 조성환 등이었으며, 나중소는 서무부장 겸 참모로서 활동하였다. 1924년 3월 29일자 『독립신문』 〈北軍政署總選擧〉에,

> 北間島軍政署는 世人이 다 아난 바와 갓치 二年戰役에 多大한 成績으로 敵倭의 肝膽을 서늘하게 하야 누구나 欽仰하지 안이함이 업난 터인데 邇來 事情을 因하야 各地에 散在하며 運動을 繼續하든바 本月 初에 各團部가 會合하야 旗鼓를 거듭 整理하야 事業을 促進하기로 決議하고 着着進行中이라 今에 職員總選擧난 如左하니
> 總裁 玄天黙 軍事部長 曹成煥 庶務部長 羅仲昭 財務部長 桂和 參謀 曹成煥, 羅仲昭, 桂和, 金奎植, 李章寧, 金爀, 金弼, 權寧濬, 其他 各文武部分을 具體로 組成하고 材識을 따러 任事케 하엿다더라

라고 보도하고 있음을 통해서도 짐작해 볼 수 있다.

관한 건, 1922년 5월 3일

43 불령단관계잡건 조선인의 부, 재만주 33, 불령선인의 행동에 관한 건, 1922년 6월 16일

44 불령단관계잡건 조선인의 부 재만주 33, 간도지방 불령선인 상황에 관한 건, 1922년 7월 19일

재건된 북로군정서는 1924년 5월부터 모연대를 하얼빈, 동녕현 및 북간도 방면으로 보내어, 무기구입을 위한 군자금을 모집하고, 흑룡강성 오운현烏雲縣에 사관학교를 설립할 계획을 추진하였다. 그리고 재건된 북로군정서의 독립군을 편성하기 위하여 이전의 북로군정서 독립군 간부였다가 고려혁명군을 조직하여 활동하고 있던 간부들을 다시 초빙하여 부서와 간부진을 개편 강화하였다. 이때 총재 현천묵, 사령관 김규식, 군사부장 이범석, 통신부장 최충호崔忠浩 등이었다.

『동아일보』 1924년 4월 15일자에는 〈고려혁명군 신진용, 로국 후원하에 세력을 확정〉이라는 제목하에,

> 해삼위에 있는 고려혁명군 연해주 총지부에서는 아라사 적군 간부의 후원하에 무기와 자금을 받아 세력을 확장하는 중인데, 최근에 간부회의를 열고, 아래와 같이 조직을 편성하였다. 즉, 연해주 총지부에서는 참모, 외교, 서무 사법 등 도합 9부를 두고, 그 관할아래 4군대에 사령부를 설치한 후, 총사령이 이를 통할한다 하며, 한 사령부에 6개 소대를 부속케 하였는데, 1개 소대는 40명씩 이라 하며, 간부의 씨명은 다음과 같다더라. 총사령관 김응천, 참모부장 이중집, 외교부장 梁在노, 서무부장 나중소, 사법부장 이범윤

라고 하여, 나중소가 서무부장으로 활동하고 있음을 보여주고 있다.[45]

한편 나중소는 1924년 10월 길림성 반석현에서 개최된 전만통일대회에 동로군정서 대표로 성의준成儀俊, 김희락金熙樂 등과 함께 참여하였다.[46]이 시기에는 영안현에서 김좌진이 이끌고 있는 군정서 독립군은 북로군정서로, 나중소가 돈화현에서 이끌고 있는 세력은 동로군정서로 불리고 있었다. 10여개 단체 대표들이 모인 전만통일회의는 이후 논의를 발전시켜 대한통의부大韓統義府·서

---

45 시대일보 1924년 4월 15일자에도 동일한 내용이 기사가 실려 있다.

46 불령단관계잡건 조선인의 부, 재만주 40, 불령선인들의 전만통일대회에 관한 건, 1924년 11월 27일.

로군정서西路軍政署·광정단光正團·의성단義成團·노동친목회勞動親睦會·길림주민회吉林住民會·가륜자치회卡倫自治會·고본계固本稧 등 8개 단체가 통합에 합의해 그해 11월 24일 정의부正義府를 성립시켰다. 북로군정서나 동로군정서는 이들 단체들과 합의를 이루지 못해 중도에서 탈퇴하였다

3) 돈화현에 근거지모색과 수전경영

나중소는 자유시참변 이후 북만주로 돌아와 광활한 평원지대인 돈화현과 일정한 인연을 맺고 있었다. 〈불령단관계잡건 조선인의부 재만주의 부 31. 군정서 이홍래李鴻來일파의 농사경영에 관한 건 1922년 2월 1일〉자를 보면 다음과 같은 첩보보고가 있다. 중요한 내용들이라 전문을 인용하면 다음과 같다.

> 본건에 관하여 재돈화 이홍래가 우리 첩자에게 직접 말한 요지는 다음과 같다.
> 재통화 이홍래와 나중소 등은 동현 沙河沿 (6리 사방평야)에 중국인 王德山으로부터 중국 농지 100상(1상은 우리 7?餘)과 황무지 500상 총 600상과 가옥 3동을 官조弔 4만조(시가 일본돈 5천엔)로 매수를 계약하고 지난해(1921년 필자주)11월 20일 手附金으로 1 만조를 주고 잔액을 본년(1922년) 3월말까지 지불하기로 했다.
> 본 사업은 본년 춘경기부터 착수할 계획이었으나 현재 토지대금과 착수에 필요한 경비, 종업자의 모집 때문에 본 사업은 대정9년(1920년) 일본 군대의 兵火에 의해서 생계 곤란에 빠진 자와 범죄 사건 등 때문에 간도지방에 거주할수 없는 자들의 구조를 목적으로 수전과 황무지의 개간, 경작을 하는 것으로서 수용인원은 400명으로 예정하고 있다. 경비는 기부금을 모아 충당하는 것으로 하고, 지난해(1921년) 12월 상해임시정부 군무총장 노백린으로부터 나중소에게(노백린이 참령이었던 시절에 나중소는 正尉로서 부하였다) 보내 온 가칭 상해임시정부 발행의 公債卷 (100엔분) 다수를 판매하려고 노력하고 있다. 일찍이 뜻있는 사람들의 기부를 추진하였다, 부하 鄭信 이하 15명과 鄭士興 이하 15명은 간도지방의 鄭奎煥,(군정서 사관학교 졸업)이하 12명은 조선의 함경남북도의 어느 곳엔가 1월 초순에 파견되었다.

즉, 나중소는 1922년 초에 원 북로군정서 모연대장이었던 이홍래와[47] 힘을 합해 돈화현 사하연에 있는 중국인 왕덕산 소유의 광활한 평야와 황무지를 구입했다. 1920년 간도차변 이후 생계곤란을 겪고 있던 한인들을 구제하기 위한 것이었다. 문제는 구입자금이었다. 나중소는 임시정부 군무총장인 노백린에게 연락을 취하여 그의 도움을 받고자 했다. 노백린은 나중소가 대한제국군 정위로 근무할 때 상관인 참령이었던 인연이 있었기 때문이었다. 1922년 1월 초순 나중소의 명령을 받은 정신을 대장으로 한 모연대 15명, 정사흥을 대장으로 한 모연대 15명이 간도지방을 향해 출발했다. 또 군정서 사관연성소를 졸업한 제자 정규환이 12명의 대원들을 이끌고 함경도 지방으로 출발했다.

한편 1923년 3월 1일 영안, 액목, 돈화현 방면에 있는 국민회, 군정서, 광복단,의군단의 중심인물들과 돈화현 대교하大橋河에 모여 각 단체 연합회에 관한 건과 수전사업경영, 그리고 각 단체 단원의 생활의 안정에 대하여 논의하였다. 당시 대한국민회 대표로 구춘선[48], 강백규姜伯奎 등, 군정서 대표 나중소, 이경렬李京烈, 광복단 대표 김성극金星極, 의군단 대표 지우강池雨降 등이 참여하였다.[49] 이러한 각 단체의 돈화현 수전 사업 경영도 1922년도 나중소의 수전경영사업이 토대가 되었다고 볼수 있다. 아울러 수전경영사업은 기본적으로 둔전사업을 염두에 둔 것이었다고 볼수 있다.

1924년 3월에는 돈화현 이도양자二道梁子에서 나중소는 전 북로군정서 모연대장 이홍래, 김호석金浩錫, 이승래李承來 등 10여명의 동지들과 함께 10여 호의 조선인 가옥에 살며, 총 지휘를 맡고 둔전제도를 시행하였다. 시행지역은 영안,

47 이홍래와 항일운동에 대하여는 다음 기록에 상세히 수록되어 있다.
해외의 한국독립운동사료(ⅩⅩⅩⅣ):만주지역 本邦人在留禁止關係雜件, 이홍래.

48 배정현, 「만주지역 대한국민회 회장 구춘선연구」, 『한국민족운동사연구』87, 2016.

49 불령단관계잡건 조선인의 부 재만주 35, 불령단의 연합회의 개최와 수전사업에 관한 건, 1923년 4월 9일

액목, 돈화, 안동, 밀산, 동녕 등 6개현에 걸쳐 있었으며, 나중소는 이들 둔전병으로 2개 연대를 편성하여 교련 등을 실시하였다.[50]

한편 나중소는 돈화현을 중심으로 한 근거지구축과 같은 사업을 독립운동단체들의 연합속에 보다 확대하고자 하였다. 그리하여 1923년 8월 15일 서간도 화전현樺甸縣에서 남북만주의 독립군단을 통일시키기 위한 회의가 개최되자 여기에 돈화현 대표로 참석하였다. 참석자는 58명의 독립운동 단체 대표였다. 회의 주제는 이주한인의 교육과 경제에 대한 문제, 민족과 노동문제, 각지 청년단 발전책, 군사외교 문제, 신독립당新獨立黨 조직에 대한 것, 남북만주 각 단체 및 군사기관 통일에 대한 것 등이었다. 이 중 대표들이 가장 관심을 가진 주제는 마지막의 각 단체 및 군사기관 통일에 대한 것이었다. 협의 끝에 대표들은 그를 실현시키기 위해 먼저 '만몽신당滿蒙新黨'이란 단체를 조직해 이를 통해 상호연락하며 점진적으로 통일을 이루자는데 합의했다. 이 당의 위치는 내몽고에 두며, 그 곳에 대규모 토지를 구입해 군사령부와 사관학교를 설치해 독립군을 양성하면서 점진적으로 통일을 이루어가기로 합의하였다. 그리고 이 당의 간부진이 선임되었는데, 총리에는 이범윤李範允, 부총리 김성극金星極, 서무부장 김동삼金東三, 군사부장 이장녕李章寧 등이었고, 군사전문가인 나중소는 지청천池青天, 안무安武 등과 함께 군사부 부원에 선임되었다. 이 회의는 그 해 11월 3일에야 종료되었다. 그러나 독립운동단체 대표 58명이 모여 70일간 논의 한 이 화전현회의의 합의사항은 실천단계까지 가지 못했다. 각 단체간의 이해관계가 틀린데다가 대토지 구입은 열악한 환경에서 쉬운 일이 아니었다.[51]돈화현의 근거지사업의 확대를 꿈꾸었던 나중소로서는 주변 환경의 한계를 느끼는 큰 계기가 되었던 것 같다.

50 불령단관계잡건 조선인의 부 재만주 38, 김좌진일파의 현황에 관한 건, 1924년 3월 15일

51 「樺甸縣ニ於ケル南北滿洲不逞鮮人團統一大會經過報告ノ件」, 公第185號, 大正12年 12月 29日.

7. 신민부 참모부위원장

1925년 1월 목릉현穆陵縣에 모여 부여통일회扶餘族統一會議를 개최한 결과, 동년 3월 10일에 영안현 영안성 내에서 신민부新民府를 조직하게 되었다. 이 때 참가한 각 단체와 지역 대표는 대한독립군단·대한독립군정서·북만지역의 민선대표民選代表 및 국내 단체의 대표 등으로 알려져 있다.

신민부의 주요 구성원의 대부분은 대종교인이었다. 따라서 이들이 신봉하였던 대종교 이념이 신민부의 주요한 이념 가운데 하나였을 것으로 생각된다. 이러한 대종교 이념은 조선인의 민족정신, 단군을 중심으로 한 민족정신을 배양하여 이상국가인 배달국을 지상에 재건하는 것이었다. 신민부의 주요 구성원인 대종교 민족주의자들의 이상국가인 배달국의 구체적인 모습은 우선 단군의 자손을 구성원으로 하였을 것임에는 틀림이 없을 것이다. 영토는 한반도의 전지역과 만주지역을 그 대상으로 하였다. 그 범위 속에 신민부가 관할하던 북만주지역 역시 포함된다. 이곳은 과거에 발해가 있던 지역이다. 이 점은 북만주지역에서 독립운동을 전개하고 있던 신민부의 대종교적 민족주의자들에게는 중요한 사실이었다. 그들은 이곳을 우리의 영토로서 인식하게 된 것이다. 이러한 대종교인의 영토관념은 이 지역에 거주하고 있던 북만주 동포들에게 정신적 위안이 되었을 것이며, 신민부에 대한 신뢰를 확보하는 계기가 되었을 것이다.

대종교적 민족주의자들은 정치형태로 공화주의를 추구하였다. 이것은 신민부가 공화주의를 정체政體로서 채택하고 있던 대한민국 임시정부의 연호인 '민국'을 연호로 사용하고 있는 점에서도 알 수 있다. 즉 주권은 국민에게 있다는 사상을 견지하고 있었던 것이다. 또한 배달국은 위원제도와 당제도 등도 실현하고 있었다. 우선 위원제의 구체적인 모습을 보면, 중앙집행위원회는 신민부의 최고기관으로서 여기에는 군사·교육·선전·법무·실업·민사·외교·교통 등을 담당하는 여러 부서가 있었고 각 부에는 위원장과 위원을 두어 사무를 처리했다. 이러한 위원제의 채택은 구의회·지방의회·중앙의회 등을 통하여 오로지 민의에 의하여 모든 일을 결정하고자 하는 바램의 소산이라고 하겠다. 신민부의 이러한 위원제는 당시 남만주지역에 있던 정의부와 참의부에서도 거의 똑같이 시행되고 있었다.

신민부의 조직은 3권분립제도로서 중앙집행위원회(행정기관), 검사원(사법기관), 참의원(입법기관) 등으로 이루어져 있다. 그러나 검사원은 대한민국 임시정부와 정의부에서도 그랬던 것처럼 실제 운영할 수는 없었다. 또한 참의원도 독립전선에서는 별다른 역할을 할 수 없었고,따라서 중앙집행위원회에 모든 권력이 집중되어 있었다. 조직 당시의 중앙집행위원회 위원들을 보면, 중앙집행위원장 김혁, 민사부위원장 최호, 군사부위원장 김좌진, 외교부위원장 조성환曺成煥, 법무부위원장 박성태朴性泰, 경리부위원장 유정근兪正根, 교육부위원장 허빈許斌, 선전부위원장 허성묵許聖默, 연락부위원장 정신鄭信, 실업부위원장 이일세李一世, 심판원장 김철金墩, 총사령관 김좌진, 보안사령관 박영희, 제1대대장 백종열, 제2대대장 오상세, 제3대대장 문우천, 제4대대장 주혁朱赫, 제5대대장 장종철張宗哲, 별동대장 문우천文宇天 등이다. 나중소는 참모부위원장으로 활동하였다.[52]

신민부에서 중앙집행위원회 위원 및 감사원 위원으로 활동하던 나중소는[53] 1925년 9월 하순 정의부의 지청천 장군이 신민부 본부를 찾아와 신민부와 정의부의 연합 모연대를 조직하자 이에 서남로 사령관 지청천 휘하에서, 서

52 박환, 「신민부에 대한 일고찰」, 『만주한인민족운동사연구』, 일조각, 1991 참조

53 불령단관계잡건 조선인의 부 재만주 41, 신민부 조직에 관한 건, 1925년 4월 7일, 불령단관계잡건 조선인의 부, 재만주 41, 불령선인행동에 관한 건, 1925년 4월 20일. 불령단관계잡건, 조선인의부 재만주 41, 남북만주에 있어서 불령선인단체 조사의 건, 1925년 5월 21일. 독립신문 1925년 5월 5일자.

남로향관西南路餉官으로 임명되기도 하였다. 관할구역은 간도의 훈춘, 돈화, 안도, 장백, 그리고 국내는 함경남북도 지방 등이었다.[54]

또한 나중소는 돈화현에 1926년 3월 신민부 돈화판사부 조직을 만들고 활동을 전개하였다. 돈화현은 안도현과 영안현의 독립운동가들이 주로 왕래하는 지역으로서 독립운동가들은 수십 명에 불과하였다. 그리고 단체 역시 특별한 것이 없는 상황이었다. 1926년 3월 이후 신민부 지방조직 위원들이 이 지역에 와 신민부 지방 조직을 만들려고 하자, 나중소는 이들과 협의하여 돈화현 전 지역을 신민부 구역으로 편입하고, 돈화현 이도양자二道梁子에 신민부 돈화편사부敦化辨事部를 설치하였다. 아울러 1926년 6월 10일 서울에서 순종의 장례식이 거행되자 이에 대한 추모회를 개최하는 등 민족의식 고양에 기여하였다. 당시 나중소와 함께 신민부 돈화변사부의 주요 간부로 활동한 인물로는 이승래李承來, 이승림李承林, 이백남李白男, 마진馬晉, 김계산金桂山 등을 들 수 있다.[55] 이처럼 활발한 활동을 전개하던 나중소는 1928년 8월 18일 돈화현 산중에서 독립운동을 전개하던 중 순국하였다.

맺음말

나중소는 1867년 4월 13일 경기도 고양군 숭인면 정릉리(현 서울시 성북구 정릉동)에서 아버지는 나윤철, 어머니는 이씨 사이에 2남으로 출생하였다. 본관은 나주이며, 본명은 영훈, 호는 포석 또는 일운이다.

나중소는 대한제국 진위대 장교로서 활동 중 군대가 해산되자, 1910년대 50대의 장년의 나이에도 불구하고 만주로 망명하여 북로군정서, 신민부 등에

54 불령단관계잡건 조선인의 부 재만주 41, 불령선인단의 모연계획에 관한 보고, 1925년 10월 24일.

55 불령단관계잡건 돈화현지방 재주조선인에 관한 건, 1926년 6월 8일.

서 무장투쟁을 전개한 대표적인 항일독립운동가 가운데 한 사람이다. 특히 그는 북로군정서 사관연성소 교수부장으로서 독립군 장교 양성에 큰 기여를 한 대표적인 인물이라고 볼 수 있다. 또한 그가 양성한 독립군들이 청산리독립전쟁에 참여하여, 전투를 승리를 이끄는 견인차 역할을 하였던 것이다. 더구나 나중소는 노 혁명가로서 청산리독립전쟁 당시에도 직접전투에 참여한 인물로서 주목된다.

나중소는 만주에 망명한 이후 김좌진계열의 대표적인 무장독립운동가로서, 김좌진 장군과 함께 북로군정서, 신민부 등에서 생사고락을 같이한 동지였다고 할 수 있다. 또한 그는 김좌진장군과 함께 북로군정서를 실질적으로 대표하며, 만주지역에서의 각 종 독립운동 단체의 연합회의 등에 참여하여 독립운동을 이끌었던 중심적 인물이기도 하였다. 또한 독립운동뿐만 아니라, 동포들의 생존과 안위를 위하여 북간도 돈화현 지역에서 마적 퇴치를 위하여 주민들의 선거로 보위단 단장으로 활동하기도 하였다.

결국 나중소는 일본에 유학을 다녀온 대학제국 장교로서 일제의 조선강점 후 만주로 망명, 청산리전투에 참여하는 등 독립운동을 전개하였고, 그 후에는 만주거주 동포들의 최대 애환이었던 마적퇴치에도 일익을 담당한 동포들을 위한 독립군으로서 높이 평가할 수 있다.

2. 박영희 : 신흥무관학교 출신

머리말

박영희

박영희朴寧熙는 1920년대 만주지역의 대표적인 항일 독립운동가이다. 그는 5척 6, 7촌 큰 키에, 용모가 단아하면서도 위엄이 있었으며, 음성이 우렁차고 언변이 유창했고, 눈빛이 빛나 사람을 위압할 정도로 기개가 있는 [56] 무장 중의 무장이었다.

박영희는 신흥무관학교를 졸업한 인재로 신흥무관학교 교관을 역임하는 한편, 북로군정서 사관학교 학도감 및 김좌진 장군의 부관으로 청산리전투에 참여한 대표적인 군사전문가였다. 그러므로 중국 상해에서 1923년 9월 1일자로 창간된 국한문본 잡지 『배달공론』 창간호(1923. 9. 1) 및 2호(1923. 10. 1)에 〈군사학강의〉를 투고하기도 하였다. 그럼에도 불구하고 박영희는 그동안 학계에서 주목하지 못하였다.

본고에서는 잊혀진 청산리의 또 다른 영웅 박영희에 대하여 살펴보고자 한다. 이를 위해 그의 집안과 학업, 만주로의 망명과 독립운동 등에 대하여 밝혀보고자 한다. 특히 그의 집안과 학업부분은 필자에게 새로운 것으로서 박영희의 항일운동의 배경을 살피는데 큰 도움이 되었다. 아울러 『배달공론』에 실린

56 독립투사 박영희장군 공적비. 불령단관계잡건-조선인의 부-재만주의 부 38, 문서번호 기밀 제99호-기밀수 제107호, 문서제목 대한독립군단 참모 이정이 진술한 김좌진의 행동 및 일파 불령선인단의 정황 등에 관한 건

〈군사학강의〉는 전율감을 느낄수 있는 부분이었다. 너무나 뜻밖의 발견이었기 때문이다. 박영희가 쓴 글이 있으리라고는 전혀 생각지 못하였던 것이다.

1. 조선의 명문가 집안에서 출생.

박영희의 본관은 함양咸陽이며, 구당공파九堂公派이다. 1896년 12월 28일 부여군 은산면恩山面 가곡리佳谷里 137번지에서 출생하였다. 만주에서는 박두희朴斗熙로 널리 알려져 있다.[57] 호는 정헌靜軒, 또는 검추劍秋이다.[58]

박영희의 제적부와 족보에 따르면, 본적은 충청남도 부여군 은산면 가곡리 132번지이고, 아버지는 박동익(朴東翼, 1868-1931), 어머니는 한양漢陽 조씨趙氏이다. 어머니 조씨는 진사인 조영식趙榮植의 딸이다.[59]

박영희는 조선시대 명문거족의 후예라고 할 수 있다. 9대조인 박경후(朴慶後, 1644~1706)는 조선 중기의 문신으로 1675년(숙종 1) 문과에 합격한 이래 경기·황해·전라도의 감사를 역임하고 병조참판에 오른 인물이다. 1682년(숙종 8)에는 통신사通信使의 종사관從事官으로 일본에 다녀왔으며, 글씨에 능하여 명필로도 명성이 자자하였다.[60]

조부인 박시순(朴始淳: 1848~1907)은 고종 16년(1879년) 문과에 급제하여 우승지右承旨, 면천沔川군수, 임실任實군수, 장연長淵군수 등을 역임한 인물이다. 1905년 을사조약이 체결되자 관직을 버리고 고향인 황해도 평산平山으로 돌아오자마자 부여로 이주하였다. 부여에서 3년을 지냈고, 1907년 60세의 나

---

57 불령단관계잡건-조선인의 부-재만주의 부(39)], 재외 요주의 선인 별명 변명 아호 조사에 관한 건(간도총영사 : 1924. 6. 17) 本名 : 朴斗凞, 別名 : 朴寧熙, 雅號 : 劍秋, 靜軒, 備考: 大韓獨立軍團 副官長

58 『국외용의조선인명부』(조선총독부 경무국 : 1934. 6) 265면], ○朴寧熙(政)
불령단관계잡건-조선인의 부-재만주의 부 39, 재외 요주의 선인 별명 변명 아호 조사에 관한 건

59 『함양박씨 구당 소요당 명헌공파보』 상권

60 『고문서집성(45)-부여 은산 함양박씨편-』(한국정신문화연구원, 2000)

이로 사망하였다. 박시순은 3종형 박정석朴鼎錫이 후손이 없자 장자인 박영희의 아버지 박동익을 그의 후사로 들이면서 부여로 이주하였다고 전한다.[61]

아버지 박동익은[62] 1902년 5월 21일자로 내부 주사에 임명되었다.[63] 그는 서울 출입이 잦았고. 서울 노량진 사육신 비 앞에 집에 있었고, 구로에도 땅이 있었다. 부여에 700~800석 재산이 있는 지방 유지였는데 종들도 해방시켜 주었다고 전한다. 박동익은 부여에서 충남 전의역까지 마차로 간 후 기차로 서울을 다녔다고 한다.[64]

박영희는 박동익의 3명의 아들 중, 2째 아들이다. 그런데 박영희는 숙부인 박동한朴東翰에게 입양되었다. 박영희는 딸 2명과 아들 1명을 두었는데, 아들 이름은 박병문이다. 박병문은 딸 7명을 두었다.[65]

2. 향리에서 신명의숙 졸업과 민족의식 형성

박영희는 향리에 있던 신명의숙信明義塾에서 공부하였다. 신명의숙은 1908년 부여군 은산면 가곡리에서 설립되었다. 발기인으로는 박영희의 부친 박동익을 비롯하여, 박동설朴東卨, 이엽李燁, 심하진沈夏鎭, 김천규金天圭, 강준현康駿顯, 조병기趙秉夔 등이 참여하였다. 이어 1908년 음력 8월 18일 숙장에 이긍식李兢植. 부숙장 박동기朴東夔, 학감 박용순朴溶淳, 부숙감 유진석兪鎭錫, 총무 박동익 등을 임명하였고, 교사로 박동빈朴東斌, 박동익, 이세영李世永, 김천규, 심하진, 이상린李相麟, 참봉, 유철한兪喆煥, 이승칠李承七 등이 참여하였다. 또한 간사장은 유치형兪致亨, 前 主事, 간사원은 허옥許鈺, 유양준兪良濬 등이다. 학생

61 『국역 군수 박시순일기』, 임실문화원, 2017, 8-11쪽.
62 현재 부여 은산 가곡리 박병오(1952년생) 종손집에 박동익 부부의 사진이 모셔져 있다.
63 『고문서집성(45)-부여 은산 함양박씨편-』(한국정신문화연구원, 2000)
64 종손 박병오(1952년생, 은산면 가곡리 거주)와의 면담에서 청취.
65 『함양박씨 구당 소요당 명헌공파보』 상권

수는 29명인데, 그 중 박영희의 이름이 있다.[66] 신명의숙에서 박영희는 전통적인 한학과 더불어 신학문을 공부하였을 것으로 보인다.

신명의숙을 졸업한 박영희는 신학문을 좀 더 익히기 위해 서울로 상경하여 휘문의숙에 진학하였다. 그러나 진학 연도 및 학교생활 등을 살펴볼 수 있는 생활기록부 등이 현재 휘문고등학교에 보관되어 있지 않아 그의 학교생활을 짐작해 보기 어렵다.[67] 그러나 휘문의숙을 다니며 신학문에 대한 지식을 보다 축적시켰을 것으로 보인다.

박영희의 학창생활 중 주목되는 부분은 신명의숙 재학 중 은사인 이세영李世永으로부터 민족의식이 형성되었을 것으로 보인다는 점이다. 이세영의 주소지는 충남 청양군 장평면 관현리로 되어 있으나, 박영희의 집과 개울 건너에 위치하고 있었다. 이세영은 당시 의병장으로 유명한 인물이었고, 박영희를 데리고 만주로 망명한 인물이다. 또한 박영희가 신흥무관학교 재학시절 신흥무관학교 교장으로 활동한 독립운동가이기도 하다.

이세영은 충청남도 청양군 적곡赤谷면 관현리冠峴里 549번지 출생이다. 1895년 11월 국모시해의 변을 당하자 분개하여 홍주洪州에서 의병을 일으켰으나 이승우李勝宇의 간계奸計로 패하고 홍산鴻山으로 피신하였다. 1896년에는 황재현黃載顯, 이관李寬, 김홍제金弘濟 등과 함께 남포藍浦에서 다시 의병을 일으켰으나 실패하고 나라에서 군주사軍主事를 제수하여 정3품 육군정위陸軍正尉에 이르렀으나, 1903년 이후 나라가 기울어감을 개탄하고 향리로 돌아왔다. 1905년 을사조약이 강제로 체결되자 1906년에 민종식閔宗植과 함께 의병을 일으키고 그의 참모장參謀長이 되어 홍주성을 함락시키는 등 활약하였으나 일본군의 대대적인 공격을 받고 패하여 공주진위대병에 체포된 뒤 동년

66 『고문서집성(45)-부여 은산(恩山) 함양박씨편-』(한국정신문화연구원, 2000)
67 2019년 11월 26일 휘문고등학교 김정배 이사장과 휘문고등학교에서 면담 청취.

11월 23일 평리원平理院에서 종신유배의 형을 언도받고 황해도 황주黃州로 유배되었다. 1907년 10월에 철도鐵島로 유배지가 옮겨졌으나 형刑이 중지되자, 1908년부터 관현리에 성명학교를 설립하여 운영하고 있었다.

3. 만주로의 망명과 신흥무관학교 졸업

이세영은 1913년 3월 함경, 평안, 황해도의 독립의군부 총사령관으로 임명되었다. 그러나 일제의 감시가 심해지자 동년 5월에 만주로 망명하여 통화현通化縣 합니하哈泥河에 독립군 양성과 후진교육을 위해 설립된 신흥무관학교의 교장 서리에 취임하였다. 이때 박영희도 1913년경 [68] 휘문의숙 재학 중, 이세영을 따라 만주로 망명, 신흥무관학교에 입학하였던 것으로 보인다. 당시 그의 나이 19세로 진주 김씨와 결혼하여 신행도 가기 전이었다.[69]

신흥무관학교는 1911년 6월 유하현柳河縣 삼원보三源浦 추가가鄒家街에 설립되었으며, 남만주 일대에서 독립군 양성을 위하여 진력하였다. 동년 가을 흉작으로 인해 경학사가 해체되고, 1912년 가을에 새로운 한인 자치 기구인 부민단扶民團이 조직되었다. 그리고 동년 가을 부민단이 본부를 유하현 합니하로 이동하자 신흥무관학교 역시 그곳으로 이전하였다. 합니하는 동남쪽에는 태산 준령인 고뢰자高磊子가 있고, 북쪽에는 청구자靑溝子의 심산 유곡이, 그리고 남서쪽에는 요가동鬧家洞의 밀림이 펼쳐져 있는 곳이었다. 아울러 그곳에는 파저강波潴江 상류인 합니하 강물이 압록강을 향해 흐르고 있었다. 신흥무관학교는 이곳 강 북쪽 언덕 위에는 신축한 병영사兵營舍를 마련하였는데 각 학년별로 널찍한 강당과 교무실이 마련되었다. 아울러 부설된 내무반에는 사

---

68 1913년 5월에 만주로 망명하여 통화현 합니하에 독립군 양성과 후진교육을 위해 설립된 신흥강습소의 소장 서리에 취임하였다(독립유공자 공훈록, 이세영편). 이세영은 1913년 5월에 망명한 것으로 언급되고 있다..

69 독립투사 박영희장군 공적비

무실·편집실·숙직실·나팔실·식당·취사장·비품실 등이 구별되어 있었고, 생도들의 성명이 부착된 총가銃架가 별도로 설치되어 있었다.

1913년 5월 통화현 합니하로 이전한 신흥무관학교는 4년제 본과와 6개월 또는 3개월 과정의 속성과를 병설하여 국내외에서 찾아오는 젊은 인재들을 교육시켰다.

신흥무관학교원들은 교가校歌의 제창을 통하여 민족의식을 고취하고자 하였다. 교가 제1절을 보면, "서북으로 흑룡태원 남의 영절의, 여러 만만 헌헌 자손 업어 기르고, 동해섬 중 어린것들 품에다 품어, 젖먹여 준이가 뉘뇨(후렴) 우리우리 배달 나라의, 우리우리 조상들이라. 그네 가슴 끓는 피가 우리 핏줄에, 좔좔좔 걸치며 돈다. 제2절 장백산 밑 비단 같은 만리 낙원은, 반만 년래 피로 지킨 옛집이어늘, 남의 자식 놀이터로 내어 맡기고, 좀 서름 받느니 뉘뇨(후렴) 우리우리 배달 나라의, 우리우리 자손들이라, 가슴 치고 눈물 뿌려 통곡하여라, 지옥의 쇳문이 온다. 제3절 칼춤 추고 말을 달려 몸을 달련코 새론 지식 높은 인격 정신을 길러, 썩어지는 우리 민족 이끌어 내어, 새나라 새울이 뉘뇨(후렴) 우리우리 배달 나라의, 우리우리 청년들이라, 두팔 들고 고함쳐서 노래하여라, 자유의 깃발이 떳다"라고 하였다. 신흥무관학교 교관들은 학생들에게 우리가 조국을 찾고 겨레를 구출하기 위해서는 인격을 연마하고 군사지식을 배양해야 한다고 누누이 강조하였다.

아울러 정신교육에 있어서는 구국의 대의를 생명으로 한다는 목표 아래 불의에 반항하는 정신, 임무에 희생하는 정신, 체력에 필승정신, 간난에 인내하는 정신, 사물에 염결정신, 건설에 창의정신 등 6개 항목을 체득 실천하도록 하였다.

1914년 봄 거듭되는 천재로 인해 교포들의 지원이 더 이상 불가능하게 되자 신흥무관학교는 상당히 어려운 처지에 놓이게 되었다. 그러나 이 문제를 해결하기 위하여 학교 당국에서는 춘경기에 지방토착민들의 산황지山荒地를 빌려, 생도들을 동원하여 경작하였다. 그리하여 이곳에서 옥수수·콩·수수 등을 수확하여 학교 유지비에 일부 보충하기도 하였다. 또한 겨울철 연료는 학생들이 학교 건너편 약천동藥天洞이라는 산턱에서 땔나무 감을 마련하였다. 한편 학생들은 노력 봉사로서 하계방학이 되면 교직원과 졸업생 및 재학생들이 혼연일체가 되어 각 지방에 흩어져 1개월씩 각자의 능력대로 노력, 수입을 만들기 위해 산으로 들로 교포들의 집을 찾아다니면서 품팔이로 돈을 보태기도 하였다. 이후 신흥무관학교는 3·1운동 이후 더욱 발전하였다.[70]

신흥무관학교에 입교한 박영희는 열심히 노력하여 졸업과 동시에 신흥무관학교의 교관과[71] 학도감으로 근무하게 된다.[72] 이점을 통하여 그의 탁월한 성적과 애국심을 짐작해 볼 수 있을 것 같다.

4. 북로군정서로의 파견과 청산리전투 참여

1) 북로군정서로의 파견

신흥무관학교는 1910년대 만주지역에서 조직된 대표적인 독립군 양성기관이었다. 그러므로 이 학교출신들은 서로군정서·북로군정서·의열단·광복군 등에서 활동하였다. 그 가운데 박영희는 북로군정서에서 활동한 대표적인 신흥무관학교 출신 중의 한 사람이 되었다.

1919년 국내에서 3·1운동이 일어나자 많은 애국청년들이 압록강을 건너 안동安東·집안輯安·유하柳河·흥경興京·통화 등지로 탈출하여 왔으며, 이들은 대

70 박환, 「신흥무관학교」, 『만주한인민족운동사연구』, 일조각, 1991
71 불령단관계잡건-조선인의 부-재만주의 부(13)] ○배일선인 상황보고의 건(해룡분관주임 : 1919. 10. 21), (중략) 한족회의 내정 (중략)
72 『한국독립운동사자료』(국사편찬위원회, 2005) 제41권, 475쪽, 불령단관계잡건-조선인의 부-재만주의 부(13)], ○배일선인 상황보고의 건(해룡분관주임 : 1919. 10. 21)

개 신흥무관학교에 입교하기를 원하였다. 그러므로 학교 당국에서는 합니하에 있는 신흥무관학교의 확장의 시급함을 인정하고 즉시 유하현 고산자孤山子, 하동河東 대두자大肚子 지역으로 이전하였다. 이곳은 유하현 고산자에서 약 15리쯤 동남쪽으로 산길인 좁은 길로 들어간 산간 벽지였으며, 한족회韓族會 중앙총장인 이탁李沰, 재무부장 남정섭南廷燮 등이 살고 있던 애국지사들의 집단촌이었다. 그러므로 신흥무관학교에서는 이곳에 40여 칸의 광대한 병사와 수만평의 연병장을 부설하여 학생들의 교육에 박차를 가하고자 하였다. 그러나 병사가 완공되지 못하여 일차적으로 폐업 중이던 만주인 양조장 건물 수십 간을 빌려 시급한 훈련을 실시하였다. 당시 신축교사와 수만평의 연병장, 수십장의 착정鑿井공사는 재무부장 남정섭의 지원 하에 이루어졌다. 또한 3·1 운동 후에 일본 육군사관학교를 졸업하고 일본군에서 활동하던 일본군 보병 중위 지청천池青天과 기병 중위 김경천金擎天, 그리고 신팔균申八均 등이 국내로부터 탈출해 만주지역으로 망명하여 이 학교의 교육에 참여함으로써 신흥무관학교는 날로 발전하였다.

신흥무관학교에서 활동했던 교직원으로는 교장 이천민李天民, 부교장 양규열梁圭烈, 학감 윤기섭尹琦燮, 훈련감 김창환金昌煥 이장녕李章寧, 교육대장 지청천池青天, 교관 계용보桂龍寶·원병상元秉常·백종열白鍾烈·오상세吳祥世·김경천, 김승빈金昇彬·손무영孫武榮·신팔균·김성로金成魯·성준용成駿用·박영희·오광선吳光鮮·홍종락洪鍾洛·이범석李範奭·홍종린洪鍾麟 등이다. 즉 박영희는 3·1운동이후 신흥무관학교 교관으로 활동하고 있다.

그 후 박영희는 신흥무관학교 졸업생들과 함께 북로군정서에서 교관으로 활동하게 된다. 박영희와 함께 활동한 인물로는 강화린姜化麟·김춘식金春植·백종열·오상세·이운강李雲崗·최해崔海 등을 들 수 있다. 박영희 등이 훈련시킨 북

로군정서 독립군들이 청산리 독립전쟁을 승리로 이끈 주역이 되었다.[73]

2) 독립군양성과 청산리전투 참여

박영희는 북로군정서에서 왕청현汪淸縣 십리평十里坪에 설치한 사관연성소의 학도단장을 맡아 사관생도를 모집, 단기교육을 실시하였으며, 1920년 7월에는 사령관 김좌진의 부관으로서 일하였다.

북로군정서 참모 이정李楨이 작성한 진중일지陣中日誌 1920년 7월 1일조에, "사관 연성소장(사령관 겸직)으로부터 학도 단장(사령부 부관 겸직) 박영희씨에게 명령하기를 학도단 제1학도대 제3구대장 이교성李敎性과 동 제 2학도대 제3구대장 허활은 경비대장으로 각기 전직하였고, 소장 명령으로 강화린은 학도단 제1학도대 제3구대장으로, 백종열은 동 제2학도대 제3구 대장으로 각 보직한다"라고 있듯이, 1920년 7월 박영희는 학도단장 겸 사령관 부관으로 활동하고 있다.

또한 〈군정서 군대에 대한 강근(강회원) 동지 회상기〉에, "사관학교는 그 조직체가 학도단으로서 2개의 학도대와 4개의 중대로 편성되었는데, 학도단장 박영희朴英熙, 斗熙(박두희)"라고 있듯이, 박영희가 학도단장이었음을 짐작해 볼 수 있다.

북로군정서는 총재 서일과 사령관 김좌진의 지휘 하에 1919년 가을부터 준비를 시작하여 1920년 2월 초에 북간도의 왕청현 서대파西大坡 십리평의 깊은 밀림의 요충지에 병영을 짓고 연병장을 닦아 근거지를 설치하였다. 그리고 근거지의 동서남북의 산과 산기슭에 경계선과 경위선을 쳐서 참호를 파고 24시간 경비케 하였다. 근거지의 적과 외부인의 접근을 철저히 방지하고 근거지를 엄중히 경위케 하였다.

---

73 원병상, 「신흥무관학교」, 『독립군전투사자료집』 10, 독립운동사편찬위원회, 1976 ; 서중석, 『신흥무관학교와 망명자들』, 역사비평사, 2001.

김좌진 등은 모집한 장정들 중에서 18세 이상 30세 이하의 초·중등 교육을 받은 신체 건강하고 애국심이 투철한 우수한 청년 300명을 선발하여 입교시켜서 사관연성소를 열어 사관교육을 시작하였다. 사관연성소 소장은 사령관 김좌진이 겸임하였다. 이때 박영희는 김좌진의 부관 및 중요한 직책인 학도단장을 맡았다.

사관연성소의 교육은 당시의 긴급한 필요에 응해서 6개월 과정의 속성이였으며, 과목은 정신교육·역사·군사학·술과(術科 : 병기사용법, 부대지휘 운용법)·체조 및 구령법 등이었다. 북로군정서는 두 개의 연병장에서 사관생도들에게 철저한 군사훈련을 실시했으며, 술과는 일본군의 모형을 만들어 놓고 실탄으로 사격연습을 하였다. 북로군정서 독립군은 모든 병사들에게 사관연성소에서 기초훈련을 받도록 하였다.

1920년 9월 9일 사관연성소에서 6개월 간 엄격한 군사훈련을 닦아오던 사관연성생 298명이 마지막 수련을 끝마치고 성대한 졸업식을 가졌다. 9월 12일 북로군정서는 사관연성소 졸업생을 중심으로 약 300명의 교성대敎成隊를 편성했는데, 간부는 다음과 같았다. 대장 나중소羅仲昭, 부관 최준형崔峻衡, 중대장 이범석李範奭, 소대장 이민화李敏華·김훈金勳·이탁李鐸·남익南益 등이었다. 사관연성소 출신을 근간으로 이루어진 북로군정서군은 당시 만주 독립군 부대 가운데 단위 부대로서는 가장 훈련이 잘된 정예부대였다. 1920년 9월 총병력은 약 1,100명 이었으며, 이 중에서 잘 훈련되고 완전 무장된 정예는 약 600명이었다. 나머지 500명은 경호 병력이었다. 무기는 총기가 약 800정, 기관총 4정, 수류탄 약 2천 개 등으로 우마차 약 20량 분이었다. 북로군정서는 중국군과 협상에 의하여 그 동안 닦아놓았던 서대파 근거지를 버리고 1920년 9월 17일~18일에 걸쳐 청산리 방면으로 근거지 이동을 시작하게 되었다. 북로군정서군의 근간을 이룬 여행대는 1920년 10월 21일부터 26일까지 만주 길림성 화룡현和龍縣 청산리지역에서 벌린 일제와 청산리전투에서 닦아온 군사기술을 유감 없이 발휘하여 일본군을 무찌르고 독립전쟁을 빛나는 승리로 장식하였다.

한편 박영희는 독립군 모집에도 기여하였다. 이경상(李京相, 1891-?)의 경우가 그러하다. 신한민보 1925년 10월 15일자 〈북로군정서 과장 권총가지고 군자금 모집타가 징역 5년을 불복 공소〉에,

> 함북 경성군 남산면 三봉리에 본적을 두고, 중국 간도 왕청현 춘명사 십리평에 거주하던 이경상은 청진지방법원에서 징역 5년의 판결을 받고 불복한 후, 경성복심법원에 공소를 제기하였는데, 그이는 6년전 3월경에 중국 간도로 건너가 한국독립운동에 활동할 목적으로 동지를 규합하다가 북로군정서 훈육부장 박영희씨의 권고로 군정서에 가입하여 8월 2일에는 동군정서 33분국 3과장에 임명되어 군정서로부터 육군사관학교에 지급하는 피복, 식물, 무기 등의 수송에 종사하다가

라고 있듯이, 이경상은 1920년 음력 3월경 북로군정서 훈육부장 박영희의 권고로 왕청현에서 북로군정서에 가입하였던 것이다. 그는 경신분국警信分局 제33분국 3과장으로 활동하였고, 1924년 음력 9월경 연길현延吉縣에서 군자금 모집활동을 하다가 체포되어 징역 5년을 받았다. 1920년 7월 4일 북로군정서 진중일지를 보면, "총재부 비서장 김성金星씨는 총재부로부터 본영에 와서 사령관 숙소에서 체숙하였다. 계사국장稽査局長 김경준金京俊씨는 그 국으로부터 입영하여 경신 제1 분국 제8과장 이경상 댁에 체숙하였다"는 기록이 있다..

3) 청산리전투 승리의 주역 독립군 양성

북로군정서 독립군은 최강의 정예 독립군으로서 청산리 독립전쟁에서 기습섬멸전으로 일본군을 능동적으로 공격해서 크게 섬멸하고 대승리를 거둔 주역이었다. 북로군정서 독립군은 청산리대첩의 주역으로서 홍범도 연합부대와

함께 일본군 1,200명을 전사시키고 일제가 한국민족 독립군 부대들을 토벌하기 위하여 수립한 '간도지방 불령선인 초토계획'과 간도 침입작전을 붕괴시켜 버렸다. 일본군은 '간도침입 때 2만 5천명의 병력으로 제1단계에서는 1개월 이내에 한국 무장독립군을 완전히 섬멸하고 제2단계에서는 다시 1개월 내에 촌락에 잠복하고 있는 비무장 독립운동 세력을 발본색원해서 간도지방의 한국민족 독립운동을 완전히 소멸시킬 것을 목표로 하였다. 이것을 달성함으로써 국내 독립운동까지도 고립 차단시켜 이를 완전히 소멸시키려고 획책하였다. 북로군정서 독립군의 청산리대첩은 일본군의 간도침입 작전을 완전히 실패를 돌려줌으로써 일본군은 제2단계 목적은커녕 제1단계 목표도 달성하지 못하고 패퇴하게 만들었으므로 만주지방의 한국 민족의 독립운동을 보위하고 또 이를 통하여 국내 독립운동도 우회적으로 지켜주면서 한국 민족의 독립에 대한 확신과 독립정신을 고양시켜 준 커다란 역할을 수행하였다.

청산리 대첩에 참가한 북로군정서 독립군 간부들은 다음과 같다. 사령관 김좌진, 참모부관 나중소, 부관 박영희, 연성대장 이범석, 종군장교 김민화金敏華·김훈金勳·백종열·한건원韓建源, 대대장 서리 홍충희洪忠熹, 제1중대장 서리 강화린, 제2중대장 서리 홍충희洪忠熹, 제3중대장 김찬수金燦洙, 제4중대장 오상세, 대대부관 김옥현金玉玄, 제1중대 제1소대장 신희경申熙慶, 제1중대 제2소대장 강승경姜承慶, 제2중대 제1소대장 채춘蔡春, 제2중대 제2소대장 김명하金明河, 제3중대 제1소대장 이허구李栩求, 제3중대 제2소대장 정면수鄭冕洙, 제4중대 제1소대장 김동섭金東燮, 제4중대 제2소대장 이운강李雲岡, 기관총대 제1소대장 김덕선金德善, 기관총대 제2소대장 최인걸崔麟杰, 제1중대 특무정사 나상원羅尙元, 제3중대 특무정사 권중행權重行이었다. 이때 박영희 역시 부관으로 청산리전투에 참여하였던 것이다.

5. 청산리 대첩 이후 무장투쟁활동

1) 대한독립군단에서의 활동

북로군정서 독립군은 청산리대첩 후 북만주로 이동하여 1920년 12월경 밀산에 도착했다가 치타정부의 군사원조 약속을 받고 1921년 1월 흑룡강을 건너 노령 이만으로 갔다. 북로군정서를 비롯한 여러 독립군단체들은 이만에서 1921년 3월 그간 모인 독립군 부대들과 병사들 3천여 명을 모아서 대한의용군 총사령부를 조직하여 군사통일을 실현하였다. 그들은 1921년 4월 1일 이만에서 다시 36개 대소 독립군 단체의 수뇌들이 모여 독립군대회를 개최하고 대한의용군 총사령부의 이름을 대한독립군단이라고 바꿈과 동시에 체제를 정비하였다. 총재는 서일, 부총재는 홍범도, 사령관 겸 참모부장은 김좌진, 참모는 이장녕·나중소가 맡은 것으로 보아 대한독립군단은 북로군정서가 핵심이 되어 다른 독립군부대들을 통합한 것을 알 수 있다.

박영희도 청산리전쟁 이후에 일본군의 추격을 피하여 러시아영토로 이동하였으나 1921년 6월 자유시참변이후 다시 만주로 돌아와 1922년에는 북로군정서 부사령관으로 활동하였다.[74]

또한 1924년 1월에는 총재 이범윤李範允을 중심으로 한 대한독립군단에 가입, 김좌진·신일헌申日憲·한함산韓咸山·최대갑崔大甲·조생갑趙生甲 등과 함께 항일투쟁을 강화하였으며, 동년 5월에는 북로군정서 진영을 재정비 조직하게 됨에 따라 행정부장에 임명되어 활약하였다. 아울러 1924년 6월에는 대한독립군단 부관장으로 일하였다.[75]

74 불령단관계잡건-조선인의 부-재만주의 부(32)], ㅇ간도 및 동(同) 접양지방에 있어서 배일단체 및 친일단체 조사의 건(간도총령사대리 : 1922. 2. 28), 배일단체조사표(1922년 1월 조사) 단명 : 대한군정서, 역원 역명 : 부사령관, 역원 씨명 : 박영희, 역원 연령 : 35, 역원 원적 : 경성(京城).

75 불령단관계잡건-조선인의 부-재만주의 부(39)]ㅇ재외 요주의 선인 별명 변명 아호 조사에 관한 건(間島총영사 : 1924. 6. 17) 本名 : 朴斗凞, 別名 : 朴寧熙, 雅號 : 劍秋, 靜軒, 備考 : 大

또한 1925년 2월에는 3·1운동 6주년을 기념하여 길림吉林에서 등사판의 선포문을 작성하여 국내 국민협회國民協會 등에 배포하기도 하였다. 이 선언문에서 군사교육의 확립, 민중생활의 근본인 식산흥업의 촉진, 민지民志향상을 위한 문화보급을 강조하고 있다.[76]

2)『배달공론』을 통한 군사지식 보급

박영희는 만주지역의 대표적인 군사전문가 가운데 한사람이다. 또한 그는 양반자제로 한문학에 밝았으며 필재도 있었다.[77] 그러므로 중국 상해에서 1923년 9월 1일자로 창간된 국한문본 잡지『배달공론』창간호(1923. 9. 1) 및 2호(1923. 10. 1)에 2차례에 걸쳐 〈군사학강의〉라는 제목으로 군사학에 대한 정보를 제공하고 있다.

배달공론은 중국 상해에서 1923년 9월 1일자로 창간된 국한문본 잡지이다. 처음 월간으로 출발했으나, 간기는 지켜지지 않았다. 현재 1호와 2호, 그리고 4호만 남아있다. 그 가운데 2호는 창간호 한 달 뒤인 1923년 10월 1일이지만, 4호는 1924년 4월 10일자에 발간되었다. 실제 몇 호까지 발간되었는지 알 수 없다. 이를 발간한 주체는 네 사람 '同人'이라고 밝혀져 있다. 정확하게 네 사람 이름을 적은 곳은 없지만, 악산樂山 김인해金仁海(주필), 방주放舟 빈광국賓光國(편집인), 회봉晦峯 이정李楨은 동인이라고 지명되어 있고, 나머지 한 사람은 박정은朴正殷으로 보인다.

주필 김악산의 간곡한 주문에 따라 군사학강의를 연재한 인물이 박영희였

韓獨立軍團 副官長

76 불온문서우송의 건(독립기념관 소장) 이 내용은 대한독립군단 이범윤, 김혁, 金奎鉉, 洪鍾林, 김좌진, 박두희, 裵永善, 朴永超, 劉賢 崔顥 등이 서명하였다.

77 불령단관계잡건-조선인의 부-재만주의 부 38, 문서번호, 기밀 제99호-기밀수 제107호, 문서제목 대한독립군단 참모 이정이 진술한 금좌진의 행동 및 일파 불령선인단의 정황 등에 관한 건

다. 그는 만주 독립군의 핵심 인물 가운데 한 사람으로 당시 중동선中東線 소수분小綏芬 지역에서 학술강습소를 열어 군사교육에 힘썼다.

배달공론 창간호에는 다음과 같은 글이 있다.

군사학강의

검추 박두희

나는 배달공론 동인(同人) 김인해씨의 간곡한 위탁을 밧앗다. 이는 군사학의 강의를 담임하야 달나는 말이다. 나는 상무정신을 보급코져 하는 그의 열성을 배각(背却)키 난(難)하얏다. 그럼으로 남분(濫分)임을 불고하고 필을 집한 바 이 강의의 범위는 군대구분, 일반문서, 명령, 통보(通報), 보고의 기술 급(及) 작위법(作爲法)에 한하얏다. 그런데 이 강의는 좀 복잡한 혐(嫌)이 불무(不無)이기로 편장(編章)으로 구분하야 가급적 명료토록 하얏노라.

즉, 위에서 보는 바와 같이, 박영희는 김인해의 간곡한 부탁으로, "상무정신을 보급코져" 이글을 쓰게 되었던 것이다.

배달공론 창간호에는 다음과 같은 학생모집 광고가 있어 주목된다.

학도모집광고

금번 본소에서 갑을반 학도를 모집하오니 지원자는 금월 이십팔일 이내로 입학 청원서를 본소에 제출함을 망(望)함.

좌렬

一. 시험일자 : 팔월 이십구일

二. 시험과목 : 갑반 국한문 작문 대수(代數)(단 중학졸업자에 한하야 면시(免試)함) 을반 국한문 산술(整數四則)

三. 학비 : 일절의 학비는 본소에서 지급하되 단 동복 일습은 각자 판비(辦備)할 것.

기타 상세는 서면 우(又)는 직접으로 본소에 문의할 것.

기원 4256년 8월 16일

중동선 소수분 학술강습소

위의 기록을 통해 볼 때, 박영희는 중동선 중소국경지대 소수분에서 무관학교를 만들어 독립군양성에 진력하고 있음을 짐작해 볼 수 있다.

6. 신민부에서의 활동과 순국

1) 신민부 성립에 주도세력으로 참여

북만주지역의 독립운동단체들은 1925년 1월 목릉현穆陵縣에 모여 부여족통일회의扶餘族統一會議를 개최한 결과, 동년 3월 10일에 영안현寧安縣 영안성내에서 신민부新民府를 조직하게 되었다. 이 때 참가한 각 단체와 지역 대표는 대한독립군단·대한독립군정서·북만지역의 민선대표民選代表 및 국내 단체의 대표 등으로 알려져 있다.

신민부는 대한독립군단과 대한독립군정서·중동선교육회 및 16개 지역의 민선대표·10개의 국내 단체의 대표들이 참가한 가운데 결성되었다. 이때 박영희는 대한독립군단 대표로서 김좌진과 함께 참여하고 있다. 앞서 살펴본 바와 같이 대한독립군단은 1920년 말에 밀산에서 조직된 대한독립군단이 자유시참변 이후 북만지역으로 복귀하여 1922년 8월에 재조직한 단체였다. 신민부에서 김좌진은 군사부 위원장 겸 총사령관을 맡고 군대를 장악하고 있었는데, 박영희는 보안사령관을 맡아 김좌진은 최측근에서 보좌하였다.[78]

한편, 신민부는 1927년 12월 25일 석두하자石頭河子에서 개최된 총회에서 군정파軍政派와 민정파民政派로 양분되었다. 분열이 가속화된 것은 1928년 1월에 일본경찰과 중국군 1개 중대의 습격으로 중앙집행위원회의 위원장인 김

78 『독립운동사자료집』(독립운동사편찬위원회, 1976) 제10권 530쪽] ○독립불령선인단 신민부의 창립 및 조직에 관한 건(1925. 5. 5)

혁金赫과 경리부 위원장인 유정근, 그리고 본부 직원인 김윤희金允熙·박경순朴敬淳·한경춘韓慶春·남중희南重熙·이정화李正和·남극南極 등이 체포된 데 기인하였다. 이 사건은 신민부에 큰 타격을 주었다. 이에 대한 대책의 숙의에서 군사부위원장 겸 총사령관인 김좌진이 이러한 희생을 계기로 보다 적극적인 무장투쟁을 주장했다. 반면에 민사부위원장 최호는 이에 반대하였다. 그는 우선 교육과 산업을 발전시켜야 한다고 주장한 것이다. 이러한 의견의 마찰로 신민부는 김좌진을 중심으로 한 군정파와 최호를 중심으로 한 민정파로 각각 분열되어 나름대로의 조직을 갖고 각기 자신들의 조직이 신민부임을 주장하였다. 군정파는 영안현의 밀강密江 신안진新安鎭에 본부를 두고 위하현葦河縣 석두하자, 영안현 해림海林·영일寧一·영이寧二·영삼寧三지방, 미산密山 반절하半截河, 동녕현東寧縣 동녕東寧 등을 그 세력의 범위로 하였다. 단원은 200명이었다. 반면에 민정파는 본부를 동빈현同賓縣의 소량자하小亮子河 농평農坪에 두고 주하현珠河縣, 빈현賓縣 등을 관장하였으며 단원은 180명 정도였다.

군정파의 주요 간부는 박영희 군사교육위원장을 비롯하여 김좌진(중앙집행위원회 위원장·군사부위원장)·황학수(黃學秀, 참모부위원장)·정신(경리부위원장·선전부위원장)·유현(실업부위원장)·백종열(보안 제1대대장)·오상세(보안 제2대대장)·장종철(보안 제3대대장)·주혁(보안 제4대대장)·김종진(金宗鎭, 보안 제5대대장·군사부위원)·임강(林堈, 별동대장서리) 등이었다.

2) 보안사령관, 성동사관학교 교관으로 활동

신민부는 1925년 10월 제1회 총회에서 관할 구역 내에 거주하는 이주한인 가운데 18~38세의 남자들로 반을 편성하여 군사훈련을 시키는 한편 군사강습소를 두어 전문적인 군사지식을 소유한 인사들 양성 계획을 세웠다. 신민부 길림성吉林省 목릉현 소추풍小秋風에 성동사관학교를 설립하고 연 2기의 속성

군사교육을 진행하였다. 당시 성동사관학교 교장에는 김혁, 부교장 김좌진, 박영희는 교관으로서 교관 오상세·백종열 등과 함께 활동하였다..

성동사관학교는 전후 500여 명 사관생을 양성하면서 신민부 무력의 근간을 이루었다. 신민부는 성동사관학교 출신자와 대한독립군단· 대한독립군정서·민병民兵들 중 일부를 흡수하여 정규군을 구성하였다. 이들은 약 530명의 병력으로서 5개 보안대와 그 통제를 받는 별동대를 두었다.[79]

한편 신민부는 1925년 조직되자 보안사령관으로 박영희, 부사령관으로 주혁朱爀을 임명하였다.[80] 신민부가 추구했던 무장활동의 기본목표는 무장투쟁을 통하여 일제로 부터 국권을 회복하는 것이었다. 이것은 국내진입작전을 전개함으로써만이 가능한 것이었다. 그러나 당시 신민부의 무장수준으로서는 실현 불가능한 일이었다. 530여 명의 군인을 보유하는 정도에 지나지 않았기 때문이다. 그러므로 국내진입을 수행하기 위한 예비공작은 1927년 8월에 군사부위원장인 김좌진과 보안사령관 박영희에 의해 추진되었다. 이중삼 등 특수공작대를 국내에 파견하여 함경도·강원도·경상도·전라도 지역의 작전지도의 작성과 일본 주재소의 위치 등을 파악하였다. 이 공작대의 임무는 성공적이라고 할 만한 것이었다. 한편 신민부에서는 국내에 사람을 보내 조선 총독인 재등실(齋藤實 ; 사이토오 마코토)의 암살을 기도하였다. 1925년 3월에 김좌진은 강모姜 某 등 신민부원에게 수십 개의 폭탄과 권총을 제공하고 총독의 암살을 지령하였다. 이 계획은 실패하고 말았는데 그 구체적인 이유는 알 수 없지만 신민부가 만주지역의 활동에만 집착하지 않고 국내에까지 침투하여 총독을 암살하고자 한 것은 주목할 만한 일이라고 하겠다.

---

79 신민부원 생존자 일동, 「신민부의 약사」, 『자유공론』 184, 자유공론사, 1982 ; 임강, 「북만 신민부」, 『자유공론』 183, 자유공론사, 1982 ; 이강훈, 『항일독립운동사』, 정음사, 1974 ; 한국정신문화연구원, 「적기단약사」, 『한국독립운동사자료집』홍범도편, 1995.

80 선비단 신민부 보안조례에 관한 건(독립기념관 마이크로필림자료)

또한 박영희는 북만 지역의 친일 한국인의 암살에도 주력하였다. 해림 지역의 초대 조선인민회의 회장인 배두산裵斗山의 암살이 바로 그것이다. 당시 일본은 장춘長春, 대련大連 사이는 물론, 국자가局子街·용정·하얼빈·훈춘·두도구頭道溝 등지에 영사관 및 그 분관分館을 설치하였는데 독립운동단체의 정보를 탐지하기 위한 것이었다. 기타 지역에서는 보민회·조선인민회·권농회·시천교侍天教·청림교青林教 및 제우교齊愚教 등의 친일단체를 동원하였다.

한편 박영희는 김좌진의 밀명으로 러시아 혁명군과 교섭하기 위하여 블라디보스토크로 파견되기도 하였다. 김좌진은 1926년 항일운동의 군자금을 협조받기 위해서 자신과 가장 가까운 군사부장 겸 보안사령관인 박영희를 러시아 제3국제공산당 극동본부가 있는 블라디보스토크에 파견하였다.[81] 1926년 4월 20일 〈선비단 신민부와 공산당의 제휴설에 관한 건〉에,

> 신민부의 박두희는 블라디보스토크에 체제하면서 김해창(金海昌), 주영진(朱榮鎭) 등과 함께 러시아 공산당에 연락을 취하면서 활동 중이다.[82]

라고도 있다. 박영희는 러시아 공산당과 접촉을 취하던 중,[83] 1927년 러시아 첩보기관에 체포되어 1930년[84] 연해주 고루지게에서 피살, 순국하였다고 전해지고 있다.[85]

81 불령단관계잡건-조선인의 부-재만주의 부 42 문서번호 외무성문서과수 제170호 문서제목 선비단 신민부의 재정상태 및 공산당과 제휴설에 관한 건(1926년 3월 30일발신)

82 위와 같음.

83 불령단관계잡건-朝鮮人의 부-재만주의 부 43, 문서번호 외무성문서과수 제524호, 문서제목 金佐鎭 등의 행동에 관한 건(1926년 6월 28일)

84 한편 일경 정보기록에 의하면 1932년 1월 본적지의 친척형이 노령 모스크바로부터 서신을 받았다고도 한다.(『국외용의조선인명부』(조선총독부 경무국 : 1934. 6) 265쪽), 적요 : 1923년경 간도로 도주 후, 군정서, 신민부 등에 투신, 중동선 지방을 이리저리 떠돌며 불령운동에 종사 후 浦潮(블라디보스토크)로 이동, 1932년 1월 본적지 實兄앞으로 온 통신에 의하면 露西亞 莫斯科(모스크바)에 있는 것 같다고 하며 또한, 각지를 전전해 주거도 일정하지 않은 사람임.

85 『고등경찰요사(경상북도 경찰부 : 1934), 120쪽

맺음말

박영희는 청산리전투에 참여했고, 김좌진의 남자라고 할 수 있을 정도로 김좌진과 함께 북로군정서, 신민부 등에서 함께 만주발판을 누빈 대표적인 동지였다고 할 수 있다. 그런 그였음에도 불구하고 박영희란 이름 3석자는 우리에게 거의 알려져 있지 않았다. 사실 박영희뿐만 아니라 김좌진, 이범석 등 몇몇 유명한 인물 빼고는 우리의 주목을 받고 있지 못한 것이 사실일 것이다. 수많은 잊혀진 영웅들에 주목하는 것은 우리의 또다른 책무일 것이다.

박영희는 조선의 명문거족 집안 자제라고 할 수 있다. 또한 그는 고향이 부여임에도 서울의 휘문의숙을 다닐 정도로 당시 집안에 재산도 있고, 학문적 능력도 있어 전도가 유망한 청년이었다. 그런 그가 만주로 망명하여 신흥무관학교를 입학, 졸업한 것은 놀라는 사실이 아닐 수 없다. 그의 망명에는 바로 그의 스승 이세영이 있었음에 주목할 필요가 있을 것이다.

만주벌판에서 항일투쟁을 전개한 박영희는 군사전문가였다. 그러므로 그는 원고요청을 받고 『배달공론』에 군사학에 대한 글을 투고하였던 것이다. 군사전문가인 그는 김좌진과 함께 청산리전투를 치루었고 그 후에도 신민부 등에서 항일투쟁을 지속적으로 전개하였다.

박영희는 1910년 일제에 의해 조선이 강점당한 이후 만주로 망명한 수많은 청년 가운데 한사람이었다. 그를 뒤이어 3·1운동 이후에도 만세운동에 참여했던 청년들이 만주로 망명해 왔다. 이들 망명 청년들이 바로 독립운동의 주력으로서 항일투쟁을 전개하였던 것이다. 그 중 상당수는 만주망명 후, 신흥무관학교 등 독립군 사관학교를 거쳐 독립군이 되어갔고, 이들이 바로 만주 독립군의 중추가 되었던 것이다. 그럼에도 불구하고 그들의 이름은 우리의 기억 속에 없다. 본고는 바로 잊혀진 이들 독립군들을 밝히는 작업의 일환이다.

제4장

다양한 직업군의 독립군들
: 김정묵·김교준·염석주

1. 김정묵 : 중국군 장교로 활동

머리말

김정묵

김정묵(金正默, 1888-1944)은 경북 선산 출신으로, 독립운동 당시에는 김해산金海山, 김국빈金國賓, 김규환金圭(奎)煥 등으로 불리웠다. 1919년 상해에서 대한민국임시정부가 수립되자 대한민국 임시의정원 의원으로 활동하였다. 그 뒤 북경을 중심으로 신채호와 『천고天鼓』를 간행하는 한편, 의열단과도 일정한 관계를 갖고 활발한 독립운동을 전개하였다. 또한 김정묵의 집은 만주사변 후 만주지역에서 활동하던 한국독립군 이규채李圭彩가 북경으로 피신하였을 때에도 묵어간 것처럼 독립군의 은신처였다. 이규채는 일본의 심문과정에서,

> 北平(북경-필자주)에서는 그 전에 거주한 일도 있고, 당시 친구가 北平의 德勝門 안에 호수 미상으로 金海山 곧 金國賓(慶尙道 사람으로 중국에서 생장한 당 50세쯤으로 중국국민군 군분회에 근무하고 있었음)을 방문하여 그 집에서 四박을 하고 南京으로 갔다.[1]

라고 하여, 김정묵의 집을 언급하고 있다. 또한 중국군 장교 출신이었던 김정묵

1 『한민족독립운동사자료집』 43권 중국지역독립운동 재판기록 1 〉 한국독립당 관련 李圭彩事件(國漢文)〉 경찰신문조서〉 청취서(제二회)

은[2] 청년들을 중국 군관학교에 입학시키는데도 일익을 담당한 것으로 보인다.[3]

이처럼 김정묵은 1920년대 북경, 상해 등지에서 활발히 항일운동을 전개하였다. 또한 중국 관내뿐만 아니라, 만주지역에서도 활발한 항일투쟁을 전개하였다. 그의 만주 동북군벌 군대에서의 장교활동은 상당히 특이한 경력이다. 그는 1910년대 만주 동북군벌 군대에 입대한 것으로 알려져 있다. 1930년에는 동북군벌군대의 군법처장으로 고위직에서 활동하여 『동아일보』 1930년 2월 13일자에 대서 특필되기도 하였다. 그럼에도 불구하고 그의 만주지역에서의 활동은 거의 주목을 받지 못하였다. 이에 김정묵의 만주지역에서의 활동에 대하여 살펴보고자 한다. 아울러 북경에서 김정묵이 설립한 집의集義학교 제자인 황귀호黃貴浩의 만주지역 첩보활동과 김정묵의 지도에 대하여도 밝혀보고자 한다. 이는 황귀호의 기록을 새롭게 발굴함으로써 가능하게 되었다.[4]

다음으로는 김정묵집안의 항일민족운동에 대하여 알아보고자 한다.[5] 우선 첫째 동생으로 조선독립후원의용단에서 활동한 김사묵金思默, 다음으로 형의 독립운동을 음지에서 지속적으로 돕다가 일경에 체포되어 고문 후유증으로 순국한 김성묵金成默, 그리고 부친의 영향으로 의열단에서 활동한 김정묵의 세아들 김교일金敎一, 김교삼金敎三, 김대륙金大陸 등에 대하여도 주목해보고자 한다. 그 중 김정묵의 동생 김성묵은 형을 따라 만주로 이동하여 봉천(심양), 하얼빈 등지에서 함께 살며 김정묵의 독립운동을 도왔으나, 자료들이 거의 없어 김성묵의 항일운동은 그동안 제대로 밝혀지지 못하였다. 다만 최근 그의 부인

---

2 조규태, 「1920년대 중반 재북경 창조파의 민족유일당운동」, 『한국민족운동사연구』 37, 2003, 250쪽.

3 『대한민국임시정부자료집』 9권 군무부, Ⅳ. 한인군관학교, 15. 군관학교 입학 용의자에 관한 건(1935. 2. 25)

4 다만 황귀호의 기록에 대하여는 차후 신중한 검토가 요청된다.

5 장신교수의 〈김정묵가의 민족운동(미발표논문)〉이 있어 본 논문 작성에 큰 도움이 되었다. 논문을 제공해 준 장신교수께 감사드린다.

인 이용술李龍述의 〈70노회가七十老回歌〉가 새롭게 발굴되어 김성묵의 항일민족운동의 일단을 살펴볼 수 있게 되었다. 또한 김정묵의 세 아들, 김교일, 김교삼, 김대륙 등도 의열단에서 활동하였는데, 그에 대하여도 지금까지 밝혀진 바가 없어 이에 대하여도 검토하고자 한다. 그 중 둘째 아들 김교삼은 해방 후 월북하였고, 김성삼의 아들 김교웅도 사촌형 김교삼을 따라 월북한 것으로 알려지고 있다.

1. 김정묵의 만주지역 활동

만주지역의 대표적인 독립운동가인 이상룡이 1921년 김정묵에게 보낸 편지가 있어 주목된다.

석주 이상룡이 김정묵의 편지에 답한 글.

▫ 김국빈(정묵)에게 답하다. 신유년(1921)答金國賓(正默)

넉 달이나 함께 다니다가 하루아침에 헤어져 산골 오두막에 누워 있으니 가슴에 그리워하는 마음 아직도 끊임없던 차에 먼저 보내주신 편지를 받고 보니 위로되고 감사하기 한이 없습니다.

더위가 한창인 이때 고향을 떠나 지내시는 기후가 늘 신의 가호가 있으시고, 상해上海에서는 국회 주비籌備를 주창하시고 연경燕京에서는 군사통회軍事統會를 개설하셨음을 알았습니다만, 두 가지 일 모두 진척이 되지 않으니 참으로 탄식을 금치 못하겠습니다. 그러나 이번 일에서도 민의民意의 향배를 알 수 있었으니, 일을 착수하기 전에 먼저 국민들의 향배向背를 보고 미리 그 성공여부를 점쳐야 할 것입니다.

이곳에는 따로 말씀드릴 만한 사정이 없습니다. 이미 벌여 놓은 춤을 갑자기 멈출 수는 없지만 또한 자신의 실력도 생각하지 않고 경거망동해서도 안 될 것입니다. 봄에 한번 나갔던 일도 오로지 이 일을 위해서였는데 필경 아무 소득이 없이 그저 남의 비난만 받고 돌아왔을 뿐입니다.

<u>전해주신 동쪽에서 온 소식은 저로 하여금 정신이 번쩍 들게 하였습니다. 속히 힘을</u>

> 쓰시어 대사를 진전시키시기를 바랍니다.
> 다시 소식 주시어 울적한 심사에 위로를 주시길 바랍니다.

1) 김정묵의 중국군 입대

김정묵은 독립운동가가 아니고 단순한 생계형 중국군인가? 『동아일보』 1930년 2월 13일자에서 김정묵은,

> 씨로부터 몇 가지 고국소식을 물음이 있음에 대답하고, 뒤를 이어 금번 출전감상을 물으니, 씨는 중국식으로 천천히 말을 내여서, "감상이라고 별로 말할 것이 없습니다. 거저 밥벌이로 이렇게 있으니 출전하였을 뿐입니다. 다만 감상이라고 말하자면 조선사람들의 일이올시다".

라고 하여 겸손하게 자신의 활동을 생계형으로 언급하고 있다.

우선 김정묵의 중국과의 인연에 대하여 살펴보자. 경북 성주사람으로 한계韓溪 이승희李承熙의 차남인 이기인李基仁이 작성한 〈밀산추억기密山追憶記〉에 수록된 다음의 기록은 이와 관련하여 주목된다.

> 청나라 국경에 도착하여 수레를 내려 걸어서 밀산부 快常別里에 도착하여 점심을 먹고 호수를 끼고 동쪽으로 7리를 가니 우리의 신개척지 한흥동이다.(중략) 문하에는 李鍾甲, 李民馥, 김정묵, 李愚弼 등의 사람들이 있었다. 모두 식견이 높고 행동이 단정하여 본받을 만한 어른들이다.

위의 기록을 보면, 김정묵은 한계 이승희의 문하로서 1910년부터 1911년 사이에 북만주 密山에 있었던 것으로 보인다. 이중 이우필은 한주寒洲 이진상李震相의 문하에서 이승희와 함께 동문수학했던 면와勉窩 이덕후李德厚의 3남이다. 이우필은 1911년 아버지 이덕후를 따라 밀산으로 들어왔다. 그런데 김정묵은 이덕후의 사위이며 이우필의 매부로서 두 사람은 함께 연해주로 이거하

였다.[6]

김정묵의 손자인 김광조가 작성한 기록에 따르면,

> 김정묵(金正默)은 1905년(고종 42) 을사조약이 강제로 체결되자 중국으로 망명하였다. 그리고 1914년 북경 서성 중국대학(北京西城中國大學) 정치학과를 졸업하였으며, 1915년 항일투쟁을 목적으로 중국 동삼성(東三省) 장작림(張作霖) 휘하 곽송령(郭松齡) 부대에 입대하여 군사훈련을 받았다라고 되어 있다.

라고 하여, 김정묵이 일찍이 중국으로 망명한 인사임을 언급하고 있다. 만주로, 러시아로 망명했던 김정묵은 그 후 중국본토로 이동한 것 같다. 이 이동이 한계 이승희와 연계된 것인지 앞으로 검토해야 할 사항인 것 같다.

김정묵은 중국본토 북경으로 이동하여 대학에서 정치학을 공부한 인물로 기록되고 있다.[7] 이 부분에 대한 자세한 사항을 알려주는 기록은 보이지 않는다. 다만 앞서 언급한 이규채의 김정묵에 대한 진술 내용을 보면 이러한 사실이 상당한 신빙성이 있어 보인다.

> 10. 北平에서는 그 전에 거주한 일도 있고, 당시 친구가 北平의 德勝門 안에 호수미상으로 金海山 곧 金國賓(慶尙道 사람으로 중국에서 생장한 당 50세쯤으로 중국 국민군 군분회에 근무하고 있었음)을 방문하여 그 집에서 四박을 하고 南京으로 갔다.[8]

즉, 이규채는 김정묵을 "경상도 사람으로 중국에서 생장한"이라고 표현하고 있는 것이다. 우리는 김정묵이 상당이 젊은 나이에 중국으로 이동한 것을

---

6 권대웅, 『한계 이승희의 생애와 독립운동』, 성주문화원, 2018, 193-194쪽.
7 조규태의 다음 논문이 참조된다. 조규태, 「1920년대 북경지역 한인유학생의 민족운동」, 『한국독립운동사연구』 30, 2008.
8 한민족독립운동사자료집 43권 중국지역독립운동 재판기록 1〉 한국독립당 관련 李圭彩事件(國漢文)〉 경찰신문조서〉청취서(제二회)

짐작해 볼 수 있다. 북경으로 망명한 김정묵은 그곳 북경 서성 중국대학에서 1915년까지 중국어와 중국정치를 공부한 것으로 판단된다.

학교를 졸업한 그는 1915년 중국 동삼성 장작림張作霖 휘하 곽송령郭松齡부대에서 군대생활을 시작하였다. 그가 군대에 그것도 만주 곽송령부대에 입대하게 된 이유는 무엇일까. 〈『대한민국임시정부자료집』 9권 군무부, Ⅳ. 한인군관학교, 15. 군관학교 입학 용의자에 관한 건(1935. 2. 25)〉 정희범鄭熙範의 경우에, "군관학교를 졸업하면 장래 독립단원 또는 중국군 장교가 될 수 있으니 열심히 공부하라"에서 짐작해 볼 수 있는 것처럼, 대학을 졸업하고 중국군에 입대하면 일면 장래가 보장되는 한편 독립군으로도 활동할 수 있는 토대를 마련할 수 있기 때문이 아닌가 한다. 그리고 군관학교를 졸업한 김정묵은 소위로 임관되었던 것이다.

1918년 중국에서 군관교육을 받고 소위를 임관한 다음 중국에서의 토대가 마련된 후 김정묵은 가솔을 거느리고 1918년 만주로 망명하였을 것으로 보인다. 김정묵이 입대한 봉천파는 만주를 기반으로 한 군벌이다. 주요 인물은 장작림과 그의 아들 장학량張學良이다. 김정묵이 입대한 부대는 동삼성 장작림 휘하 곽송령(1886~1925) 부대라고 한다. 곽송령은 요녕성 출생으로 장작림의 아들 장학량의 교육을 맡았다. 1925년 장학량의 부사령으로서 화북華北에 들어갔으나, 남방혁명파에 접근한 풍옥상馮玉祥의 국민군과 결탁하여 11월 장작림에게 하야를 요구, 동북국민총사령으로서 동북으로 역진격을 시작하였다. 일본의 관동군은 장작림의 패퇴를 겁내어 무장간섭에 나서서 만철滿鐵 연선에서의 작전을 허락하지 않았기 때문에 기회를 잃고, 12월 신민둔新民屯에서 패하여 그 아내와 함께 총살되었다.[9]

일본측 정보기록『사상통제사』, 186쪽에 따르면, 김정묵은

9 송한용, 「郭松齡의 '反奉事件'」, 『역사학연구』 19, 2002, 호남사학회.

> 1918년 9월 奉川省으로 건너가, 1919년 北京으로 이주, 재 중국 조선인의 연락과 조선독립운동에 매진
> 1925년 하얼빈으로 와서 봉천군 곽송령의 사령부 軍法課에서 육군장교로 봉직하며 天津에 출동
> 1925년 7월경 하얼빈에서 잠복중인 金昌淑과 몰래 만나, 同人이 조선독립운동 자금모집을 위해 조선으로 들어가는 데 즈음하여, 그의 연락책이 됨.
> 1926년 10월 北京에서 발표한 대한독립당북경촉성회 조직선언서의 발기서명자 23명 중의 1인
> 義烈團 北京지방연락원으로서 활약.
> 北京군사 분회소속 법무관으로서 근무하며 조선인의 비호에 힘썼으나 일본측의 항의에 의해 同分會의 해산과 함께 免官.

라고 하여, 1918년 9월 만주 봉천성으로 간 것으로 되어 있고, 『용의조선인명부』에는,

> 일찍이 동북군계에 봉직했으나 만주사변 후 군직을 물러남.
> 1934년 현재 북평시 정부 명예비서로서, 중국인 유력자인 朱光沐에게 봉급을 받아 생활하고 있다고 함.
> 의열단과 연락하는 것으로 의심됨.

라고 하여, 군직에서 물러나 의열단과 연락하고 있는 것으로 되어 있다. 즉, 위의 기록을 통해 보면, 김정묵은 1925년 하얼빈으로 가서 봉천군 곽송령의 사령부 군법과에서 육군장교로 봉직하였으며, 만주사변후에는 군직에서 물러났다. 그 후 북경에서 북경시 정부 명예비서로 활동하고 있다. 특히 그는 "북경군사 분회소속 법무관으로서 근무하며 조선인의 비호에 힘썼으나 일본측의 항의에 의해 동분회同分會의 해산과 함께 면관免官"이란 기록을 통해 볼 때 법무관으로서 조선인을 돕기 위하여 노력하였던 것이다. 그의 이러한 조선인 비호활동은 1929년 중러국경지대에서 벌어진 중국과 러시아와의 전투에서 잘

나타나고 있다.

한편 봉소奉蘇(봉천군벌과 소련군과의 전투-필자주)전투에서는 러시아에 살고 있는 우리 동포들도 전쟁에서 희생되기도 하였다. 하바롭스크 시내 중심가에 김유천 거리가 있는데, 러시아에서 고려인 이름을 딴 거리는 이곳이 유일하다. 원래 이름은 김유경인데 1929년 소련이 철도를 둘러싸고 중국과 분쟁을 벌일 때 소련군 중위로 참전해 전공을 세운 인물이라고 알려져 있다.

2) 봉소전쟁시 동삼성 군법처장으로, 재만동포 옹호에 앞장

김정묵의 만주지역에서의 활동이 크게 부각된 것은 『동아일보』 1930년 2월 13일자에 대서특필되면서부터라고 생각된다. 〈중러전선에 출전한 조선인 육군대좌 김정묵, 중국육군계에서 대활약 중, 현직은 동삼성군법처장(肖)〉에,

> 봉천에서 동삼성군법처장으로 오래전부터 조선사람 김정묵씨가 있었는데, 금번 중러전선 출전 중이다가 지난달 27일 봉천에 돌아왔다. 기자는 지난 3일에 그를 찾았더니, 그는 중국 平服을 입고 풍체좋은 얼굴에 화기가 만만하여 마져준다. 초면 인사말을 한 후, 씨는 씨의 아우 金成默씨를 면회시켜 준다. 이곳은 사택은 아니었으나 아우까지 만나게 함은 가족적이었다.

라고 하여, 그가 오래전부터 봉천에서 동삼성군법처장으로 활동하고 있음을 보여주고 있다. 손자 김광조의 증언에 따르면, 1924년 중국동북육군 제19여단 군법처장으로 재입대한 것으로 이야기하고 있다. 계급은 상교上校였다고 한다. 그러고 보면 신문기사처럼 1924년부터 1930년 근무하고 있었으므로 오래전부터라는 표현은 적절한 것으로 보인다.

김정묵이 중국동삼성 군법처장으로 재임하던 1929년, 중국은 중동철도문제를 중심으로 러시아와 갈등관계에 있었다. 중동철도中東鐵道는 중국 만주지방에 있는 철도로 길이 2,430km이며 원래 러시아가 부설한 것이었으나 만

주사변 후 일본에게 양도했으며, 제2차 세계대전 후에는 소련이 중국에 무상으로 양도하였다.일본의 만주 점령 당시는 동청철도東淸鐵道 ·동지철도東支鐵道라고 하였다.

중동철도사건은 1929년 7월 10일, 봉천군벌의 수장 장학량이 소련 소유의 철도인 중동로를 전격적으로 회수한 것이다. 이로 인하여 소련과 봉천군벌 사이의 봉소전쟁이 발발하였다. 1929년 7월 20일에 시작된 소련과 봉천군벌 사이 무력충돌로, 9월 19일 바실리 블류헤르 장군이 이끄는 소련군이 전격적으로 만주를 침공했다. 7월 10일의 중동로 사건에 대한 보복이었으며 봉천군벌은 12월 5일 우수리스크 의정서와 12월 22일 하바롭스크 의정서를 체결하면서 사실상 소련에 백기투항하였다.[10]

조선인의 안위가 걱정되었던 동아일보 기자가 봉소전쟁에 참여했던 김정묵을 방문하여 전쟁에 대한 인터뷰를 가졌던 것이다. 이에 대해 김정묵은,

> 씨로부터 몇가지 고국소식을 물음이 있음에 대답하고, 뒤를 이어 금번 출전감상을 물으니, 씨는 중국식으로 천천히 말을 내여서, "감상이라고 별로 말할 것이 없습니다. 거저 밥벌이로 이렇게 있으니 출전하였을 뿐입니다. 다만 감상이라고 말하자면 조선사람들의 일이올시다."

라고 하고, 조선사람의 학살 소문에 대하여 다음과 같이 언급하고 있다.

> 이번 중러관계로 하여서 조선사람이 중러국경에서 많이 학살되었다고 선전되었으나 물론 전쟁판이니까 조선사람뿐 아니라 중국사람이나 외국사람도 살상된 사람이 없지는 않을 것이지만, 내가 아는 범위와 또 내가 있는 군대에서는 조선사람을 학살한 일은 없습니다.
>
> 내가 근거하여 있기는 依蘭地方인데 한번 봉천 본부로부터 조선사람을 주의하라고

10 송한용, 「장학량과 중동로사건」, 『중국사연구』 10, 중국사학회. 2000, 149-180쪽.

명령이 왔다고 여단간부가 모이어 회의하는데, 나도 한사람으로 참석하여 본즉, 그 명령은 백파노인이 중국군사당국에 보고하되, 국경방면에 있는 조선사람은 모두 러시아 정탐이오, 또 러시아 군대에는 태방 조선사람이니, 주의하라고 한 것에 의하여 한 명령이었습니다. 나는 여기에 대하여 나의 직무가 직무인지라 만치 절대로 그렇지 않은 것을 말하였습니다.

현하 중국에 입적한 사람은 중국군인이오, 로군에 입적한 사람은 로군군인이니, 두 나라 군대에 조선사람이 군인으로 있는 것은 면치 못할 사실이나, 조선사람이 정탐이라고 함은 거짓말이라고 주장하였습니다.

그러나 중국 하급군인들은 공연히 조선사람에게 의심을 가진 사람도 있었겠지만, 대체로 양해되고 있었습니다. 그리고 신문상으로 많이 전하는 구축문제도 전혀 무관한 일은 아니겠지오만 그것은 어느 소지역에 조금 있는 일이겠지, 그다지 떠들만한 일은 못되겠습니다. 만주에 백만이나 사는 조선사람들을 어찌 구축하겠습니까. 다른 사람의 선전으로 중국사람이 감정을 갖게 되는 일도 없지 않으니 조선사람 자신이 좀 자중하여야지요. 그리고 오지에 있는 조선농민이 중국지주에게 학대받는 일은 참담한 일이 있슴은 나도 몇가지 아는 바 있습니다. 이것은 중국언론기관에서 위정당국에 경고하여서 악지주를 제지하여야 하겠지요. 내가 책임지고 하는 말은 아니올시다만은 조선사람을 잘 아는 만치 조선---하면서 가슴속에 뭉쳐있는 말을 유순한 목소리로 더듬없이 성의있게 들리어 준다.

이번 중국측 손해는 얼마나 되는 가요.

손해는 자세하게 알 수는 없습니다만 민간과 관변을 합하면, 한 오천만원 되겠지요. 남경정부에서는 莫德惠씨가 예비교섭을 잘 못하였다고 대단히 분개한 모양이더니, 요사이는 그 교섭을 승인하였으니, 그것이 어찌된 일인가요 하고 물을 즉, 그것은 물론 그리 될 것이 올시다. 국민당정부에서는 분개도 하겠지요만, 알고 보면 아니 그럴 수도 없는 일이올시다고 말을 마치고, 후기를 약속한 후 헤어졌다.(초)

라고 하여 조선인에 대한 학살문제, 조선인에 대한 비호 등에 대하여 자신의 감상과 역할을보여주고 있다.

3) 김정묵의 만주지역 첩보활동 지도와 황귀호

김정묵은 1920-30년대 만주, 중국본토 등에서 활동하면서 다양한 독립운동을 전개하였다. 그 가운데 자신과 인연이 있는 인물들의 독립운동도 지도하였던 것이다. 황귀호의 경우는 그 한 사례가 아닌가 추정된다.

황귀호(黃南勛, 1907~1988)의 고향은 경남 창녕군 남지南旨이다. 1914년 만주로 이주하였으나 조실부모하여 고아로서 길림성 영길현 신안촌新安村 이규동李圭東을 만나 길흥吉興학교 1회 졸업하였고, 당시 이규동 교장의 신임을 받았다고 한다. 그 후 중국학교를 거쳐 중국동북군벌정권의 강무당(사관학교)을 졸업하고, 보병중위로 있다가, 만주사변 후 만주국이 성립되자, 만주국 고급 경찰에 채용되었다. 한국인으로서 일본 장춘 영사관 경찰로 유명한 김태덕金太德의 추천과 관동군출신으로 한국인으로 대단한 세력가인 윤상필尹相弼의 추천이 있었다고 한다. 그 후 장백현 경찰국장(계급은 警正. 만주국 시절 한국인으로는 최고 지위)으로 근무하였으며, 장백, 안동, 북경 등지에서 도일하였다. 1945년 해방 후 미군정하에서 일시 성북경찰서장을 역임하였다.

황귀호의 증언에 따르면, 이규동 교장의 독립정신을 길흥학교에서 배웠으며, 그 후 이규동의 소개로 상해 임정 김구의 비밀공작원으로 동삼성의 실정을 임정에 보고하는 비밀 임무를 지고, 만주국 고급경찰로 근무하였다고 한다.[11]

황귀호의 증언에 의하면, 비록 자신은 괴뢰 만주국의 고위 경찰 간부로 있었지만 비밀리에 독립운동가들을 지원했었다고 한다. 특히 그는 김구와 특별한 관계를 맺고 독립운동가들이 만주지역에서 활동을 계속할 수 있도록 갖은 편의를 봐 주었으며, 이규동과는 특별히 사제지간이라는 관계에 있었으므로 그가 일본경찰에 체포되었을 때, 만주로 돌아올 수 있도록 여러 가지 도움을 주었다고 하였다.[12]

11 1979년 6월 7일 박영석과 가진 면담 재인용

12 황귀호와 박영석과의대담 : 1979년 12월 10일 재인용. 황귀호는 훗날 이 같은 공적을 인정받아 독립유공자로 포상을 받았다.이규동의 歸滿을 적극 주선했었다는 점은 그와 이규동과의 특

황귀호는 자신의 기록에서 다음과 같이 언급하고 있다. 즉,

> 1. 본인은 13세 때 즉, 1918년 3월경 부모님을 따라 만주 봉천성 무순현 東社村에 이주. 1919년 3·1 만세 때 이곳 盛東학교에서도 태극기를 만들고 만세를 부르다가 일군의 습격으로 학교문을 닫고 그 해 5월 초에 교장 柳時彦(경북 하회인, 호는 河崗)선생님을 따라 북경에 와서 香山慈幼院 중국학교에 다니다가 나와서 만수산 集義소학교(교장 金正默, 교관 유시언·崔用德·鄭寅敎)를 졸업하고 다시 봉천에 나와서 1922년 8월에 무순현립중학교에 입학하여 1925년 7월에 졸업한 후 다시 북경으로 돌아와 김정묵(일명 國賓, 호는 해산)선생님의 지도를 받아 1925년 7월 동북육군강무당에 입학하여 봉천성 彰武縣 哈爾套街분교에서 졸업.

라고 있듯이, 1919년 북경에서 김정묵이 교장인 집의소학교를 졸업하였다. 그리고 "1925년 7월에 졸업한 후 다시 북경으로 돌아와 김정묵(일명 國賓, 호는 해산)선생님의 지도를 받아 1925년 7월 동북육군강무당에 입학하여 봉천성 창무현 합이투가 분교에서 졸업"이라고 하여 동북육군강무당에 입학하였음을 밝히고 있다.

황귀호가 다닌 향산자유원香山慈幼院은 북경에서 유명한 고아원이었다. 설립자인 웅희령熊希齡(1870~1937)은 호남湖南 봉황고성鳳凰古城 사람으로 자는 병삼秉三이고, 호는 명지각주인明志閣主人, 쌍청거사雙清居士이다. 청말민초清末民初 시대에 정치가이자 교육가, 자선가이다. 천부적으로 총명하고 지혜로워 일찍이 '호남신동湖南神童'으로 일컬어진다. 1894년에 진사進士 급제하여 한림원서길사翰林院庶吉士로 낙점되었다. 1913년에 민국民國 제1대 총리에 선출됐다. 원세개가 다시 봉건 황제제도로 회귀하는 것에 반대하고 사직했다. 그 후에 자선과 교육사업에 매진하여 1920년에 향산자유원을 창설했다.[13]

별한 관계로 보아 있을 법한 일이나, 나머지 행적에 관해서는 앞으로 다른 자료들의 발굴을 통하여 심층적으로 검토할 필요가 있을 것 같다.

13 [네이버 지식백과] 웅희령 [熊希齡, xióng xī líng] (중국역대인물 초상화, 한국인문고전연구

황귀호가 집의학교에 다닐 때 교사는 유시언(柳時彦, 1895-1945, 이명 柳海東, 金世鎭)이었다. 그는 경상북도 안동 풍천豊川 하회동河回洞 709번지 출생으로, 1919년 보성普成전문학교를 졸업한 후, 3·1 독립운동이 일어나자 고향에서 시위를 주도하고, 동지를 규합하여 독립운동을 계획하다가 상해로 망명하였다. 이곳에서 임시정부의 비밀명령을 받고, 같은 해에 국내에 돌아 와 유성우柳性佑와 함께 경북지방에서 군자금 모집 활동을 벌였다. 그러나 이러한 사실이 일경에 탐지되어 유성우는 체포되어 옥사하였으며, 그는 1921년 11월 29일 대구지방법원의 궐석판결에서 징역 10년형을 언도받았다. 그러나 일경의 감시를 피해서 의주와 만주를 거쳐 북경으로 피신한 그는 이곳에서 김정묵·최용덕崔用德 등과 함께 집의학교集義學校를 설립하여 후진양성에 전념하였다.[14]

유시언에 대하여는 비秘관기고수關機高收 제13344호의 4(1924년 6월 26일) 재류금지 처분에 관한 건에,

> **본적 : 조선 경상북도 안동군 풍남면 하면동 16번지**
>
> **당시 주소부정**
>
> **柳時彦,당 30 세.블라디보스토크 고려공산당 선전원**
>
> 본인은 향리에서 東華學校를 졸업하고 19세부터 23세까지 조선경성부 普成法律學校를 수업하였는데 원래 신사상주의에 농후한 그는 조선에 머물기를 원치 않는 뜻을 가지고, 1919년 5월 奉天으로 옮기고 다시 撫順縣에 가서 東社 盛東學校에서 조선인 자제들을 가르치고, 1920년 10월 북경에 이전하여 같은 지역의 萬山에서 集義學校 교사로서 약 1년간 있었으나 주의연구를 위해서는 심히 迂遠함을 깨닫고, 1921년 4월 사직하고 吉林省에 옮겨 왔으나

라고 하여, 그가 무순현 동사 성동학교, 북경 집의학교에서 교사로서 활동하

소)

14 독립유공자공훈록 유시언 참조

였음을 짐작해 볼수 있다.

황귀호는 그가 작성한 글에서 김정묵이 근무했던 동북육군 제19여단 사령부 군법처에 1927년에 근무했었음을 다음과 같이 기록하고 있다. 이때 북경에 이어 김정묵과 다시 재회한 것으로 보인다.

> 2. 1927년 강무당을 졸업하고 동시에 육군 소위로 임관되어 동북육군 제19여여단 사령부 군법처에서 복무하다가, 1928년 8월 육군중위로 승진되어 通遼 치치하얼·흑하·수분하 등지로 전전하다가, 1930년 9월 초 봉천성 盤山縣·營口·溝封子 등지에 이주 주둔 중 1931년 9월 18일 유조구사건으로 만주사변이 일어나자 동북 전체 군인이 관내로 퇴각하게 되니 정국은 극도로 혼란하고 군대는 保定, 石家莊까지 밀려 우왕자왕 할 때.

다음으로 황귀호는 1931년 만주사변 후 동년 12월 중순경 북경 서성에서 김정묵을 만나 비밀첩보활동을 전개하게 된다. 그중 특별히 주목되는 것은 김정묵이 체포되었을 때 그를 석방시켜준 일이다.

> (나) 1938년 4월 중순경 북경에 계시던 김정묵선생께서 뜻밖에도 일본 경찰에 체포되어 함경북도(羅南) 경찰부에 이송되어 三輪이라는 고등과장에게 고문 취조를 당하고 계신다는 급보를 선생의 장남 敎一 군으로부터 받고 약 3개월 동안 공작과 교섭을 거듭하여 온 결과, 이에 성공하여 본인이 선생의 신병을 보증인수하여 북경 자택까지 모셔다 드렸으며.

김정묵의 지시로 황귀호의 활동 내용은 황귀호의 다음과 같은 기록을 통해 짐작해 볼 수 있다. 1932년부터 해방이 될 때까지의 기록이며, 이와 관련하여서는 비교해 볼 수 있는 기록들이 제한되어 있어 앞으로 보다 신중한 검토들이 요청되는 부분이다. 1931년 만주사변 이후 김구와의 만남, 만주에서의 활동 등 다양한 중요한 내용들이 있다. 좀 길긴하나 차후 후학들의 연구를 위하여 일단 수록하고자 한다.

3. 1931년 12월 중순 경 북경 서성에 계시는 김정묵 선생님을 배방하였던 바. 시국을 매우 걱정하시면서, "황군은 군인 생활을 그만두고 만주의 지리도 잘 알고 중국어도 능통하니 장차 만주에 나가서 일을 하는 것이 어떠하냐"고 물으시기에 하명하시는 대로 이행하겠다는 대답을 드린 바. 익년 즉, 1932년 2월 초순 김정묵 선생의 연락을 받아 수명의 선생들이 모인 석상에서 김정묵 선생님의 소개로 金少校님(載浩)[15]을 대면하고 3일 후 김소교님을 따라 상해로 가서 백범 선생님을 뵙고 오라는 김정묵 선생의 하명을 받아 같은 해 2월 6일 주시는 친서와 여비를 받고 김소교님을 수행하여 북경을 출발.
4. 다음 날 상해에 도착하여 김소교님이 가시는 대로 따라가 백범 선생님을 뵙고 김정묵 선생님의 친서를 전달하였던 바. 두 분의 군인을 만나보니 마음 든든하고, 만주에 나가서 군인직을 유지하면서 앞으로 우리의 할 일을 잘하라는 훈시를 하시면서 상세한 것은 북경 해산 동지의 지시를 받으며 연락은 북경까지 곤란할 때는 산해관으로 하라는 지시를 받고 상해에서 일박한 후.
5. 그 다음날 상해를 떠나 남경에 올라와서 모처에 계시는 김원봉 선생을 김소교님의 소개로 배면 인사드리고 동시에 김소교님의 즉석 추천으로 의열단에 입단할 것을 권유받아 간단한 약식으로 선서 입단하고 의열단의 취지, 단체 규칙, 암호 등은 김소교 동지에게 잘 들어 지식을 얻도록 하고, 그 후 모든 지시 등에도 김동지를 통하여 잘 받으라는 말씀과 왜놈들이 만주에서 변을 일으킨 것은 장차 중국 전체를 삼키려는 야심에서 온 것이니 만약 중국이 망한다면 우리의 광복 활동의 근거지가 없어지는 것으로, 만주의 흥망이 곧 우리의 독립과 직결되는 것이니 두 분은 모름지기 대의를 위하여 만주에 나가서 군인의 현직을 고수하면서 능동적인 투쟁에 과감하라는 격려와 훈화를 가슴깊이 간직하고 절치부심하면서 2월 10일 북경을 출발하여.
6. 2월 10일 남경으로부터 북경에 돌아와서 상해에 갔던 경과지사를 김정묵 선생님께 일일이 보고드리고 수일 후 만주 내의 일본의 병력배치 및 이동 상황과 일본의 對滿정책, 만주요인들의 동정, 재만 동포들의 동태 등을 세밀히 내부 조사하여 보고하되, 거리상 북경까지 곤란할 경우에는 산해관 역전 日昇棧 金光玉씨에게로 하라는 등 만주파견의 임무를 김정묵 선생으로부터 지시를 받는 한편, 의열단의 義자

15 김재호(1903-1990)는 평남 평양출생이다. 3 · 1운동 참여, 중국본토와 만주에서 항일운동을 전개한 것으로 언급되고 있다(김승학, 『한국독립사』하, 1966, 339쪽)

破자로 義자 위의 글자인 ○자 羊体印刻·羊尾鳳蕩·左手榁手·눈·모다뜨기·닭다리·八眞味 등등의 암호며 본인의 암호(ㅗ)를 정하는 등 김소교님의 교육을 받고 대기 태세를 취하고 있던 바.

7. 1932년 4월 6일 김정묵 선생으로부터 본명 귀호를 [金山]으로 변명한 것과 200원의 여비를 받아 의복, 신발 등을 준비한 후 4월 10일 북경발 기차편으로 만주에 향하였던 바. 산해관은 무사히 통과하였으나 大凌河 철교에서 일본 군인의 조사가 심하다는 말을 듣고 錦縣에서 하차하여 대릉하 旬子에서 본선을 이용하여 彼岸까지 착륙할 순간 倭憲兵에 체포되어 봉천성 내 헌병대 본부에 끌려가 藍衣社 便衣隊로 몰려 무수한 고문을 당하고도 끝내 실토를 하지 않고 봉천시내 羅景錫·李憲 두 분의 후의로 신병이 보증 인수되어 약 2개월 만에 석방에 이르자.

8. 이상 두 분의 인연을 기회로 취직 알선을 간청하였던 바. 같은 해 6월 초에 소위 만주국 민정부 警務司에 傭員으로 취직되어 본인이 원했던 군계는 아니지만 위선 일보의 통로를 얻는데 성공. 민정부에서 충실히 근무하면서 전기 수명 사항을 산해관까지 밀행하여 제반 종합적 자료를 김광옥씨에게 수교하고.

9. 같은 해 10월 중순경 朝陽鎭 역전 廣濟의원 원장 金載浩선생으로부터 병원개업식에 초대한다는 빙자로 초대장을 받고 광제병원 밀회에 참석한 바, 각 처에서 참집한 동지 10여명이 본부서 하달된 여러 가지 지명을 김원장으로부터 전달받고 그 이후 연락에 있어서 산해관은 중지하고 김원장에게로 할 것을 약속함과 동시에 반만항일 지하단체인 구국회에 대한 처리문제를 품의한 바. 한국독립군이나 반만항일 구국회원이나 동일시, 동일 전우로 처우하여 보호구제에 최선을 다하라는 김원장의 지시를 받고 병원에서 일박 후 다음날 신경으로 귀환하여 계속 활동 중.

10. 1935년 소위 속관으로 승진되어 신설 安東省 公署 警務廳으로 전근되어 약 1년 동안 재직하면서

(가) 반만항일단체인 구국회(한중애국인사들로 조직된 지하단체)회원 수백명이 일군토벌대에 의하여 安奉線 鳳凰城·本溪湖 등지에서 체포되어 마구 처형을 당하던 1935년 5월 하순경 본계호 東方 城廠이란 산골짜기에서 모조리 총살에 처할 현장에서 이들을 엄밀히 조사하여 특수 공작에 이용하겠다고 빙자하고, 본인이 인수할 것을 일본군 대장에게 건의 교섭한 결과, 의외로 이것이 적중되어(당시 본인은 안동성 경무청 특수공작반 소속) 2백여명의 구국회원을 인수하여 정밀 조사를 빙자하고 조사기일을 천연시켜 서서히 석방할 기회를 얻어 전원의 생명을 구출하였으며.

(나) 이와 같이 소위 만주국관리로 있으면서도 항상 왜관헌의 주목을 받아 소위 일본

의 2.26사건으로 1936년 2월 28일 안동현 일본헌병대에 검속되어 약 1개월 동안 옥고를 겪다가 3월 말에 석방되었으며(당시 故 片德烈 동지 역시 옥중 同苦)

(다) 1936년 7월 중순경 제반 자료를 종합 보고하기 위하여 산해관에 갔을 때 독립투사 李圭東(호는 貫一)선생을 길림까지 안전하게 인도하라는 서면 지시를 받고 같은 해 7월 하순경 북경까지 출장하여 이규동 선생을 모시고 안동까지 안착시켜 본인의 집에서 약 1개월간 유숙하신 후 길림까지 무사히 안내하였으며.[16]

11. 1937년 6월 초 안동성으로부터 통화성 경무청으로 전근되어 근무하면서 표면으로는 체육회라 칭하고 이면으로는 동지들을 규합하기 위하여 통화유지를 망라한 단체를 조직하여 반만항일정신을 고취시키면서.

(가) 通化省 관하 각 지방에 피검되어 있는 구국회원 130여명을 특수공작에 이용한다는 빙자로 각 현 경무국으로부터 신병을 인수하여 정밀 조사를 운운하면서 시일을 천연시켜 李澤禧·金東成·黃載昊·咸然浩 외 130여 명의 애국인사들을 석방하는데 성공하였으며.

(나) 1936년 12월 중순경 통화성 무송현 공서경무국에 체포되어 이미 사형이 결정되어 처형장으로 끌려 나가는 일보 직전에서 독립군 鄭龍虎(장백현 사람)·白基鉄 외 21명을 역시 특수공작에 이용한다는 명분과 구실을 내세워 상부의 연락과 같은 방법으로 교섭한 결과, 이를 인수하는데 성공하여 23명의 생명을 극적으로 구출하여 이들을 성공서로 인솔하여 와서 귀향증을 발급하여 각기 귀가 조치를 취하였고(당시 이 사건에 적극 협력 하신 분 무송현 참사관 池金龍씨)

12. 통화성에서 재직할 때부터는 산해관 보고보다도 당면적인 본인 직접행동이 더욱 시급함을 절감하면서도 명령을 받는 사항은 이전과 같이 충실히 수행하면서 1937년 12월 초 통화성에서 장백현 공서에로 전근되어 근무하면서

(가) 縣警務局長이란 직위를 기화로 전자 함경북도지방 및 장백현을 중심으로 일어났던 보천보사건(애국자 朴達동지를 위시한 수 백명의 학살사건)에 관계되어 장백현 관하의 각 서(6개 서)에 구속되어 옥고를 겪고 있는 애국투사 150여 명을 본인의 직권을 善用하여 단계적으로 석방 조치를 취하는 한편 전기 구국회에 관련된 사건 조사는 일체 중지시켜 애국자 검속에 종지령을 내렸으며 (이로 인하여 大山이란 次席의 밀고로 省本部에 호출되어 조사 받은 일이 있음) 이로부터는 거리관례와 시간

16 이규동과 관련된 부분은 박영석의 다음 논문이 참조된다. 박영석, 「일제하 재만한인유이민 신촌락형성–울진 경주이씨 일가의 이주사례–」, 『한민족독립운동사연구–만주지역을 중심으로』, 일조각, 1982.

관계로 월정보고를 실행하지 못하고 정해지지 않은 기간적으로 보고하여 오던 바.

(나) 1938년 4월 중순경 북경에 계시던 김정묵선생께서 뜻밖에도 일본 경찰에 체포되어 함경북도(羅南) 경찰부에 이송되어 三輪이라는 고등과장에게 고문 취조를 당하고 계신다는 급보를 선생의 장남 교일군으로부터 받고 약 3개월 동안 공작과 교섭을 거듭하여 온 결과, 이에 성공하여 본인이 선생의 신병을 보증인수하여 북경 자택까지 모셔다 드렸으며.

13. 그 다음해 1939년 5월 초순경 뜻밖에 김정묵선생께서 북경서 장백현까지 오신 바. 내용인 즉 [현직포기 원대복귀] 라는 쪽지의 지령을 남기시고 삼일후 장백현을 떠났으며 본인은 이 지령을 받고 對岸惠山鎭道立병원의 [肺浸潤]이란 폐병 진단서를 첨부하여 병가를 제출하고 (당시 제출자는 본인의 비서 金德圭경위. 현재 경주시 노서동 94-5주거) 전지 요양을 빙자하고 장백현을 떠나 三防 약수포·서울성모병원·五龍背 온천 등지를 전전하다가 같은 해 5월 하순경 북경에 복귀함으로써 만주에 파견된 임무가 해지되고 변명 [김산]에서 본명 귀호로 환원되었음.

14. 북경에 복귀한 후 과반 만주공작상황을 김정묵·김재호 두 선생에게 보고를 드리고 복귀사유에 대한 설명도 상문하였으며 시국이 날로 긴박하니 이후 공작은 不必也求하고 북경에서 할 일이 많다고 하시면서 북경 주재의 지시를 받고 西城 新街口孟家大院에 본거지를 두고 적의 기관의 정보 수집과 동지 규합에 활동하면서 북경에 집결된 애국청년 李敏浩·金峯年·朴熙圭·黃世淳·朴鳳弼 30여 명에 대하여 신변보호, 거주주선, 행로안내, 여비조달, 식량피복보급 등에 활동하는 한편 일본경찰에 체포령이 내린 金始顯·朴時穆 두 선생을 河北省 란현城 내 春鳴인쇄소 주인 金琪斗씨(현 서울 거주) 집에까지 안내하여 약 2개월 동안 피신시키는 등 갖은 고난을 겪으면서 활동하여 오던 중.

15. 호사다마로 이 사실이 북경 일본경찰에 탄로되어 1943년 8월 16일 왜경에 체포되어 무수한 고문을 당한 나머지 오른쪽 발목에 골절상을 입어 행보 불능으로 동지들 등에 업혀 다니면서 혹독한 고문을 당하고 무기한 옥고를 치르다가 8.15 해방을 맞아 출옥되었으나 이 사건으로 말미암아 동지 수명이 옥사되었음은 실로 통탄을 금치 못할 뿐임.

2. 김정묵 집안의 민족운동

김정묵은 1888년[17] 12월 9일(음)에 아버지 김수동金洙東과 어머니 조남운趙南運의 삼형제 중 장남으로 태어났다. 둘째는 김사묵, 셋째는 김성묵이다. 김정묵은 벽진碧珍 이씨 우숙遇淑(1886-1961)과 결혼했다. 이우숙 아버지는 파리장서사건에 관여한 이덕후李德厚이다.[18] 1909년 11월 11일에 장남 교일, 1912년 2월 18일에 차남 교삼, 1907년에 장녀 교증敎曾[19]을, 1917년에 차녀 교순을[20] 선산군 고아면高牙面 원호동元湖洞 21번지에서 낳았다. 1920년을 전후해 삼남 대륙太陸[21]을 중국 여인과의 사이에 얻었다.[22]

1) 김정묵 형제들의 항일운동

(1) 김사묵金思默

김사묵은 1892년[23] 즈음에 차남으로 경상북도 선산군善山郡 구미면龜尾面 원당동元塘洞에서 출생하였다.[24] 1922년 12월 10일 경상북도 대구부 계림여관鷄林旅館에서 서로군정서와 연결된 조선독립후원의용단' 사건에 연루되어

17 국가보훈처의 공적조서에는 1888년으로 기록되어 있다. 제적부에는 1894년으로 되어 있다.

18 이덕후는 성주지역 국채보상운동에도 참여하였으며, 1908년 5월 이승희가 블라디보스토크로 망명하자 함께 배종하였다. 1911년 그의 삼남 李愚弼과 함께 이승희를 따라 밀산에 들어갔다가 돌아오기도 하였다. 이우필은 1911년 노령으로 망명하여 1917년 러시아혁명시 백위파와 국권회복을 도모하던 중 실종되었다.(안동대학교 안동문화연구소, 『경북독립운동사Ⅳ』, 경상북도, 2013, 87-90쪽)

19 김교증은 해방 후 대구에서 사망하였다(김교일의 아들 김광조 증언)

20 김교순은 일제시대에는 흑룡강성 눌하학교에서 교사로 일하였으며, 해방 후 구미초등학교 교사로 일하다가 월북하였다. 남편과는 일찍 사별하였다고 한다(김교일의 아들 김광조의 증언)

21 『北支地方に於ける要視察(容疑者を含む)朝鮮人の概況』 1940.2, 24쪽. 또 다른 자료에는 1917년생으로 楊振崑으로 부르며 의열단군관학교 모집연락원인 김정묵의 庶子라 했다. 實家를 알 수 없으며 어머니 성을 따랐다고 한다. 군관학교 1기생이다. 「義烈團經營の南京軍官學校の全貌」 『思想彙報』 4, 1935.9, 115쪽

22 김사묵 등 김정묵의 형제들에 대한 내용은 장신의 다음 논문에 크게 도움을 받았다. 장신, 「선산김씨 3형제의 독립운동」, 미발표논문.

23 1922년 경상북도경찰부에 체포되었을 때 30세였다.

24 慶尙北道警察部, 『高等警察要史』 1934, 210쪽.

경상북도경찰부 고등경찰과에 체포되었다. 같은 해 12월 18일 관련자가 검찰에 송치될 때 풀려났다.[25] 1926년 8월 16일에 사망했다.[26]

김사묵이 관여한 조선독립후원의용단은 칠곡군 인동면 출신인 장탁원이 활동한 독립운동단체로 3·1운동 이후인 1920년 9월에 경상북도 김천에서 비밀리에 조직되어 1922년에 일제 당국으로부터 탄압을 받을 때까지 활동한 단체이다. 조선독립후원의용단의 주요 인물은 김찬규金燦奎, 신태식申泰植, 이응수李應洙, 장세명張世明 등 대부분 경상도 출신이었다. 조선독립후원의용단의 목적은 독립운동 자금과 독립운동 활동가를 모집하여 서로군정서를 지원하는 것이었다. 김찬규는 조선민족대동단의 단원으로 활동한 인물이었고, 1920년에 중국 길림성에서 안동 출신의 김응섭金應燮을 만나 독립운동을 계속하기로 하고 국내로 들어와서 1920년 9월에 경북 김천에서 신태식, 이응수 등과 만나 조선독립후원의용단을 결성하였다. 1920년 12월 무렵 김찬규는 김천에서 이응수에게 김동진金東鎭으로부터 전달받은 서로군정서 발행의 군자금 모집 임명장, 서로군정서 군무총장 노백린 발행의 사형선고서, 상해 임시정부 명의의 독립선언에 관한 경고문 등을 넘겨주었다. 이후 대구에서 이태기와 양한위, 예천에서 김병동, 경남 창녕에서 김돈희, 거창에서 정내우 등을 설득하여 단원으로 가입시켜 조직을 강화하였다. 당시의 조직 구성을 보면, 경북 단장에 신태식, 총무국장 이응수, 군무총장 장세명, 군량총장 이명균, 재무총장 김병동, 군무국장 김병포, 재무국장 서상업·손성운, 경주지국장 허달, 경남 단장 김찬규, 총무국장 김홍기, 재무국장 김돈희 등이다.

조선독립후원의용단은 경상북도 각 지역의 부호들로부터 군자금을 확보하

25 이에 대해 『매일신보』와 『동아일보』의 보도가 다르다. 『매일신보』는 12명, 『동아일보』는 23명이 송치된 것으로 보도했다.

26 사망일 추정은 제적부에 나오는 처 노주수와 혼인관계가 해소되는 날에 따랐다. 아버지 김수동의 사망신고일과 계모 오정렬(吳貞烈)의 혼인해소일이 같은 데서 착안했다.

기 위한 활동을 벌였다. 1922년 1월부터 11월 사이에 경북 경산의 안병길安炳吉, 청송의 조규한趙奎漢·황보훈黃普薰·조병식趙炳植, 안동의 이중황李中晃·최명길崔命吉·권병규權炳奎, 영일의 이경연李慶淵·이원기李源璣, 영천의 권중황權重晃, 군위의 홍해근洪海根, 홍정수洪貞修, 영덕의 권모 외 1명, 경남 창녕의 신정식辛延植 등에게 자금 지원을 촉구하는 서신과 불응할 때 처단한다는 '사형선언서'를 발송하는 등의 활동을 벌였다. 1922년 11월 28일에 대구에서 이태기, 김사묵 등 4명이 체포됨으로써 이 단체의 실체가 밝혀졌다. 당시 1922년 12월 18일과 28일에 검거된 인원은 총 42명으로 경상북도 출신자는 30명이며 그 중 칠곡군 인동면 신동 출신의 장탁원도 포함되어 있었다.

(2) 김성묵金成默

김성묵은 1902년 4월 7일에 3남으로 경상북도 선산군 구미면 원평동元坪洞 391번지에서 출생하였다. 제적부의 이름은 원묵愿默이다. 1919년 10월 17일에[27] 연안延安 이씨 이용술李龍述(1901년생)과 결혼했다. 1924년 11월 21일[28] 만주 봉천시奉天市 대화구大和區 유정柳町 10번지에서 장녀 교옥敎玉을[29], 1933년 2월 22일 하얼빈에서 장남 교웅敎雄을 낳았다.[30]

1919년(또는 1920년)에 만주 봉천으로 건너가 형 정묵과 함께 독립운동에 나섰다. 1923년(또는 1924년)에 아내를 봉천에서 다시 만나 가정을 꾸리고 1928년 무렵에 하얼빈으로 이주했다. 독립군자금 모집 사건으로 일본 영사관경찰

---

27 이용술은 「칠십노회가」에서 '병진년(1916년) 스무 하루'로 술회했다. 아마도 이 기억이 맞을 것이다.

28 제적부엔 1924년 12월 27일으로 되어 있다.

29 김교옥의 남편은 서종문이다. 그리고 김교옥의 아들이 서일교수다. 그는 연세대학교 의과대학 학장을 역임하였다.

30 제적부에 따름. 김교웅은 해방 후 선산에서 초등학교를 졸업한 후 중학교에 낙방하자 작은 아버지가 있는 북한으로 공부하게 위해 갔다고 전해진다. 당시 어머니 이용술은 만주에 있던 상황이라 결국 생이별을 하게 되었다(김광조와의 면담에서 청취, 2018년 7월 13일)

에 체포된 적도 있으며, 여성독립운동가 남자현과 교유했다. 『동아일보』 1930년 2월 13일 7면의 다음의 기사를 보면, 봉천에 형 정묵과 함께 있음을 짐작해 볼 수 있다.

中露戰線에 出戰한 朝鮮人 陸軍大佐 / 중국 육군계에 대활약중
【현직은 東三省 軍法處長】
봉천(奉天)에 있는 동삼성(東三省) 군법처장(軍法處長)으로 오래전부터 조선사람 김정묵(金正默)씨가 있었는데 금번 중로전선(中露戰線) 출전(出戰) 중이다가 지난 달 27일 봉천에 돌아왔다. 기자는 지난 3일에 그를 찾았더니 그는 중국 평복(中國平服)을 입고 풍채 좋은 얼굴에 화기가 만만하여 맞어준다. 초면 인사말을 한 후 씨는 씨의 아우 김성묵(金成默)씨를 면회시켜준다. 이곳은 사택(私宅)이 아니었으나 아우까지 만나게 함은 가족적이었다.

『조선일보』 1930년 7월 8일 6면에 다음과 같은 기록이 있어 1930년 김성묵이 봉천에서 거주하였음을 짐작해 볼 수 있다.

奉天留學生 爲하야 義誠學院 設立
주장은 어학을 가르킨다
有志 金成默氏 發起

국내로부터 봉천에 유학 오는 학생은 어학준비에 있어 막대한 고통을 느끼는바 봉천 유지 김성묵씨 외 다수 인사의 발기로 의성학원을 설립케 되어 일반 유학생에게 막대한 편의가 된다 하며 학원의 내용은 아래와 같다더라

일. 명칭　　義城學院
일. 위치　　遼寧省城
일. 목적　　중국 중등이상 각학교에 입학할 자격을 양성함
일. 과목　　漢語 漢文 英語
일. 입학금　2元　　월사금 1원
일. 기숙비　9원

1936년 1월 29일 만주국 하얼빈에서 사망하여[31] 남강외인묘지에 묻혔다.

김성묵의 부인 이용술의[32] 〈칠십노회가〉에는[33] 김성묵의 망명을 다음과 같이 서술하고 있다.

> 십팔 세 청년으로 다사(多事) 분주하는 일 무슨 소관인지 일시도 한가한 때 없이 분망하더니, 어느 날 하는 말이 친가 다녀오라 하며 같이 가서 즉시 떠나며 대구로 간다더니 수일 후에 편지가 오길 만주봉천 도착했다 하며 속히 돌아갈 것이니 안심하고 몸 편히 잘 있으라 하였으니 속절없는 이별이라.

아울러 남편을 찾아 만주로 찾아가 만난 순간이 이야기를 다음과 같이 기록하고 있다.

> 출가외인 되온 몸이 군자를 못 섬기고 허송세월 원통하여 백년 주인 만나려고 가기

---

31 「칠십노회가」에 따랐다. 제적부의 사망기록은 1934년 7월 8일 오전 3시 만주국 봉천시 대화구 류정에서 사망한 것으로 되어 있다.

32 김성묵의 부인 李龍述 연보
1901년 10월 15일 아버지 연안 이씨 현항(鉉沆)과 어머니 이정숙(李貞淑)의 장녀로 경상북도 김천군(金泉郡) 구성면(龜成面) 미평리(米坪里) 55번지에서 태어남
1916년 김성묵과 혼인
1919년 경 남편 김성묵 만주 봉천으로 떠남. 그 전에 친정에 가서 머묾
1923년 4월 중순. 친정 오빠와 함께 봉천에서 김성묵을 만나 함께 삼.
1923~4년 경 독립군자금 사건으로 일본 영사관 경찰에 피검. 5~6개월 고초.
1924년 11월. 장녀 교옥을 봉천에서 낳음
1927~8년 경 봉천에서 하얼빈으로 이주
1933년 장남 교웅 태어남
1936년 남편 김성묵 사망. 하얼빈 남강 외인 묘지에 매장.
1938년 경 이름을 알 수 없는 아들 사망(모두 4남 2녀 낳음). 이후 하얼빈을 떠남
1943년 장녀 교옥. 달성 서씨 鍾文(大竹鍾文)과 결혼
1946년 4월 10일. 14세이던 교웅이 종형(김교삼으로 추정)을 따라 북한으로 감.
1950년 경 한국전쟁 발발 후 교웅이 인민군으로 말을 타고 경북 의성에 나타나 서종문의 동생을 만남. 이용술은 국군의 방어선 안에 있는 대구에 있었거나 또는 피난을 간 상태로 교웅을 만나지 못함. 나중에 이야기 들음.
1990년 사망. 교웅에게 줄 용돈을 맏외손녀 서성희에게 맡김.

33 이원승, 「칩십로회가 주해-어느 독립운동가 집안 한 아내의 한 많은 일생」, 『도남학보』 25, 2015.

를 결심하고 아버님전 여쭈오니 완고하신 애정에 "여자 행지(行地) 수만리 타국 호지(胡地)를 어찌 행하리." 하시며 만류하시나 만단사정(萬端事情) 수일 만에 남매 가기 작정하여 마중오라 편지하고 계해년(1923) 사월 중순에 녹음방초 성화(盛華)시라. 산천초목 물들어서 청청(靑靑)한 우리 강산 잊지 못할 산천이며, 연고(年高)하신 조상부모 유정다정 혈육친지 애연(哀然)이 떨칠 적에 생이사별(生離死別)이라. 누수(淚水)로 작별하고 선풍도골(仙風道骨) 우리 오빠 남매 동행 여한 없이 기차에 몸을 실어 평양 가서 유숙하고 떠나 한 깊은 압록강을 순식간에 넘어 안동현 도착하니 그곳이 중국 땅이라. 독립사상인도 왕래하여 마중와서 만나오니 한없이 반가우나 조사가 심하여서 중국인 차림으로 서있더라.

끝으로 항일운동과 고문, 순국을 다음과 같이 간략히 서술하고 있다.

아연(啞然)[34]작별 가득한 심회 무언무소 감수하고 화락동심 수월 간에 뜻밖에도 악독한 일본 영사관에 검거되어 형제이력 총출하여 김해산, 김해남 수령으로 독립운동 군자금 전달이며, 수많은 부하지도 중형 죄목 모진 형벌 초사 겪고 오륙삭(五六朔)만에 출옥은 하였으나 팔척장체(八尺長體) 허(虛)한 기질에 피골이 상접하여 한약 신약을 복용하나 회복하지 못하고 이십삼사 청춘 시절 조석 한 때 감식(甘食)을 모르고 골수에 병으로 십여 년간 남북만주 모진 삭풍 자유없이 가는 곳마다 동지 손님 떠날 날이 없사오니 생활은 불신(不信)이고 남녀 생산 4남 2녀 하였으나 삭풍설한(朔風雪寒) 불길한데 적빈소처(赤貧所處)[35] 잘못하여 없애온 듯 원통하고 아까우나 할 수 없이 낱낱 희망 기대하는 중 만주사변(1931) 일어나니, 대국천지 복색 다른 일본인이 남북만주 점령하니 대천지에 원수인데 피할 곳 전혀 없어 구사도명(九死禱命)[36] 근근유지하는 중에

우연첨상(偶然添床)[37] 감기라 하고 누운 병석 삼사월 고통하나 삼십사 춘광(春光)[38]이라 차차 회복 기대하여 답답하다 하며 안 죽는다 맹세하고 조급하다 책망하더니 백년언약을 믿었더니 천도(天道)가 무심하고 조물이 시기함인지 운명이 그 뿐인가

34 놀라는 모양
35 몹시 가난한 상황
36 구사일생(九死一生)의 뜻
37 우연히 자리에 더해짐
38 젊음에 비유

> 병자년(1936) 정월 이십구일 영락(零落) 풍전낙화(風前落花) 눈 못 감고 유명을 달리하였으니 함언무지(含言無知) 모르오니 애정하던 이 식구 뉘를 믿고 산단말고, 애고답답 하늘이 무너진 슬픔과 설음 원통한 심장이 막혀 호흡이 불통이라. 그 때 같이 따라 죽으며 영광 길을 가고 싶지만 그 것 역시 허사로다.

2) 김정묵의 아들들

(1) 김교일

1909년 11월 11일에[39] 아버지 김정묵과 어머니 이우숙李愚淑사이의 장남으로 태어났다. 본적은 경상북도 선산군 구미면 원평동 391번지다. 1935년 8월 5일에 1911년생인 함경도 출신 밀양 박씨 윤주允周(1961년 사망)와 혼인했다. 1936년 4월 8일에 장녀 윤자允子를, 1938년 6월 16일에 차녀 주자珠子를,[40] 1940년 1월 16일에 장남 광조光祖를 하얼빈에서 낳았다.[41]또 1943년 2월 15일에 삼녀 영자英子를, 1946년에는 차남 갑조甲祚를 각각 대구부 남성정南城町 122번지에서 낳았다. 김교일은 아버지 김정묵을 따라 중국으로 건너가 의열단 관계 군관학교에 입학했다는 기록이 있다.[42]

김성묵의 처 이용술의 〈칠십노회가〉에 보면, 1930년대 치치하얼 너머시에 거주한 것으로 보인다.

> 현순백결(懸鶉[illegible]結)[43] 세 식구가 갈 길이 묘연(杳然)하여 교일을[44] 찾아 행하오니 수 [illegible]성 너허[45]를 향해 차를 타고 시베리아 벌판 오륙십도 심한 추위 어느

---

39 1909년 6월 12일이라는 기록도 있다. 「義烈團經營の南京軍官學校の全貌」『思想彙報』 4, 1935.9, 124쪽

40 경상북도 대구부 新町 302번지에서 낳았다는 설도 있다.

41 김광조는 하얼빈에서 출생한지 6일만에 국내로 들어왔다고 한다(김광조 증언, 2018년 7월 14일 필자와의 면담)

42 「義烈團經營の南京軍官學校の全貌」『思想彙報』 4, 1935.9, 124쪽.

43 옷이 헤어져서 백군데나 기웠다는 뜻으로, 남루한 옷차림

44 큰 댁 아들인 김교일

45 지명

지경인지 얼어 못 간다 하여 일야를 요동(搖動) 안하여 기한이 극심하여 허허벌판 무인가에 중국사람 빵 사러 가는데 따라나선 옥아(십사세 어린 것이)의 행방이 여덟 시간 지났으나 돌아오지 않으니 무슨 타액(他厄) 또 남아서 억수간장 타는 중 엄마! 하고 돌아오니 반갑기 한이 없어 너허 큰집 찾아가니 어른 아해 대식구에 난처 빛이 완연하니 그도 역시 못하겠고 월여(月餘) 지체후 봉천으로 오려하나 하처(何處)에 지인이 없이 가련행색 비참하다. 옛적시절 감루지회(感淚之悔) 억제하기 극난하나 도리없어 서울댁을 찾아가니 인후하신 성덕으로 친숙(親叔)같이 우대하오시니 고맙고도 황송한 마음 잊을 길이 없더라.

해방 전에는 1930년 심양에서 농업에 종사하였으며,[46] 해방직 후 고향으로 귀국하였다고 전한다.[47]

(2) 김교삼

일명 김민산金民山, 양민산楊民山이다. 일본측 정보기록인 『소화사상통제사자료』에서는 김교삼에 대하여 다음과 같이 기록하고 있다.

나이: 26세(1939년 현재)
출신지: 慶尙北道 善山郡 高牙面 元湖洞 21
현주소:北京 西城永王府後門內 23호(현주)
현직업:무직
학력: 北京소재 支那측이 경영하는 사립중학교를 졸업, 支那군관학교
경력 및 활동: 1935년 3월경 당시 中南支那의 민족혁명당 金元鳳의 內命을 받아 군관학생 모집을 위해 北京에 밀파된 金學武의 권유로 무단가출하여 남경으로 가서, 김원봉의 소개로 남경소재 支那군관학교 제1기생으로서 통학. 民革黨 가입. 남경함락에 따라 黨首 金元鳳과 함께 漢口를 거쳐 長沙방면으로 이동.
사회관계: 金正默, 金學武, 金元鳳

김교삼은 1912년 2월 18일에 아버지 김정묵과 어머니 이우숙의 차남으로

46 김광조 소장 사진 참조.
47 김교일의 장남 김광조와의 면담에서 청취(2018년 7월 13일)

태어났다.[48] 본적은 경상북도 선산군 구미면 원평동 391번지이며, 출신지는 선산군 고아면 원호동 21번지다. 중국 북경에서 중국인이 운영하는 사립중학교를 졸업했다. 조카인 김광조에 의하면, 연안파로서 형제들간에 제일 총명하였다고 한다.[49]

그 후 1935년 3월 의열단이 운영하는 남경군관학교(조선혁명간부학교)에 제1기생으로 입학하고, 김원봉 계열의 조선민족혁명당에 가입활동했다는 기록이 있다.[50] 특히 그는 윤세주, 김세광, 이춘암 등과 같이 김원봉사람들로 불리워지는 인물이었다.[51]

1939년에는 조선민족혁명당원, 1941년에는 조선의용대에서 활동한 것으로 보인다. 여기에 등장하는 양민산이 김교삼이다. 『한민족독립운동사자료집』 46권, 중국지역독립운동 재판기록 4〉민족혁명당원 이초생사건국한문李初生事件國漢文〉 경찰신문조서〉 증인 이상규李尙奎 신문조서(제二회)에,

> 문: 宜昌에서 체재 중 일어난 사건의 상황을 진술하라.
> 답: 宜昌에 체재 중 金元鳳으로부터의 명령(통신)에 의하여 조선민족혁명당원 金斗鳳(당 五三세 金元鳳의 종형), 申岳 (당 五○세 가량), 楊民山(당 二八세가량)의 3인이 漢口에서 金元鳳의 지배하에 공작을 하기 위하여 漢口로 돌아간 것 이외에는 별다른 일은 없었다.

라고 하여, 1941년에는 조선의용대에서 활동하였다.[52] 〈『한국독립운동사자료』

48 김교삼의 어린 시절 사진이 있다(김광조 소장)
49 김광조와의 면담에서 청취(2018년 7월 13일)
50 『北支地方に於ける要視察(容疑者を含む)朝鮮人の概況』 1940.2. 반면에 조선혁명간부학교 재학생이나 졸업생의 활동에서 동생인 김대륙의 이름을 볼 수 있지만 김교일과 김교삼은 확인되지 않는다. 김영범, 『한국근대민족운동과 의열단』 창작과비평사, 1997, 309~314쪽, 331~339쪽.
51 염인호, 『조선의용군의 독립운동』, 나남출판, 2001, 99쪽.
52 『한국독립운동사 자료 26』 임정편 23〉 독립 및 교포 관련 公私書函 목록 〉 1941(臨政 23/民國 30)〉 金學奎 · 王俊誠이 朱家驊에게

26권 임정편 Ⅺ, 독립 및 교포 관련 공사서한公私書函 목록, 1941(임정臨政 23/민국民國 30)〉 김학규金學奎·왕쥔청王俊誠이 주자화朱家驊에게,

> 그들의 제1과 제2의 두 개 支隊는 漢口에 있을 때부터 그런 마음을 품고 있었다. 최근 3년 동안 그들이 왜 洛陽과 老河口에 먼저 가서 주둔하고 있었는가도 바로 여기에 있다. 그들은 끊임없이 延安과 왕래하고 있으며, 1939년 延安의 抗日大學에 가서 교육받은 자의 수는 수 10명에 달한다. 그들은 벌써부터 그 쪽으로 가고 싶었으나 黃河를 건너가야 할 조건이 마땅치 않아 특히 洛陽에 있는 中國當局의 때때로의 감시와 渡河證을 발급해 주지 않았기 때문에 그들의 소원은 실현되지 못했던 것이어서 항상 고민속에서 나날을 보냈었다, 금년 3월 상순 그 義勇隊의 제3支隊를 重慶으로부터 洛陽으로 이동시킨 후 그 隊의 隊長 金若山과 朴孝三(이 두 사람은 中央軍官學校 제4기 졸업생이라 中國 친구가 많음)등은 重慶과 洛陽에서 渡河證 운동을 한 결과 금년 3월중에 제3支隊의 渡河證을 洛陽에서 받고 石正·朴孝三·楊民山·全世日·李春南(註 : 李春岩의 誤일 것임)등이 영도하여 제3支隊의 전원을 인솔, 渡河하여 林縣의 中國 제40軍團이 駐防하고 있는 범위로 들어 갔다(그곳에서 中共區域과는 50華里임). 그러나 그 후 한달도 못되는 사이 그들은 40軍團의 駐屯範圍를 이탈하고 中共區域으로 넘어갔다. 이렇게 된 다음 洛陽과 老河口에 있던 제1과 제2 두개 支隊는 政治部의 명령도 없이 金學武·王子仁·胡哲明 등이 인솔하여 6월 下旬에 黃河를 몰래 넘어 中共 품안으로 바로 갔다.

라고 있다. 한편 조선의용군 화북지대에서도 활동하였으며,[53] 김두봉의 비서로 연안에서 활동하기도 하였다.[54]

해방 후에는 아들 둘과 함께 북한으로 가[55] 북한에서 활동한 내용들이 보인다. 이름은 김민산·양민산 등으로 나타나고 있다. 1946년 2월에는 평양에서 개최된 독립동맹 전체대회에 참여하였다. 아울러 이 대회에서 독립동맹이 조선신민당으로 개편되자 김두봉, 최창익, 백남운 등 17명 중앙집행위원 가운데

---

53 염인호, 위의 책, 117쪽. 122쪽.

54 위의 책, 154쪽.

55 김광조와의 면담에서 청취.

1인으로 양민산이란 이름으로 임명되기도 하였다.[56] 또한 조선일보, 경향신문 1948년 4월 25일자에 보면,

> 남북연석회의 3일째
> 4월 23일 평양방송은 남북회담 제3일의 광경을 다음과 같이 보도하였다.
>
> 남북정당사회단체대표자연석회의 제3일은 22일 상오 10시 20분부터 牡丹峰극장에서 근로인민당 부위원장 白南雲의 사회로 진행되었다. 청년대표의 축하가 있은 다음 제2일에 이어 토론으로 들어갔다. 근로인민당 宋강 인민공화당대표 윤성산 북조선문학예술총연맹 洪淳哲 전평 許成澤이 토론에 참가하였다. 상오 12시 20분 휴게 동 45분에 재개하였다. 이때 한독당 金九·趙素昻·趙琬九 민주독립당 洪命憙가 참석하게 되어 회의는 이 4씨를 주석권으로 보선하였다. 하오 회의에는 金九·趙素昻·洪命憙 3씨의 축사가 있었으며 이어 민중동맹 黃郁 재일조선인연맹 이봉민 북로당 金民山 등 제씨의 토론이 있었다.

라고 하여, 북로당 김민산을 언급하고 있다. 순간 旬刊 『북조선통신』 1948년 8월 하순호, 〈북한지역 조선최고인민회의 제1기 대의원 선거〉에서도 대의원 명부에 김민산의 이름이 보이고 있다. 아울러 전쟁 중인 1952년 8월 9일 〈『자료대한민국사』 제26권, 1952년, 林炳稷〉, 토론토에서 개최된 제18차 국제적십자회의에서 한국전쟁과 관련하여 논의된 상황 등을 이승만에게 보고함에도[57]

> 전쟁포로와 세균전 문제
> 토론토의 회의에 참석한 북한 공산주의자들은 김석복(Kim Sek Bok), 김민산(Kim Min San), 김배준(Kim Pai Joon)이었다. 김민산은 그 팀의 대변인이다. 이들의 사진을 이 보고서 말미에 첨부하였다.
> 김민산은 총회에서 한국말로 연설하였다. 그의 연설은 힘차고 훌륭했다. 그의 연설 주제는 유엔군의 세균전 전개와 전쟁포로 학대인데, 소련 및 중국 공산세력의 연설

56 염인호, 위의 책, 231쪽. RG242. 조선신민당(전 조선독립동맹, 선언 강령 규약) 1953.
57 이승만관계서한자료집 4(1952) : 『대한민국사자료집』 31권, 284~291쪽.

> 과 거의 동일한 내용이었다. 김민산의 연설은 중국 여성에 의해 영어로 통역되었다. 그러나 그녀의 통역에는 김민산이 말하지도 않은 내용이 많았다. 회의 의장인 프랑스 대사 앙드레 프랑수아-뽕세(Andre Francois-Poncet)이 이 점을 강하게 지적했다.

라고 있듯이, 김민산의 연설을 언급하고 있다.

아울러 1953년 간행된 『근로자』에도 「조국 전선을 강화함에 있어서 우리 당의 지도적 역할」을 김민산이 발표하고 있다.

(3) 김대륙

김대륙은 김정묵의 3남으로 중국 부인과의 사이에 난 자식이다.[58] 아버지인 김정묵과 오랜 시간을 보낸 아들이며, 조선말은 못하고 중국어만 가능하였다고 한다.[59] 이명은 양진곤楊振崑이다.[60] 일본사상통제사 자료에는 김대륙에 대하여 다음과 같이 기록하고 있다.

> 나이: 19세(1939년 현재)
> 출신지:慶尙北道 善山郡 高牙面 元湖洞 21(본적)
> 현 주소:北京 西城永王府後門內 23호
> 가족관계: 부, 金正默
> 가족관계 기타:둘째 형, 金敎三
> 현 직업:학생
> 학력: 1936년 7월 중국 측이 경영하는 盛新중학교에 입학했으나, 다음해인 1937년 3월 진급시험에 낙제했음. 北京소재 사립 鏡湖중학교로 전학하여 현재 통학 중.
> 경력 및 활동:낙제한 뒤 春期휴학을 이용하여 河南省 開封에 거주하는 전 동창생 孫一의 집을 찾아휴양하기 위해, 實父가 보관중인 현금 25원을 갖고 무단가출하여 河南省 開封로 갔으나, 1937년 7월 중순경 돌아왔다.(둘째형인 敎三이 있는 곳으

58 중국 어머니와 10대에 찍은 사진이 있다(김광조 소장)
59 김광조와의 면담에서 청취
60 『사상정세시찰보고집』 제2권, 255, 377쪽.

로 가던 도중에 돌아온 것 으로 추측된다)
사회관계: 둘째 형 金教三과 내통의 혐의가 있다.

위의 내용을 통해 볼 때, 김대륙은 김정묵의 아들로서 1939년 당시 19세이다. 다른 기록에 따르면, 만주에서 출생하였다고 한다.[61] 1936년 7월 중국 측이 경영하는 성신盛新중학교에 입학했으나, 다음 해인 1937년 3월 진급시험에 낙제하였다. 그 후 북경소재 사립 경호鏡湖중학교로 전학하였다. 낙제한 뒤 춘기春期휴학을 이용하여 하남성河南省 개봉開封에 거주하는 전 동창생 손일孫一의 집을 찾아 휴양하기 위해, 실부實父가 보관중인 현금 25원을 갖고 무단가출하여 하남성 개봉으로 갔으나, 1937년 7월 중순경 돌아왔다. 둘째형인 교삼이 있는 곳으로 가던 도중에 돌아온 것으로 추측된다.

한편 김대륙은 1932년 10월 조선혁명군 정치군사간부학교를 제1기로 입학하여 1933년 9월 졸업하였다. 중국어에 정통하고 김원봉의 신임이 두터워, 1934년에는 남의사藍衣社 간부 양성소에서 제2기 졸업생 실영주實永周와 함께 훈련을 받고, 1936년 3월 남의사 고등양성소에서 훈련을 받았다[62] 그 후 그는 일경에 체포되어 순국하였는데, 집안에서는 그가 조선말을 못하여 일경에게 맞아 죽었다고 한다. 결혼은 하지 않았다고 한다.[63]

맺음말

학계에서는 우당 이회영 가문, 석주 이상룡 가문, 허위 가문 등 수많은 항일운동 명문가문들에 대하여 연구하여 왔다. 이들 집안과 가문들의 역할이 우

61 『사상정제시찰보고집』 제2권 22, 428쪽
62 『사상정세시찰보고집』 제2권 22, 428쪽.
63 김광조와의 면담에서 청취. 김대륙에 대하여는 자료들이 제한되어 있다. 앞으로 보다 많은 자료수집과 신중한 검토가 필요할 것으로 보인다.

리 민족의 광복과 해방에 큰 기여를 하여 왔음은 주지의 사실이다. 그러나 그 동안 그에 필적하는 다양한 문중들이 항일투쟁에 참여하였음에도 불구하고 학계의 무관심과 자료 부족 등으로 인하여 많은 가문들과 항일투사들이 잊혀져 온 것 또한 사실이다. 잊혀져 온 가문 중의 한 가문이 바로 선산 김씨 김정묵집안이다. 최근 김정묵 집안에 대한 연구가 단행본으로 간행되었다.[64] 그동안 김정묵과 그의 형제들, 자녀들의 민족운동은 세상에 알려지지 않았다. 그러나 지금까지 검토해 온 바와 같이, 김정묵 가문의 여러 독립운동가들은 국내와 만주, 중국본토에서 독립운동을 치열하게 전개하여 왔다. 특히 의열단 등 다양한 독립운동단체에서 활동하였다. 특별히 주목되는 것은 김정묵이 만주와 중국본토에서 중국군 출신으로서 독립운동의 현장에서 독립군으로서 뿐만 아니라, 독립군의 후원세력으로서 큰 후원을 하였다는 점이다. 아울러 김정묵의 동생 김사묵은 국내의 조선독립후원의용단에서, 김성묵은 만주벌판에서 항일운동을 전개하였다. 또한 김정묵의 아들 3형제인 김교일, 김교삼, 김대륙 등은 의열단에서 활동하였다. 특히 김교삼은 조선의용대, 조선의용군으로서 항일투쟁을 전개하였던 것이다. 김정묵가의 이러한 항일투쟁은 경북지역 가문의 항일투쟁의 대표적인 사례로서 역사적으로 큰 의미가 있다고 할 수 있을 것이다.

그러나 김정묵의 만주지역 활동과 그의 집안의 민족운동에 대한 부분은 아직도 자료부족으로 충분히 검토되었다고 보기 어려울 것 같다. 김정묵의 망명과정, 만주지역에서의 활동 및 황귀호와의 관계, 김정묵의 동생들인 김사묵, 김성묵의 독립운동, 김정묵의 아들 김대륙에 대한 보다 정확한 규명 그리고 월북한 김교삼의 북한에서의 활동 등도 앞으로의 과제가 아닌가 한다.

---

64 권대웅 등, 『해산 김정묵과 가문의 독립운동』, 선인, 2020.

2. 김교준 : 의학교 1회 졸업생

머리말

김교준

김교준(金教準, 1884-1965)은 서울 출생으로 본관은 경주慶州. 자는 계평季平, 호는 내원萊園이다. 대종교계에서는 김준金準으로 쓴다. 공조판서와 홍문관·예문관 대제학을 지낸 김창희金昌熙의 넷째 아들이며, 어머니는 직각直閣을 지낸 이명기李命棋의 딸이다. 1902년 대한의학교를 제1기로 졸업하고 육군부위로 임관되었으며, 1903년에 대한의학교의 교관이 되었다. 그 뒤 1910년 경술국치를 당할 때까지 군의무 계통에 종사하였다.

경술국치 후 대종교를 신봉하여 1911년 지교知教로 특별임명되어 황해도 배천지사白川支司 전사典事로 3년간 시무하였고, 1914년에는 상교尙教가 되었다. 특히, 1917년 총본사가 동만주 화룡현 삼도구東滿洲 和龍縣 三道溝로 이전하자 만형인 제2대 교주 김교헌金教獻 : 茂園宗師을 따라서 만주로 건너가 선교에 힘쓰는 한편, 현지의 거류동포를 위한 의료사업에도 진력하였다. 김교헌이 만주에서 사망 후 귀국하여서도 계속 대종교 활동을 전개하였으며, 1938년에는정교正教로 승진됨과 동시에 대형大兄의 호를 받았다.

1946년 1월 서울에서 남도본사南道本司를 재건하여 전리典理가 되었고, 총본사가 만주로부터 환국하자 초대 전리가 되었으며, 도사교위리(都司教委理 : 교주권한대행)가 되었다. 그 뒤 원로원장을 거쳐 1958년 사교司教로 올라감과 동시에 도형道兄의 호를 받았다. 1962년 4월 교의회에서 제5대 총전교(總典教 : 교주)로 공선되어 2년간 시무하였다.

김교준은 앞서 언급한 바와 같이, 대한의학교 1회 졸업생으로 대종교계열의 인물이다. 특히 그는 대종교 2대 종사 김교헌의 동생으로서 항일운동에 참여한 것으로 알려져 주목된다. 그러나 지금까지 김교준의 독립운동에 대하여는 거의 알려진 바가 없다.[65] 이에 산견된 자료를 중심으로 김교준의 생애와 그의 대종교 항일운동에 주목하고자 한다.

1. 관립의학교 졸업과 군의관 활동

1) 관립의학교 1회 졸업

김교준은 조선의 대표적인 명문 집안 출신이었다. 그는 "난 지금 太古寺가 있는 곳에서 낳섰지, 선친은 고종황제 때 공조판서까지 지냈는데, 내가 아홉 살 때 세상을 떠나셨오"[66]라고 있는 데서도 짐작해 볼 수 있다. 김교준은 의학교에 입학하기 전까지는 관례대로 한문 공부를 하였다. 김교준은 "입학당시에는 20명이 입학하였으나 중도에 2명이 중퇴하고 18명만 졸업했다"고 회고하고 있다.[67]

김교준이 관립의학교 제1회 졸업생이란 사실은우리의 눈길을 끈다. 『대한제국관헌이력서』〈김교준〉에 따르면,

65 선구적인 업적으로는 다음을 들 수 있다.
『대한의학협회지』 제5권 제10호, 1962년 10월, 한국의학의 선구자들을 찾아서(3)
황상익, 『근대 의료의 풍경』, 푸른역사, 2013.

66 『대한의학협회지』 제5권 제10호, 1962년 10월, 한국의학의 선구자들을 찾아서(3)

67 『대한의학협회지』 제5권 제10호, 1962년 10월, 한국의학의 선구자들을 찾아서(3)

1899년 10월 2일 入學醫學校
1902년 7월 5일 卒業醫學校

라고 하여, 1899년 의학교에 입학하여, 1902년졸업하였음을 알 수 있다. 그가 졸업한 관립의학교는 어떤 학교일까?

1894년 정부에서는 갑오개혁을 단행하면서 학무아문學務衙門에서 교육개혁을 추진하게 하였는데 이때부터 근대사회에 적응할 수 있는 신교육이 모색되었다. 1895년 2월에는 교육조서를 반포하여 "학교를 널리 세우고 인재를 양성하며 신민의 학식으로써 국가중흥의 대공大功을 질성質成케 하련다"고 신교육을 실시할 것을 선포하였던 것이다. 이에 따라 1895년 4월 한성사범학교가 설립되고 뒤이어 외국어학교와 소학교의 관제가 제정되었다. 그러나 근대의학교의 설립시도는 이보다 앞서 이루어졌다. 1899년 3월 의학교관제를 제정 반포하면서 부터였기 때문이다.

의학교의 관제에서는 수업 연한을 3년으로 하고 경비는 국고에서 지원키로 하였으며, 지석영池錫永이 교장으로 임명되어 학교 설립 준비를 담당하였다. 지석영은 관훈동 소재寬勳洞所在 김굉집金宏集의 옛집(현재 종로경찰서)을 교사校舍로 사용하였으며, 이어 4월 20일에 실습병원인 내부직할內部直轄 관립병원을 설치하고, 7월 5일에는 의학교 규칙을 반포하여 의학교 설립을 위한 모든 준비가 완료되었다. 이 규칙에 따르면 수업연한을 3년으로 하는 속성과速成科로 운영하기 위하여 간이적요簡易摘要한 내용을 교수토록 하고, 학생의 입학자격은 20세~30세의 신체가 강건하고 총명한 자로서 입학 전형토록 하였다.

이러한 규칙에 따라 관립의학교에서는 8월에 신입생을 선발하여 3년간의 교육과정을 이수하도록 하였다. 당시 교과목은 물리학, 화학, 해부학, 생리학, 외과학, 병리학, 약물학, 안과학, 내과학, 진단학, 내과, 외과 및 임상 강의학 등이 있었다. 수업은 하루 7~8시간이며, 실습이 있었다고 한다. 당시 교사로는 일본인 小竹武次와 일본 자혜의원 출신의 조선인 김익남金益南 등이 있었다.[68] 1902년 7월 5일 제 1회 졸업생들을 배출하였는데, 그 명단은 김교준 등 19명이었다.[69]

김교준의 회고에 의하면, "양의가 되려는 의도부터 천하게 여긴 시대였으므로 의학교에 입학하게 되자 동네 사람들의 빈축을 받은 일도 있었다"고 한다.[70] 그러한 시대에 더욱이 명문 집안의 김교준이 신식 의사가 되기 위해 의학교에 입학한 것은 매우 파격적인 일이었을 것이다. 의학교에서 최연소 학생으로 3년을 공부한 김교준은 1902년 7월 5일 우등(5등)으로 졸업했다. 김교준의 졸업증서 제5호에는 의학교 교사 고다케小竹武次郎, 교관 김익남, 교장 지석영의 이름이 적혀 있다.[71]

2) 졸업 후 군의관으로 활동

1902년 졸업 후 1907년까지 김교준의 경력 및 활동에 대하여 『대한제국관헌이력서』에서는 다음과 같이 기술되어 있다.

1902년 7월15일 任學部醫學校敎官 敍判任六等
1903년 2월21일 任學部醫學校敎官 名譽敎官으로敎授함
1903년 8월14일 褒奬 敎官으로敎授한學員의進級이三分의一이過한勤勞
1904년 2월17일 任殯殿都監監造官
1904년 4월15일 命京鄕各隊軍物及文簿調査委員
1904년 7월1일 褒奬 敎官으로敎授한學員의進級이分의一이過한勤勞

68 『대한의학협회지』 제5권 제10호, 1962년 10월, 한국의학의 선구자들을 찾아서(3)
69 김교준은 18명이라고 회고하였다(『대한의학협회지』 제5권 제10호, 1962년 10월, 한국의학의 선구자들을 찾아서(3)
70 『대한의학협회지』 제5권 제10호, 1962년.
71 말죽거리 땅부자 아들이 '천한' 직업을 선택한 까닭은? [근대 의료의 풍경 · 77] 김교준 · 황상익 서울대학교 교수, 2010.11.22

1902년 7월 5일 제1회 졸업자 19명이 확정되었지만, 그들은 바로 졸업식을 갖지 못하였다. 뒤늦게 완공된 부속병원에서 8월부터 다섯 달 가량 임상 실습 과정을 거친 뒤 1903년 1월 9일 오후 1시 각 부부대관府部大官들이 참석한 가운데 졸업예식을 가졌기 때문이다. 그리고 김교준은 한달 남짓 뒤인 2월 21일 의학교 교관으로 임명되어 1904년 9월 23일까지 1년 7개월 동안 근무했다. 김교준은 졸업 후에 성적 우수생으로 선발되어 의학교에서 물리학과 생리학을 4회 졸업생들에게 교수하였던 것이다.[72] 즉, 김교준은 군의관으로 활동하였다. 『대한제국관헌이력서』를 보면 다음과 같다.

1904년 9월23일 任陸軍二等軍醫
1904년 9월24일 補軍部醫務局第六課員
1904년 12월21일 一週日輕謹愼 部規違越事
1905년 3월10일 補軍部軍務局醫務課員補
1906년 6월12일 任陸軍一等軍醫
1906년 6월12일 補軍部軍務局醫務課員
1907년 3월4일 陞六品 濬慶基丁字閣碑閣修改時別單
1907년 8월26일 補軍部軍務局衛生課員

1904년 9월 23일, 김교준은 의학교 교관직을 그만두고 군대에 입대하여 육군 2등 군의(중위)에 임명되었다. 23세에는 정위로 승진하여 1등 군의관이 되었다. 27세에는 3등 군의장으로서 참령까지 승진했다. 그리고 1908년에는 군부본청, 군무국 위생과 1等軍醫6품으로 활동하였다. 그러나 1910년 일제에 의해 조선이 강점당하자 동료 군의관 37명과 함께 퇴역하였다.

72 『대한의학협회지』 제5권 제10호, 1962년 10월, 한국의학의 선구자들을 찾아서(3)

2. 대종교 독립운동

1) 황해도에서의 대종교 활동

『대종교중광육십년사』[73]에는 김교준에 대하여 김준이란 이름으로 다음과 기록이 있다.

-입교 1910 3월 15일
-지교는 1911년 1월 15일 초승(한 단계 건너뛰고 오름-필자 주)
-상교는 1914년 5월 13일 승질됨[74]

즉, 김교준은 1910년 3월 15일 대종교에 입교하여, 1911년 1월 15일에는 지교, 1914년 5월 13일에는 상교로 승진하였다. 1911년 자료인 대종교 『倧令』을 보면[75]김교준은 1911년 6월 19일 전사典事로 임명되어 황해도에서 3년간 시무하였다.

倧令 第七號, 1911.1.21.[76] 施教師(기독교의 선교사에 해당)에 선임
倧令 第五號, 1911.1.16. "白川郡 梨圃[77]에 施教堂을 設置홈", "參教 李承錫은 白川郡 梨圃 大倧教施教堂 典務로 選任ᄒᆞ고, 參教 鄭寅會ㅁ 白川郡 梨圃 大倧教施教堂 贊務로 選任홈"

위의 기록을 보면, 배천군 주사主事를 지낸 이승석李承錫이 시교당 전무에 선임되었고, 이포사립명신학교梨圃私立明新學校에서 3년간 교편을 잡았던 정인회(교명: 鄭寬)가 이승석의 보조로 서무에 해당하는 찬무를 맡았다. 이를 통해 보

73 『대종교중광육십년사』(대종교총본사, 1971), 827쪽.
74 대종교의 교력인 교질은 입교-참교-지교-상교-정교-사교 순으로 오른다.
75 『倧令』(고려대학교 도서관 소장)
76 1910년 음력 10월 18일에 조완구와 함께 시교사로 선정했다는 倧報 第8號(庚戌 冬期)의 앞선 기록이 있으나, 공식임명은 지교에 오르고, 이후 성직자에 임명되는 것이 맞음. 즉 1911년이 옳음.
77 1945년 경기 연백군 유곡면 이포리에서 1954년 이후 황해남도 배천군 방현리

면, 김교준은 전사로서 1910년대 전반기 황해도 배천군에서 이승석, 정인회 등과 활동하였음을 짐작해 볼 수 있다.

전사의 역할은『大倧教規制』중 지방시교당 관리 규제인『支司規制』제5조에 잘 나타나 있다.

第五條:典事室의 職務는 如左함
① 宗事에 關한 事
一: 施教設堂의 件, 一: 社會事業의 件
② 計事에 關한 事
一: 收支決算의 件, 一: 物品保關의 件
③ 規事에 關한 事
一: 儀式禮儀의 件, 一: 爭辯賞罰의 件
④ 學事에 關한 事
一: 教秩試選의 件, 一: 教育施展의 件
第六條: 典事는 室內職務를 管理하고 所管區內各施教堂 典務를 指揮 함

즉 전사는 지방시교당의 행정 책임자로서 시교당의 제반 사무를 대표하는 전무를 지도하는 역할을 했던 것이다. 1911년부터 이어진 정인회(정관, 2,4,8,10대 총전교)와의 인연은 의학도로서 공통점 뿐만 아니라 종교인으로서 광복 이후 두 사람 다 종교지도자(총전교, 김준은 5대 총전교)로서 오래 지속되기에 중요하다.

2) 만주와 국내에서의 활동

황해도에서 대종교 전사로 활동하던 김교준은 1917년 총본사가 길림성 화룡현 삼도구三道溝로 이전할 때 만형 김교헌茂園宗師과 함께 만주로 이주하였다. 아울러 그곳에서 형을 도와 포교와 독립운동에 힘쓰는 한편, 용정龍井에서 현지의 동포들을 대상으로 의료활동도 벌였다. 당시 용정에는 그곳 일본 총영

사관이 운영하는 간도자혜의원과 1916년 캐나다 장로회 총회가 선교활동의 일환으로 설립한 제창병원이 있는 정도였다.[78]

김교준은 용정에서 5년 동안 개업했다고 다음과 같이 술회하고 있다. 『대한의학협회지』(제5권 제10호, 1962년)에서.

> 그 후 나는 가족과 함께 간도로 건너가 용정에서 5년간 개업을 했었는데

라고 하고, 이어서 "처음에는 환자가 너무 찾아오지 않아 한방의학을 공부해서 한의로 전향한 일도 있었다"고 한다. 그리고 용정에서 개업한 지 1년쯤 되었을 때, 의학교의 스승 김익남이 그곳으로 찾아와 김교준의 면허장으로 둘이 함께 개업했다고도 했다. 김익남은 일제 당국으로부터 끝내 의술개업 인허장을 받지 못해 1919년 무렵 군대를 그만 둔 뒤에는 조선에서 의료 활동을 할 수 없어 제자이자 20년 지기인 김교준을 찾아 용정으로 간 것으로 생각된다.

그 뒤 김교준이 만주에서 조선으로 돌아온 정확한 시기와 연유는 알 수 없다. "용정에서의 개업을 편모 슬하의 사정으로 인하여 정리하고 귀국했다"라는[79] 김교준의 술회 등으로 보아, 맏형 김교헌이 사망한 1923년 11월에서 그리 멀지 않은 때였을 것으로 추정된다.

조선에 돌아온 김교준은 "내과 전문 만제의원萬濟醫院"을 개업했다.[80] 아울러 김교준은 남도본사에서 비밀결사를 조직하고 관리하는 중요한 직책을 수행하였던 것 같다. 이현익의 『대종교인과 독립운동연원』에는 김교준이 관리했던

78 문미라, 신영전, 용정의과대학의 설립과 운영-변경사로서 용정의과대학의 역사:단절과 연속의 관점에서」, 『의사학』 제26권 제2호, 2017, pp. 219-220

79 『대한의학협회지』 제5권 제10호, 1962년.

80 6.25전쟁 전까지는 별고 없었으나 대구에 피신하여 가재(家財)를 손해보고 환도 후에는 다시 한방으로 전향하여 오늘에 이르렀다고 회고하였다. 김교준은1938년 대종교에서 종단의 고위 지도자를 뜻하는 대형호(大兄號) 칭호를 받았다. 몸은 조선에 돌아왔지만, 만주에 있는 대종교 본부와 계속 교류하고 있었다는 뜻일 것이다.

30여 명의 비밀결사원 중 10여 명의 이름이 드러나 있다. 『대종교인과 독립운동연원』에,

> (126) 내원(萊園) 김준(金準) 선생은 한국무관학교(韓國武官學校) 출신(出身)이며 을사조약(乙巳條約) 이후(以後)에 나(羅) 홍암대종사(弘巖大宗師)의 지도(指導)로 국내(國內) 지사(志士) 삼십여명(三十餘名) 비밀결사(秘密結社)를 조직(組織)하고 해외독립운동(海外獨立運動) 선두(先頭)에서 주력(注力)하신 공로자(功勞者)이시다. 무원종사(茂園宗師)의 영제(令弟)임.

라고 하여, 국내에서 비밀결사를 조직하여 활동하고 있음을 밝히고 있다. 이어, 함께 활동한 동지들을 수록하고 있다.

1. 일해(一海) 이세정(李世楨)
2. 수당(水堂) 맹주천(孟柱天)
3. 일석(一石) 백남규(白南奎)
4. 보본(普本) 엄주천(嚴柱天)
5. 위당(爲堂) 정인보(鄭寅普)
6. 설도(雪島) 김서종(金書鍾)
7. 일광(一光) 명제세(明濟世)
8. 신명균(申明均) 선생
9. 백당(白堂) 신태윤(申泰允)
10. 내원(萊園) 김준(金準)
11. 오봉(吾峯) 이연건(李鍊乾)
12. 원대 이원태(李圓迨)

3. 대종교 2대 교주, 친형 김교헌

김교준의 생애에 큰 영향을 미친 사람은 만형 김교헌(金教獻, 1868~1923)이었다. 여섯 살의 어린 나이에 아버지를 여읜 김교준에게 열여섯 살 위인 김교헌

은 형이자 아버지였을 것이다. 김교준의 호가 내원萊園인 것도 김교헌의 호 무원茂園의 영향인 것으로 생각된다. 김교헌의 외할아버지는 외관직인 판관判官을 지낸 조희필趙熙弼이고, 김교준의 외할아버지는 규장각의 직각直閣을 지낸 이명기李命棋이다. 다시 말해 두 형제는 어머니가 달랐지만, 동복형제 이상으로 우애가 두터웠던 것 같다.

김교헌은 1868년 고종 5년 경기도 수원군 구포리鷗浦里에[81] 있는 외할아버지 조희필趙熙弼의 집에서 출생하였다.[82] 본관은 경주이며, 자는 백헌伯獻, 당명은 보화普和이며, 뒤에 이름을 헌獻이라고도 하였다. 그는 신분적인 면에서 양반 가운데서도 명문거족의 자제로서, 그리고 경제적인 면에서도 상당히 부유한 집안에서 출생하였다. 고위 관리를 지낸 그는 일제의 침략이 노골화되자 1910년 정월 대종교를 신봉하게 되었으며[83], 1916년 8월 15일 대종교 교주 나철의 유명에 의하여 1916년 9월 1일 대종교의 최고 책임자인 도사교에 취임하였다. 한편 그는 단군 및 조선의 역사에 깊은 관심을 가져 1910년대에 조선광문회에 참여하는 한편[84], 1914년에는 『신단실기神檀實記』,[85] 1923년에는 『신단민사神檀民史』를 저술하여 국학진흥에도 크게 기여하였다. 그러므로 1923년 12월 25

81 김교헌의 집은 서울 안국동에 있는 조계사 자리였다. 영조가 즉위 후 仁元왕후와 왕후의 부친인 경은부원군에 대한 보은의 표시로 당시 왕자궁으로 쓰였던 3백 40간에 이르는 큰 저택을 하사하였던 것이다. 김교헌은 그가 만주로 망명하기 전 이 집을 매각 처분하고, 동생들과 가솔들을 경기도 광주군 언주면 역삼2리(현 서울 강남구 역삼동)으로 이사시켰다고 한다(조항래, 「김교헌의 생애와 사상」, 『경기사학』8, 경기사학회, 2004, 396-398쪽)

82 김교헌의 원적은 경기도 광주군 彥州面 驛三里 55이다(독립유공자 평생이력서 참조 손자 김방경 작성)

83 김교헌은 합방찬성의 상소를 한 縉紳儒生 명단에 "소론 김교헌"이란 기록이 있다. 이 부분에 대하여는 객관적인 검토가 요망된다(『친일반민족행위관계사료집』 2권, 3. 합방청원운동) 다만 해방후 반민특위에서 조사를 받은 성원경은 구한말에 존경받는 인물들로서 나철, 김교헌, 양기탁, 양한묵 등을 들고 있다(반민특위조사기록 성원경).

84 오영섭, 「조선광문회연구」,『한국사학사학보』3, 2001

85 신단실기에 대하여는 다음의 논문이 참조된다. 조인성, 「한말 단군관계 사서에 대한 재검토: 〈〈신단실기〉〉, 〈〈단기고사〉〉, 〈〈환단고기〉〉울 중심으로, 『국사관논총』3, 국사편찬위원회, 1989;조인성, 「단군에 대한 여러 성격의 기록」, 『한국사시민강좌』27, 2000;박광용, 「대종교관련 문헌에 위작 많다 2:신단실기와 단기고사의 성격에 대한 재검토」, 『역사비평』16, 1992.

일 김교헌이 북만주 영고탑寧古塔에서 사망하자 상해임시정부 기관지 『독립신문』 1924년 1월 19일자에서는 〈무원 김교헌선생 장서茂園 金敎獻先生 長逝〉라는 제목 하에, 그의 죽음을 민족적 대비통이요, 국학상 더 없는 손실이라고 하여, 김교헌이 민족독립운동선상에서 그리고 국학에 있어서 차지하는 비중을 높이 평가하고 있다. 아울러 『동아일보』에서는 1924년 1월 24일자 제1면 제1단 기사에서 〈무원 김교헌선생〉의 업적을 크게 다음과 같이 보도하고 있다.

> 선생은 無言한 애국자였섯다. 그가 말이 없으나 조선과 조선인을 어떻게 깊히 사랑하였던 것은 그의 일생 생활이 증명한다.
> 선생은 可謂 文翰家의 裔로 한학에 자못 조예가 깊었음은 지인이 모두 敬仰하여 하는 바이어니와 그에게는 한학은 그리 중요한 것이 아니었고, 오직 그의 사랑하는 조선민족의 역사와 사상과 문학을 탐구하고 표창한만이 그에게 의미가 있었다.
> 조선의 역사에 관한 것이면, 천리를 멀다 아니하고 수집하였고, 조선인의 저작이라 하면, 片言隻句라도 등한히 아니하여 그 속에서 조선인의 생명과 정신을 찾으려 하였다. 그가 빈한하여 의식을 구하기에 분망한 동안에도 조선광문회의 조선고서간행에 수년간 편찬과 교정의 激務를 사양치 아니함도 실로 이 《無言의 民族愛》에서 나온 것이다.
> 대세가 變하고 민심이 날로 浮薄하여져서 祖宗의 정신을 잊으려함을 볼 때에, 그의 痛心함이 얼마나 하였스랴. 그는 조선을 가장 잘 연구한 학자요, 가장 잘 이해하고 사랑한 애국자이기 때문에, 《조선정신》의 美點도 가장 잘 捕捉하고 愛着하였다. 이것이 그로 하여금 조선정신의 시조인 단군에 대한 歸依讚仰의 종교적 열정으로 化한 것이다.
> 전교도의 崇仰을 받던 선생의 長逝에 대하여 대종교의 애도하여 말할 것도 없고, 진정한 애국자요, 다시 구하기 어려운 국학자를 잃은 것에 대하여는 전민족적 손실로 애도의 뜻을 표할 것이다. 진실로 선생은 애도할 만한 《참된 조선사람》이었다.

라고 하여, 김교헌의 죽음에 대하여 대종교의 애도하여 말할 것도 없고, 진정한 애국자요, 다시 구하기 어려운 국학자를 잃은 것에 대하여는 전 민족적 손실로 애도의 뜻을 표할 것이다. 진실로 선생은 애도할 만한 '참된 조선사람'이라고 표현했다. 전 민족적 손실이라고 표현하고, '참된 조선사람'이라고 높이 평가하고 있다.

또한 미주에서 발행되는 『신한민보』에서도 1924년 2월 7일자에서 《원동소식》 〈대종교 도사교 김교헌 선생 별세, 최고 기관의 중심인물 잃어, 영고탑에서 부음을 본국에 보내〉라는 기사를 통해 재미동포들에게 그의 죽음을 알리고 애도하였다.

한편 일본 측은 『만주지역 본방인 재류금지관계잡건滿洲地域本邦人在留禁止關係雜件』에서, 김교헌의 아들 김정기金正琪에 대하여 언급하면서,

> 교주(校主)김정기(金正琪)는 일찍이 ≪동아일보≫(경성 발행 유일의 배일신문)의 간도지국장이었으 나 사임하고 본교를 경영하고 있는 자로 그다지 대단한 인물은 아니지만 감정이 강하게 움직이면 과격한 언사를 농하는 성향이 있다고 함. 동인의 부친 김교헌(金敎獻)은 원래 대종교(大倧敎)의 주뇌자 (主腦者)로 격렬한 배일사상을 품고 여러 가지 불령한 계획을 실행한 적이 있으며 현재 영고탑(寧古塔) 부근에 잠복해 있다는 정보임.

라고 하여, 김교헌을 "대종교의 주뇌자로 격렬한 배일사상을 품고 여러 가지 불령한 계획을 실행한 적이" 있는 항일적인 인물로 평가하고 있다. 아울러 김교헌의 죽음에 대하여 1923년 12월 28일 하얼빈 총영사는 외무대신에게 다음과 같이 보고하고 있다.[86]

> **〈대종교주 김교헌 병사에 관한 건〉**
>
> 대종교 2세 교주 김교헌은 수년 동안 영고탑에 거주하면서 신도와 비신도 또는 불온사상을 가지고 있거나 그렇지 않은 사람들을 불문하고 일반 조선인 사이에 신망이 있었다. 작년 말부터 1923년 봄에 이르기까지 영안현, 海林, 密江, 鐵嶺河와 하

86 국사편찬위원회 소장 국외문서

> 얼빈에도 지부를 설치하였다. 영고탑에는 中央本司와 東二道本司를 두고, 밀강의 동일도본사, 경성의 서도본사, 충청도의 남도본사, 간도의 북도본사를 두고, 통괄하면서 교세 신장에 노력을 경주하고 있었다.
> 근래 위세가 기울어지면서, 敎會의 유지는 물론 교주 김교헌의 생활에도 자유롭지 못하게 되자, 병에 걸려 심하게 되자, 결국 12월 25일 영고탑에서 사망하였다고 한다.
> 그는 생전에 독립운동의 중심인물이기도 하지만, 기맥이 서로 통하는 독립운동자 사이에도 상당히 존경을 받았고, 일반 조선인사이에서도 그의 종교가 조선의 始宗인 단군을 조술하는 관계와 그가 조선의 역사에 대하여 정통한 학자로서 존경을 받고 있는터라. 오늘날 그의 부음이 전해지자 각지로부터 대표자를 영고탑에 보냈다고 전해진다.
> 이상과 같은 관계상 그의 죽음은 금후 영고탑을 중심으로 하는 북만 일대의 조선인에게 영향을 미칠 것으로 보이므로 주의 중임

즉, 일본 측에서도 그를 신앙과 관계없이 조선인이 존경하는 인물이라고 평가하고 그의 죽음이 미칠 영향에 주목하고 있음을 알 수 있다.

한편 김교헌은 역사학자로서도 주목된다. 김교헌이 1923년 7월 상해에서 간행한[87] 『신단민사』는 만주일대 우리 학생들의 국사교과서로도 널리 사용되어 민족의식 교취에도 기여하였다. 『동아일보』 1923년 11월 24일자에서는 〈간도 각 중학의 역사 新敎科書 신단민사를 사용〉이라는 제목 하에,

> 북간도에 있는 東興학교와 기타 중학교에서는 본국 역사의 교과서로 대종교 都司 김교헌씨의 새로 저술하여 근일에 출판한 신단민사를 쓰기로 결정하여 불일간부터 실행할 듯 하다더라(상해)

라고 하여, 간도 일대 각 중학교에서 국사교과서로 사용하고자 하였던 것이다.

만주지역에서 교재로 사용되던 『신단민사』는 자연히 상해에서 발간하여 만

87 독립신문 1923년 7월 21일자

주전역으로 전달되었을 것이며, 일제는 이를 압수하는데 혈안이 되어 있었다. 『동아일보』 1923년 11월 26일자 〈신단민사를 다수 압수, 길림성 왕청현〉이라 하여 다음과 같이 보도하고 있다.

> 길림성 왕청현에서는 리함여사의 남편되는 鄭信씨가 상해에서 보낸 신단민사 130권을 압수하여 갔는데 경찰은 왕청현 백초구 영사관분관에서 온 것인듯 하다더라

지금까지 살펴본 바와 같이 김교헌은 민족운동가로 국학자로 널리 알려진 인물이다.

김교준은 1916년 9월 1일 제 2대 도사교에 취임한 김교헌이 1917년 봄 가족·동지들과 함께 만주로 망명할 때 함께 한 것으로 보인다.[88] 그러나 그것은 결코 간단하고 쉬운 일이 아니었다. 일제 경찰들은 대종교를 항일독립운동단체라고 하여 엄밀히 감시하고 있었던 것이다. 이에 김교준은 형 김교헌 등과 함께 몰래 경성(서울)을 탈출하여 갖은 고생 끝에 두만강을 넘었다. 지금까지 태어나서 한 번도 고생을 해보지 않았던 김교준으로서는 몹시도 힘들고 어려운 길이었다.

김교준은 김교헌과 함께 대종교 총본사가 있는 화룡현和龍縣 삼도구三道溝에 도착하였다. 다수의 동포들과 동지들이 따뜻하게 맞아주었다. 그리고 그들은 앞으로의 대종교 활동에 관하여 김교헌과 여러 날에 걸쳐서 토의를 진행하였다.

우선 김교헌은 동지들로부터 현지의 상황과 대종교의 현황 등에 관하여 보고를 들었다. 1910년 초부터 대종교의 포교활동을 전개하였으나 아직까지 큰 영향력을 행사하고 있지 못하다는 것이었다. 더구나 연길현 등에는 구춘선具春先, 김약연金躍淵 등이 이끄는 기독교인들이 다수 있었다. 그 밖에도 천주교,

88 대종교총본사, 『대종교중광육십년사』, 1971, 210쪽.

청림교, 공교 등 여러 종교들이 제각기 자기네 종교를 전도하고 있는 중이었다. 그러므로 대종교도 체제를 정비하고 재만동포들에 대하여 보다 적극적인 포교활동을 전개하여야 한다고 생각하게 되었다.

아울러 항일독립운동에 대하여도 토의하였다. 당시 대종교에서는 왕청현에 중광단重光團이라는 독립운동단체를 지도하고 있었다. 김교헌은 중광단과 대종교 총본사를 통합하는 데 반대하였다. 그는 총본사는 화룡현에 두고 여기서는 주로 포교활동을 전개하고, 중광단은 지금의 위치인 왕청현에 두면서 재만동포들에게 민족의식을 고취시키는 한편, 군사훈련을 전개하도록 하는 것이 바람직하다고 생각하였다. 그래야만 만일의 경우 일제나 중국 당국에 탄압의 구실을 제공하지 않을 것이라고 생각하였던 것이다. 그리고 비밀리에 중광단과 대종교 총본사는 유기적인 연락관계를 취하는 것이 좋겠다고 생각하였다.

또한 김교헌은 만주지역에 있는 동포들에게, 특히 소학교와 중등학교 학생들에게 민족의식을 심어주어야 하겠다고 생각하였다. 그들이 바로 독립군의 근간이 될 것이며 조국이 해방된 후에 건설될 배달국의 주인공이 될 것이기 때문이었다. 따라서 그는 마음속으로 소학생과 중학생용 교과서의 집필도 구상하였다.

김교헌은 1919년 1월 윌슨에 의하여 민족자결주의가 주창되자 조선의 독립을 위한 선언서 발표의 필요성을 느꼈다. 이 때 1919년 음력 1월27일에 길림吉林의 여준呂準의 집에서 조직된 대한독립의군부로부터 대한독립선언서를 발표하자는 요청이 왔다. 이에 김교헌은 이를 쾌히 승낙하고 대한독립의군부의 재만독립운동가들에 의하여 작성된 선언서에 38명의 동지들과 함께 서명하였다.[89] 그럼으로써 김교헌은 선언서의 내용에 공감을 표시하였다.

89 대한독립선언서의 발표시기 등에 대하여는 다음의 논문이 참조된다. 송우혜, 「대한독립선언서(세칭 무오독립선언서)의 실체: 발표시기의 규명과 내용분석」, 『역사비평』 창간호, 1988. 조항래, 「무오대한독립선언서의 발표경위와 그 의의에 관한 검토」, 『윤병석교수 화갑논총』, 1990.

맺음말

해방 후 김교준은 조선독립촉성종교단체연합대회에 참여하였다. 『서울신문』 1945년 12월 21일자의 〈조선독립촉성 종교단체연합대회 개최됨〉에,

> 27년간 義로써 싸워 온 임시정부에 대하여 최대의 경의로서 그 지지를 표명하고 아울러 민족통일전선을 결성하므로써 조선독립의 완성을 촉진하자는 의미로 기독교를 비롯하여 대종교, 불교, 천도교, 유교, 천주교등 6개 종교단체로 된 조선독립촉성 종교단체연합대회는 작 20일 오후 2시부터 천도교대강당에서 2천여명 각 종교단체 대표와 임시정부로부터 金九주석 등 요인과 각계 내빈이 참석한 가운데 성대히 열리었다.
>
> 식순에 따라 기독교의 金觀植의 개회사가 있고 경과보고가 있은 다음 별기와 같이 회장 이하 임원의 선거가 있었다. 그리고 연합군최고지휘관과 임시정부에 보내는 감사문의 결의가 있은 다음 성명서 발표가 있고 결의사항으로 들어가 본회는 조선독립촉성을 위한 사항을 명년 1월중에 개최될 桑港연합국회의에 진정키로 되어 이를 만장일치로 결의하고 내빈축사로 들어갔다. 먼저 하지사령관(대리)과 아놀드소장의 축사가 있고 그 다음 金九주석의 "6대 종교가 이같이 합하는 것은 세계에서 처음 있는 일이다. 교리가 다른 종교가 국가대업을 위하여 연합한 것으로 그 의의는 실로 크다"는 요지의 축사에 이어서 李承晩(대리)의 축사가 있었다.
>
> 그리하여 김구주석의 선창으로 대한독립만세 3창이 있고 동 3시반경에 역사적인 대회를 끝마치었다.
>
> 會長: 金觀植(基督教)
>
> 副會長: 金法麟(佛教) 金教俊(大倧教) 吳尙準(天道教) 李載億(儒教) 南相喆(天主教)
>
> 總務部長: 李團
>
> 調査部長: 李克魯
>
> 企劃部長: 朴暎熙
>
> 財務部長: 趙鍾國
>
> 連絡部長: 金禎浹

宣傳部長: 金英洙 외 各部部員 5명

라고 있듯이, 김교준은 부회장으로 활동하였다

1946년 1월 김교준은 서울에서 대종교 남도본사南道本司를 재건하여 전리典理가 되었으며, 총본사가 만주로부터 환국하자 도사교 위리(都司教委理, 교주권한대행)가 되었다. 그 뒤 원로원장을 거쳐 1958년 사교司教로 승진함과 동시에 도형호道兄號를 받았으며, 1962년 4월에는 마침내 제5대 총전교(總典教, 교주)로 대종교 최고 지도자가 되었다. 대종교 교주가 된 말년에도, 찾아오는 환자가 많지는 않았지만 진료 활동을 계속했다.

3. 수원지주 염석주와 만주 농장

머리말

염석주

수원군 지역의 대표적인 사회주의자이자, 해방 후 월북한 박승극朴勝極이[90] 지은 〈천곡 방문기-최용신泉谷訪問記-崔容信양의 유적을 찾아〉(1938. 5)에 보면, 박승극은 신간회 수원지부에서 함께 활동한 염석주廉錫柱(1895~1944)[91]에 대하여,

> 바루 해변에 오뚝하니 집 한 채를 짓고 외로운 생활을 하는 이 탈속한 지주, 奇癖의 士(중략)
> 더구나 의협심이 많은 R씨인 것이다.

라고 하여, 지주이면서도 의협심이 많은 인물로 표현하고 있으며, 또한 염석주의 이력에 대하여,

> 그만해도 십년이 지난 그때부터 친교가 있는 분이다. 그는 이곳에서 有數한 지주로서, 기독교적 교육사업에 많은 공헌이 있으며, 내가 알기에는 이상한 성미를 가진 분이다.

---

90 박승극에 대한 논문으로는 다음의 것을 들 수 있다.
조성운, 「박승극과 조선 플로레타리아 예술동맹 수원지부」, 『한국독립운동사연구』16, 2001.
성주현, 「일제 강점기 박승극의 활동과 재인식」『숭실사학』22, 2009.

91 염석주는 신간회 수원지부 부회장이었다(『중외일보』 1929년 3월 14일, 4월 10일)

라고 하여, 염석주가 기독교적 교육사업 즉, 최용신이 중심이 된 교육사업에 많은 공헌을 한 인물로 평가하고 있다. 이어서 박승극은 염석주에 대하여,

> 고 최용신양의 사업을 위하여 篤志의 파트롱, 아니 유일의 고문이었다는 것, 또 천곡강습소의 전적인 책임자였다는 것, 최의 사후에 친딸을 장사지내듯 도맡아 보았다는 것, 따라서 최용신 양의 인간으로서의, 사업으로서의 세밀한 것까지 모두 다 알게 되었다.

라고 하여, 염석주가 그녀의 진정한 후원자였음을 적시하고 있다.

염석주는 박승극이 언급한 것처럼 심훈의 〈상록수〉에 주인공으로 등장하는 최용신의 후원자로 인지되고 있다. 그러나 『안산시사』 상권에서는 염석주의 최용신 지원 외에 염석주의 행적에 대하여 다음과 같은 내용을 첨언하고 있다.

> 수원 밤밭(현재 수원시 율전리) 출생으로 토지가 많은 부호이며 안산 막고지에서 활동하고 신간회에 지역책임자로 활약하여, 조선총독부 고등과는 밀정 오야마(大山)를 주재시키며 감시하였다. 최용신을 재정적으로 도왔고, 만주에 농장을 설립하여 수원과 안산의 농민을 이주시켜 영농을 하였으며, 소출은 조선독립군에 군량미로 제공하였고, 1944년 왜경에 체포되어 고문사하였다[92]

위에서 보는 바와 같이, 염석주가 만주에 농장을 설립하여 독립군에 군량미를 제공하였다고 기록하고 있다.[93] 박승극이 지은 〈泉谷 訪問記-崔容信양의 유적을 찾아〉(1938. 5)에서도 그 일단을 짐작해 볼 수 있을 것 같다.

> 만주갔다 언제 오셌예요? 00도 잘있어요?
> 칠십이 넘었을까? 한 노부인이 R씨를 보고 쫓아 나오며 반기는 것이다.

---

92 안산시사편찬위원회, 『안산시사』, 1999, 421-422쪽.

93 정운현은 이선근이 관동군에게 북만주 오상현에서 안가농장을 경영하여 군량미를 제공하였다고 하고 있다(정운현, 「독립군 때려잡던 관동군에 군량미를 제공하다-전 문교부장관 이선근」, 『친일파의 한국현대사』, 인문서원, 2016.

흥흥흥---얼마전에 왔습니다. 네. 그 사람도 잘있어요
R씨와 그 노인은 잇대여 무슨 이야기를 한다.
들으니 여기서 만주로 살러 간 사람의 소식을 묻고 대답하는 것이다.
R씨는 일찍이 만주에 농장을 만든 일이 있는데, 아마 거기에 따라간 사람을 말함인가 보다.

그럼에도 불구하고 지금까지 수원출신 염석주와 만주농장에 대한 연구는 없었다.[94] 이에 본고에서는 염석주의 만주 이주와 농장 건설에 대하여 살펴보고자 하는 것이다. 그동안 이 부분에 대하여는 안산시를 비롯하여 많은 노인분들이 고생하여 상당 부분이 밝혀지게 되었다.[95] 그러나 대부분이 추정일뿐 구체적인 증거를 제시하지 못하고 있는 것 또한 안타까운 사실이다. 이에 필자는 염석주의 만주 농장 건설에 대하여 관심을 기울이고자 한다. 그 이유는 염석주가 만주 농장에서 군량미를 제공하였다고 하는 독립군 김창환金昌煥에 대하여 필자가 논문을 쓴 적이 있고, 김창환이 활동했던 한국독립군, 생육사生育社 등에 대하여 연구한 경험이 있기 때문이다.[96] 필자의 이러한 연구경험과 만주지역에 대한 오랜 답사 경험은 염석주의 만주 활동을 밝히는데 일정한 기여를 할 수 있지 않을까 하는 생각 때문이다.

특히 필자는 그동안 수원지역의 항일독립운동에 대하여도 연구를 지속적으로 해오고 있어[97] 염석주의 수원활동과 만주 활동을 연결해서 이해하는데 도움을 줄 수 있지 않을까 하는 생각이 들었다. 이것이 이번에 본고를 작성하

94 염석주에 대한 주목할 만한 연구로는 다음의 논고가 있다.
한동민, 「염석주의 국내 사회운동과 샘골강습소-박승극의 〈천곡강습소〉를 중심으로」, 『이것이 안산이다』, 안산학연구원, 2015.
고승룡, 「한국독립운동가 염석주의 반일투쟁 평가」, 『조선족연구논총』6, 연변대학민족연구원, 2009.

95 안산 할머니연구단, 『염석주를 찾아서-대지의 진혼곡』, 2008.

96 박환, 「잊혀진 만주지역 독립운동가 金昌煥의 민족운동」,『한국민족운동사연구』73, 2012.

97 박환, 『경기지역 3 · 1운동사』, 선인, 2007, 박환, 『잊혀진 민족운동가의 새로운 부활』, 선인, 2016 등이 대표적이다.

게 된 이유이다.

먼저, 만주지역 농장에 대한 부분들을 밝혀보고자 한다. 만주지역 농장에 대한 직접적인 자료들은 거의 없다. 학계에는 소개된 바 없는 북만주 오상현 추곡농장에서 일하였던 주의득, 주동일, 염택규의 증언 기록들을 수록하고자 한다. 아울러 북만주지역 독립운동가 『이규채연보』에 실려 있는 염석주의 기록을 통하여 북만주 오상현五常縣 충하沖河 농장, 즉 추공秋公농장의 실체에 보다 접근해보고자 한다. 본고를 통하여 염석주가 북만주 오상현에 조직된 독립운동단체인 생육사의 발기인인 수원군 출신 박일만朴一萬과 독립운동가 이규채李圭彩의 노력으로 북만주로 갔으며, 생육사의 한 구성원으로서 추당秋堂 김창환이 활동하고 있는 한국독립군에 군자금을 제공하였음을 밝히고자 한다.

1. 염석주의 만주이민

1) 만주 진출 배경과 만주시찰

만주국 수립 후 식민지 한국에서는 만주시찰이 하나의 유행처럼 번졌다. 서울의 유력한 자본가들은 물론 지방 인사들도 이 유행에 동참했다. 언론은 만주 시찰담을 실어서 만주에 대한 관심을 환기시켰다. 당시 만주 시찰 유행은 만주국에 대한 한국인들의 높은 관심을 반영한다. 현실에 불만이 많거나 혹은 보다 나은 기회를 잡으려는 식민지 한국인들은 만주를 하나의 돌파구로 인식했던 것이다. 그리고 사람들은 새롭게 기회가 열리고 있다는 이야기를 현장에서 직접 확인하고 싶어서 만주로 시찰을 떠났다. 이러한 만주에 대한 관심과 분위기는 1931년 만주사변 이전에도 정도는 약하였지만 상당히 존재했다고 보여진다.

국내에서 신간회 활동을 하고 있던 수원의 지주 염석주의 경우도 어느 지주들과 마찬가지고 만주에 대한 관심이 있었을 것으로 추정된다. 그리고 만주로 가 보고 싶었을 것이고, 1929년 수원의 궁민들을 만주로 이주시키기 이전에 만주시찰을 하였을 것으로 생각된다. 『동아일보』 1929년 4월 14일자에,

> 水原郡 水原面 山樓里 廉錫柱씨는 지금 우리 조선 농민의 처참한 생활상을 볼 때마다 어찌하면 일부분이나마 무슨 구제 방책이 없을까 하는 생각을 가지고 월여 전에 얼마 동안 만주 방면으로 건너가서 그곳에 가서 지내는 조선 농민의 사정을 시찰하고 돌아오면서

라고 하여 만주를 시찰하였음을 짐작해 볼 수 있다.

염석주의 만주진출 배경을 생각할 때 독립운동의 탈출구라는 측면과 더불어 경제적 측면도 고려되었을 것이다. 만주시찰을통해 만주에서는 미가米價 대비 지가地價가 매우 저렴하여 1~2년 안에 투자 원금을회수할 수 있다는 정보를 입수하였을 것이다. 그러나 염석주는 만주진출을 결정하면서 경제적 이윤 이외에 다른 동기들도 동시에 고려하면서 자신의 결정에 정당성을 부여하고 있었을 것으로 생각된다.

둘째, 일제의 완전한 식민지인 한국보다는 만주에서 자유를 좀 더 누릴 수 있을 것이라는 기대감도 만주진출에 영향을 끼쳤다. 한국에서는 매사에 일제의 개입을 피할 수 없어서 언제나행정의 제재와 감독을 받아야 했고, 이는 생산과 판매에서 조금도 자유가 없는 노예적 사업이었다. 일제의 사상적 압박을 받는 것만 해도 굴욕감을 느끼는데, 생산 행동까지 압력을 받는다는 것은 생각할 문제인 것이다. 따라서 정치적 사상적인 압박이 조선보다는 덜 할 것으로 기대되는 만주에서 보다 자유롭게 사업을 하고 싶다는 생각 역시 만주투자를 결정하는 데 영향을 준 것으로 볼 수 있다.

셋째, 수원의 궁민과 특히 수원지역의 염씨 일족과 친척들에게 경제적인 안

정, 영주永住의 근거를 제공할 수 있다는 생각도 영향을 끼쳤을 것이다. 염석주는 만주 진출에 앞서 만주를 시찰하였다. 그때 만주 농촌을 방문하고 그곳 한국인 이주 농민들의 생활을 직접 목격한 후, 만주 진출이 그들에게 경제적인 안정, 영주의 근거를 제공할 수 있다는 생각을 갖게 되고, 만주사업의 의의를 새삼 되새기게 되었을 것이다.[98]

마지막으로 염석주의 만주 진출 배경과 관련하여 빼놓을 수 없는 것이 종교적 실천운동으로서의 성격이다. 그가 만주진출과 종교 문제를 직접적으로 언급한 경우는 없다. 염석주는 기독교도였다. 이 문제 역시 앞으로 검토해 볼 사항인 것 같다.

2) 만주에서의 농장생활

(1) 추공농장에 대하여 전하여 오는 이야기들: 『염석주를 찾아서-대지의 진혼곡』

염석주는 이 일대를 조사하고 길림성 공주령시 근처에 대단위의 토지를 확보하여 〈제1차추공농장〉을 건립하였다. 대선배인 김창환 장군의 호 추당秋堂의 '秋'자를 따고 '公'자를 붙여 큰 어른 김창환 장군의 뜻을 잇고자 '추공농장秋公農場'으로 이름 붙였다. 김창환 장군의 별명은 마침 석주錫柱로 염석주의 이름이 같아 서로의 이름과 호를 주고받은 셈이다. 실제로 김창환 장군의 세 아드님들과 따님은 각각 염석주를 '형님'과 '오빠'라고 부르는 가족 같은 관계였다.

일본은 만주사변 후 1932년에 만주국을 설립하고 독립군 기지를 철저히 공격하였고 독립군과 관계가 있는 조선인 마을도 마적단으로 누명을 씌워서 단계적으로 초토화 시켜 나갔다.

---

98 양정필, 「1930년대 중반 개성자본가의 만주 진출과 농업 투자-孔鎭恒의 사례를 중심으로-」, 『역사문제연구』29, 2013.

승리만 하였던 항일무장투쟁의 마지막 부분에 해당하는 쌍성보 전투 후, 지청천을 비롯한 대부분의 독립군은 기존의 기지에서 멀리 떨어진 흑룡강성 발해와 오상시 충하진 등으로 퇴각하였다. 일군과 만군滿軍이 함께 대공세로 나서자 염석주도 〈제1추공농장〉을 버리고 김창환 장군부대가 퇴각한 오상시 충하진으로 기지를 옮겨야 했으며, 조선의 농지를 송두리째 앗아간 원흉인 동양척식주식회사에 염석주의 밤밭 땅을 담보하고 만주척식주식회사에서 대토를 받는 형식으로 대석하에 새로운 땅 60만평을 확보하고 〈제2추공농장〉을 건설하였다. 일본침략자들은 만주개발을 위하여 조선과 일본 농민들에게 농업이민을 권장하고 있었던 시기여서 염석주의 만주농장개발은 의심을 받지 않았고, 수원(밤밭)과 안산지방의 빈농 100여 명을 농업이민자로 〈제2추공농장〉에 투입할 수 있었다.

여기서 우리는 〈농장〉의 개념을 다시 한번 생각하여야 한다. 〈농장〉은 무장독립투쟁부대의 후방기지로서 독립군의 군량미와 군자금 그리고 신병을 보충하는 곳이며 독립군은 반농사꾼으로 전투가 없을 때에는 농사를 짓는다.

만주에서 수전水田이라고 부르는 논농사는 독립군과 조선개척민들을 살려낸 기술로서 조상으로 물려받은 위대한 유산이었다. 당시까지만 하여도 중국농민이나 일본이주농민들은 수전을 경영할 줄 몰라서 밭농사만 하였다. 고로 만주에는 밭농사가 안 되는 거대한 황무지가 주인 없이 망망대해로 펼쳐져 있었다. 그러므로 염석주를 비롯한 많은 조선독립운동단체들이 중국농민들과 마찰 없이 토지를 확보하고 대단위 수전을 개발할 수 있었다. 논농사는 조선농민들이 황량한 들판에서 살아남을 수 있었던 근원이었고 항일투쟁의 기반이 되었던 것이다.

밭농사만 아는 중국농민들로부터 밭으로 개간하기 어려운 잡초와 관목만 무성한 들판을 쉽게 확보한다. 조선인들이 선택하는 황무지 인근에는 강이

나 하천이 반드시 있어 물길을 내어 상류로부터 물을 끌어들일 수 있는 조건이 갖추어진 곳이다. 선택된 황무지에 낮은 둑을 만들고 물을 가득 가두고 기다리면 잡초와 관목은 모두 수장되어 죽는다. 잡초와 관목이 수장으로 죽으면 그 물위로 볍씨를 산파散播한다. 모든 잡초 중 물속에서 살아남아 위로 자라 올라올 수 있는 식물은 피와 벼뿐이다. 그러나 피는 먼저 크게 자라므로 어느 정도 물 위로 오를 때 큰 낫으로 후려쳐 제초한다. 피 이삭은 물 위로 떨어져 떠다니다 바람에 쏠리어 한쪽으로 몰린다. 한쪽 변으로 몰린 피를 물 위에서 걷어 올려 논둑에 쌓아놓으면 얼마 안가 두엄(비료)이 된다. 생육순서에 따라 피가 제거된 후 산파한 벼가 물 위로 바로 자라기 시작하는 것이다.

그 드넓은 황무지를 개간할 수 있었던 것은 바로 물로서, 적은 노동력을 들여 상대적으로 큰 면적에 걸친 영농을 가능하게 하는 것이다. 조선농민들은 조상으로부터 내려받은 관개기술을 가졌던 것이다. 벼는 다른 곡물에 비하여 단위 수확량이 많으며 영양가도 높아 경제성이 가장 큰 작물이고 환금성 또한 커서 무기구입에 재원인 것이다.

황량한 만주벌로 이주한 조선 빈농들이 살아남아 마을을 세우고 독립기지 건설할 수 있었던 것이 바로 수전인 것이다. 열악한 환경에서 끊임없는 무장독립투쟁을 전개할 수 있었던 것도 바로 수전이다. 염석주가 10년에 걸친 조사와 시험 끝에 현실적 가능성을 확인 후, 만주에 건설한 것이 수전인 '추공농장'이었던 것이다.

염석주는 제2 추공농장을 개발하여 궤도에 올려놓은 후 몇 년간 막고지에 머물며 조선 내 독립군 지원거점영역을 넓혀갔고 동지들과 중장기투쟁계획을 세워갔다.[99]

99 수원향토문화연구소 염상균제공 문서 참조. 『염석주를 찾아서-대지의 진혼곡』, 2008.

(2) 회덕현 오가자 농장

만주사변 이전 만주는 독립운동을 위한 근거지 혹은 농촌에서 살기 힘들게 된 궁민들이 살 길을 찾아 떠나는 이주지라는 성격이 강했다. 『동아일보』 1929년 4월 14일자에,

> 水原郡 水原面 山樓里 廉錫柱씨는 지금 우리 조선 농민의 처참한 생활상을 볼 때마다 어찌하면 일부분이나마 무슨 구제 방책이 없을까 하는 생각을 가지고 월여 전에 얼마 동안 만주 방면으로 건너가서 그곳에 가서 지내는 조선 농민의 사정을 시찰하고 돌아오면서 곧 水德農民團이란 단체를 조직해 가지고 수원 근방으로 제일 窮農인 10여호 20여명을 모집해 가지고 지난 10일 밤 9시 반 봉천행 열차로 만주를 향하여 떠났다는데 그들의 목적지는 봉천성 회덕현 서오가자라는 바 (중략) 同團에서는 이번 시험에 성적이 양호하면 앞으로도 계속 사업으로 다시 모집하리라더라.

라고 있듯이, 염석주는 1929년 수원의 가난한 농민들을 수덕농민단이라고 하여 10여호를 데리고, 만주 봉천성 회덕현懷德縣 서오가자西五家子로 출발하였던 것이다. 오가자에 대하여, 『매일신보』 1923년 1월 7일자 〈북간도 동포의 참상과 지나支那관헌의 횡포, 관개 허가를 안 해 줘서 논을 갈지 못하고〉에서는,

> 북간도에 있는 오가자라고 하는 곳은 공주령에서 수십리쯤 격하고 있는 토지가 매우 기름진 곳인데 여기에도 역시 조선인 약 300명이 거주 하던 곳이다. 그런데 먼 곳에 귀양살이 하는 그 삼백명 동포에 대한 근황을 이번에 귀선한 배형식 선교사에게 들은 즉, 원래 그들은 황무지로 있던 그곳을 얼머전에 모든 수단으로 개척하여 다행이 이 땅이 비옥함으로 작년까지 경작으로 작년까지 밥을 먹기 그리 곤란할 줄 모르고 지나셨는데 작년에는 왼 셈이 낫는지 지난관헌이 관개할 시 허락을 해 주지 아니하여 제때에 물을 대지 못하게 되어 작년에는 농작에 수확이 하나도 없게 되었다.

라고 하여, 토지가 매우 비옥한 곳으로 언급하고 있다. 또한 『동아일보』 1932년 4월 20일자 〈장춘일대의 경지의 분포, 장래 집단 농으로 유망한 곳, 답은

오가자, 만보산〉에서도,

> 〈장춘〉 최근 조사한 바에 의하면, 장춘관내에 재주동포의 분포상태와 경작개황은 아래와 같다. 그중 장춘의 만보산과 회덕의 오가자 사가자는 기 개간의 면적이 가장 많을 뿐더라 장래 집단농업에 있어서도 가장 유망하다.

라고 하고 있고, 『동아일보』 1927년 2월 3일자 〈만주 회덕현에 동포의 자치촌, 안과 밖으로 여러 기관시설, 농우사와 자위단을 조직〉에서도,

> 만주 회덕현 오가자에 거주하는 조선자치 농촌 동포가 약150여호로 학교시설 및 기타 모든 방면으로 많은 시설이 있어 모범이 될만한 곳인데, 얼마전부터 자위단을 조직하여 외래 화를 방비하고 전촌민의 사원제로, 농민조합을 설리바여 농우사라는 명칭으로 사원의 생품공동처리와 소비품공동구입 등의 목적 및 곡물무역을 겸행하여 작년에만 오육천석의 곡물을 들고내어 그 발전에 매우 유망하더라

라고 하고 있을 정도로, 오가자는 농사에 유망한 곳이다.

공주령 관내의 회덕현 오가자지역의 수전 개간은 1920년 전후부터 시작되었다. 이만진李萬鎭, 오덕연吳德衍, 이홍주李鴻周, 엄형인嚴亨仁 등이 옥야를 발견한 후 농호 수십 호를 인솔하고 들어와서 오가자 앞 넓은 들에 삽을 들어 황무지를 파기 시작한 것이 수전 개간의 효시였다. 그들은 만여 원의 공사비로 동료하東遼河를 보로 막고 수로를 쳐서 물을 끌어들이려 했으나 첫해는 실패하였다. 그러나 그에 굴하지 않고 농 사를 계속하여 1930년대 초에는 수전 면적이 1500상晌에 호수는 200여 호나 되는 커다란 마을을 형성하게 되었다.[100]

당시 1934년 경 오가자 농장을 시찰한 공진항孔鎭恒의 다음의 글은 많은 시사점을 준다.

---

100 양정필, 「1930년대 중반 개성자본가의 만주 진출과 농업 투자 – 孔鎭恒의 사례를 중심으로 –」, 『역사문제연구』29, 2013.

공진항이 시찰한 곳은 中滿에 위치한 회덕현 五家子 농장이었다. 오가자 농장은 남만철도의 한 역인 공주령 역에서 300리 정도 들어간 곳에 위치하였다.공진항 일행의 시찰을 안내한 이는 金亨敎였다. 그는 평북 박천 출신으로 안주농업학교를 졸업하고 1933년에 만주로 와서 농업 경영에 종사하고 있었다. 공주령 역에는 저녁에 도착하였기 때문에 그 날은 김형교의 농장사무소에서 하룻밤을 잤다.
이튿날 요하 연안의 오가자 농장을 향해 출발하였다. 여정은 2일이 꼬박 소요되어서 첫날은 張家屯이란 마을의 만주인 집에서 1박하였다. 저녁 식사로 좁쌀로 만든 떡이 나왔는데, 이를 본 공진항은 북방민족은 쌀밥이 무엇인지를 알지 못한다고 적고 있다. 그 이튿날 다시 아침 일찍 길을 떠나 저녁 무렵에야 목적지인 오가자에 도착할 수 있었다. 오가자 농장에는 한국인 농민이 이주해 와서 논을 개간하여 농사를 짓고 있었고, 그 중 한 농부 집에서 1박을 하였다.저녁식사로 옥백미에 김치와 된장 그리고 찹쌀막걸리 등을 대접받고, 공진항은 고국의 정서를 새삼 느끼면서 여행의 피로를 풀 수 있었다.
다음 날 아침 식사 후 농장시찰을 나섰다. 오가자 농장은 요하에 洑를 막고 15리 거리까지 물을 끌어들여서 황무지를 개간한 곳으로, 면적은 약 500정보였다. 수전 농업에서는 관개가 무엇보다 중요하므로 공진항 일행은 농장뿐 아니라 수원지인 요하 본류까지 올라가서 보 시설도 시찰하였다. 요하는 몽고에서 발원하여 남만주 일대를 우회하는 장강으로 그 하류는 요동반도로 흘러나간다. 마침 장마철이라 수량이 풍부하여 물의 부족은 예상할 필요가 없다는 인상을 받았다.공진항은 만주 시찰을 통해 다양한 경험과 정보를 얻을 수 있었다. 특히 이주해 온 한국인 농민들의 생활 실태를 목격하면서 일종의 만주 농업투자에 대한 사명감을 느꼈다고 한다. 또 현지의 한국인 농장 관계자들로부터 만주 농업 투자의 경제적 가치에 대해서도 낙관적인 이야기를 들을 수 있었다.(중략)
만주시찰의 가장 큰 소득은 만주 투자에 대한 경제적 확신을 갖게 된 점일 것이다. 공주령 역에 도착한 첫날밤부터 그곳 사람들과 이야기를 나누면서 만주에서 농장경영에 대한 탐스러운 이야기로 밤이 가는 줄 몰랐고 한다. 특히 평당 5전도 안되는 가격으로 수십 리 넓은 평야의 주인이 된다는 데 공진항의 마음은 적지 않게 끌렸다.오가자 농장을 시찰한 후에는 무엇보다도 땅이 넓다는 사실이 마음을 끌었다. 좁은 나라에서 살아온 한국인은 광대한 땅에 덮어놓고 도취하기 쉽다고 적고 있다. 이에 더하여 농업투자의 수익성도뛰어났다. 당시 미가는 근당 3전이었는데, 지가도 평당 3전밖에 되지 않았다. 따라서 2년 정도 농사가 잘 되면 지가가 완전히 회수될

> 수 있어서, 경제적으로는 횡재에 가까운 산출이 나왔다. 그래서 이야기마다 흐뭇하지 않은 것이 없는 시찰이 되었다.[101]

오가자 지역 시찰을 통해 이주 동포에 대한 사명감, 경제적 이윤 등에 크게 고무된 염석주도 공진항과 마찬가지고 농장 매수를 결심하였을 것이다. 그래서 귀국하여 토지 대금을 준비한 후 공주령으로 다시 가서 농장을 매수하였다. 그리고 이름을 추공농장이라고 붙였다.

(3) 오상현 충하진 농장

염석주가 수덕농민단을 이끌고 떠난 곳은 만주 봉천성 회덕현이다. 이들은 가난한 농민들이었다. 그 후 염석주는 자신의 일가 친척들을 이끌고 오상현 충하진에 새로운 농장을 만든 것 같다. 오상현 충하진은 만주지역에서도 가장 쌀이 유명한 오상미 생산지 중의 한 곳이다. 이곳은 농토가 기름진 곳이라, 일찍부터 조선인의 이주가 있었으며, 이를 바탕으로 독립운동단체들도 군자금을 제공받은 등 독립운동의 기초를 닦아가는 곳으로 유명하다. 충하진을 배경으로 활동하던 대표적인 독립운동 단체로는 1920년대 말 1930년대 초 생육사와 한국독립당, 한국독립군 등을 들 수 있다.

염석주는 오상현 충하진에 추공농장을 건설하였다. 추공농장에서 농장장으로 일하다 해방 후 귀국한 주의득과[102] 주일동의 회고와 함께 추공농장에서 부모님과 동생과 함께 있다온 염택규[103]의 증언이 있어 농장의 윤곽을 이해하는데 큰 도움을 주고 있다. 이를 순서대로 살펴보면 다음과 같다.

---

101 위와 같음.
102 주의득(1913-2005)은 염석주의 누님의 아들로서, 염석주는 그에게 외삼촌에 해당된다.
103 염규택은 당시 부모님과 작은 아버지(염석무) 등과 함께 오상현 충하진으로 이주하였다.

1. 주의득[104]

지금부터 62년 전 되지요. 1930년에 만주를 한번 갔다 오셔서 만주에 있는 독립군들이 식량을 너무 곤란을 당하니까 이 양반이 일본사람 보는 데는 빈민만 이민시킨다는 핑계를 대고 여기서는 은행에다 땅을 저당하고서는 이야기로 300정보라는 말이 있어요. 그렇게 저당한 땅을 돈을 가지고 사가지고 여기서는 105명 이민시켰거든요.

거기서 개간을 해서 농사를 지어 그 소출을 독립군 식량으로 다 제공하다가 3년 후에 일본사람이 만주를 점령하는 바람에 그만 독립군 소속으로 식량 보충하는 농장인 것 아니까 잡히면 죽을테니까 다 해산시키고, 그 농장은 폐허가 되어 버렸지요. 폐허가 되어 버리고 나와서 한국에 계셨는데 일본군은 그게 독립군 식량 보충인걸 몰랐지요.(중략)

그래서 그건 아주 수포로 돌아갔는데, 그 농장이 만주 충허라는 데에요. 그래서 그 농장에 살다 나온 사람이 수원시 율전동에 염규택이라는 그 사람 하나만 생존자예요. 어려서 거기서 농사를 짓다가 왔으니까, 증인은 그 사람 하나죠. 그 농장에 대해서, 그 농장은 완전히 없어진거죠.

위의 글을 통하여 염석주가 빈민을 위장하여 만주에 이민을 추진하고, 독립군에게 군량을 제공하였음을 알 수 있다. 아울러 이민자수는 105명으로 언급하고 있다. 주의득이 증언에서 언급하고 있는 염규택(1917년생)은 염석주의 15촌 조카이다. 그의 증언을 안산 할머니 연구단이 2008년에 정리 분석한 글을 보면 다음과 같다.

염규택은 15세 때 1차추공농장에 있었고 그곳에서 인근에 있는 중학교를 다니는 학생이었다. 1차추공농장은 화룡에 있었고, 만주사변으로 1차농장이 크게 피해를 본 이후 '충허 대석하'(충하진 대석하)로 옮겨와 2차추공농장이 다시 설립되었다. 새로운 황무지 60만평을 개간하여 논농사를 지었다. 그러나 현재 중국지도를 보고서도 염규택은 어디가 1차농장인지 어디가 2차인지 알아내지 못하였다. 행정구역도 바뀌고 지명도 바뀌고 중국어와 한자어의 발음 차이 등으로 염규택은 그가 기억해 낼

104 최용신 연구가인 김우경이 1991년 1월 25일 녹음한 내용.

수 있는 것 이외에 더 이상의 정보를 주지 못해 추공농장의 위치를 확인하는 데는 실패하였다. 그러나 염규택은 염석주의 직계유족과 친인척을 소개하여 가족들의 생생한 이야기를 들을 수 있게 하였고, 김창환 장군의 아들은 사망하였을 것이고 2째(김준영) 자부(황명수)가 서울에 살고 있다는 사실을 확인시켜 주었다. 또한, 수원과 안산에서 농업이민을 간 사람들을 모두 기억해내어 종이에 직접 적었다. 해방 후 일부는 만주에 남았으나 나머지는 귀국하였는데, 현재 살아있을 가능성이 있는 사람들과 그 가족까지도 자세히 구분하여 알려주어 추공농장에서 귀환한 사람들과 성공적인 인터뷰를 가질 수 있게 하였다.

염규택 회장은 염석주가 아직도 국가보훈처에 독립유공자로 인정받지 못함은 자신들의 무능의 소치라 자탄하며 우리들의 작업에 감사를 표하며 적극 참여하겠다는 뜻도 밝혔다.

한편 염규택은 추가농장 구성원들(1945년 9월 농장장 주의득 귀국 시 중국에 잔류한 사람들, 염규택[105]의 증언)에 대하여 다음과 같이 언급하고 있다.

金泰淳(1893년생, 수원 율전동)
劉百교(1908년생, 수원 율전동)
廉興雲(1899년생, 부부와 딸 1명, 염석주 4촌)
廉龍淳(1908년년생, 신혼부부, 수원 율전동)
廉漢植(1913년생, 염석주 5촌, 수원 율전동)
廉錫鳳(1909년생, 염석주 4촌, 5식구, 수원 율전동)
黃夢五(1880년생, 독립군, 충청도 출신)
尹如福 (1917년생, 충청도), 尹如男(1914년생, 충청도)

주일동의 증언은 추곡농장의 구체적인 모습들을 살펴보는데 가장 유용한 것 같다. 주일동은 먼저 자신이 만주로 가게 된 동기, 만주 오상현 충하진까지 가는 경로, 도착 등을 언급하고 있다.

105 염규택은 당시 그의 부모와 작은 아버지와 함께 만주로 갔다고 한다.

1942년 주일동은 22세의 젊은 나이로, 따분한 둔대리(안산)가 지겨워 염석주 어른이 만주에서 농장을 한다는 소문은 듣고 장가갈 밑천도 마련할 겸 간도로 농사를 지으러 가기로 결심한다. 어른을 직접 만날 수 없어 이리저리 수소문한 끝에 모월 모일 모시 만주로 오라는 허락을 얻고 안산 막고지의 큰 어른 안주인이 준 큰 무쇠보습(쟁기 날) 1개와 볍씨 한말을 가지고 멀고 먼 만주로 향하였다. 약속된 날짜에 수원역에서 기차를 타고 서울로 평양으로 신의주로 그리고 압록강을 넘었다.
그동안 왜경의 검문이 수차례 있었으나 무사히 단동으로 심양으로 들어갔고 다시 하얼빈행 기차로 갈아타고 오상역에 내렸다. 러시아가 청국으로부터 빼앗은 얼지 않는 군항 대련으로 향하는 대륙철도, 이제는 러일전쟁의 전리품으로 일본침략자들의 대륙공략 길이 된 철도를 장장 3일간 1,000Km의 기차여행하고 당도하니 오상역에는 둔대리(안산) 동향 사람 추공농장 농장인 주의득 씨가 두 마리 말이 끄는 마차를 가지고 와서 기다리고 있었다. 반갑게 인사를 나누고 하룻밤 하루 낮을 쌍두마차로 달려서 충하진에 도착하였다.
충하진(冲河鎭) 대석하변(大石河邊) 북성자(北城子)에는 농장사무실과 기숙사가 가지런히 지어져 있었고, 모두 공동생활을 하는 독립군대원 그리고 몇 년간 농사를 지어온 선배농군들에게 인사를 나누고 밤새도록 조선의 새 소식을 이야기하며 신고식을 치루었다.

주일동은 오상현 충하진에서의 농장의 모습, 농장에서 일하던 사람들의 구성, 생활, 독립군과의 연계, 준군대식 운영방식 등 농장의 실제 모습에 대하여도 진솔하게 이야기하고 있다.

대석하를 막아 물길을 내고 30마력짜리 발동기로 북성자 60만평 농장에 물을 대어 논농사를 지었다. 조선에서는 1년에 쌀밥 한 그릇 먹기가 어려웠으나 추공농장에서는 삼시세끼 흰 쌀밥을 마음껏 먹었다. 농장은 망망대해로 끝이 보이지 않는다. 추공농장 관리를 위하여 여러 구획으로 나누었고 매 구획마다 막사를 짓고 이름을 붙여 막사를 거점으로 본부와 유기적인 통신수단을 가지며 만약의 가태에 대비한다.
200여명에 가까운 농장작업원들은 농장장의 지시에 따라 군대식으로 농사를 지었다. 작업원의 절반 이상은 밤밭과 막고지에서 이민 온 빈농이나 나머지 사람들은 전국팔도 강산에서 올라온 김창환 부대의 독립군투사들이었다. 여기서 나오는 소출의

2활은 작업원들의 수당으로 지급되고 3활은 농장운영에, 그리고 나머지는 모두 독립군의 군량미로, 또는 쌀을 팔아서 군자금으로, 또는 상해 임시정부로 보내졌다. 1년간 추공농장에서 소출되는 쌀의 10%만으로 김창환 장군 부대의 군량미로 충분하였다.

넓지 않은 숙소는 서로 머리를 맞대고 2열 횡대로 잠을 잔다. 만약의 사태를 대비하여 겨울에 모든 농장작업원들은 신발을 벗지 않고 잠을 잔다. 하루 이틀이 아니라 해동이 될 때까지 신을 벗지 못한다. 발에는 백양나무(?) 껍질을 잘 무두질하여 양말대신 감싸고 신을 조여 맨다. 길고긴 만주벌판의 겨울, 삭풍이 몰아쳐 살을 에는 추위 속에서도 동상이 걸리지 않게 따듯하며 또한 오랫동안 신발을 벗지 않아도 신발과 발이 붙지 않아 해동 후 발을 씻을 때 발을 감쌌던 백양나무껍질은 어렵지 않게 발과 분리된다. 이 무서운 추위를 이겨내며 왜군과 싸워 승리를 쟁취하여오는 동안 독립군들이 개발해낸 노하우이다. 독립군이 절반인 추공농장에서도 그대로 군대식으로 따라한 것이다.

효심도 지극한 모든 농장작업원들은 명절이 되면 모두 함께 차례를 지낸다. 당시 충하진이 얼마나 먼 곳인가 하면, 조상들이 젯밥을 잡수러 오시다가 너무 멀어서 새벽까지도 도착을 못해서 제사도 못보고 그대로 돌아간다는 말이 나돌 정도였다.

농장이 이러한 군대식으로 조직되어 영농을 할 수 밖에 없었던 이유 중 하나는 만주벌판에 날뛰는 마적 떼들 때문이다. 마적 떼는 추수 후 불시로 출몰하며 1년간 어렵게 지은 양식을 모두 약탈하고 사람까지 헤치는 잔인한 무리로서 단독으로 농사를 짓는 조선농가는 어김없이 당한다. 또 못된 중국농민들도 마적 떼로 가장하여 조선농가를 약탈하기도 하며, 더 간악한 것은 만군을 앞세운 일본군은 '마적소탕전'이란 미명 하에 조선농가를 방화약탈하며 무고한 농민들을 마적으로 몰아 도륙을 내기가 일수였다.

추공농장 같은 준군대식 조직을 가진 농장은 감히 그들이 넘보지 못하며, 언제나 만약의 사태를 대비하고 있으므로 화를 면할 수 있고 농사에 전념할 수 있었던 것이다. 이렇게 형언하기 어려운 조건 속에서도 조선농민들은 굶주린 허리를 졸라매며 함께 뭉쳐 마적 떼와 싸우고 중국농민 그리고 만군과 또한 일군과 싸우며 황무지를 옥답으로 바꾸어 마을을 건설하고 조선독립의 밑거름을 마련하였던 것이다.

끝으로 주일동은 염석주와 김창환의 관계를 언급하여 우리의 주목을 끈다.

> 염석주는 추공농장에 오면 우선 김창환 장군의 숙소에 들러 인사를 드린다. 김창환 장군의 부인과 세 아들 그리고 따님은 그들과 부대원의 생사를 책임진 염석주를 동지 이전에 가족으로 받아 드렸다. 염석주가 큰 형님으로 모셨던 김창환 장군은 지병으로 부득이 임정이 있는 남경으로 가있다가 1930년 초 조국광복을 보지 못한 체 순국하였다.
> 그러나 가족은 모두 추공농장에 남아있었고 장군의 비보를 들은 것은 해방 후였다. 남은 가족은 1945년 광복 후 9월 주의득 농장장이 모시고 서울로 돌아왔으며, 김창환 장군의 부인은 서울 단칸방에서 고생하다 돌아가셨다. 부인은 황량한 만주벌판에서 따듯한 대원들의 어머니요 모든 독립단체소속원들의 정다운 아주머니로서 사랑을 받고 있었으며 돌아가신 후 소식을 늦게 듣고 달려온 김구 선생님, 지청천은 못내 아쉬워하며 땅을 치고 통곡하였다.
> 주일동은 2차 추공농장에서 2년간 농사를 짓고 연로한 부모님들 생각을 떨치지 못하여 1942년 추수를 끝내고 1943년 초에 장가밑천 쌀 10가마를 받아 (안산) 둔대리로 돌아왔다.

주일동의 증언에 따르면, 염석주와 김창환은 밀접한 관련을 맺고 있다.

2. 염석주와 이규채, 김창환, 박일만

1) 이규채와 생육사

만주지역에서의 염석주의 활동을 살피는데 실마리를 제공해 주는 것은 북만주지역 독립운동가 이규채가[106] 1940년대 작성한 자신의 연보이다. 염석주를 파악하기 위해 우선 이규채를 살펴보면 다음과 같다.

이규채(본관 : 경주, 1890. 6. 7 음력~1947. 32 양력)는 이명으로 '이우정李宇精, 이규보李圭輔, 이경산李庚山, 이공삼李公三'이라고 불리었다. 특히 '이우정'이라는 이름은 한국독립당 임원 명단에 많이 등장한다. 그는 경기도 포천군 가산면 방축리 484번지에서 태어나 5세부터 가숙家塾에 입학하여 25세까지 한문을 배

106 이규채 지음, 박경목 옮김, 『이규채기억록』, 일빛, 2019.

웠다. 이로 인하여 글씨에 능통하였고 1921년 서울 종로 공평동 11번지에 창신서화연구회創新書畵研究會를 발족·설립하여 서예대중화에 기여하였다.

이규채의 능통한 글씨는 중국전역에도 알려져 1925년 그가 항주에 머무를 때 중국 전역의 서화인들이 전람회를 열자 회장인 정만리程萬里가 수레까지 보내어 초대할 정도였다. 또한 사방에서 글씨 써주기를 요청하여 매우 피곤하였고, 수감생활 중에도 간수들이 글씨를 청해오고, 일본에서 문패를 써달라고 하고, 간판공장에서 글씨 쓰는 노역을 하였다고 한다.

한편, 1917년에는 청성학교에서 교편을 잡아 후학양성에도 관심을 기울였다. 그가 독립운동에 본격적인 관심을 기울인 것은 1923년 중국 천진과 상해 등지의 독립운동정세를 둘러보고 1924년 귀국하였을 때부터이다. 이규채는 이로 인하여 관할 포천경찰서에서 시시때때로 경찰이 찾아와 시찰하자 지역에서의 활동이 어려워지고 경제적으로도 곤란하게 되었다. 이에 식민지하 총독정치의 압박으로 이러한 상황에 직면함을 깨닫고 본격적으로 독립운동에 전념하기 위해 그해 3월 상해로 향했다. 그리고 대한민국임시정부 의정원 직임을 맡았다. 1925년 항주杭州에 도착한 그는 신건식申建植, 손경여孫慶餘, 오종수吳宗洙 및 매점괴梅占魁 등 독립운동가와 현지인들과 교분을 쌓아나가면서 독립운동의 방략을 모색하였다. 그 즈음 대한민국임시정부의 의정원 의원직을 사임하였다. 이유는 임시정부의 체제로 독립운동을 이끌 수 없다고 판단하였기 때문이다.

이후 서성구徐成求, 후경소候景昭, 이회영李會榮, 서경석徐竟錫, 김좌진金佐鎭, 이장녕李章寧, 홍만호洪晩湖, 황학수黃學秀, 여시당呂是堂, 박일만朴一萬, 윤상갑尹相甲, 이진구李鎭求 등 독립운동가 및 현지인들과 교류하거나, 서로 일을 도모하거나, 혹은 도움을 받으면서 독립운동을 도모하다가 1930년 7월 한국독립당 창당에 참여하여 선전위원이 되었다. 그리고 한국독립당의 정치부 부위원 겸

군사부 참모장, 1932년 총무위원장 등으로 활동하였다. 또한 1931년 11월 한국독립당에서 조직한 한국독립군에 참여하여 암살대 대장, 중국 길림 육군 제3군 소교참모小校參謀, 중교中校참모 등을 맡았고 1932년 9월 제1차 쌍성보 전투에 참전하였다.

1933년에는 남경에서 박찬익 등과 군관학교를 설립하기로 하고, 그해 11월 낙양군관학교 17대에 들어갔다. 1933년 12월 북경에서 한국독립당회의 시 일본 특무기관원의 회유를 받아들이는 척 역이용한 것이 오인되어 당직을 박탈당했다가, 다음해 1934년 2월 남경에서 한국독립당과 한국혁명당의 합작으로 신한독립당이 창단되자 감찰원 위원장에 선임되었다. 그러나 이규채는 취임하지 않았다. 이후 사관생도를 모집하고, 미국으로 가 재정과 인력을 취합하고자 하였으며, 지청천에게 이동자금을 전달하기 위해 이동 중 1934년 11월 2일 상해의 경여당慶餘堂이라는 한약방에서 일본경찰에 피체되어 서울로 압송, 대문형무소와 경성형무소에 수감되었다. 이때 10년형을 언도받고 수감 생활 중 1940년 10월 감형으로 출소하였다. 이후 1941~1942년까지 2년간의 모친 시묘살이, 1943년에는 옥고로 인한 병마로 고생하였고, 이후 후학들을 가르치기도 하였다.

1945년 해방 후에는 단군전봉건회, 탁치반대국민총동원위원회 상무위원, 미소공동회의 대책 국민연맹 대표위원, 대한독립촉성국민대회장, 대종교 총본사 경의참의, 비상국민회의 국방위원 등을 맡는 등 활동을 하였다. 그러던 중 1947년 3월 1일 제28주년 3·1운동 기념회에 다녀온 후 급격히 발병하여 다음날 3월 2일 숨을 거두었다.

이규채는 1940년 출옥 직후 1942년 10월까지 모친의 여막살이를 마치고. 1943년에는 큰 병으로 고생하였기 때문에 기록을 남기지 못하였고, 1944년에서 와서야 그간의 독립운동 여정을 연보 형식으로 기록한 것이다. 자료의 작성연대가 별도로 기재되어 있지 않으나 1944년으로 볼 수 있는 것은 기록의 마지막이 1944년 5월이기 때문이다.[107]

『이규채연보』는 그간 만주지역 독립운동사에서 간과되었던 생육사, 민족주의자와 공산주의자간의 갈등, 일제의 독립운동가 감시와 체포 양상, 독립운동가 사이의 내부 배신, 독립운동의 새로운 방략 모색등에 대한 몇 가지 사실의 단초를 보여주고 있다.

첫째, 『이규채 연보』에 의하면 1925년 항주에 도착한 이규채는 여러 지사들과의 인적 관계를 형성하는 동시에, 한인들의 자생을 위하여 지창紙廠, 정미창精米廠 등의 설립을 도모하기도 하였다. 그리고 천진, 길림 등지에 개간을 계획하여 야학을 설립하는 등에 힘쓰다가 1928년 '윤씨尹氏와 황씨黃氏 등 여러 사람들이 生育하는 일'에 합류하였다. 그런데 이 '생육生育'은 1929년 봄 길림 오상현 충하진에서 결성된 비밀결사 '생육사生育社'인 것이다.

그간 생육사가 1929년 결성된 단체로 알려져 왔으나 그 기초는 이미 1928년부터 형성되었던 것을 알 수 있다. 생육사는 한국독립당과 한국독립군 창설의 기반이 되었고, 만주지역 항일무장투쟁의 기초가 되었던 단체이다. 이규채는 이 생육사에서 초기 위원의 직임을 맡고 1930년 2월 13일 생육사 제2차 정기회의 때 중앙집행위원 간사와 중앙상무원 직을 맡았다. 따라서 이규채는 한국독립당 창당 준비에도깊게 관여하였음을 알 수 있다.[108]

이규채가 언급하는 생육사는 어떤 조직일까. 『독립운동사』 5권에서는 생육사에 대하여 다음과 같이 언급하고 있다.

> 한편 신민부의 군사 위원장을 역임했고 혁명 의회에 참여했던 황학수(黃學秀)는 1929년 오상현(五常懸) 충하(沖河)를 근거로 홍진(洪震)·지청천(李靑天)과 더불

107 박경목, 독립운동가의 회고 기록 『이규채연보』해제, 『한국독립운동사연구』47, 2014.
108 위와 같음.

어 생육사(生育社)를 조직하였는데 이것은 농업주식회사와 같은 것이었다. 여기는 당초 김좌진도 가입해 있었으며 1930년 2월 13일 길림 춘등하(春登河)에서 제2회 정기 총회를 개최한 때는 1백 90주(株)를 모아 농토을 조차하여 경영했다고 한다. 이 생육사의 사장은 홍진이 계속 맡았는데 생육사는 후일 한국총연합회와 같이 한국독립당(韓國獨立黨)의 모체가 되었다는 데서 주목을 끈다.[109]

아울러 『독립운동사자료집』 10권에서도 생육사에 대하여 다음과 같이 서술하고 있다.

생육사(生育社)

길림성 오상현 충하(沖河)에 근거를 둔 생육사는 소화 4년(1929년 필자주) 봄 불령선인 홍진(洪震)[홍면희 : 洪免熹]·황학수(黃學秀)·지청천·김좌진·이장녕(李章寧)·김창환(金昌煥)·박일만(朴一萬) 외 수명의 발기에 의하여 창립된 것인바 그 취지는 표면 친목·식산(殖産)·수양을 목적으로 하는 것이라고 약장(約章)에 규정되었으나, 본사는 원래 상해 가정부 국무령(國務領) 홍진(洪震)을 사장(社長)으로 하고 기타 간부는 모두 일류의 불령선인 거두를 망라한 비밀 결사로서, 생산 저축을 장려하고 이에 따라 독립운동자금의 충실을 꾀하며, 나아가서는 혁명적 인재의 양성을 기도하는 목적으로 조직된 것이다. 그리고, 창립 후 간부 등은 분사(分社)의 설치, 사원 모집에 분주하고 있었던 바 겨우 돈화·서란(舒蘭)·오상(五常)·하얼삔 지방에 수개 분사의 설치를 본 데 불과하며, 일반 농촌 불경기 때문에 사원 모집이 불여의하여 지금까지도 아무런 진전도 보지 못하는 상태에 있다.

그리고, 본년(1930년-필자주) 2월 13일 길림현 춘등하(春登河)에서 제2회 정기 총회를 개최하고 제반 결의를 한바 본사 규약 및 공익 식산금 처리 규정을 개정하고 역원의 축소 개선을 행함과 동시에 성명서를 발표하였는 바,총회의 상황은 다음과 같다.

생육사 제2회 정기 총회(회록 입수)

(1) 일시 소화 5년(1930년) 2월 13일

(2) 장소 길림성 길림현(吉林縣)의 춘등하(春登河) 윤상갑(尹相甲) 방

109『독립운동사』 5,1973, 597쪽.

(3) 출석자
유수(楡樹) 대표 김창환(金昌煥), 하얼삔 대표 이춘기(李春基), 서란(舒蘭) 대표 안일우(安一友), 반석 대표 이환(李煥), 길림 대표 임복순(林福順).
이상의 외에 사원 간부 합계 13명.

결의 사항

(4) 본사의 종지(宗旨)에 관한 단순한 의의는 재만 한교의 농노 해탈을 전제로 하는 범위에서 사원 각자의 경작에 충당할 수 있는 농지 매수를 최고 목표로 하는 비축조합(備蓄組合)을 실현하고자 하는 데 있다. 사원 자격은 누구를 막론하고 본사의 취지에 찬동하여 충실한 의무를 이행할 자라는 취지를 내외에 성명하고 본사의 발전을 꾀하고 혹자의 오해와 중상을 투파할 것으로 한다.

(5) 본사 규약 개정(개정의 주요한 것)
제5조 본사 부서는 다음과 같다. 사장 1인, 간사 약간인, 상무원(常務員) 약간인.
제9조 5인 이상의 사원이 있는 곳에는 분사(分社)를 설치한다.
(6) 공익 식산금 처리 규정 개정.
(생략)
(8) 본사 규약 개정에 의하여 간사 이하 총임원을 축소 개선한다.
간사 15명, 상무원 5명, 별기(別記)와 같이 선임한다.
(9) 전회(前回)의 결의에 의하여 우선 1백 90주(株)를 상무회(常務會)에 위임하고 올봄 안으로 농지 구입에 착수하기로 하여 하얼삔 부근에 있는 20향(垧) 농지압조안(農地狎租案)을 통과 실시할 것.
(10) 양종(兩種) 의무금 미납액은 각 분사에 대하여 독촉하고 음력 본월 말일 이내로 중앙에 납입토록 할 것(본항에 대하여는 4월 28일부 중앙 상무회로부터 각 분사에 독촉장을 냈다)
(기타 생략)
(11) 역원을 개선한 결과 피선자는 다음과 같다.
[중앙 집행 간사]
김추당(金秋堂)(金昌煥), 이금남(李金男) · 임위당(林偉堂) · 이백룡(李白龍) · 윤좌형(尹佐衡) · 박일만(朴一萬) · 이우정(李宇貞)(이규채-필자주) · 이장녕(李章寧) (백우[白羽]) · 황몽호(黃夢湖)(황학수) · 박진동(朴振東) · 이청호(李靑昊) · 목영상(穆永相) · 고용무(高勇武) · 김백(金白)(백주[白舟])

[중앙 상무원]

이장녕(李章寧)·황학수(黃學秀)·이백룡·이우정(이규채-필자주)·박진동(사장은 홍진 유임함)(앞의 결의에 따라 성명서를 발표한 바 내용은 생략함)[110]

위의 기록들을 통해 볼 때, 김창환, 이규채, 박일만 등은 생육사의 중요 인물들임을 알 수 있다.

2) 김창환과 생육사, 한국독립당

염석주가 군량미를 제공했다는 김창환은 한국독립군 부사령관으로 활동한 인물이다. 아울러 생육사의 중앙집행간사. 그리고 오상현과 이웃하는 유수현의 대표자였던 것이다. 그러므로 김창환은 생육사, 한국독립당, 한국독립군과 밀접한 인물로 판단된다. 김창환은 어떠한 인물인가.

김창환(1872~1937)의 별명은 석주錫柱, 호는 추당. 서울 청진동출신이다. 정2품 군인이었던 계현啓鉉의 둘째아들이다.[111] 어려서부터 한문을 배웠다.[112] 김창환은 대한제국 육군무관학교 출신인 것 같다. 이회영의 부인 이은숙의 『민족운동가 아내의 수기-서간도시종기』(정음사, 1983)에 보면 다음과 같은 기록이 있다.[113]

이장녕씨, 이관직씨, 김창환씨 세분은 고종 황제 당시에 무관학교의 특별 우등 생으로 승급을 최고로 하던 분이다. 만주 와서 체조선생으로 근무하는데, 대소한 추위에도 새벽 3시만 되면 훈령을 내려 만주서 제일 큰 산을 한 시간에 돌고 오는지라, 세분 선생을 〈범 같은 선생이라〉하더라

---

110 『독립운동사자료집』 10, 1976, 488-490쪽.

111 김창환의 11번째 자식인 金埈浩의 부인 黃明秀(1929년생)의 증언. 김계현의 첫째 아들은 金明煥,이며, 김창환의 부인은 채씨라고 한다.

112 한국역대인물종합시스템 김창환

113 이은숙의 『민족운동가 아내의 수기-서간도시종기』, 정음사, 1983,24쪽.

김창환은 1899년(광무 3) 대한제국 육군에 입대하여 1905년에는 부위副尉로 복무하다가 그해 을사조약이 체결되자 신민회에 가입하여 국권회복에 노력하였다.[114]『한민』12호(1937년 3월 1일자)에「추당 김창환 선생 별세」에,

> 추당 선생은 본시 경성 출생으로 이십오 세 때에 장교가 되어 시위대에서 십년간 복무하다가 을사년 보호조약이 체결되어 나라가 장차 망하게 되는 것을 보고 곧 군대에서 나와 이동녕 전덕기 이상설 씨들과 결탁하여 구국 운동에 참가하고 당시 각지에서 일어난 의병과도 연락하여 활동하다가

라고 있는 바와 같이, 김창환은 25세시 장교가 되어 시위대에 10년간 복무하였던 것이다. 그러던 중 1905년 을사조약이 체결된 것을 보고 군대에서 나와 이동녕李東寧, 전덕기全德基, 이상설李相卨 등과 함께 구국운동에 참여하였던 것이다. 이를 통해 볼 때, 김창환은 이들과 함께 상동청년회에서 활동한 것이 아닌가 추정된다. 상동청년회에서는 1904년 10월 15일 상동청년학원을 개교하였다[115] 이 학교는 신민회의 부설학교 같은 성격을 띤 것으로 민족학교라고 할 수 있을 듯하다. 김창환은 상동청년학원에서 전덕기 목사가 교장으로 있던 시절 체조교사로 일한 것으로 보인다. 그가 언제부터 교사로 일했는지는 정확히 알 수 없으나 그는 항상 이동녕, 이회영, 조성환曺成煥 등과 함께 활동하였으므로 그렇게 보는 것이 자연스러울 것으로 보인다.[116] 한편 김창환은 1907년 4월에 조직된 것으로 알려진 신민회에도 참여한 것으로 알려지고 있다 [117].

신민회 및 상동청년회에 참여했던 김창환은 1909년 12월 일진회가 고종과 통감統監, 그리고 총리에게 합방상주문合邦上奏文과 한일합방청원서를 제출하

---

114 한국역대인물종합시스템 김창환

115 한규무,「상동청년회에 대한 연구 1897-1914」,『역사학보』126, 1990,88쪽.

116 위의 논문,105쪽.

117 위의 논문,99쪽.

는 등 매국행위를 자행하자, 배동현裵東鉉·이승규李昇圭·오상근吳祥根 등과 함께 일진회를 성토하는 글을 발표하여 국민의 각성을 촉구하였다.[118] 여기에 등장하는 배동현, 이승규, 김진호 등은 상동청년회와 인연을 맺고 있던 인물들이다.[119] 이를 통해 볼 때, 김창환은 상동교회 및 청년회 등과 함께 구국운동을 전개한 것 같다.

1910년 일제에 의하여 조선이 강점되자 상동교회를 중심으로 활동하던 김창환은 신민회의 독립운동 기지 건설 계획에 따라 이회영, 이동녕 등과 함께 만주에 독립전쟁의 기지를 설정하는 일을 추진해 나갔다. 그리고 만주로 망명하였는데, 당시 김창환과 함께 유하현柳河縣 삼원보三源浦지역에 모인 인사는 이회영 등 6 형제와 그 외 이동녕·이상룡·김동삼·주진수朱鎭洙·윤기섭 등이었다.

김창환은 만주로 망명한 후 끊임없이 만주벌판에서 항일투쟁을 전개한 대표적인 무장투쟁론자이다. 그는 신흥무관학교 교관으로서 독립군 양성에 기여하였을 뿐만 아니라 서로군정서, 대한통의부, 정의부, 생육사, 한국독립군 등 만주지역의 대표적인 독립운동단체에서 중요한 역할을 담당하였다. 특히 그는 신흥무관학교에서 윤기섭 등과 함께 가장 어려운 시절 10년 가까이 신흥무관학교를 유지하며 독립군 양성에 일익을 담당하였다. 그의 이러한 노력은 많은 신흥무관학교 졸업생들의 존경을 한 몸에 받게 되었을 것이다. 그가 이후 서로군정서와 대한통의부의 총사령으로서 1920년대 만주지역 항일무장 투쟁을 이끌 수 있는 원동력이 되었던 것으로 추정된다. 이후 정의부 총사령, 한국독립군의 부사령 등 독립군 지도자로서 큰 기여를 하였다. 1931년 만

118 국사편찬위원회, 『통감부문서』 8권문서제목 (42) 合邦 문제에 관한 기독교도의 행동 ,문서번호 警秘第二四八號,발송일 隆熙三年十二月八日 (1909-12-08),발송자 警視總監 若林賚藏 ,수신자 統監 子爵 曾荒助에 잘 나타나 있다.

119 한규무, 「상동청년회에 대한 연구 1897-1914」, 『역사학보』126, 1990, 참조

주사변 이후에는 지청천과 함께 한국독립군으로서 항일투쟁을 전개하던 그는 더 이상 만주에 머물 수 없게 되자 중국본토로 이동하여 신한독립당, 민족혁명당, 조선혁명당 등에서 항일투쟁을 지속하다 순국하였다.

김창환은 대한제국군인에서 출발하여 참 군인으로서 만주와 중국본토에서군인으로서의 책무를 다하였다. 그가 순국한 후 1935년 11월에 중국 항주에서 결성된 민족주의진영의 대표적인 독립운동정당인 한국국민당의 기관지 『한민』 12호(1937년 3월 1일자)에서는 그의 죽음을 추도하여 「추당 김창환 선생 별세」라는 글을 싣고 있다. 결국 김창환은 대한제국의 군인출신으로서 만주로 망명하여 독립군을 양성하고 항일무장투쟁을 끝가지 전개한 참 군인의 표상이라고 할 수 있겠다.

1930년 7월 한족자치연합회와 생육사를 모체로 하여 한국독립당이 창당되었다. 이 단체의 성격을 보면 당시 북만주 교민들의 자치기관이던 한족자치연합회를 옹호하고 지도 육성하는 정당이었다. 이 한국독립당은 중앙당부에 6개 위원회를 두고 지방에는 지당부支黨部와 구당부區黨部를 두었다.

한국독립당은 소속 무장부대인 한국독립군을 편성하였다. 이와 같이 한국독립당과 한국독립군이 결성되었을 때 만주에 대한 일본군의 침략은 더욱 가열되었고 일본군과 만주군이 공동 연합하여 북만주까지 침공하여 왔다. 이에 한국독립당은 1931년 11월 오상현五常縣 대석하자大石河子에서 중앙회의를 개최하고 각 군구에 총동원령을 내리는 한편 당내의 일체 공작활동은 군사방면에 집중할 것과 그리고 한중연합작전을 중국당국과 협의할 것을 결정하였다.[120] 이 당시 김창환은 한국독립군 부사령관이었다.

120 국사편찬위원회, 『한민족독립운동사』4권, 독립전쟁〉Ⅲ. 한중연합과 대일항전〉3. 한중연합군의 항일전과 독립군의 수난〉 1) 한국독립군과 조선혁명군의 편성

3) 염석주와 박일만, 이규채

『이규채연보』에[121] 실려 있는 염석주에 대한 기록은 염석주의 만주 이민을 살펴볼 수 있는 중요한 단서가 된다. 이규채 연보 1928년 조를 보면 다음과 같다.

무진년(戊辰年, 1928)

○ 천진(天津)에 이르러서 개간하는 일에 대한 계획을 세웠는데, 역시 남북의 전란으로 인하여 깨졌다.

○ 6월에 윤선을 타고서 영구(營口)8)에 이르렀다가 도적을 만났다. 봉천(奉天)으로 들어갔는데, 정탐꾼이 뒤를 따라왔다. -개성의 음 형사-

가지고 가던 물품을 모두 버리고 몰래 공태보(公太堡)에 있는 임학근(林學根)의 집으로 피신하였다.

○ 길림(吉林)으로 들어가 여시당(呂是堂)과 홍씨와 이씨 등 여러 동지들을 만났다. 혼자서 농촌의 야학을 창설하였다.

○ 김좌진(金佐鎭)이 함께 가자고 굳게 청하였으나 응하지 않았다.

○ 윤씨와 황씨 등 여러 사람들이 생육(生育)하는 일을 하였는데, 나에게 위원(委員)의 직임을 맡겼다. 이에 고심을 하면서 온 힘을 다하였다.

○ 길림의 오상현(五常縣) 충하진(沖河鎭)으로 들어가 토지를 사서 개간하는 일에 착수하였다. 염석주(廉錫柱)가 내지에 있으면서 응원하여 농호(農戶) 30여 가를 이사하게 하였다.

기사년(己巳年, 1929)

○4월에 김백야가 어느 날 세 장의 서신을 윤주영(尹胄榮)에게 보내어, 화전(樺田)에 있으면서, 나로 하여금 속히 몸을 일으켜 그곳으로 와서 북만주의 일을 도모하라고 하였으나, 나는 모두 응하지 않았다.

○ 오상(五常)의 노흑정자(老黑頂子)로 들어갔다. 백우(白愚) 이장녕(李章寧)의 집에서 홍만호(洪晩湖 ; 홍진 洪震)와 황학수(黃學秀)및 여시당과 함께 민주주의에 대해서 강론하였다.

○12월에 김동삼(金東三)·김응섭(金應燮)·이탁(李卓) 등 여러 사람들이 보낸 통문을 받았다. 홍만호와 함께 길림으로 들어갔다. 김좌진이 화요회 회원인 김모에게 피

121 정선용, 『이규채연보』번역문, 『한국독립운동사연구』47, 2014.

> 살되었다는 소식을 들었다. 제문을 지어 보내 조문하였다.
> 경오년(庚午年, 1930) ○ 염석주의 돈을 가지고 오상현 충하진에 땅을 사고 내지에서 30여 호의 농가를 옮겨왔다. 당시에 공산당이 우리를 자본주의자라고 지목하였다. 그리고는 드디어 사형선고를 선포하고 도처에서 소란을 일으켜 많은 사람들을 살상하였다. 이에 드디어 유수현(榆樹縣)에 있는 박일만(朴一萬)의 집으로 피신하였다. 윤상갑(尹相甲)과 이진구(李鎭求)가 길림으로부터 와서 보호해 주었다. 생활과 육영에 대한 일로 하얼빈(哈爾濱)의 태평교(太平橋)에 이르러 둔간에 대한 계책을 세웠다.

위에서 보는 바와 같이, 『이규채 연보』 1928년조에 염석주에 대한 기록이 있다. 이규채가 1928년 길림의 오상현 충하진에서 토지를 개간하는 일에 착수하였을 때, 염석주가 내지, 즉 국내에 있으면서 생육사 사업에 호응하여 농호 30가구를 이사하게 하였다고 한다. 또한 염석주는 『이규채 연보』 1930년조에, 1930년에 염석주가 오상현 충하진으로 이주했음을 짐작해 볼 수 있다.

위의 기록들을 종합해 볼 때, 염석주는 1928년 이규채가 생육사를 조직하여 오상현 충하진에 토지를 개간하는 일을 추진할 때, 수원지역의 지주인 염석주가 이에 호응하여 농호 30여 가를 이주하게 하였다. 그렇다면 염석주와 이규채는 어떻게 연결되었을까. 『이규채 연보』 1930년조에 등장하는 박일만이 그 역할을 한 것이 아닌가 추정된다. 박일만은 염석주와 같이 수원군 출신이다. 이규채와는 지인이며, 이규채와 같이 생육사 발기인인 중 일명이다. 박일만에 대한 기록은 1934년 11월 14일 이규채의 신문조서에서 찾아볼 수 있다. 『한민족독립운동사자료집』 43권, 중국지역독립운동 재판기록 1, 한국독립당 관련 李圭彩事件(國漢文) 경찰신문조서, 청취서에,

> 16, 吉林大屯으로 成柱悅을 방문하니 이미 碧栖는 귀선하였고, 柱悅과 그 아내가 농사를 하고 있었으므로 나는 그의 집에서 신세를 지고 있었다. 成柱悅은 京城 출신으로 나와 동년배였다. 그리고 그의 집에서 소화 4년 정월까지 신세를 지고 있

> 다가 또 단신으로 吉林省 五常 沖河라는 곳으로 갔다. 그 곳에는 별로 의탁할 사람도 없이 갔다. 그 목적은 역시 농사를 경영할 생각이었다.
>
> 17, 五常 沖河에서 朴一萬이란 사람을 알게 되었다. 朴一萬은 水原郡 출신으로 당시 三七·八세쯤인데 稻田공사라는 토지매매의 부로커를 하고 있었는데, 나는 그런 일은 성질상 맞지 않았으므로 그의 집에 生育社라는 간판을 걸고, 공동사업의 자금 모집을 시작하려고 계획 중이었는데, 마침 공산당원 다수가 그 곳을 습격해 와서 朴一萬도 죽을 고생을 하고 피난하는 상황이었다. 나도 그 계획을 중지하고 체류한지 겨우 二○일 쯤으로 朴一萬과 함께 楡樹縣에 있는 朴의 본댁으로 돌아왔다.

라고 하여, 생육사를 만들 때, 이규채는 오상현 충하에서 수원군 출신 박일만을 만났다. 박일만은 37, 38세 정도로 당시 1895년생인 염석주와 비슷한 나이의 동향의 인물이다. 도전稻田공사라는 토지매매의 부로커일을 하고 있었다. 이 박일만이 이규채와 염석주를 연결시켜 준 장본인이 아닌가 한다. 아울러 박일만 역시 생육사의 발기인이었으므로 염석주를 적극 만주로 진출하도록 설득하였을 것으로 보인다. 아울러 박일만은 수원군 출신일뿐만 아니라 1923년 대종교인으로 활동하였으며,[122] 독립신문 1923년 6월 13일 기사제목 〈감하의연感賀義捐〉에서도, 자금을 기부하는 등[123] 독립운동성향이 강한 인물로 추정된다.

122『한국독립운동사 자료』37권「해외언론운동편」제Ⅲ장중국동북지역臨時報 第195號 不穩文書配布. 檀祖紀念會發起趣旨書(중략), 紀元 四千二百五十六年三月十五日, 發起人 李相勳 金炳淳 金鳳林 郭英斗,南相復 李鍾燦 朴贊玉 李 勳,朴正祚 朴根植 周容鎬 公昌準,李東熙 崔鵬南 吳尙憲 李能述
朴東初 洪起龍 朴 健 柳東信,朴永浩 朴榮山 金忠錫 安聖天,池章會 金學根 朴一萬 李根茸,許 沃 裵淵極 池應回

123『독립신문』1923년 6월 13일 기사제목 〈感賀義捐〉에서도, "吉林省 樺甸縣게신 李子華氏가 本社를 爲하야 義捐을 募集하여 보내엿슴으로 本社를 爲하야 努力하신 이의 誠意와 義捐金을 내신 이의 厚意에 對하야 本社는 크게 感謝히 녁이는바 今에 義捐하신 諸氏의 芳名과 金額을 左에 揭하노라. 南학청, 朴一萬 各一元四角八分. 金忠錫一元一角四分. 卓宗福一元. 裵浩山. 朴永植. 柳一愚. 李자화. 黃河淸. 趙洙元. 金潤汝. 朴春圃. 朴昌彦. 金舜政. 權昌周. 李靑虎. 金光相. 李庭烈. 金佑琪. 朴在根. 朴東波. 金仁찬. 朴在壽. 閔應浩. 崔在雲. 田相烈各七角四分. 秋龍浩. 朴明老各二角九分 (以上 大洋計算)" 에 라고 있듯이, 박일만은『독립신문』에 1원 4각 8분을 희사하였던 것이다.

맺음말

만주에서 1920년대, 30년대 생육사와 한국독립당에서 활동한 『이규채 연보』에 그동안 알려지지 않았던 염석주에 대한 기록이 1928년, 1930년조에 등장한다. 이 기록들은 그동안 밝혀지지 않았던 염석주의 만주행적을 밝히는 실마리를 제공해 준다. 그동안 염석주에 대한 만주기록은 구전으로만 전해져 왔기 때문이다. 아울러 일제에 의해 작성된 이규채의 신문조서에, 오상현 충하진 및 염석주와 관련된 인물로 보이는 수원군출신 박일만이란 인물이 새로이 등장한다. 또한 『동아일보』 1929년 기사에 염석주가 수원궁민들을 데리고 만주 회덕현 오가자로 간다는 기록도 나온다. 이들 자료들을 토대로 염석주의 만주이주와 농장건설에 대하여 검토해 보았다.

염석주는 1929년 농민들을 데리고 만주 회덕현 오가자와 오상현 충하진으로 가 농장을 만들었다. 독립군들에게 군량을 제공하기 위해서였다. 처음에는 수원의 가난한 농민들을 이주의 대상으로 삼았다. 그러나 이들을 대상으로 한 농장 경영은 간단치 않았던 것 같다. 염석주는 자신의 일족인 수원 율전의 염씨들, 안산의 외조카들 등 일가친척을 대상으로 만주이주를 추진하기 시작하였다. 아울러 농장의 위치도 오상현 충하진으로 변경하였다. 1931년 만주사변의 발발, 한국독립군의 일본군과의 전투 상황 등이 요인으로 작용한 것으로 보인다.

염석주의 만주 이민은 북만주에 있던 생육사라는 독립운동단체에 의하여 군자금 및 군량미 마련의 일환으로 추진되었다. 일의 담당자는 이규채였다. 염석주와의 연결은 생육사의 발기인 중 한명으로, 수원군출신으로 독립운동가이며, 토지 브로커 일을 하던 박일만이라고 판단된다. 그는 염석주와 나이도 비슷한 인물이었다.

생육사의 일원으로 활동한 염석주는 생육사의 지도자이며, 한국독립군 부사령관으로 활동하는 김창환과 특별한 인연이 있었던 것 같다. 김창환도 이명이 염석주의 이름과 같은 석주이다. 염석주도 자신의 농장 이름을 김창환의 호인 추당의 '추'자를 따서 추공농장이라고 명명했다고 한다.

제5장

3·1운동 사료의 비교분석과 구술작업

1. 서로의 사료로 본 한·중역사 : 북간도지역 3·1운동

머리말

1876년 개항 이후 한국근현대사를 연구하는데 있어서 사료의 중요성은 주지의 사실이다. 특히 간도지역의 한인문제를 다루는데 있어서 중국 측 자료는 가장 중요한 기본 자료라고 할 수 있을 것이다. 그럼에도 불구하고 지금까지 만주지역 한인들에 대한 연구는 일본 측 자료를 중심으로 연구되어 왔다고 해도 지나친 언급은 아닐 것이다. 물론 그렇다고 하여 일본 측 자료가 중요하지 않다는 것은 아니다. 중국 측, 일본 측, 한국 측, 때에 따라서는 러시아 측 자료 역시 만주지역의 한인사회를 이해하는데 중요하다고 할 수 있다. 오늘 언급하고자 하는 간도 지역의 3·1운동에 대한 연구 또한 이와 궤를 같이 한다고 할 수 있다.

간도지역의 3·1운동은 1919년 3월 13일 용정龍井지역을 중심으로 전개되었다. 이 만세운동은 간도지역에서 최초로 전개된 만세운동으로, 한인들이 가장 많이 살고 있는 지역에서 가장 대규모의 한인들이 참가한 만세운동이라는 측면에서 각별한 역사적 의미를 갖고 있는 것이라고 할 수 있다. 그럼에도 불구하고 3·1운동 80주년을 맞이하여 중국 연변조선족자치주 용정에서 간행된 1999년의 연구업적을[1] 제외하곤 국내외에서 이렇다할 연구 성과가 이루어지

1 룡정3 · 13기념사업회, 연변력사학회, 연변해외문제연구소, 『룡정3 · 13반일운동80돐기념문집』, 연변인민출판사, 1999.

고 있지 않은 것이 현실이다.[2]

최근 국사편찬위원회[3]와 독립기념관[4] 등에서 중국 측 자료에 주목하여 자료집들을 출간하여 학계에 큰 자극제가 되고 있다. 이에 본고에서는 이들 새로운 중국 측 자료들을 소개하는 한편 한국 측 자료와 비교하는 기회를 갖고자 한다. 이를 통하여 간도지역의 3·1운동의 실체에 보다 접근할 수 있지 않을까 판단된다.

2. 한국학계의 간도지역 3·1운동 활용사료

1) 한국측 자료들

간도지역의 3·1운동에 대한 연구는 3·1운동 80주년을 맞이하여 윤병석에 의해 최초로 이루어졌다. 이 논문은 용정 3·13만세운동 80주년을 맞이하여 연변에서 개최된 학술회의에서 발표된 글이다.[5]

> 윤병석, 「북간도 용정 3·13운동과 조선독립선언서포고문」, 『사학지』 31, 단국사학회, 1998. 12.

위 논문에서 윤병석은 용정지역의 3·1운동에 대하여 본격적으로 검토하였다. 윤병석의 위 논문은 연구사적 측면, 특히 사료의 활용이라는 측면에서 특별한 의미를 지닌다. 그는 한국측, 중국 측, 일본 측 사료를 다양하게 구사하고 있기 때문이다. 이를 보면 다음과 같다.

---

2 한국의 대표적인 연구성과로 다음을 들 수 있다. 윤병석, 「북간도 용정 3·13운동과 조선독립선언서포고문」, 『사학지』 31, 단국사학회, 1998. 12.

3 국사편찬위원회, 『해외사료총서 19집 · 중국 동북지역 한인관련 자료 Ⅰ』, 2008.

4 독립기념관, 『중국신문 한국독립운동기사집Ⅱ -3 · 1운동편』, 2014.

5 연변인민출판사에서는 당시 발표문을 책으로 정리하여 간행하였다. 룡정3 · 13기념사업회, 연변력사학회, 연변해외문제연구소, 『룡정3 · 13반일운동80돐기념문집』, 연변인민출판사, 1999.

〈한국 측 사료〉

1) 四方子(계봉우), 「北間島 그 過去와 現在」, 『獨立新聞』 36호, 1920년 1월 10일자, 1월 13일자

2) 洪相杓, 『간도독립운동소사』, 한광중학교, 1966.

3) 『金鼎奎日記』

卷 15, 1919년 2월 10일자. 1919년 2월 12(양력 3월 13일자-필자주)일자, 2월 14일자

권16, 1919년 11월 2일자

4) 獨立宣言布告文(독립기념관소장)

〈일본 측 사료〉

朝特報 2호, 『現代史資料』26, 東京, 1967, pp. 84-85

국민회통달문 제175호, 『現代史資料』 22, p. 78

〈중국 측 사료〉

中華民國外交檔案, 1919년 4월 9일, 吉林省長密咨 제 22호, 附 「計咨韓民印刷物二件」

中華民國外交檔案, 1919년 4월 26일, 吉林省長咨附 「淸單」

中華民國外交檔案, 1919년 5월 13일 吉林省長密咨 첨부 供草

中華民國外交檔案, 1919년 5월 16일, 吉林省長密咨 제 39호,

한국 측 자료 가운데 중요한 부분을 살펴보면 다음과 같다.

(1) 四方子(계봉우), 「북간도 그 과거와 현재」, 『독립신문』 36호, 1920년 1월 10일자

필자인 계봉우(桂奉瑀, 1880~1959)의 이명은 사방자四方子·뒤바보·북우北愚이고, 함경남도 영흥 출신이다. 1908년 동경유학생 단체인 태극학회太極學會의 영흥지회에 들어가 〈진지사眞志士〉 등 여러 편의 글을 발표하며 계몽운동에 참여했다. 국내에서의 新民會 운동에도 관여한 것으로 보인다. 저술로는 최초

의 한말의병운동에 대한 종합적 서술이라 할 수 있는 <의병전>이 있으며, 또한 노령 지역에서의 한인들의 생활상, 특히 독립운동에 대한 체계적인 저술이라 할 수 있는 <북간도北墾島>·<아령실기俄領實記>·<김알렉산드라> 등이 있다. 이 글들은 1920년『독립신문』에 연재했던 것들로 독립운동사연구에서 자료적 가치가 큰 것으로 평가된다.『동학당폭동』·『조선역사』 등 역사 저술물도 사학사적 의의가 크다.[6]

계봉우가 작성한 독립신문의 기록들을 보면 다음과 같다.

獨立活動

그러는 동안에 三月一日에 漢城을 中心으로 한 獨立宣言의 喜消息이 來하엿다 墾北人士는 同聲相應할 準備에 크게 奔忙하엿다 이 機密을 探知한 倭領事側에서는 百方으로 障害하랴고 中國官憲에게 奸巧한 交涉이 우리의 運動보다 더욱 狂熱하엿다 一時라도 急促히 爆發치 안코는 休息할 수 無한 墾北人心은 突地 噴火口와 갓치 그 熱이 最高頂에 達하엿다 漢城 및 其他 各處에서 獨立을 이미 宣言하엿스매 墾北에서는 獨立祝賀會를 龍井市의 北便인 瑞甸大野에 開하기로 하엿다 이때는 三月十三日이다 會集人數는 三萬名 以上이 되엿다 男女學校는 勿論이오 窮僻한 山村에 樵童牧叟까지 來會한 듯하다 龍井市로서 天主教堂의 鐘聲은 時間을 報하야 ●●한다

會長 金永學氏가 登壇하야 獨立宣言書를 朗讀하고 祝賀의 趣旨를 說明하자 謄寫版印刷物이 임의 會衆에게 散布되엿다 이때 萬歲聲은 바야흐로 天地를 掀動한다 劉禮均 裴亨提 兩氏와 黃志英女史의 激切快壯한 演說이 次第로 有하엿는대 其中 劉禮均氏의 語調가 더욱 有力하야 滿場 聽衆은 喜而泣하고 泣而蹈하면서 十個 星霜이나 心胸에만 潛藏하엿던 太極旗는 各긔 手中에서 璀璨한 大光彩를 放하야 萬歲羣과 함끠 空中에 上下한다 이때 龍井市에는 八百餘戶가 되는 우리 同胞의 家에는 미리 準備하엿던 太極旗가 門楣마다 高揭하엿다 이곳뿐 아닐다 如何한 村落이던지 다 그리하엿다(此項 未完)

四方子

---

6 윤병석,「계봉우의 생애와 저술목록」,『인하사학』1, 1993.

위의 기록은 계봉우가 독립신문에 연재한 것으로 간도지역의 3·1운동 상황을 생동감 있게 보여주고 있다. 그러나 1920년 1월 10일자라는 시간적 한계는 지니고 있다. 아울러 당시 중국 및 일본의 대한인정책 등은 언급되지 않고 있다.

(2)『김정규일기金鼎奎日記』

김정규일기의 권 15, 1919년 2월 10일자, 1919년 2월 12(양력 3월 13일자-필자주)일자, 2월 14일자, 권16, 1919년 11월 2일자 등이 주로 참조된다.

김정규(1881-1953)는 1881년 함경도 경성에서 출생해 성리학을 수학하고 회양재回陽齋라는 정사를 지어 후생들을 가르쳤다. 그러나 1907년 고종 양위와 군대해산 등 일제의 한국 침략이 본격화하자, 1908년 경성·명천의 관북의병진을 결성해 연해주에서 건너온 강동의진과 연합해 참모장으로 활동하였다. 그러나 12월 말에 일본군에게 패하자 1909년 7월 간도로 망명하였다. 13도의군十三道義軍 편성에 가담했던 그는 일제의 사주를 받은 러시아 관헌의 탄압으로 십삼도의군이 해체 당하자 간도 공교회孔教會 활동에 전념해 유학 교육에 앞장섰다. 3·1운동 이후 그는 대한의군부 조직에 가담했으나 경신참변으로 15년 동안 기술하던 이 책의 집필도 중지하였다. 이후 한의로 일하다가 1953년 8월 중국 길림성 연길에서 74세를 일기로 작고하였다.『용연김정규일기龍淵金鼎奎日記』는 김정규가 1907년부터 1921년까지 15년 동안 기록한 야사적 성격의 일기이다.[7]

간도지역의 만세운동이 전개되었던 3월 13일 당일 기록을 김정규일기에서 보면 다음과 같다.

7 윤병석, 「용연 김정규의 생애와 야사」,『한국독립운동사연구』5, 1991.

1919년 2월(음력) 12일 갑자(양력 3월 13일자임-편자주)

회오리바람이 세차게 불고 구름떼가 모였다 흩어졌다. 이날은 바로 간도의 韓人族들이 용정에 모여 독립만세를 부르는 날이다. 여기에 참석하는 동리 사람들도 여남은 명이나 되는데 나는 상복을 입고 있는 몸이라 감히 길을 나서지 못하고 太極旗 하나를 아들 奇鳳에게 주어서 가게 하였다. 이날, 이날, 이날이야말로 과연 舊物이 광복되는 날이란 날인가. 사람들이 어쩌면 저리도 화색이 흘러넘친단 말인가.

저녁에 들은 바에 의하면 '사방의 인사들이 소문을 듣고 모여들어 참으로 人山人海를 이루었다. 점심 무렵이 되어서 용정 부근에 하나의 큰 朝鮮獨立旗를 우뚝이 세우고 사람마다 손에 태극기 하나씩을 들고 먼저 조선독립만세를 외치고 이어서 독립을 선언하였다. 깃발 그림자로 해를 가리고 함성 소리는 우레와도 같았다. 곁에서 보고 있던 왜놈들은 낯짝이 모두 잿빛으로 변하였는데 중국군 4백명이 시장을 사면으로 포위하고 들어가는 것을 엄금하였다. 이는 왜놈들이 한인들이 곧장 그들의 관공서로 들이치는 것을 두려워하여 延吉道尹에게 照會하여 이런 행동이 있었던 것이다.

선언을 마치고 사람들은 모두 시장 안을 따라 돌면서 나오려고 하였는데 대중들이 향하는 곳을 중국군들이 막아내지 못하자 대중을 향해 총을 쏘아 죽은 자가 9명, 부상자가 19명인데 모두 英國醫院으로 옮겨졌다. 그리고 天水坪의 門叔-자는 眞瑞, 이름은 文憲이다.- 도 다리를 다쳤다.'고 한다. 참으로 통탄스러운 일이다. 중국인들은 우리와 본래 원수진 일이 없는데 이렇게 하였으니 저들에게 있어서는 씻기 어려운 수치일 것이다. 원한이 없을 뿐만이 아니라 은의(恩誼)까지 있는 것은 역사에 분명하게 나타나 있다. 오늘 시장을 보호하는 것이 부득이한 형세에서 나왔다면 명분을 위해 그저 방비하고 금지하면 되는 것이지 무슨 까닭으로 참마음으로 총을 쏘아 사람을 죽이고야 만단 말인가. 우둔한 저 중국 사람이여.

김정규일기를 보면, 만세운동이 있던 당일인 3월 13일 김정규는 만세운동에 직접 참여하지 않았고, 아들을 대신 현장에 보냈다. 그의 일기에서는 만세운동 당일 들은 이야기를 중심으로 서술해 가고 있다. 특히 김정규 일기 속에서는 만세운동을 전개하는 한인들에 대하여 총을 발사한 중국군에 대하여 비판하고 있다.

(3) 홍상표洪相杓, 『간도독립운동비화』, 1966.

홍상표는 함남 덕원 출생으로, 1916년 간도로 망명하였다. 그리고 국민회에 가담하여 그곳에서 용정에서 전개된 3·13만세운동에 참여하였다. 이 책자는 1966년 그의 나이 70세에 간도지역에서 있었던 일들을 회고하여 정리한 것이다. 세월의 흐름으로 인하여 일정한 한계는 있다고 보여지나, 3월 13일 만세운동에 직접 참여한 인물의 기록이라는데 일차적인 의미가 있다고 판단된다. 아울러 중국 및 일본의 동향을 파악하는데 시사점을 제공해준다는 측면에서 귀한 자료라고 생각된다. 특히 만세운동시 한인들에게 총을 발사한 것은 중국군이 아니라 일본형사들이라고 서술하고 있는 점이 주목된다. 관련내용을 발췌하여 보면 다음과 같다.

> 1. 일본영사관에서는 3월 13일 아침에야 비로소 독립선언식이 개최된다는 것을 알고, 비상소집을 하는 한편, 연길도윤에게 독립선언식을 하려는 조선인들은 대일본제국의 국민이므로 집회경비를 영사관에서 맡겠다고 요구하였다. 그러나 도도윤은 식장이 중화민국 영토내이며, 일본영사관 치외법권 지역 밖이므로 일본영사관측의 요구가 부당하다고 거부하였다. 영사관 측은 다시 공동경비를 제의하였으나, 도윤은 완강히 거부하고 맹부덕단장이 충분한 군인을 출동시켜, 경비하게 하였다. 자신들의 요구가 거절되자, 일본경찰은 권총으로 무장한 사복경관을 밀파하여 중국군인들 사이에 끼여들게 하였다.
> 2. 독립선언식을 끝내고 시가행진에 들어가 오층대길로 행진하는 찰나 경비를 하고 있던 중국육군들 틈에서 일본형사들의 총성이 나더니 행렬 선두에 섰던 기수 朴文鎬(二道溝 藏恩坪 학교 학생)가 현장에서 쓰려졌다. 그리고 연발되는 총성에 명동중학교 충열대장 金極恕의 조카 金秉英군이 순사하였고, 뒤를 이어 피바다를 이루며 사상자가 속출하여 행진현장에서 도합 17명이 순사하였고, 수십명의 중경상자가 생겼던 것이다..
> 3. 중국육군이 경비하고 있었기 때문에 안심하였던 군중은 이 난데없는 난사에 당황하고 흥분하여 대외장에서 행로주변은 피바다를 이룬 수라장이 되어 버렸다. 후에 밝혀진 바이지만, 이 살육은 중국육군이 감행한 것이 아니었고, 천인무도한 일본

경찰들이 중국육군 틈에 숨어서 발사한 것으로 책임을 중국육군에게 전가하려고 꾸민 일본경찰들의 흉계였던 것이다.
4. 일본영사관, 경찰서에서는 중국 육군 孟富德의 부하가 발사하였다고 간도신보(영사관기관지)에 보도하였으나, 사상자에게서 빼낸 탄환이 일본경찰의 권총탄환이었음이 증명되었고, 사실 중국육군은 일발도 쏘지 않았던 것이다. 당시 국민회 간부와 필자는 민원장(영국인의사 閔山海-필자주)이 부상자에게서 적출한 탄환을 저장한 약병에서 목도하였는데 일본권총 탄환이었고, 장총탄환은 일발도 없었다. 캐나다 선교부의 朴傑 선교사는 순사자와 부상자를 일일이 사진찍어 경성선교사들과 캐나다선교본부에 보냈다.

2) 일본 측 자료들

일본 측의 기록은 양이 너무 방대하므로 한국 및 중국 측 자료 이해에 필요한 부분만 언급하도록 하겠다.

먼저 주목되는 것은 3월 13일 만세운동에 대한 일본측의 최초의 보고내용이다. 보고 내용은 다음과 같다.

密受제102호 其50, 3월 12일 제21호
電報 譯, 3월 일 시 分發, 3월 12일 오전 9시 55분 着

大臣 앞
朝特제26호
간도방면의 정황

1. 앞서 京城에서 발표한 조선독립선언서가 간도에 도착한 것과 10일 경성방면으로부터 독립운동관계자가 잠입한 결과 13일 야속학교에서 독립선언서를 발표하려고 하고 있다.
2. 독립운동의 목적은 鮮人의 의사를 세계에 공시하여서 프랑스파견원의 운동에 도움을 주고자 하는 것이며, 폭도를 일으키는 것은 아닌 것 같다.
3. 조선인운동에 관해 미국인선교사와 중국관헌이 선동하는 바가 있는 것 같다.

4. 우리관헌은 사전에 이를 방지할 목적으로 활동하고 있다.[8]

위의 기록을 통하여, 용정에 있는 간도일본총영사관에서 3월 12일에 보고하고 있음을 알 수 있다. 아울러 용정 총영사관에서는 만세운동상황을 시시각각 보고하고 있다. 이를 보면 다음과 같다. 우선 만세운동이 있었던 당일 보고를 보기로 하자.

密受제102호 其57, 3월 14일 제51호
電報 譯, 3월 13일 오후 2시 4分發, 3월 13일 오후 5시 8분 着

大臣 앞 발신자 조선군사령관
朝特제31호
간도방면의 한인독립운동 단속에 관해 동지 총영사로부터 중국관헌에 주의한 바 있다. 중국관헌은 훈춘사건과 같이 일본군대가 간도로 진입하는 것을 두려워하여 12일 고시문을 발포하고, 조선인소요를 경계하고, 용정촌에 40명의 군인을 배치하였다. 거기다 지방경찰을 同地로 소집중이다.
13일 아침부터 맹단장이 용정촌에 이르러 일반의 경비를 지휘할 것이라고 말하다.[9]

간도총영사관에서는 1919년 3월 13일 오후 2시경 육군대신에게 보고하고 있음을 알 수 있다. 이 보고에서는 일본의 중국과의 관계 및 중국군의 동향을 보여주고 있다. 간도일본총영사관은 한인들의 만세시위정황과 더불어 중국군의 동향을 면밀히 주시하고 있음을 다음의 기록들을 통하여 짐작해 볼 수 있다.

1. 密受제102호 其59, 3월 15일 제1호
電報 譯, 3월 14일 오후 8시 50分發, 3월 15일 오전 1시 着
육군大臣 앞 발신자 조선군사령관

8 국회도서관, 『한국민족운동사료(삼일운동편 1)』, 1977. 24쪽.
9 국회도서관, 『한국민족운동사료(삼일운동편 1)』, 35쪽.

朝特제35호
간도방면

지난 13일 용정촌에 집합한 군중의 수모자가 연설할 때, 경성에서의 독립운동의 축하라고 聲言하고 있었다.
15일 훈춘에서도 독립운동을 행한다고 하여 용정촌 조선인의 일부는 14일 동지를 향해 急行하였다. 이어 국자가, 두도구 기타에서도 행할 것이라는 설이 있다.
중국군사는 14일 아침 또다시 60명을 용정촌으로 증가하여 경계중이다.
간도내 각지 촌락에서는 구한구기를 세우고 각처에 집합하고 있다고 한다.
13일 해산한 군중의 대다수는 국자가로 가서 일부를 각처 촌락에 분배하고 용정촌에서의 중국관헌과의 교섭결과를 전달하고 있다.[10]

2. 密受제102호 其61, 3월 15일 제98호
電報 譯, 3월 14일 오후 2시發, 3월 14일 오후 10시 着

육군大臣 앞 발신자 조선군사령관
朝特
〈附箋 13일 간도의 상황〉
13일 용정촌 선인은 모두 문을 닫고 중국관헌은 엄중히 시내를 경비하고 있었는데, 정오경 약 3-4천의 군중이 시내로 들어와 만세를 부르며, 격문을 배포하고 한국기를 선두로 시내을 보조를 맞추어 돌아다니다. 오후 1시에는 군중이 약 6천명에 이르러 예정한 장소에서 원형으로 둘러서서 주모자 4명이 독립선언서를 설명하였다. 그 중에는 1명의 부인이 있었다. 끝내고 한국만세 3창을 하고 이어 시내로 시위운동을 하려고 하자, 중국관헌이 이를 제지하였으나 투석으로 저항하였기 때문에 중국병사가 사격하였더니 군중은 더욱 소요하여 단장을 포위하고 暴況이 極에 달하였으므로 중국병사가 다시 발사하여 군중이 해산하였다. 때는 오후 2시였다.
전후를 통하며 사망자 14명, 부상자 30명(혹은 사망자 11, 부상자 18명이라고도 함)을 내었다. 그들은 일본관헌의 사주에 의한 것이라고 하여 그날 밤 총기를 정비하고 영사관을 습격할 것이라고 揚言하며, 그 후의 정황은 매우 불온하다,
 독립선언 주모자 수명은 중국관헌에 대해 군중을 사격하여 사상자를 낸 책임에 관

10 국회도서관, 『한국민족운동사료(삼일운동편 1)』, 36쪽.

해 교섭중이며, 길림성장과 북경정부에도 항의를 전보하였다고 한다.[11]

3. 密受제102호 其62, 3월 15일 제101호
電報 譯, 3월 14일 오후 6시發, 3월 14일 오후 11시 10분着

大臣 앞 발신자 京城 兒島
13일 간도 용정촌에서 군중이 독립운동을 하여 중국관헌의 제지에 불응하다. 군대의 발포로 사망자 14명, 부상자 30명을내고 해산하다.[12]

3) 캐나다 선교사들의 기록

지금까지 만주지역의 3·1운동에 대한 연구는 앞서 언급한 바와 같이 우리 측, 일본 측 자료를 중심으로 연구되어져 왔다. 그런데 최근 문백란의 연구에서는 캐나다선교사 기록들을 사용하고 있어 흥미를 더해주고 있다.

문백란, 「캐나다 선교사들의 북간도 한인사회 인식-합방 후부터 경신참변 대응시기까지를 중심으로」, 『동방학지』 144, 2008.

캐나다 선교사들이 간도지역에 기독교를 선교하기 위하여 3·1운동 당시에도 간도에 파송되어 있었던 것이다. 선교사들은 그들의 만주경험을 서신, 선교보고서, 정기간행물, 저서 등에 담아냈고, 한인들의 생활사나 독립운동사 방면의 중요한 정보들도 간혹 그 속에 포함시켰다. 문백란은 특별히 서신들, 간도의 캐나다 장로교 선교사들이 본국의 교단 선교부와 주고받은 편지들을 주로 활용하였다. 이 논문에서는 1910년대 간도 한인사회에 대한 선교사들의 인식과 1919년 3·1운동 및 1920년의 경신참변에 대한 대응태도와 대응논리를 살펴보고 있다. 한편 서전평야에서 전개된 3·13용정만세운동 사진의 경우 캐나

11 국회도서관, 『한국민족운동사료(삼일운동편 1)』, 36~37쪽.
12 국회도서관, 『한국민족운동사료(삼일운동편 1)』, 37쪽.

다 장로교 선교회에서 입수한 것으로 알려지고 있다[13]

3. 중국 측 사료로 본 간도지역 3·1운동의 이해

1) 중국 측 사료의 내용

(1) 신문자료

용정에서는 1999년에 3·1운동 80주년을 맞이하여 룡정3·13기념사업회, 연변력사학회, 연변해외문제연구소가 중심이 되어 『룡정3·13반일운동80돐기념문집』(연변인민출판사)을 간행하였다. 이 책자에 실린 3·1운동관련 논문은 다음과 같다.

안장원, 「룡정 3·13반일운동에 대하여」
안화춘, 김상국, 「3·13반일운동의 성격과 특점에 대한 연구」
주상길, 리성수, 「조선 31.운동에 대한 중국 보도매체의 보도와 평가」
박경재, 「연길도윤공서에서 3·13반일운동을 제지하게 된 력사적 배경에 대하여」
박금해, 「1919년 연변의 3·1운동과 5.4운동에 대한 비교고찰」

위의 논문 가운데 사료와 관련하여 특별히 주목되는 것은 〈주상길, 리성수, 조선 3·1운동에 대한 중국 보도매체의 보도와 평가〉이다. 논문의 주제에서 볼 수 있는 바와 같이, 중국보도매체에 주목하고 있는 것이다. 이 논문은 이 분야의 선구적인 논문으로 주목된다,

독립기념관에서는 이에 주목하여 최근 중국 및 일본매체에 보도된 3·1운동관련 기사자료집을 집중적으로 간행하고 있다.[14] 독립기념관에서 수집하여 간

13 윤병석, 「북간도용정 3·1운동과 조선독립선언서포고문」, 459쪽. 최근 독립기념관에서『캐나다 선교사가 본 한국·한국인』(독립기념관, 2013)을 간행하였다.

14 독립기념관 한국독립운동사연구소 『일본신문 한국독립운동기사집(Ⅲ) - 3·1운동 영향편』 독립기념관 한국독립운동사연구소 2012.

행한 중국 측 신문자료는 『민국일보民國日報』, 『중화신보中華新報』, 『시보時報』, 『시사신보時事新報』, 『신문보新聞報』, 『국민공보國民公報』 등이다. 중국 신문들은 3·1운동과 관련하여 7개 통신언론사로부터 소식을 전달받아 보도하였다. 즉 로이터 통신 기사, 『자림보字林報』, 『대륙보大陸報』, 『중미신문사中美新聞社』, 일본 발행 신문으로는 『대판매일신문大阪每日新聞』의 보도 내용을 많이 인용하였다. 그리고 한국에 거주하는 외국인 선교사들의 3·1운동 목격담과 증언, 그리고 한인들이 중국 신문에 투고한 글들을 보도하였다. 보도기사 내용 중에는 직접 취재한 내용도 있으나 들려오는 풍문을 전하여 정확성이 떨어지기도 하지만 보도 그 자체가 3·1운동 시기의 한국 정황을 보여주고 있어 의미가 크다고 할 수 있습니다. 3·1운동이 발발하자 조선총독부 기관지인 매일신문만이 유일했기에 한국민의 입장을 제대로 전달해주는 언로를 가지지 못한 상황에서 중국신문에 보도된 기사는 3·1운동에 대한 한국민의 입장과 한국인의 저항, 일본의 잔악한 탄압상을 잘 드러내주고 있으며 3·1운동 당시의 현장성과 사실성을 비교적 객관적으로 전해주고 있다.[15]

그러나 간도지역의 독립운동에 대한 내용들은 많지 않다. 『민국일보』 1919년 3월 24일 제1장 제3판에 「연길한인의 독립운동延吉韓人之獨立運動」이 제일 상세히 기록해 주고 있다. 이를 보면 다음과 같다.

> 3월 13일 정오. 吉林 延吉에서 수천 명의 한인들이 모인 장소에서 갑자기 우뢰같은 함성이 터져 나왔다. 환호 소리는 성난 파도와 같았다. 한인들은 목청껏 조선독립만세를 환호하였다. 손에 태극기를 들었다. 「독립선언서」를 배포하였다. 시위대는 龍井 시내로 진입하였다. 거대한 파도가 밀려오는 모습이었다. 시위대는 갑자기 기수를 돌려 시외로 향하였다. 거리를 나누어 축하대회를 가졌다. 4명이 나서서 중앙에 마련된 연단에서 눈물을 흘리면서 격정에 넘치는 연설을 하였다. 노인과 부인

15 독립기념관, 『중국신문 한국독립운동기사집Ⅱ －3 · 1운동편』, 2014. 〈해제〉 참조.

> 들도 시위대에 섞여 있다. 연설이 끝나자, 만세 소리가 사방으로 울려 퍼졌다. 집회에 모인 사람이 이미 5,000~6,000명이 되었다. 대회 기획자들은 '조선독립'·'독립만세'·'정의·인도' 등 글귀를 새긴 큰 깃발을 집회장 앞에 세웠다. 태극기를 따로 세웠다. 중국의 五色旗도 함께 세웠다. 다시 시위대를 이끌고 시내로 향하여 거리 행진을 시작하였다. 중국 군경은 전날의 불온한 행동을 미리 감지하고 이미 경계태세에 돌입하여 있었다. 시위대를 저지하고자 하였다. 시위대가 응하지 않았다.
> 전투가 벌어졌다. 수십 발의 총소리가 울렸다. 한인 14명이 목숨을 잃었다. 중상자가 30여 명이다. 시위대가 흩어졌다. 중국 관리가 사전에 상황 파악에 나섰다. 일본 관청에서 따져 묻는 것을 개의치 않기로 하였다. 스스로 경계에 나서기로 하였다. 맹 단장[孟富德]은 당일 군인 수십 명과 현 경찰 몇 명을 거느리고 현장을 찾았다. 원래는 온화한 수단을 취하려고 하였다. 도저히 저지할 수 없으니 부득이하게 발포하게 되었다. 어떠한 변고가 생길지 예측하기 어렵다. 최근 들어 중국 군경은 시가를 순찰하면서 엄중 경계에 나섰다. 일본은 한인들이 연길에서 소란을 도모하려는 움직임이 있다는 것을 파악하고 羅南에서 보병 2개 중대를 이동시켜 비상경계에 돌입하였다. 12일 연길 도윤은 「고유문」을 발표하였다. 한인들이 경거망동하여 폭동을 일으키고 저항하면 반드시 무력으로 탄압할 것이라고 하였다.

이외에도 민국일보 1919년 3월 26일 제2장 제6판에 「봉천한교의 복국운동奉天韓僑之復國運動」, 1919년 4월 2일 제2장 제6판 「훈춘한인의 혁명운동琿春韓人之革命運動」 등이 있다.

2) 당안관자료-대만의 중앙연구원 근대사연구소 당안관

(1) 자료

간도 지역의 중국 측 당안관 자료는 최근 국사편찬위원회에서 간행한 해외사료총서 19권 『중국 동북지역 한인관련 자료 I』이 큰 도움을 준다. 이 『해외사료총서 19집·중국 동북지역 한인관련 자료 I』에는 대만의 중앙연구원 근대사연구소 당안관에 소장된 자료에서 선별한 문서를 번역 수록한 것으로 일제시기 중국 동북삼성에 거주하고 있던 한인과 관련한 자료가 주를 이룬다.

자료집은 Ⅰ. 연약과 한인입적교섭안延約及韓人入籍交涉案(40件), Ⅱ. 한교토지안韓僑土地案(43件) Ⅲ. 한교관리안韓僑管理案(32件) 등 관련문서로 구성되어있다. 그 가운데 간도지역 3·1운동관련은 Ⅲ. 한교관리안韓僑管理案(중앙연구원 근대사연구소 당안관 소장 외교당안)이다. 1919년 3·1운동 발발 직후 연변延邊 일대에 거주하던 한인의 독립운동과 관련한 중국 지방당국의 보고와 이에 대한 중앙의 대응책 등을 담고 있다. 취체한간민취중자사독립군안取締韓墾民聚衆滋事組織獨立軍案, 연길지역한인독립운동안延吉地域韓人獨立運動案, 일인쟁연변한민관리권안日人爭延邊韓民管理權案 등 세부 자료를 통해 3·1운동 직후 만주지역 한인사회의 독립운동과 관련한 구체적인 정황 및 이에 대한 중일 당국의 대응책 등을 살펴볼 수 있다. 특히 한인의 행동을 '질서교란행위'로 규정하고 무력으로 대응한 중국 당국의 입장과 태도는 주목되는 부분이다.[16]

간도지역의 3·1운동에 대한 중국 측의 대응과 조치를 파악할 수 있는 「취체한간민취중자사독립군안取締韓墾民聚衆滋事組織獨立軍案」의 목록은 다음과 같다.

■ **取締韓墾民聚衆滋事組織獨立軍案**

1. 延吉 일대 한인 개간민의 독립운동과 관련한 代電
2. 延吉 일대 한인 개간민의 질서교란 행위에 대해 무력으로 대응한 사정을 전하는 代電
3. 연길지역 한인의 폭동과 관련한 代電
4. 延吉 일대 한인 개간민의 질서교란 행위에 대한 대응책을 전하는 代電
5. 延吉 일대 한인 개간민의 질서교란 행위에 대한 대응책을 전하였음을 알리는 公函
6. 한인의 동태와 관련한 代電
7. 연길 지역 한인의 동태와 관련한 代電
8. 연길지역 한인의 폭동과 관련한 代電
9. 한인의 집단행동을 엄격히 단속하고 제지할 것을 청하는 咨文

16 해제 참조

10. 연길지역 한인의 독립운동과 관련한 代電
11. 연길지역 한인의 독립운동과 관련한 代電
12. 연길지역 한인의 폭동과 관련한 公函
13. 연길지역 한인의 폭동과 관련한 代電
14. 연길지역 한인의 폭동과 관련한 代電
15. 연길지역 한인의 폭동과 관련한 代電
16. 연길지역 한인의 폭동과 관련한 代電
17. 연길지역 한인의 폭동과 관련한 代電
18. 연길지역 한인의 폭동과 관련한 代電

(2) 자료의 내용

① 일본 측의 입장, 중국 측의 입장을 극명하게 보여주는 대표적인 자료

1919년 3월 13일 용정의 서전평야에서 만세운동이 전개되기 하루 전인 3월 12일 길림성장 곽종희는 외교부에 다음과 같은 전문을 발송한다.

延吉 일대 한인 개간민의 독립운동과 관련한 代電
[발 신] 吉林省長
[수 신] 外交部
[연월일] 민국 8년(1919) 3월 12일
중화민국대총통, 내각총리, 육군부, 참모부, 외교부에 전합니다.
延吉道尹 張世銓과 孟富德 團長으로부터 어제 "조국광복의 염원으로 근자에 연변 일대에 거주하는 한인들의 인심이 크게 요동치고 있습니다. 일전에는 漢城에서 인쇄된 것으로 보이는 독립선언서가 연길 일대에서 다수 발견되고 있습니다. 한인 개간민들이 13일 六道溝에 모여 한국 독립 경축식을 거행한다는 정보를 입수하고 본직 등은 행사를 막기 위해 노력하고 있습니다. 한인들의 움직임에 대해 일본총영사관과 局子街 분관의 주임 등은 만일 중국 당국이 한인의 행동을 저지하지 못한다면 일본이 자체적으로 군경을 파견하여 탄압할 것이라 하였습니다.
이에 본직은 사태가 확대되지 않도록 책임을 다할 것이라고 답하는 한편 한인 수령들을 모아 자제를 권유하고 있습니다. 그러나 이곳에는 수만 명의 한인이 거주하고

> 있습니다. 만일 한인들이 본직의 권유에도 불구하고 사태를 확대시킨다면 무력으로 이를 제지해도 될는지요?"하는 내용의 긴급한 보고가 올라왔습니다.
> 이에 본 성장은 아국 영토 내에서 한인이 집단으로 치안을 해치는 행동을 일으키면 일본에게 간섭의 구실을 줄 수 있으니 철저히 방지하도록 맹 단장에게 지령을 내렸습니다. 그러나 연변 일대에는 수많은 한교가 거주하고 있는데 우리 지방 당국의 권고에도 불구하고 한인들이 자유행동을 하거나 집단으로 항거하지 않을까 심히 염려됩니다.
> 유사시 무력을 사용하게 되면 이는 국교와 관련한 중대한 교섭사건으로 비화될 수 있을 것입니다. 무엇보다도 신중을 기해 일을 처리해야 하겠지만, 워낙 중대한 사안인지라 함부로 판단을 내릴 수 없습니다. 이에 각 유관기관에 사정을 알리오니 적절한 대응책을 내려주시기 바랍니다.
> 吉林省長 郭宗熙, 12일. ▪國史編纂委員會 所藏番號: 04070096

3월 12일자 외교당안은 일본 측의 입장, 중국 측의 입장을 극명하게 보여주는 대표적인 자료가 아닌가 한다. 이 전문에서 길림성장은 일본 측의 입장을 외교부에 다음과 같이 전달하고 있다.

> 한인들의 움직임에 대해 일본총영사관과 局子街 분관의 주임 등은 만일 중국 당국이 한인의 행동을 저지하지 못한다면 일본이 자체적으로 군경을 파견하여 탄압할 것이라 하였습니다.

라고 하고 있다. 아울러 길림성장은 무력진압의 유무에 대해 외교부에 답신을 요청하고 있다.

> 이에 본직은 사태가 확대되지 않도록 책임을 다할 것이라고 답하는 한편 한인 수령들을 모아 자제를 권유하고 있습니다. 그러나 이곳에는 수만 명의 한인이 거주하고 있습니다. 만일 한인들이 본직의 권유에도 불구하고 사태를 확대시킨다면 무력으로 이를 제지해도 될는지요?"하는 내용의 긴급한 보고가 올라왔습니다.

아울러 길림성장은 사태의 심각성을 인지하고 적절한 대응책을 하달해 줄 것을 다음과 같이 보고하고 있다.

> 이에 본 성장은 아국 영토 내에서 한인이 집단으로 치안을 해치는 행동을 일으키면 일본에게 간섭의 구실을 줄 수 있으니 철저히 방지하도록 맹 단장에게 지령을 내렸습니다. 그러나 연변 일대에는 수많은 한교가 거주하고 있는데 우리 지방 당국의 권고에도 불구하고 한인들이 자유행동을 하거나 집단으로 항거하지 않을까 심히 염려됩니다.
> 유사시 무력을 사용하게 되면 이는 국교와 관련한 중대한 교섭사건으로 비화될 수 있을 것입니다. 무엇보다도 신중을 기해 일을 처리해야 하겠지만, 워낙 중대한 사안인지라 함부로 판단을 내릴 수 없습니다. 이에 각 유관기관에 사정을 알리오니 적절한 대응책을 내려주시기 바랍니다.

② 중국 측의 한국인들의 만세운동에 대한 시각-질서교란행위

다음 당안은 1919년 3월 14일에 길림성장과 길림독군이 외교부에 발송한 것으로, 3월 13일 용정만세운동이 전개된 직후에 보내진 것으로 특별히 주목된다. 이 당안에서는 일차적으로 중국 측에서 파악한 3월 13일 만세운동상황을 짐작해 볼 수 있다. 이 기록에 따르면, 중국 측은 한인들이 만세운동을 질서교란행위로 인식하고 있음을 파악할 수 있다. 아울러 무력진압의 원인 등에 대하여 언급하는 한편 앞으로의 대책을 요청하고 있다.

> 延吉 일대 한인 개간민의 질서교란 행위에 대해 무력으로 대응한 사정을 전하는 代電
> [발 신] 吉林省長 吉林督軍
> [수 신] 外交部
> [연월일] 민국 8년(1919) 3월 14일
> 중화민국대총통, 내각총리, 육군부, 참모부, 외교부에 전합니다.
> 12일자 전문은 도착하였으리라 생각됩니다. 어제 延吉道尹 張世銓과 孟富德 團長

으로부터 "한인들이 독립경축식을 거행하려 한다는 전보를 보낸 11일 저녁 본 도윤 명의로 집회 금지를 명하는 포고문을 각지에 게재하였습니다. 12일 아침에는 부근에 거주하는 한인 지도자들을 도윤공서에 모아 4시간 가량이나 사태를 확대시키지 말도록 권유하였으나 결국 설득하는데 실패하였습니다.

각지에 게재된 포고문도 대부분 한인들의 손에 의해 훼손되었습니다. 한인들이 경영하는 상점마다 모두 태극기가 게양되어 있습니다. 전보국에서는 吉林과 海參崴의 독립당에게 독립을 선포하라는 전보가 발견되어 압수되기도 하였습니다. 사태가 심상치 않자 孟 단장은 12일 저녁 한인들을 진정시키고 일본영사관을 보호하기 위해 2개 소대의 병력을 六道溝에 파견하였습니다.
六道溝는 외국인도 다수 거주하는 곳으로 매우 중요한 위치를 점하고 있기에 본직도 연길경찰소장과 경찰 10여 명을 현지에 파견하였습니다. 13일 아침 孟 단장은 직접 기병 20여 명을 인솔하고 일본총영사를 만나 유사시에는 무력으로라도 한인들의 집단행동을 저지할 뜻을 전하였고, 이에 대해 일본총영사는 양해한다는 의사를 표시하였습니다.
六道溝로 통하는 요충지에 군경을 배치한 뒤에는 한인들의 해산을 권유하는 한편으로 게양된 태극기를 모두 내리도록 하였습니다. 이무렵 이미 2만 명에 가까운 한인들이 육도구를 향해 몰려들기 시작하였습니다. 일단 이들이 한 곳에 집결하면 질서를 유지할 수 없을 것으로 판단한 맹 단장은 이를 막기 위해 군경을 대동하고 육도구 남산 아래까지 가 해산을 종용하였습니다.
그러나 한인들은 해산하기는커녕 맹 단장에게 폭력을 휘두르는가 하면 우리 군경을 향해 마구 돌멩이를 던지는 등 난폭해지기 시작하였습니다. 다수의 한인이 폭도와 같은 행동을 보이자 우리 군경은 정당방위 차원에서 총기를 발사하였고 그 결과 한인 10명이 사망하고 4명이 부상하였습니다. 이로 인하여 일단 한인들이 해산되고 육도구 내의 질서는 일본영사의 도움으로 유지할 수 있었습니다. 그러나 한인의 사망 소식이 전해지면서 인심이 격앙되고 총기를 휴대한 한인들이 멀리서 육도구로 몰려들고 있다는 정보가 있어 향후 상황이 어떻게 전개될지 장담할 수 없습니다.
충돌이 발생한 뒤 본직은 육도구 부근에 군경을 증파하는 한편 급히 敦化의 郞 중대장에게 연락하여 즉시 대원을 이끌고 연길로 이동할 것을 요청하였습니다. 상황의 변화가 있는 대로 수시로 보고 올리도록 하겠습니다."는 내용의 연길 지역의 상황을 전하는 긴급한 보고가 도착하였습니다.

연길지역 한인 개간민들이 무리를 지어 폭동을 일으킨 행위는 지방의 질서를 해치는 행위임에 분명하며 우리로서는 마땅히 간섭하고 제지해야 할 것입니다. 특히 맹 단장에게 폭행을 가하고 우리 군경에게 돌멩이를 던진 것은 공공연한 항거이자 반역행위와 같은 것입니다. 우리 군경이 현장에서 총격을 가한 것은 질서를 유지하고 상관을 보호하기 위한 부득이한 행동으로 보입니다.

불행히도 사망자가 발생한 것은 당시 현장에 모여 있던 한인의 숫자가 너무 많았기 때문일 것입니다. 충돌 후 비록 한인들이 해산하기는 하였다 하나 이것으로 문제가 해결된 것으로 보이지는 않습니다. 단지 위기가 잠복한 상태라 언제 또 다른 의외의 사건이 발생할지 알 수 없습니다.

이에 맹 단장 등에게는 군경을 증파하여 방비를 엄밀히 하도록 지시하였습니다. 특히 또 다른 사태가 발생하지 않도록 영사관과 日僑의 보호에 특별한 주의를 기울이도록 하였습니다.

일전에 올린 전보에서 중앙 차원의 대책마련을 청하였는데 아직 소식이 없습니다. 연변 일대의 상황이 긴박하여 더 이상 미룰 수 없는 처지이니 속히 대응책을 내려주시기 바랍니다.

孟恩遠 郭宗熙, 14일. ■ 國史編纂委員會 所藏番號: 04070096

위의 기록을 통해 보면, 3월 13일 한인들은 한인들이 경영하는 상점마다 태극기를 게양한 점, 만세운동에 약 2만여 명이 참여한 점, 중국군의 발표로 한인 10명이 사망하고 4명이 부상당했음을 확인할 수 있다. 아울러 무력사용으로 인해 길림성 당국은 중앙차원의 대책마련을 촉구하고 있음을 알 수 있다.

③ 중국 측의 한인사살은 정당방위

중국 국무원은 3월 16일자로 중국군의 행위는 정당방위임을 전달하고, 더욱 방비를 강화할 것을 지시하고 있다.

연길지역 한인의 폭동과 관련한 代電

[발 신] 國務院

[수 신] 吉林省長 督軍

[연월일] 민국 8년(1919) 3월 16일
길림 孟 독군, 郭 성장 보십시오. 12일과 14일자 代電에 대해서는 이미 15일자 전문을 통해 국무원의 뜻을 전한 바 있습니다. 폭동을 일으킨 한인들이 우리 군경의 제지를 무시한 것은 치안을 교란시키는 행위임에 분명합니다. 따라서 질서유지를 위해 군경이 발포한 것은 정당방위라 할 수 있을 것입니다.
비록 우리 군경의 강경한 대응으로 일단 해산하기는 하였지만 워낙 한인의 숫자가 많은지라 언제 또 다시 사태가 확대될지 염려됩니다. 15일자 전문을 참고하시어 더욱 방비를 강화하고 신속히 한인들을 해산시켜 지방의 질서가 회복될 수 있도록 힘써 주시기를 청합니다.
■ 國史編纂委員會 所藏番號 : 04070096

④ 훈춘 및 러시아지역 한인만세운동 주시

한편 중국 당안에서는 러시아지역 및 훈춘지역의 3·1운동 전개와 일본군의 동향에 대하여도 예의 주시하고 있음을 보여주고 있다.

한인의 동태와 관련한 代電
[발 신] 海參崴領事館
[수 신] 外交部
[연월일] 민국 8년(1919) 3월 18일
북경 외교부장께 올립니다. 이곳에 거주하는 한인들이 오늘 독립을 선포하였습니다.
邵恒濬, 17일
■ 國史編纂委員會 所藏番號 : 04070096

러시아 블라디보스토크의 경우 1919년 3월 17일 우수리스크를 시발로 블라디보스토크 일대에서 만세운동이 전개되었다.[17] 이에 대하여 블라디보스토크 영사관에서 보고를 올리고 있어 주목된다. 특히 러시아와 접경지대인 훈춘지역에 특별히 주목하고 있다.

---

17 박환, 「대한국민의회와 연해주지역 3 · 1운동의 전개」, 『산운사학』8, 2000.

연길 지역 한인의 동태와 관련한 代電
[발 신] 吉林省長 督軍
[수 신] 外交部
[연월일] 민국 8년(1919) 3월 18일
대총통, 총리, 육군부, 참모부, 외교부에 전합니다.
14일자 전문은 잘 받으셨으리라 생각합니다. 연길도윤 張世銓이 15일 "13일 일단 해산했던 한인들이 재차 延吉에 집결하여 독립을 선포할 것이라는 소문이 파다합니다. 현재 연길 각 요로에는 군경이 배치되어 만일의 사태에 대비하고 있습니다. 연길로 향하는 한인들을 저지하기 위해 노력하고 있지만 워낙 숫자가 많아 무슨 일이 벌어질지 염려스럽습니다. 내일 또 다시 한인들이 집결할 것이라는 정보가 입수되고 있습니다.
琿春에서도 연일 한인들의 시위가 계속되고 있습니다. 이에 해당 지역에 만반의 준비태세를 갖추도록 지시하였습니다. 다행히 14일과 15일 연길 일대의 질서는 양호한 편입니다. 내일 맹 단장이 연길로 돌아오면 다시 상세한 보고 올리도록 하겠습니다."는 내용의 전문을 보내 왔습니다.
한인들이 무리를 지어 폭동을 일으키는 것은 지방의 질서를 어지럽히는 행위임에 분명합니다. 우리 군경의 발포로 불행히도 소수의 사상자가 발생하기는 하였지만 사태가 더욱 확대되는 것은 막을 수 있었습니다. 그렇지 않았다면 분명 일본영사관에서 간섭하였을 것입니다. 만일 일본군이 현지에 출동하였다면 사태는 걷잡을 수 없이 확대되었을 것인데 그나마 다행스럽게 생각합니다.
연길도윤의 보고에 의하면 일단 해산했던 한인들은 琿春 등지의 한인들과 동시에 다발적으로 시위를 벌일 계획인 것으로 알려지고 있습니다. 우리의 법권을 무시하고 지방의 질서를 어지럽히는 행위를 결코 용납해서는 안 될 것입니다. 마침 오늘 국무원으로부터 해산명령을 듣지 않는 한인들은 무력으로라도 탄압하라는 지령이 내려왔기에 연길도윤 등에게 국무원의 지시대로 따를 것을 전하였습니다. 다만 사람의 목숨이 달린 중대한 일인 만큼 가능하면 평화적인 방법으로 해산시키고 함부로 발포하지 말도록 특별히 신중을 기하라 하였습니다.
琿春의 군경에게도 역시 같은 지령을 내렸습니다. 이상 연길 지역의 현재 상황을 전하오니 살펴보시기 바랍니다.
孟恩遠 郭宗熙 17일
■ 國史編纂委員會 所藏番號 : 04070096

맺음말

3·1운동이 전개된 지 100년이 지났다. 그럼에도 불구하고 지금까지 3·1운동이 활발히 전개된 간도지역의 만세운동에 대하여는 활발한 연구가 이루어지지 못하였다. 가장 큰 이유는 자료의 수집과 발굴이 미진하였기 때문이 아닌가 한다. 최근 한국의 국가기관 및 민간차원에서 한국과 중국 등지의 사료를 수집, 정리하고 이를 중국 등지의 사료와 비교하는 작업을 추진하고 있는 것은 상당히 고무적인 일이라고 판단된다.

지금까지 한국학계에서는 간도지역의 3·1운동을 연구하면서, 나름대로 한국 측, 중국 측, 일본 측, 캐나다 측 자료를 수집하여 이를 바탕으로 연구를 진행하고자 하여, 간도지역 3·1운동의 전체적인 모습은 어느 정도 밝히는 성과를 거두었다. 그렇다고 하여 이와 관련된 모든 자료들이 수집된 것은 아니었다. 특히 최근 간도지도에서 활동했던 선교사들의 기록을 활용한 연구는 이 분야 연구의 새로운 지평을 열수 있지 않을까 한다. 특히 선교사들이 촬영한 사진자료들의 적극적인 발굴 작업은 무엇보다 우선시 될 필요가 있다고 생각된다.

아울러 중국자료의 적극적인 발굴작업이 요청된다. 최근 3·1운동에 대하여 신문자료를 중심으로 자료수집이 이루어지고 있으나 이는 일정한 한계가 있다고 보여진다. 특히 만주지역의 3·1운동에 대한 기사는 거의 없다고 해도 과언이 아니다. 그러므로 간도지역 3·1운동 연구에 있어서 신문자료들은 일정한 한계가 있다.

중국측 자료의 경우 당안자료의 적극적 활용이 요청된다. 3·1운동사연구는 그동안 만세운동 중심으로 연구되어 온 것이 주지의 사실이다. 그러나 간도지역의 3·1운동의 경우는 중국의 대일외교정책 등 외교적인 측면에서도 연구될 필요가 있다. 그럼에도 불구하고 이 부분에 대하여는 그동안 연구가 이루어지지 못하였다.[18] 그런 관점에서 대만에 소장되어 있는 외교당안들은 중국의 한인만세운동에 대한 시각과 중국의 대일외교정책의방향을 이해하는데 큰 도움을 주고 있다.

앞으로 한국과 중국, 중국과 한국 그리고 일본, 캐나다 자료들의 적극적 활용을 통해 간도지역 3·1운동이 보다 입체적으로 연구되어야 할 것이다.

18 박환, 『만주지역 한인민족운동의 재발견』, 국학자료원, 2014, pp. 32-40.

2. 만주에서 광복군으로, 이영수 육성증언

1. 이영수 구술 녹취록 1차

구술자: 이영수

이영수

면담자: 박환(수원대학교 사학과 교수)

면담주제: 한국광복군의 활동과 독립운동

면담일시: 2015년 3월 5일(목) 1시 56분-16시 22분(148분)

면담장소: 이영수자택(경기도 수원시 장안구 수일로 336-9, 102동 601호)

면담차수: 1차

[상세목록]

1) 출생연도 및 출생지, 가족상황
2) 만주로의 이주
   (1) 통화성인가 길림성인가
   (2) 목단강으로 이주
   (3) 아편이야기
   (4) 목단강에서의 생활
3) 영구로의 이주와 학창시절
   (1) 영구로의 이주와 학창시절
   (2) 해방 후 한국군 생활
4) 징병을 피해 산해관을 넘어 한단으로
5) 하남성 개봉에서의 생활
6) 안휘성 부양으로 가 광복군 3지대 입대
7) 서주에서의 체포와 해방
8) 해방과 귀국
   (1) 남한으로 오는 여정
   (2) 서울에서의 정착과정과 군대입대
   (3) 제대 후의 직장생활과 제주도에서의 목회 활동
9) 여언
   (1) 결혼에 대한 이야기
   (2) 아버지 이사집의 3·1운동참여에 대한 검토
   (3) 북경에서의 일들

1) 출생연도 및 출생지, 가족상황

면담자 : 2015년 3월 5일입니다. 오늘 저는 광복군 3지대에서 활동하신 이영수 지사님을 모시고 지사님의 자택인 경기도 수원시 장안구 336번길 9번지 보훈복지타운 아파트 601호에서 선생님과 1차면담을 시작하도록 하겠습니다. 선생님 먼저 여쭤볼게요. 선생님 존함이 이李자, 영英자, 수守자 이시죠?

구술자 : 네

면담자 : 영자는

구술자 : 꽃부리 영자

면담자 : 수자는

구술자 : 지킬 수자

면담자 : 선생님 그러면 그 본관은 어디세요?

구술자 : 성산星山이라 그래요.

면담자 : 아, 성산 이씨

구술자 : 네 저는 지금도 아버지를 보지를 못했어요. 기억이 없어요.

면담자 : 아, 네

구술자 : 기억이 없어요. 내가 어릴 때 낳아놓고 돌아가신 거 같아요.

면담자 : 아. 성산 이씨시고, 성산이라는 데가 원래 경북 고령高靈 위에 성주星州

구술자 : 네 그쪽이에요 우리 초대 국회 의장하던 그 누구죠?

면담자 : 이효상李孝祥 씨?

구술자 : 네 그분도 성산이에요.

면담자 : 네 그분 제가 대구에 살 때 그분 집 근처에 살았습니다. 앞산 밑에.

구술자 : 네 그

면담자 : 아 이효상씨가 공화당 때 국회의장 하셨던, 아 그러시구나.

구술자 : 우리 조상들 모시는 집 뭐라 그러죠?

면담자 : 아. 조상들 모시는 곳, 사당이요?

구술자 : 사당을 그 양반이 굉장히 요란하게 만들었어요.

면담자 : 어디 만들었죠?

구술자 : 대구에서 한정거장인가 두정거장 와서 일거예요.

면담자 : 아 대구에서?

구술자 : 네 거기서 이제 성산이씨 네가 그 근처 많이 살았던 것 같아요.

면담자 : 네,이씨가 성산이씨가 있고 성주이씨가 있고 그렇더라구요.

구술자 : 네. 이씨, 우리나라 백성에 이씨가 참 많아요.

면담자 : 그렇죠.그러면 선생님은 원래 고향은 어디세요?

구술자 : 원래 고향은 고령이라 그러는데, 저는 고령은 한번인가 두 번인가, 8.15해방이후에 한국 나와 가지고 고향이라 그래서 누가 데리고 가 가지구 그 다음에는 가보지도 못했어.

면담자 : 선생님이 몇 년생이시죠?

구술자 : 24년생이요.

면담자 : 1924년생, 선생님 1924년 12월 29일생 맞으세요?

구술자 : 네

면담자 : 선생님 원래 태어나신 곳은 경북 고령이시죠?

구술자 : 네, 지금 생각할 때는 태어났다 그러는데 태어나 가지구 말도 못할 적에 중국으로 간거 같아.

면담자 : 그렇죠. 그러니까 저희가 조사한 바에 따르면 선생님 고향이 원래 경북 고령군 운수면雲水面 대평리大坪里.

구술자 : 278인가 그래요.

면담자 : 네 278번지 거기가 원래 본적이시죠?

구술자 : 네

면담자 : 선생님 그럼 태어나시기는 거기서 고령에서?

구술자 : 거기서 태어나 가지고 내가 지금 가만히 구상을 할 때 어머니가 돌아가시고 다 없으니까 생각나는 게 많이 됐으면 1~2살 때 중국으로 간 거 같아.

면담자 : 아 한 두살 때?

구술자 : 오늘날같이 중국에 삼촌이 있었어요.

면담자 : 그러면 선생님이 집안이 그러니까 원래 아버님은 존함이 어떻게 되세요?

구술자 : 이사집으로 되어 있을 거에요. 나도 거기 호적보고 아버지 이름 알았어.

면담자 : 사자는 어떤 사자를 쓰세요?

구술자 : 선비 사士자

면담자 : 아 선비 사자요? 집자는요?

구술자 : 집자는 이 집자 쓴 거 같은데 모르겠어요 .

면담자 : 모을 집集자.

구술자 : 네

면담자 : 이사집이라고 선비 사자에다가 모을 집자. 그러면 어머니 존함은 어떻게 되세요?

구술자 : 어머니 존함은 조 뭐인데

면담자 : 옛날에는 뭐 어머니 이름이 뭐 그러시죠. 조씨고.

구술자 : 조 뭐인가고

면담자 : 조씬데 어디 무슨 창녕 조씨인가요 아니면

구술자 : 그 근처 조씨야 그 경상도

면담자 : 경상도 조씨들 창녕조씨인가보다. 거기 많이 사시니까

구술자 : 나는 내가 지금 생각할 때에 이만큼 큰게 난 기독교 신자니까 하나님이 키워 준거 같아.

면담자 : 네네

구술자 : 왜 키워준 거 같으냐면 어머니도 내가 한 7~8살 때 돌아가셨어.

면담자 : 아버지는 몇 살 때 돌아가셨어요?

구술자 : 아버지는 내가 기억이 안나 기억이 안나는 걸.

면담자 : 근데 아버님하고 같이 만주로 가신게 아니세요?

구술자 : 아니야

면담자 : 아버님하고 같이 만주로 가신게 아니고

구술자 : 어머님 하고, 내가 생각할 때는 형님 두 분하고

면담자 : 아 그러면 선생님 형제는 어떻게 되세요?

구술자 : 형제는

면담자 : 네

구술자 : 형이 둘이고, 누나가 하난데 지금 뭐냐 다 돌아가고 없어.

면담자 : 그럼 누나는 이름이 어떻게 되요?

구술자 : 이분이.

면담자 : 아 옛날에 분이, 이분이, 그러면 형님들은 두 분은?

구술자 : 판수라 그런거 같아요 맏형이

면담자 : 판수, 그 다음에는?

구술자 : 판수 그담에는 이름을 그렇게 바꿔놨는지, 둘째형은 기홍이라 그런거 같아요.

면담자 : 기홍?

구술자 : 터기基 자하고 홍이..

면담자 : 아 넓은 홍洪자

구술자 : 그거 내가 보니까 중간에 이름을 누가 바꾼거 아닌가 생각이 나요.

면담자 : 아 터 기자에다가 홍자고, 그 다음에 큰형님 판수라는 분은 존함이

구술자 : 그니까

면담자 : 한자로는?

구술자 : 재판할 때 판判자하고

면담자 : 수자는?

구술자 : 수자는 지킬 수守자

면담자 : 지킬 수자

구술자 : 우리 둘째형은 주워다 키웠나 이런, 하하하

면담자 : 네. 이름이 형제지간에 다르네요. 그럼 나이 차이는 어떻게 되세요?

구술자 : 나이가 우리엄마가 내가 생각할 때 30년동안 애기 낳은 거 같아. 5살 먹고 하나씩 낳았어.

면담자 : 아 다섯 살씩 차이가 나는군요.

구술자 : 이제 제일 처음 누나를 낳았는데 죽고 그 다음에 형님 놓고 그 다음에 누나 놓고 그 다음에 누나 죽고, 형 놓고

면담자 : 가만있자 그럼 이거 순서가 어떻게 되는 거에요? 제일 첫 번째가

구술자 : 판수

면담자 : 판수 두 번째가 이분이

구술자 : 아니 분이는 마지막이고 내가 위에에요.

면담자 : 아 그 다음에 아들이 그러니까 쭉 셋으로 되고 마지막에가 아까 이분이가 누나라고 안했어요?

구술자 : 네 내 누나예요 나보다 5살 위에에요.

면담자 : 아 그리고 이제 이분이 남편되는 분이 나중에 저쪽에 영구營口에서

사셨다는 거죠? 만주에

구술자 : 내가 생각할 때 옛날에 한문을 많이 배운거 같아.

면담자 : 누가?

구술자 :누나의 남편이

면담자 : 아 누나의 남편이름이. 그 저기 존함이 이자 경자 생자 아니세요?

구술자 : 이경생李庚生 맞는 거 같아요.

면담자 : 네네 그러니까요. 네 음 그러면은 선생님 아주 뭐 그러면은 24년생 이니까 그때 고령에서 태어나셔서,아주 어렸을 때

2) 만주로의 이주

(1) 통화성通化省인가 길림성吉林省인가

구술자 : 내가 생각할 때에 한 두서너살 먹어가지고 엄마 업혀가지고 중국 들어간

면담자 : 아버지는 그렇게 되고

구술자 : 삼촌이 중국서 뭐해가지고 그러니까 야 그 한국서 사는 거 보다 여기서 농사짓고 사는게 낫다 해서 갔는지 어떻게 들어갔는지는 몰라요.

면담자 : 네

구술자 : 엄마에 업혀서 들어간 거 같아.

면담자 : 그러니까 2-3살 때면 26년이나 27년 되겠네요? 그때 그러면 작은 아버님 존함은 어떻게 되세요?

구술자 : 작은 아버지 존함이나 사촌들은 잘 모르겠어요.

면담자 : 그럼 어디로 들어가셨어요?

구술자 : 내가 생각할 때 통화성이나 그러지 않으면 길림성 같은 데야.

면담자 : 네

구술자 : 1931년도 만주사변이라는게 어설픗이 기억이 나거든?

면담자 : 그때 만해도 나이가 어렸을 땐데,

구술자 : 내가 일곱, 여덟살인가 왜 기억이 나냐할거 같으면 여기 이렇게 동네가 있고 강이 있어요. 여기 기찻길이 쭉 있는데 그 중국 사람이 내가 생각할 때 그때만 해도 중국사람이 한국사람들 참 잘 대해준 거같아. 뭐 먹을 거 없으면 중국사람들은 수수 있잖아.

면담자 : 네 수수

구술자 : 수수를 죽처럼 끓여서 위에 물을 뽑아버리고 씻어가지고 바로 먹어. 그 사람들은

면담자 : 네네

구술자 : 그거 이제 그 다음에 그런데, 한국사람들 처음에 들어가지고 먹을 거 없고 그러니까 중국부자들이 전부 먹을 거 그냥 준거 같아. 그렇게 해놓고 한국사람들은 중국 이렇게 강이 흘러있으면

면담자 : 네네

구술자 : 여기 중국사람들 밭을 해 먹던데 보를 막아서 물을 막아서 농사를 지었거든.

면담자 : 그렇죠. 우리나라 사람들은 그 당시에 논농사 짓고 중국사람들은 대부분 밭농사니까? 그죠?

구술자 : 네. 그리고 내가 왜 그런 말을 하냐면 내가 한 7살 먹은지도 모르겠는데, 여기 이제 기찻길이 있고 여기 이렇게 강이있고 여기 동네가 있는데 중국사람이 와서 뭐라고 얘기를 할 것같으면 그 내가 말은 잘 모르겠지만 그날 밤에 중국넓은 평야 아니야.

면담자 : 그렇죠

구술자 : 여기서 한 500m인가 300m인가 수수밭이 있는데 수수를 베어가지고 이렇게 움막처럼 해가지고 그 안에 들어가 자라는거야. 그 땅 주인이 지주지.

면담자 : 아 거기 갔더니?

구술자 : 네 한국사람처럼. 그때 그래도 한국사람은 전부 흰옷입고 있었어. 흰옷 입고 나와서 장개석이 아니 장학량張學良이 하고 일본군대하고 싸워가지고 장학량이 군대가 퇴각을 하면서

면담자 : 네 장학량이가 장작림張作霖이 아들 아니에요? 거기 군벌, 중국군벌

구술자 : 거기서 군인이 이 저 개울 앞에 큰길이 있는데 이리 가지 않으면 기찻길로 가다가 흰옷 입은 사람은 총쏴 죽일거다 이거예요.

면담자 : 아아

구술자 : 중국사람이 그렇게 얘기하믄, 내가 생각하면 내가 군대생활을 한 16년 했는데 그 생각이 나더라고. 만약에 전쟁에 지면 화가 나서 지나가는 놈 쏴 죽일거 같아. 지금 생각해보니까 흰옷 입은 사람은 한국 사람인줄 알고 쏠 거란 말이에요.

면담자 : 네네

구술자 : 이리 지나가다가 한국사람인 줄 알면 죽인다 이거에요.

면담자 : 아아 예

구술자 : 그러니까 피해라 이거예요.

면담자 : 아 중국사람들이 그렇게 이야기를 해주는군요 .

구술자 : 네 그리고 여기 바깥에 나와서 문밖에서 뭐 하지 말라 이거에요.

면담자 : 네네

구술자 : 기차를 타고 가다가 흰옷을 보면 기차에서 쏜다 이거에요. 내가 중국사람들이 먹을거를 주고 공짜로

면담자 : 고맙네요. 그럼 선생님 처음에 그러니까 통화성 갔는지 길림성 갔는지 잘 모르세요?

구술자 : 예

면담자 : 처음에 사신 데가 그럼 통화성인가요, 요녕성遼寧省인가요

구술자 : 아니지, 아, 통화성 맞구나

면담자 : 통화라는게 통화, 요녕 집안輯安

구술자 : 지금 요녕가는게 봉천奉天이거든?

면담자 : 그러면 선생님이 통화성에 갔는지 길림성에 갔는지

구술자 : 여튼 기찻길이. 그거만 생각나요

(2) 목단강(牧丹江)으로 이주

면담자 : 저희가 어느 기록에 보니까 선생님 목단강에 처음 가셨다는 이야기가 있는데 그건 아니고?

구술자 : 목단강은 사변이 나고 이래가지고

면담자 : 만주사변 후에?

구술자 : 목단이 살기 좋다 그래가지고 우리 둘째형님이 그쪽에 가 있었어요.

면담자 : 아 둘째형님은 이자 기자 홍자 그분이 목단강

구술자 : 거기 왜가셨어요

면담자 : 그럼 선생님이 처음에 통화성인지 정확진 않지만 어쨌든 만주로 가서 어린시절을 지내시다가 그담에 인제 작은 형님이 기자 홍자 이분이 계시는 목단강 쪽으로 가셨단 말이죠?

구술자 : 네. 내가 왜 그 얘기를 할 거 같으면, 관동군이 거기 들어와 가지고 병사를 짓고 또 그 다음에 사택도 짓고 그러니까 노동자들 부려먹고 그래서 경기가 굉장히 좋았던 기억이야

면담자 : 목단강이 소련하고 가까이 있으니까

구술자 : 국경이죠. 그리고 관동군 동북경비사령부인가

면담자 : 사령부가 목단강에 있었죠?

구술자 : 있었죠 그리고 중국사람들 꾸리라고하는데 인부들 한 3.4천명 와있었어

면담자 : 아 3~4천명 있었어요?

구술자 : 네네. 그 사람들은 산에 요새 굴을 판거에요.

면담자 : 그죠 거기 소련쪽 막으려고 지금도 요새들이 많이 남아 있어요.

구술자 : 지금은 가본 적은 없어서

면담자 : 네

구술자 : 천막을 쳐놨는데 천막이 수십갠데 중국사람들이 많이 와가지구

면담자 : 아 꾸리들이?

구술자 : 네 꾸리들이 전부 산동성에서 왔어. 한 삼천명은 와서 거기 뒤에 이제 말을 들으니까 요새짓고 그러니까 일본놈들이 전부 쏴죽여 버렸다 그러더라고

면담자 : 아 굴 다 파고 요새를 파고 쏴죽였다는 거군요

구술자 : 내가 지금도 생각나는데 어릴 때 생각이지만 목단강이 쭉 흐르는데 그때 그 관동군이 이쪽에 말입니다 발전소가 있었어 화력발전소

면담자 : 아 거기 화력발전소, 수력발전이 아니고

구술자 : 그리고 백두산에서 뗏목이 내려와서 화력발전소 옆에 제재소부터인가 큰 나무들이 주르륵 있었고, 그리고 이제 한국사람이 얼마나 살았냐면 지금도 기억나는 게 이게 큰 길이 우리나라로 말하면 무슨로 그러잖아요.장안로 뭐. 이렇게 거기는 동장안가 서장안가 그래

면담자 : 아 동장안가 서장안가

구술자 : 서장안가는 중국사람이 살았고, 동장안은 칠팔십프로가 한국사람이 살았었어

면담자 : 지금도 조선족이 조금 있어요

구술자 : 목단강 가서 시간이 없어서 하룻밤 잤거든

면담자 : 아, 그러셨어요?

구술자 : 여기가 어딘지 몰라도 어릴 때 살던 데인지 하하

면담자 : 하하하 아

(3) 아편이야기

구술자 : 거기서 하나 느낀 게 뭐가 있냐면 중국에 아편쟁이 참 많았어

면담자 : 네네 아편쟁이들

구술자 : 그 아편쟁이가 무슨 아편쟁이냐 하면 ... 까만 아편쟁이는 꼭 우리 고약같아. 그거 양귀비 있잖아. 양귀비 이렇게 해가지고 흰물 나오면 그걸 때린 게 새카만 그건 굉장히 비싼거고. 그건 옛날 중국 부자들이나 피웠어

면담자 : 아~

구술자 : 그거 하다가 조금 남으면 뭘 할 거 같으면 저 가루 지금 가루 같은 거 있잖아

면담자 : 마약가루같이

구술자 : 마약가루죠. 몰핀 같은거. 그거 있는데. 그거 필거 같으면 담배 이렇게 있잖아. 담배 이렇게 톡톡 때리면 밑에 찌거기가 남거든?

면담자 : 네네

구술자 : 거기다가 딱 넣어 가지고 담뱃불을 한번이나 두모금 빨아서 마는거야

면담자 : 아

구술자 : 더 피면 담배 냄새나니까. 그걸 이제 처음에는 하루 한번 하다가 그 다음에는 두 번 세 번 하다가, 마지막에 집팔구 마누라까지 팔아먹구, 없으면 주사를 놔요, 지금 몰르핀주사같이.

면담자 : 네

구술자 : 먹는 것의 오분의 일이면 하거든. 여기 십원어치 썼다 그러는 게 일원이면 해결이 되는거야. 이거는 하나를 맞으면 이 울타리 같은걸 훌훌 날아. 그렇게 힘이 생기는 거야. 그리고 이제 아가씨들한테 얘기하면 안되겠지만 중국사람들은 성적인 관계 때문에 그런 걸 해 이제.

면담자 : 네네

구술자 : 내가 북경北京 쪽에 가서 보니까. 북경에 중국사람 친구가 하나 있었는데 좀 부자야. 근데 우리나라 말로 하면 뭐 이제 갑부는 아녀도 남경필이 둘째 번은 갔지. 그런 친구가 하나있었는데.가자 그래서 가보니까 중국사람 집이 이렇게 있으면 이게 아편피는 방이 따로 있어요. 그러면 이제 귀한 손님이 온다던지 친구가 온다던지 하면 거기 들어가 가지고 자기 집의 딸이든지, 대부분 접대부야, 이런 사람이 와서 그걸 준비해 가지고 누워있으면 알콜램프 있지

면담자 : 네네

구술자 : 거기 있지 이렇게 생긴 커피잔이 대가 이만한 게 있어

면담자 : 담뱃대처럼요?

구술자 : 네. 그런 거 같이 누워가지고 있으면 그걸 이제 알콜램프에다가 지글지글 소리가 나면 꾸루룩 빠는거야. 하하

면담자 : 아

구술자 : 굉장한 대우야 그게

면담자 : 손님접대군요

구술자 : 네 중국에서 뭐 영흥대학을 나왔다던지,북경대학이나 화북대학을 나왔다던지, 재벌이 오든지 하면 먼저 그 대접을 하는 거야. 그걸 우리 술이나 고기 대접하는거 보다

면담자 : 그럼 목단강에서요

구술자 : 나는 북경 얘길한 겁니다

(4) 목단강에서의 생활

면담자 : 네 지금은 북경이야긴데 선생님 목단강 이야기를 좀 돌아가서 하하

구술자 : 내가 보니까 아편애기가 나오니까 그랬어 아편쟁이가 너무너무 많아서

면담자 : 목단강에

구술자 : 네 중국사람들 가운데 춥고 그러니까 얼어 죽어

면담자 : 근데 거기는 이제 아까 조선 사람들은 그 당시에 1930년대죠 그러니까

구술자 : 내가 생각할 때에는 그 사람들이 뭐야 두만강 건너면 바로 한국사람 있잖아 그 사람들도 거기 들어와서

면담자 : 목단강에?

구술자 : 네 자리잡고

면담자 : 아무래도 함경도 사람들이

구술자 : 함경도 사람이 제일 많지, 평안도 사람도 있고

면담자 : 거기 그 당시에 선생님처럼 경상도 사람도 있었나요?

구술자 : 경상도 사람은 찾아보기 힘들어

면담자 : 네 목단강쪽에 그러면 몇 살까지 목단강에 사셨어요?

구술자 : 내가 보니가 13~14살까지는 산거 같아

면담자 : 그러면 어린 시절에 목단강에 있으시다가 그러면 그때 목단강에서 학교를 좀 다니셨나요?

구술자 : 네 목단강에 학교라는 거는 일본학교 있고, 한국학교 있었어 소학교

면담자 : 네네

구술자 : 댕겼는데 시원찮게 다닌 거 같아

면담자 : 목단강에 조선소학교를 다니셨다

구술자 : 소학교가 있었어 4년제 같아 그때

면담자 : 아 4년제, 그럼 거기서 몇 살까지 있다가 가셨어요?

구술자 : 내가 한 열두어살 때까지 있었던 거 같아

면담자 : 그러면 그때 목단강에서는 어머니하고 형, 작은형, 그리고 농사를 지셨어요?

구술자 : 거기서 농사짓지를 않고, 내가 생각할 때 맏형님은 일본서 교육을 받았어.

면담자 : 아 그러니까 판자 수자 형님은 그때 일본가서

구술자 : 쉽게 말하면 일본의 강제노동 비슷하게

면담자 : 아 그때 일본에 갔군요. 강제노동으로

구술자 : 노동으로 갔는데 사람이 운이 좋아야 할거 같아 지금 대판大阪

면담자 : 오사카

구술자 : 오사카 해수욕장에 나와서 해수욕을 하는데 바다에 저 안에서 들어왔다 나왔다 빠져가는 사람이 있어

면담자 : 네네

구술자 : 내가 생각해도 우리 형님은 체격이 굉장히 좋았던거 같아요

면담자 : 어어

구술자 : 그래서 머리카락을 잡아서 나왔는데

면담자 : 오사카 바닷가에서

구술자 : 해수욕장에

면담자 : 네 해수욕장

구술자 : 잡아 나왔는데 그게 경찰서장인 요즘말로하면 경무부장 딸인가 그래

요. 해수욕장 나왔다가 그런 거에요. 그래가지고 우리 말하면 수상파출소지 바다 옆에 갖다놓으니까

면담자 : 네네

구술자 : 정신이 깨가지고 물으니까 주소가 어디고 아무개 딸이다 그러니까 서장 딸이야 그게

면담자 : 하하

구술자 : 친히 서장이 전화를 걸었을 거 아니야. 엄마가 죽음 밭에서 기어나왔다고 좇아온 거야. 그때 형 얘기를 들어보니까 학교를 다니고 그러는데 고학을 한거 같아

면담자 : 판수형님이

구술자 : 밥도 제대로 못먹고 그랬는데. 갑자기 와서 가자 그러는데, 하숙이 캐캐 묵은 냄새나고 그래도 가자 그러고 안갈라 그러니까 억지로 가자 그러니까 짐쌀라 그러니까 짐필요 없다고 가자고 그래서 가니까 서장 다음가는 부서장인가 하는 집이야

면담자 : 아아

구술자 : 너 뭐하지말고 공부해라. 그래가지고 거기서 이제 일본사람 덕택으로 거기서 공부한거야. 그래서 만주사변이 나니까 그 서장이 지금으로 말할 거 같으면 요녕경찰서의 서장으로 온거야

면담자 : 오, 요녕성 경찰서장?

구술자 : 지금은 봉천이지요

면담자 : 아 그러니까 요녕성인데 그 당시에 봉천? 심양이

구술자 : 이 일본 경찰청에서 만주로 보낸거지요

면담자 : 거기 32년부터 만주국이 만들어지고

구술자 : 네, 맞아요. 그래가지고 왔는데. 은인이 되어가지고 목단강 간 것이.

그때 한참 벌고 그러니까 목단강 공사하는데 가야겠다 그러니까, 일본의 하사마구미라고 건축회사에요

면담자 : 그런데 한자로는 어떻게 쓰지요?

구술자 : 간자

면담자 : 아, 이 사이 간間자

구술자 : 그걸 일본말로 하사마라그래요

면담자 : 조자 쓰고 밑에 조자

구술자 : 무슨 조 자죠?

면담자 : 우리 조합이라고 하는 조組 자

구술자 : 일본애들 건설회사는 조자가 들어가요

면담자 : 아 이 조자. 그러니까 하사마

구술자 : 예 하사마구미

면담자 : 이걸 구미라고 읽습니까?

구술자 : 전부 일본말로는 구미라고 해요

면담자 : 아 하사마구미 이 건축회사

구술자 : 그 현장감독인지 높은 감독에

면담자 : 형님을?

구술자 : 네 목단강에 그쪽에 이제 요즘말로하면 중동에 건축회사에서 현장감독 비슷하게 그걸 보낸거 같아요. 그래서 목단강을 가게 된 것 같아요

면담자 : 아 그래서 목단강을 원래 가시게 된 게, 통화나 길림吉林 이쪽에서

구술자 : 네 그쪽에 간 거 같아요

면담자 : 네 그러면 목단강 갔을 때는 집안이 농사 안짓고 먹고 살만 했네요

구술자 : 그때 부자죠 지금 말하면

면담자 : 소위 말하면 부자죠

구술자 : 쉽게 말하면 자기 밑에 중국 꿀리가 3000명이 있잖아. 일원 씩만해도 3000원 아니야 그러니까

면담자 : 그럼 목단강에서 일본쪽의 소학교를 다니셨나요?

구술자 : 내가 보기에는 한국쪽 같아. 교회도 있고 그랬던거 같아

면담자 : 목단강에는 아무래도 조선사람 많으니까, 그럼 여기서 유복하게 지내서서 학교도 좀 다니셨는데 그래봤자 열 한두살? 열 몇 살까지 목단강에 계셨어요?

구술자 : 여덟살 먹고 만주사변 겪고, 열 두서너살 됐을 거 같아 그런데 사람 욕심이 한이 없는 거 같아

면담자 : 네네

3) 영구로의 이주와 학창시절

(1) 영구로의 이주와 학창시절

구술자 : 형님이 요녕성 어디에 사업이 크게 할 수 있다는 소식을 들었는지 영구라고 하는데

면담자 : 영구가 사업하기도 좋고

구술자 : 중국서는 몇 째가는 항구일 거에요. 요하 입구이니 그리로 가자고

면담자 : 그래서 선생님댁이 큰형님 판수 형님이 크게 사업하려고 그래서 이제 영구로 이사오셨군요?

구술자 : 누가 고깃배를 만들어서 고기를 잡으면 굉장히 돈이 남는다고 그래서 고기의 고자도 모르는데 돈이 있으니 나무를 한국서 운반해왔다 그래 배짜는 나무를

면담자 : 아. 배를 만들려고요?

구술자 : 한국에 있는 목수들 데려다가, 어부들 데려다가 배를 대여섯척 만들어서 요하강 앞에다, 대련 앞에. 뭘 알아야지 지금도 원양어업에 나가있는 고

기 잡는 사람들 보통기술이 아니야. 파도도 그렇고 바다의 깊이라던지 물놀이라던지 고기가 어떻게 노는 건지. 한국 부산앞에서 고기잡던 사람을 거기다가 데려다놓으니까 아무것도 모르는거야 요하강물은 맑은 물이 아니고 황토흙 아니겠어요?

면담자 : 요하 강 입구니까 바다에서

구술자 : 그니까 배를 만들어서 어업을 시작했지

면담자 : 요새식으로 하면 선주네요

구술자 : 요즘말로 하면 어업회사 사장이지 배를 만들어서..쫄딱 망했어

면담자 : 거기서 망하셨어요?

구술자 : 왜 그러냐면 항구 같은 고기가 나와야 할텐데. 여기는 물이 빨갛고 고기가 잡히지를 않아 바다가 깊은 곳도 있는데, 그런 곳을 알아야 하는데 배가 가다가 높은데 걸리고 그러기도하고. 그리고 중국사람들이 웃기는게 뭐냐면 그때만하더라도 중국사람들 강도들이 있었어

면담자 : 아, 예

구술자 : 쉽게 말하면 강도들이 있어서 한국사람들 중국말도 제대로 잘 못하고 그러니까 사기도 치고 돈도 가져다가 안주고 그래서 쫄딱 망한 거 같아

면담자 : 그러면 만주사변 후에 영구로 오셔서 그럼 영구에는 몇 년간 사셨어요?

구술자 : 내가 기억하기로는 영구에서 오래 있었던 거 같아. 영구에서 초등학교를 졸업했는데

면담자 : 그럼 영구에서는 어느 초등학교 나오셨어요?

구술자 : 영구에서 떨어진데

면담자 : 선생님 반산盤山중학교 나오신 것으로 되어있는데

구술자 : 반산은 금주성이고

면담자 : 그러니까요

구술자 : 영구에서 초등학교를 나왔으니까

면담자 : 4년제에요 6년제에요?

구술자 : 4년제, 우리 졸업할 때는 국민 우급優級학교로 6년제로 바뀌었어

면담자 : 국민우급학교

구술자 : 네, 한국사람들만 모이는 학교여서 맨 처음에는 지금도 내가 교회를 나가지만 그 당시에 선교사들 들어와서 뭐 했어

면담자 : 외국인 선교사요?

구술자 : 한국사람들

면담자 : 한국사람들이 영구에?

구술자 : 중국에 들어와서. 이렇게 교회가 4칸이 있는데 주일날은 이걸 다 떼고 예배를 드리고 그래요. 보통 때는 4칸으로 막아서 1, 2, 3, 4 학년으로 수업을 했어. 우리가 졸업할 때는 6칸 되어서 국민 우급학교라고 했어

면담자 : 우급이라는게 이렇게 쓰는거죠? 우수할 때 이거, 급 자. 그죠?

구술자 : 네, 이건 6년제고 이때부터는 조선총독부의 뭐라 그러지

면담자 : 인정받는

구술자 : 인정받는 교과서를 가져다가 썼어 그리고 내가 여기에서 느낀 게 뭐냐면 그때부터 일본아이들하고 중국아이들하고 뭐를 했는데. 경찰서의 서장은 중국사람이고 부서장은 왜놈이야

면담자 : 그게 만주국 시절이죠?

구술자 : 그때 나온 목사님들은 전부 애국자들이야. 일본 사람들이 우리나라에 침략했고 그 얘기를 설교 때마다 꼭 하고 그랬어

면담자 : 그러니까 목사님들이 애국심에 대한, 나라사랑에 대한 얘기를 많이 했군요

구술자 : 이렇게 4칸이 쭉 있는데

면담자 : 네

구술자 : 여기 어떤 때는 선생님이 강의를 하잖아요. 왜놈하고 형사놈이 부서장이라는 놈이 칼차고 모자쓰고 와가지고 목사님 설교하는데 뒤에 와서 들어요

면담자 : 아, 교실 뒤에서 형사가 듣는군요

구술자 : 무슨 말을 하느냐, 성경설교대로 하지를 않고 한국사람 다 침략했다 그러고. 그때 내가 후에 읽어보니까 조선경제독본인가, 그때 쌀이 2,500만석을 한국에서 생산을 했어요. 그때 부산항이 생기고 목포항이 생기고 군산항이 생기고, 인천이 생기고 진남포가 생겼는데 왜 생겼냐면 일본아이들이 쌀을 실어가려고

면담자 : 네네 쌀을 실어 가려고

구술자 : 전라도 가면 지금도 있다고 그러던데 불이농장不二農場이라고

면담자 : 이게 군산群山쪽에 있어요 군산 옥구沃溝평야 있는 곳에

구술자 : 굉장히 땅이 좋고 한국사람, 여기 사람들 전부다 영구쪽으로 쫓아버렸어. 그리고 일본놈들이 들어왔어

면담자 :일본놈들이 군산에서 전주가는 쪽에 옥구 평야라고 하는 곳이 있는데 그쪽에 일본놈들이 들어와서 불이농장을 만들었거든요 거기 조선사람을 영구로다가 쫓아버렸군요

구술자 : 네,

면담자 : 영구도 평야지대 아닌가요? 농사짓기 좋은곳?

구술자 : 산이 거의 없죠, : 자꾸 역사적인 얘기가 오래되어서 잘 모르겠지만 이렇게 여기가 이제 대련이고 여기가 영구거든. 영군데,요하강이 영구입구는 한 천미터 되는가봐,배가 3000톤짜리가 들어오고 여기 위에 전장태田莊台라

고 하는 곳이 있거든

면담자 : 네 전장태

구술자 : 여기 요하강 입구에 이렇게 가게 되면 산해관山海關이 있고 이렇게 해서 천진天津, 청도青島 이렇게 되는 건데 여기에 산이 안보여요, 여기다가 큰 양수장을 지어가지고 물을 퍼올려서 논을 만든거야

면담자 :네네

구술자 : 땅이 안 되어있는데, 바닷가 땅이니까

면담자 : 소금이 많군요 염분이

구술자 : 첫해는 벼를 심어 놓으면 다 죽어버려요

면담자 : 아아

구술자 : 둘째 해는 3분의 2가 죽고, 그 사람들 와서 참 고생한 거 같아요 양수장에서 물을 퍼 올리는데, 첫해는 밭을 만들어 놓으면 물을 대서 염분만 씻어낸 거에요. 그리고 둘째 해는 .. 셋째 해는 불이농장이라 그래서 우리 서해안에는 평야에 있는 사람들이 전부 여기로 이사를 왔어요

면담자 : 그런데 여기가 굉장히 큰, 일본사람들이 우리 조선사람들 영구농장이 큰 농장이 있었는데

구술자 : 여기는 일본사람들 하나도 안와있고 여기는 전부 한국사람들만 불이농장이라니까 한국사람들만 쫓아서, 그러니까 농사가 안되고 그러니 고생들 많이했고 굶고 그랬지요

면담자 : 평야지대이지만 이쪽에는 염분이 많았군요, 그런데 내륙으로 들어가면 농사가 잘 되었을거 아닌가요 지금도 이쪽가면 옥수수밭이 쫙 펼쳐있던데

구술자 : 그 안에는 전장태나 오십리정도 들어가면 지금도 그렇고 옛날에도 농사 잘되었어요

그쪽 안에가 반산이니 뭐 다 있고 그 동네

면담자 : 네 꺼방즈溝邦子, 금주錦州 그렇잖아요

구술자 : 네 금주가 있고

구술자 : 그렇게 됐는데 거기와서 고생을 많이 했고, 교수님이 얘기한거는 어디냐면 목단강 있잖아요 목단강 있고, 여기가 임구林口라 그러는 곳이 있어요. 임구

면담자 : 임구요? 임구?

구술자 : 임구라 그러는데 목단강에서 이렇게 가면 하얼빈가는 거고

면담자 : 가목사佳木斯 가는 길인가요?

구술자 : 동안東安, 호림虎林. 흑룡강 바로 여깁니다

면담자 : 네네

구술자 : 동안에 관동군 몇째 사단이 있었는데, 이쪽에 전부 갈대밭이고 허허벌판이에요. 일본놈들 이민을 여기 시켰어요

면담자 : 일본 개척이민 많이 갔잖아요

구술자 : 나라가 있어야 되고, 이놈들이 잘사는 거기는 감자밖에 안되요

면담자 : 동안 이쪽이요?

구술자 : 추워서 벼가 잘 안돼. 감자를 심어놓은 곳을 일본서 가지고온 트랙터 같은 걸로 갈잖아요. 우리지금 먹는 감자가 이만씩하면 시장에도 작은 건 못 팔잖아요. 전부 걷어가지고 관동군에 납품을 하는데 관동군 놈들이 큰 거는 취사장에서 먹고 작은 거는 땅에 파묻어 버려요 전부 돈이란 말이에요

면담자 : 네네

구술자 : 일본애들은 동척이라 그러죠

면담자 : 동양척식주식회사

구술자 : 동척에서 오는 놈들은 와서 3년만 농사지으면 다 부자되요, 그래서 내 얘기는 나라가 있어야하고 주권이 있어야하고 나라를 통솔하는 대통령도

있고 국민을 보호하는 사람도 있어야지. 이쪽에는 전부 허허벌판이야

면담자: 흑룡강성의 허허벌판에서 감자를 농사지어서 관동군이 다 사주니까 개척이민 갔어도 일본놈들은 부자가 되고 우리는 영구쪽에 소금밭에 가서 완전히 고생만 진탕하고 못 먹고 못살고 그랬군요

구술자 : 또 우스운 얘기를 할게. 내가 어릴 때 얘긴데 요하강 옆에 마적들이 있어. 한국사람들이 농촌에 집을 짓고 살던지 하면 마적들이 밤에 와서 여자들을 강탈해요. 요하강에 배를 대놓고 들어오는 거에요. 총을 가지고. 그때는 중국이 참 무서운 나라지. 개인 군대를 내가 부자다 그러면 만명, 이만명 가지고 있어요. 탕은백湯恩伯이 같은 사람은 실제 얘긴지 몰라도

면담자 : 누구요?

구술자 : 중국의 군벌 탕은백,

면담자 : 어떻게 씁니까?

구술자 : 백伯자, 이 사람이 혼자서 30만 군대를 가지고 있어서. 정부사령관을 죽였어. 야 너 여기다 몇 만 더 줄테니. 중국에 땅이 넓잖아. 정부사령관으로 했어. 장개석이 정부사령관을 주었어

면담자 : 선생님 그러면 영구에는 언제까지 계신거죠?

구술자 : 내가 그때... 열 여덟살까지 있었어

면담자 : 선생님 중학교는 반산중학교

구술자 : 거기 나왔고

면담자 : 집은 영구에 있었고?

구술자 : 그때 집은 이쪽에 내려와서 호가둔胡家屯이라는 곳에 있었어요

면담자 : 어느 쪽이에요?

구술자 : 전장태하고 중간지점이에요

면담자 : 어디하고 중간이죠?

구술자 : 영구하고

면담자 : 한자로는 어떻게 쓰죠?

구술자 : 중국사람할 때 호,

면담자 : 오랑캐 호胡 자

구술자 : 집 가家자

면담자 : 집 가자, 호가툰?

구술자 : 여기는 기억이 잘 안나

면담자 : 여기 사셨어요? 아까 전장태하고 영구.

구술자 : 이쪽에 사는 사람들이 한국사람이 제법 많이 살았어요

면담자 : 호가툰에 사셨어요

구술자 : 어머니도 돌아가시고

면담자 : 어머니는 언제 돌아가셨어요?

구술자 : 열 살 전후 갔어요

면담자 : 어머니는 어디서?

구술자 : 여기서 돌아갔어요

면담자 : 호가툰에서?

구술자 : 아까 얘기하자면 금주로 해서 저쪽에 들어가면 그쪽에 경기가 좋았는지, 가다가 오방즈라하는 데서 밤에 차타고 있다가 강도를 맞았어. 우리 형수가 머리가 까져서 왔나 그랬던거 같아

면담자 : 꺼방즈는 어떻게 한자로 씁니까?

구술자 : 이렇게 쓰는 거 같은데..

면담자 : 아 예,

구술자 : 지도보면 나와요

면담자 : 방자는 나라방자죠?

구술자 : 하여튼 그렇게 쓰는거 같아요

면담자 : 여기서 형수가 다치셨다고. 여기 꺼방즈 기차역있잖아요

구술자 : 이쪽에 전장태 가는 거도 있고 심양으로 가는 것도 있고

면담자 : 전장태로 가는 것도 있고, 심양으로 나가는 것도. 이쪽이 그렇군요

구술자 : 전장태로 나와서 영구까지가 영구에서 강 저쪽이죠 우리말로 하면 한강건너편

면담자 : 심양으로 가고, 그래서 큰형님하고 형수가 그쪽에서 좀 다치셨군요

구술자 : 지금 생각나는데 돈도 뺏기고 두드려 맞고 그래서 크게 부상을 당하고 실패를 하고 왔어. 전부 아편장수로 간 거 아닌가 생각해요

면담자 : 그때는 뭐 아편장수가 돈이 많이 됐다 그러잖아요

구술자 : 아니 그때 먹고 사는 거는 한국 사람들이 농사를 안 지으면 전부 아편장사를 했지, 북경을 가있는 사람이나 남경에 있는 사람이나 돈 좀 많이 버는 사람은 다 아편장사했지, 그리고 마약공장 만들었고

면담자 : 네

구술자 : 또 일본놈, 헌병놈들이 원료를 상해에서 가져다 주었고

면담자 : 네 그러면 선생님 초등학교는 영구에서 나오시고 선생님 중학교는 반산중학교 나온 것으로 되어있는데 그때 호가툰에 사셨다는 것이죠?

구술자 : 아니지, 호가툰은 전부 어릴 때 살았고

면담자 : 그러면은?

구술자 : 통자거우라고 또 있어요

면담자 : 네 통자거우? 통할 통通자, 아들 자子, 통자거우, 네 여기는?

구술자 : 여기에 유득윤 목사님이라고 훌륭한 목사님 한분 계셨어요

면담자 : 아 여기에? 유득윤목사님은 한자로는 어떻게 쓰죠? 버들 유자쓰시나요?

구술자 : 아니오 이 유자써요

면담자 : 아 유비할 때 유劉자? 득자는?

구술자 : 득자는 이 득자 쓰고

면담자 : 이 득자가, 얻을 득得자?

구술자 : 소득할 때 득자

면담자 : 윤자는?

구술자 : 윤자는 이 윤潤자

면담자 : 아 유득윤?

구술자 : 네

면담자 : 유득윤 목사님. 윤자는 윤택할 윤자

구술자 : 이분이 한국에 한 4~5년 전에 한국 나와서 돌아가셨습니다.

면담자 : 아, 그런데 이제, 통자거우에서 유득윤 목사님을 만나셨어요?

구술자 : 내가 목사님댁에서 공부를 했어요

면담자 : 아 목사님댁에서, 어떻게 목사님댁에서 공부를 하셨어요?

구술자 : 내가 신앙이 좋았던 거 같아요

면담자 : 어머니 돌아가시고..

구술자 : 지금도 내 생활에 굉장히 충실한 사람이에요. 보통 충실한 사람이 아니에요.

면담자 : 그럼 어머니 돌아가시고 선생님은?

구술자 : 나이가 들고 그러니까 형수네 집에 있고 그랬는데, 학교가 멀고 그래서 유목사님이 주일에도 열심히 나오고 그러니까 너 먼데 학교 다니기 힘들면 우리집에서 다녀라 그래가지고 방이 하나 있었어요

면담자 : 아 그러면 통자거우에서, 그러면 여기서 반산중학교가 가까웠어요?

구술자 : 거기서는 멀지만, 반산중학교는 하숙이라. 하숙할 때에 빈대가 막 떨

어지고 그랬어

면담자 : 아 반산중학교? 그러니까

구술자 : 거긴 하숙을 했어요

면담자 : 그러면 통자거우 이쪽에도 계시다가 그 다음에

구술자 : 학교를 통자거우에서 4년제 나오고 2년 더한 것이죠

면담자 : 그러면 정리를 해볼게요, 영구에서 4년제를 다니시고 그 다음에 통자거우에서 2년제, 해서 6학년. 여기가 아까 말씀하신 국민 우급학교 그렇죠?

구술자 : 네

면담자 : 여기를 이제 다니시고

구술자 : 거기가 처음으로 6년제 된거에요

면담자 : 여기가 우급, 일본말도 배우고,그 다음에 반산으로 가셔서 반산중학교를 다니신 거군요. 그럼 반산에서는 하숙하시고?

구술자 : 거기는 하숙도 할 수 있고, 집에 왔다 갔다 할 수도 있고 그렇게 멀지는 않으니까.

면담자 : 그럼 선생님은 어떻게 하셨어요?

구술자 : 하숙집에 갔는데, 빈대가 어찌나 많은지 잘 수가 없어.

면담자 : 아 네.

구술자 : 집이 이렇게 있고, 이렇게 있는데 이게 대문이에요. 대문인데 이쪽에 방이 이렇게 하나 있는데 하숙생이 둘이서 썼어요, 근데 하도 물어가지고 대문 앞에 나와서 잤는데, 대문에서도 빈대가 나와 가지고 또 물어요

면담자 : 하하

구술자 : 그래가지고 주인도 좋지, 그 이태선인가 나랑 같이 있던 사람도 나보다 조금 나이 더 많았아요

면담자 : 같이 하숙했던 사람이 이태선이에요?

구술자 : 네 주인이 잘해줬던거 같아

면담자 : 주인이 조선사람이었어요?

구술자 : 네 조선사람

면담자 : 그러면 선생님은 그래도 이때까지도 집안이 망했어도 중학교까지 다니시고 하셨을 정도면 그래도 어느 정도는 지낼만 하셨나 보네요

(2) 해방 후 한국군 생활

구술자 : 그리고 나는 지금 군대 생활한 것도 1952년도 1.4후퇴 때 서울 병사 사령부에 가서 지원을 하려니까 병무계장 대위 친구가 야이 새끼야 총이라도 한방 쏴서 죽어야 되지 않겠느냐 그래서 육군 이등병으로 자원을 해서 갔어 1952년도.

면담자 : 아, 1952년도. 1.4후퇴는 1951년도 아닌가요?

구술자 : 1년도인가? 그때 경무대에 있는 순경하고 저희 집사람하고 기차 대가리 위에 타고 갔어. 안에 자리가 없어서. 난 지금 생각해도 내가 교인이니까 하나님이 도우셨다 그런 생각이 나요. 백선엽白善燁이라고 유명한 사람 있잖아요. 그 사람이 별 하나 달았더라고, 조금 있다가는 둘 달아서 소장되고

면담자 : 군대생활 16년 하셨다면서요?

구술자 : 16년 했는데 내 얘기 좀 들어봐요

면담자 : 네 선생님 군대이야기는 나중에 조금..네네 말씀하세요

구술자 : 내가 왜 이야기를 하는가 하면,

면담자: 백선엽 장군이 있는 1사단?

구술자 : 아니, 처음에 이제 병사사령부가서 얘기를 하니까 전쟁에 가서 죽으려 그러냐.죽어도 총이나 한바퀴 쏘고 죽어야 되지 않겠냐 그래가지고 서류

를 써 냈어. 써냈더니 야 너 오늘 남산 초등학교에 가. 그러더라고. 내가 왜 초등학교를 가냐 그러니까.

면담자 : 서울 남산초등학교?

구술자 : 제일학도병 아이들이 500명인가 있는데, 이 새끼들이 한국말은 하나도 몰라. 너는 일본말을 아니까 가서 그놈들 좀 챙겨

면담자 : 아 그래서 국민우급학교 다니실 때 일본말을 제대로 배우셔서

구술자 : 그렇게 해서. 차려를 못 알아들어 일본말로 해야 알아들어 근데 한방에 50명씩 채워 넣은 거 같아

면담자 : 아

구술자 : 한 일주일동안 차려, 앞으로 나란히 배워주고 한국말 몇 마디 배워주고 한 10일 있었는지 모르겠어. 그러니까 미군 GMC가 말입니다. 초등학교 앞에 두 줄로 쭉 서있어. 뭐하러 왔나 했더니 미국사람들 25명인가 있으면서, 태우더라고 태워가지고 나도 거길 탔어요. 거길 탔는데, 처음에 독립문으로 가. 서울 살았으니까 서부전선인줄 알았지, 독립문으로 쭉 가더니 돈암동가요. 그래서 중부전선 가는지 알았어. 여기서 쭉 가더니 청량리를 가. 동부전선 가는줄 알았는데 이놈이 쭉 가더니 독립문 한바퀴 돌아서 가요

면담자 : 어디로?

구술자 : 서부전선으로

면담자 : 근데 왜 뱅뱅 돌았어요?

구술자 : 내가 생각하기로는 인솔장교가 길을 모르거나, 가는 행방을 혼합시켜요

면담자 : 간첩이나 그런 쪽에 혼선을 주려고?

구술자 : 대구가는 걸 대구가지 않고 일산 갔다가 대구 가는 것처럼. 군대 기밀이 있어요. 지금 생각하니까 그 생각이 나더라고. 서부전선의 관산리라고

가니까 밤이 깜깜할 때 내렸어요. 내렸는데 천막도 없고 동네더라고. 동네 피난가고 없는 곳에서 잔거예요. 다음날 호명을 하는데 김아무개 최아무개 한참 불러. 넌 11연대 또 부르더니 12연대 그러고 또 한참 부르더니 15연대래. 1사단이 11,12,15연대 있어요. 그래서 차를 다 태워서 부르는데 그때 한 20명도 안남은거 같아. 그래서 왜 우리는 안보내나 했었는데, 그랬더니 기간용으로 남으라 그러더라고. 그래서 남아가지고 있는데 군대는 다 그러잖아요. 낫놓고 기역자도 모른다고. 순 요령이야. 그래서 눈치를 보고 그러더라고. 왜 낫놓고 기역자도 모른다 그러느냐면 모든 걸 다 내가 써줬거든. 그랬는데, 전차공격대라 그래가지고 보충대에요. 보충대 이름으로 석종석이라는 사람이. 대장을 했어요. 그래서 왔다갔다 그러는데 이런말 저런말 할거 아니에요. 나는 중국서 와서 중국말을 좀 하고 그다음에 일본말도 쉬운 말은 조금 하고 그러니까 윤상사라고 그 사람은 좀 똑똑하더라고. 정보과 선임하사인데 와서 무슨 무슨 얘기를 하는데 중국말이라서, 그러더니 김동빈 중령이라고 정보참모가 있는데 중공군 포로를 잡았는데 중국말 하는 사람이 한 놈도 없다 이거야. 중국말 하는 사람이 하나도 없는 거야. 중국말 통역이 하난가 둘인가 있는데 사단장 하고 누가 데리고 가버리니까 없어 사람이, 영어 통역은 하난가 있는데,백선엽이가 데리고 나가있고, 가서 자기 참모한테 얘기를 했는가 봐요. 육군 이등병 놈이 하나 있는데 중국말 조금 하는 거 같다는 얘기를 한 거 같아. 그놈 데리고 와보라고 그래서가니 포로 두 명 데려다 놨더라고. 소속이 어디고, 나이는 몇이고 군번이 뭐고 그건 쉽잖아요. 그래서 얘기를 하니까 또 무슨 말을 몇 마디 물어보더니 내일 나하고 같이 다녀요 그런 거예요

4) 징병을 피해 산해관을 넘어 한단(邯鄲)으로

면담자 : 선생님 그 얘기 나중에 또 듣고요. 반산에서 중학교 나오시고 저희

가 기록에 보면 북경에 가신 것으로, 선생님이 나중에 광복군까지 가시는데 북경을 가시게 된 계기는 어떻게?

구술자 : 내가 생각할 때에 순 엉터리 같아. 대련大連을 갔어요.

면담자 : 처음에? 반산에서 중학교 졸업하고?

구술자 : 아니 영구에서인가. 대련에 가 가지고, 중국 청도에 가면 청도가 살기도 좋고, 천진도 좋고 중국갈 수 있다 그래서

면담자 : 대련에서 배 한번 타면 바로 가잖아요

구술자 : 아니에요. 그 선창가에 가 가지고 표를 끊으려하니까 여권을 내놓으라 그래. 여권이 없으니 표를 못끊잖아요 그래서 돌아왔지. 산해관 있잖아요 만리장성 근처거든. 여기 일본 헌병아이들이 여권 조사를 해요

면담자 : 산해관에서?

구술자 : 네 한국사람도 들여보내고 중국사람도 들여보내고. 들어가는 건 중국경찰이 여권을 봤으니까.

면담자 : 관내에 들어가는 거니까.

구술자 : 근데 이제 한국사람들은 만리장성을 넘어다녔어. 나도 이제 만리장성 넘는다고 그때 또 친구가 하나 있었어요.

면담자 : 그때 나이가 별로 안되셨을 때 아니에요

구술자 : 그때 한 열일곱, 여덟 되었을 때에요. 그때 일본아이들이 한국서는 징병, 처음에는 지원병 뽑다가 학도병 뽑다가 징병을 일본 군대가 모자라니까 징병을 뽑기 시작했거든. 한 1년 있으면 징병 뽑혀가야 될 나이야. 그래가지고 산해관까지 가니까 산해관에서 헌병아이가 나와서 뭘 보더라고. 그래서 처음에는 들어가니까 한 서너놈 붙들려 있어. 어디가냐 그래서 일본어 공부했으니까. 일본말 하니까 거짓말 하니까. 대동아 뭐 어떻고 저쩌고. 고개를 삐뚝하더니 글자 몇자 쓰더니 병장되는 놈한테 이 새끼 태워서 보내 이런 거

같았어요 그래서 왔어요

면담자 : 산해관을 넘어 관내로 오셨군요

구술자 : 그 대신 딴사람들은 산해관 지금도 돌로 쌓은 거 높이 쌓은 거, 저쪽에 북경 저쪽에 가면 만리장성. 가보니까, 만리장성은 돌로 몇 개 쌓아두고 만리장성. 산해관은 굉장히 튼튼하게 해 놨어요

면담자 : 어, 저는 산해관 사진으로만 봤는데, 가보지는 못하고

구술자 : 산해관은 진짜 큰 돌 가져다가, 진시황 시절에 사람이 어떻게 쌓았는지. 힘 좋은 사람이 쌓았는지

면담자 : 산해관에?

구술자 : 네, 그래가지고 들어간게 우리 매형이 한단이라고 하는데에 있었어요. 거기서 태성 백미상이라고 그래서 쌀 장사한다 그래서 쌀장사를 크게 했어요

면담자 : 누가 거기 계셨다고요?

구술자 : 이경생이라고 매형

면담자 : 아 이분이, 이경생 이분이 한단에도 계셨어요?

구술자 : 네

면담자 : 한단이라고 이렇게 쓰던가? 이렇게 쓰죠? 한단.

구술자 : 네 맞아요. 어떻게 용케 아시네

면담자 : 저 한단도 가봤습니다. 아 이경생 이분이 한단에서 크게

구술자 : 태성백미상회라고

면담자 : 태성백미상회?

구술자 : 네 거기서 일본군 군사령부가 어디있더라?

면담자 : 여기 한단에?

구술자 : 네 한단에 있어요

면담자 : 일본군사령부가요?

구술지 : 네 거기서 철도 안에 있고, 구로새부대라고 수비대가 거기 있어요.

면담자 : 일본군 수비대?

구술자 :흑자 쓰고 뢰瀨자는 일본말로 새소나이까라고 하는데

면담자 : 흑黑자가 구로고, 구로새할 때,뢰자가 이렇게 썼는지,

구술자: 네

면담자 : 구로새부대가

구술자 : 있고 그렇더라고, 거기 가니까 우리 매형이 힘꽤나 써. 왜 힘꽤나 쓰냐면, 백미상회라 그래서. 아편장사를 잘해서. 도매를 하고 그러니까. 그리고 내가 지금 생각해도 옛날 우리 매형은 학교는 별로, 한문을 많이 했어. 그리고 힘이 굉장히 센거 같고, 빼빼 말랐는데 통뼈인지 몰라도, 그래서 술도 굉장히 많이 먹었는데도 술주정도 안하고, 싸움도. 장사를 하다보면 아편장사도 라이벌이 생기나봐. 그래서 어떻고 어떻고 그래서 어떤 놈이 한 놈 와서 그 얘기를 내가 듣고 그랬어. 내가 대포 한잔 하러 갔는데,중국 소주잔으로 둘이 한잔씩 마시면 커피잔 그렇게 너 한잔 나 한잔. 그래서 빼빼 말라도 술을 잘 먹고 그러니까 비실비실해가지고 건드리려고 그러는 거야. 길가에 나와서 팍 밀었더니 수채 구멍에 빠지더래 그 깡패가 .그 다음부터 형님 형님 했다는거야

면담자 : 아 매형보러?

구술자 : 네 그 얘기를 하더라고

면담자 : 그럼 산해관 넘어서 매형이 있는 한단에 가셨네요.

구술자:한단에 가 가지고 내가 중경重慶가는길을 튼 거에요

면담자 : 아,

구술자 : 왜 텃냐면

면담자 : 그러면 한단가서 북경 같은 곳은 안가시고?

구술자 : 그 뒤에 나와서 북경

면담자 : 아 그러면 산해관을 넘어서 한단을 가셨다가, 그러면은 한단에 가서?

구술자 : 한단에 가서 우리 매형이 상당히 유지에요 장사도 하고 아편장사를 하지. 많은 헌병이고 할 거 없이 다 잘 알고

면담자 : 그 다음에 한단가서는 뭐하셨어요?

구술자 : 한단가서는일본 사람 매점이 있어. 거기 점원도 했어

면담자 : 아 일본 사람 가게에서 점원도 하시고. 일본말도 하시니까

구술자 : 그리고 거기에 지금 송병철宋炳喆이라고 아편장사를 같이 했어

면담자 : 아 매형하고?

구술자 : 한단에 한국사람들이 많이 살았어요

면담자 : 아 한단에도 한국사람들이 많이 살았어요?

구술자 : 네, 그 병철이라는 사람이 병철이 아버지가 중경 들어가 있었어요.

면담자 : 송병철씨 아버지가 중경에 계셨구나

구술자 : 송복덕宋福德 이라고

면담자 : 송복덕

구술자 : 네 그리고 병철이 동생이 나보다 3살 밑인데, 한 4~5년 전에 여기 부천에서 돌아갔어

면담자 : 이름이 뭔데요? 그사람은?

구술자 : 송병하宋炳河요

면담자 : 송병하

구술자 : 우리 광복군동지회에서 알아주는 사람이에요

면담자 : 아 송병하 이분

구술자 : 네

면담자 : 그럼 이분들이 그 당시에 한단에 같이 계셨나요

구술자 : 네 한단에 갔고, 그 뒤에 송병철이라는 사람이 개봉開封으로 내려갔어. 집이 굉장히 큰 2층이더라고

5) 하남성 개봉에서의 생활

면담자 : 아 개봉에 송병철씨 집도 있었어요?

구술자 : 집도 있고, 신문산가 그것도 했어요

면담자 : 송병철씨가 개봉에 집도 있고,

구술자 : 큰집이에요. 2층집이면 굉장히 큰 집인데 그 부인이 안식구 고모에요. 그러니까 고모부 아니에요. 나한테 송병철이가

면담자 : 그럼 선생님 언제 결혼하셨는데요?

구술자 : 누구?

면담자 : 선생님 몇 년도에 결혼하셨는데요?

구술자 : 내가 스무살인가?

면담자 : 스무살이면 44년도에 결혼하셨나? 중국서 결혼하셨어요? 24년생이잖아요.

구술자 : 그때 여자들 전부 잡아간다 그래서

면담자 : 일찍 다 시집가고

구술자 : 그래서 남자들은 전쟁에 나가 죽으면 씨하나 남겨야 된다고, 18이고 20이고 했던거 같은데

면담자 : 그럼 결혼은 몇 년도에 어디서 하셨어요?

구술자 : 내가 21땐가 20살인가 했어

면담자 : 해방 후에 하셨어요?

구술자 : 아니 해방 전에, 한참전이지

면담자 : 그럼 어디서?

구술자 : 신의주서

면담자 : 신의주?

구술자 : 네 신의주, 처갓집이 신의주에 있었는데 송병철이라는 사람하고 친구가 있는데 그 친구의 조카딸이 있었어요. 근데 그 우리 매형하고 친하니까. 야 우리 처남하고 결혼을 시키는거 어떠냐 그렇게 중매가 된 거에요

면담자 : 네

구술자 : 그때 결혼은 씨 퍼트리느라고 여자는 징용 안 가느라고.

면담자 : 네네

구술자 : 내가 지금 생각하면 철도 없지 가만히 생각해보면 어떻게 했는가 그 생각도 나고 그래요 지금

면담자 : 선생님 그러면 한단에서 송병철씨하고 동생 송병하

구술자 : 그 사람들이 개봉으로 갔어

면담자 : 그분들이 개봉으로 갈 때 따라가셨어요?

구술자 : 개봉으로 갈 때 거기 박 뭐라고 하는 사람하고

면담자 : 박 누구?

구술자 : 박 뭐이하고 송병철하고 우리 형님들하고 친한사람이 있었어요 매형하고

면담자 : 네네

구술자 : 사돈 아니에요. 송병철 부인이 고모니까 그러니까 인척관계고 그러니까 특별한 일이 없으면 내려가고 그랬죠. 내려가고 그랬는데 거기가니까 신문사를 하고 있더라고

면담자 : 그럼 선생님도 개봉으로 같이 가신거네요

구술자 : 늘 왔다 갔다 했어요, 거기 갔는데 국제운수라 그래서. 요즘말로 하

면 통운이에요. 사람들을 말하면 역사가 길어지는데 배재고등학교 나온사람이 과장으로 있었어요

면담자 : 국제운수에?

구술자 : 네네 그 사람 나이가 40이 넘은 거 같아. 그 밑에 친동생이 신경新京 건국대학교에 경제학부를 나왔고

면담자 : 오늘날 장춘長春?

구술자 : 네 거기 사촌 동생이 일본 중앙대 법과를 나왔고 그런데 무슨 일이 생겼냐면 병철이 아버지가 아들하고 아들들을 중경으로 들어오라고 연락을 보냈어

면담자 : 그럼 아버님이 송복덕씨. 이분이 중경에서 뭘 하셨는데요?

구술자 : 내가 알기로는 배운 건 많지는 않으니 임시정부 사택이나 지켜주고 허드렛일 하는 거 같아요

면담자 : 그런데 아들을 중경으로 오라고?

구술자 : 네 근데 전월성全月星이라는 사람하고 내가 보니까 전월성 부부를 보냈더라고

면담자 : 전월성씨 부부를 개봉으로 보냈어요?

구술자 : 네네, 저 통운으로 알게 되어서 연락들을 했지. 연락을 하니 우리는 뭐 그때는 조상들이 운동을 하고 그런 것은 있지만 애국심이라든지 독립이라든지 모르는데 대학 나온 사람은 대단하더라고

면담자 : 누가 대학을 나왔죠?

구술자 : 중앙대 나온사람

면담자 : 누구죠? 전월성?

구술자 : 통운과장 한사람

면담자 : 아 배재 나온사람? 그 사람 이름이 뭐에요?

구술자 : 이름이 뭐더라, 그 사람 배재나오고 40좀 넘은거 같아

면담자 : 이 사람이 중앙대 나왔어요?

구술자 : 아니 중앙대는 그 사람 사촌동생

면담자 : 아 배제 나온 분 사촌동생이 일본 중앙대학 나오셨고

구술자 : 건국대 나온 사람은 그 사람 친동생이고

면담자 : 일본 중앙대, 건국대는 친동생, 그 다음에 누구요?

구술자 : 송복덕이라고 아버지 있잖아요 그 아버지가 아들이 개봉에 있던 걸 알았던 거야. 전월성이랑 부인 두명을 보낸거야 그래서 들어오라 그러는데 사람이 살려면 무서운 거야 그 집이 2층인데 여름철인데

면담자 : 누구네 집이죠?

구술자 : 송병철

면담자 : 네 송병철씨 개봉에

구술자 : 2층에 침대도 아니고 자고 있는데, 물이 뚝뚝 떨어져 보니까. 고약하더라고. 냉면국물이 떨어진거야. 가만히 보니까 여자하고 남자하고 있는게 수상해. 그래서 내가 우리 작숙되니까 물어보니까 처음에는 안 가르쳐 주더라고

면담자 : 작숙이 누구죠?

구술자 : 고모부, 위에 있는 사람 누구죠 하니까. 친구다 그러는데 이틀을 있는데 아무래도 수상해. 그래서 얘기를 하니까, 자기 얘기를 해. 아버지가 우리를 중경으로 들어오랬다고 너 같이 갈래 그래

면담자 : 아 전월성 이분?

구술자 : 전월성이 부부, 병철이 동생은 나보다 2~3살 밑이에요. 그 때 송병하 동생이 통운에 다녔는데 좀 저도 친했던가 봐요. 무슨 얘기 끝에 나왔어. 나오니까 옛날 배재학당 나온 사람은 사상이 달라. 그때 나이가 40넘고 그러니까

아 그런게 있냐고 얘기가 왔다 갔다했어요. 그때 학도병들 뭐 할 땐데 중앙대 나온 놈 있고, 건국대 경제학부 나온 그놈 둘도 학도병으로 끌려 나갈 수 있고 그러니까 만주가 가지고 중앙대학교 나온 놈들 친정네 와있으니까 우리 중경으로 들어가자 한 거 같아 그래서 일행이 갔어요

6) 안휘성 부양으로 가 광복군 3지대 입대

면담자 : 그럼 개봉에서 어디로 가셨어요? 중경으로?

구술자 : 아니, 중경으로 들어가는 길이, 개봉에서 한정거장 내려오면 귀덕이라는 데가 있어요

면담자 : 귀자는 어떻게 쓰죠?

구술자 : 귀는 돌아갈 귀歸, 덕자는 큰 덕德자

면담자 : 네 귀덕에서

구술자 : 거기서 들어가면 왕정위汪精衛 군대 가는 길이 있어요.

면담자 : 중국의 왕정위

구술자 : 장개석이 반대하는, 그 길로 지나가서 장개석이 있는 길로 들어가는 거지 그런데 내가 느끼는 게 그때 3000대 1 같아. 화폐개혁하는 게. 중국에 준비은행권이라는게 있었어요. 그게 이제 일본놈이 세운 나라

면담자 : 괴뢰국이

구술자 : 괴뢰정부의 화폐가 장개석이나 이쪽 돈으로 바꿀라 그러면 만원이면 3,000만원 줘

면담자 : 어, 네

구술자 : 그때 만원이면 큰 돈인데, 조금 가지고 있는데 큰 부대로 끌고 가는 거 있잖아. 돈을 끌로 갔으니까. 은행에. 우리가 가져간 이쪽 돈을 3000대 1로 바꾸려니까 몇 푼 안되는데 그걸 하니까 막 쓰게 돼. 내가 지금도 공항에

가면 중국은 중앙은행권이 나오는 거 같더라고. 그때는 농민은행권, 상공은행권, 중국의 화폐를 맘대로 발행했어 중국에. 그러니까 돈을 많이 환전하는 몇 군데 다 가도 안 돼 그 정도 되더라고

면담자 : 그러면 선생님 귀덕으로 해서 왕정위 부대 있는대로 해서 장개석 길로 해서 귀덕에서 그러면 지명으로 어디를 가신 거에요?

구술자 : 귀덕으로 부양으로 들어간 거야

면담자 : 아 그래서 부양阜陽으로 들어가셨구나 안휘성에. 이때 안휘성 부양으로 들어가셨을 때 누구누구 가신거에요?

구술자 : 저 사람들 서이하고

면담자 : 송병하 하고

구술자 : 송병하 하고, 병철이

면담자 : 송병철

구술자 : 그리고 부인

면담자 : 누구 부인, 송병철 부인?

구술자 : 네

면담자 : 그 다음에

구술자 : 조카가 둘있던 거 같아요

면담자 : 송병철씨 조카?

구술자 : 아니 병하 조카지

면담자 : 송병하 조카,

구술자 : 딸이 둘 있었던거 같아

면담자 : 딸?

구술자 : 송병철 딸

면담자 : 송병철 딸 둘하고, 송병하씨는 혼자만 가시고

구술자 : 송병하하고 나는

면자 : 혼자가시고, 또?

구술자 : 그리고 배재 나온 삼형제

면담자 : 이렇게 해서 이제 안휘성에 부양으로 가셨군요

구술자 : 네 그래서 장개석의 경계선, 중국 경계선으로 넘어간 거지

면담자 : 중국경계선으로 넘어간거네요. 그럼 부양가서는 김학규金學奎 장군이라던가 광복군 3지대가 있었다는데 그럼 거기는 얼마나 계셨어요?

구술자 : 거기서 우리가 6~7개월, 한 1년 가까이 있었는지.

면담자 : 그럼 부양에서 선생님 계셔서 거기서 뭐하셨어요? 교육도 받고 그러셨나요?

구술자 : 쉽게 말하면 정신교육입니다. 지금 생각할 때 중국의 손문孫文이 있잖아. 손문 시절부터 중국은 강습이라 그래 그걸

면담자 : 강습. 네

구술자 : 그걸 받고 실질적으로 우리 김홍일金弘一 장군, 최용덕崔用德장군. 이 사람들은, 최용덕 장군은 중국공군사관학교 나왔고 김홍일 같은 사람은 황포군관학교 정식 사단장까지 했고 우리 다닐 때만 하더라고 분교에는 그런 시설이 되어있지를 않고 무기도 없었어.

면담자 : 부양에 무기도 없고

구술자 : 정신교육 받고

면담자 : 그럼 그때 기억나는 분들 계세요?

구술자 : 우리가 들어가기 바로 전에 김우전金祐銓이나 그 사람들이 우리가 들어가는 그 전날 떠났어

면담자 : 그럼 장준하張俊河나 윤경빈尹慶彬씨나 중경으로 떠난거? 선생님 그럼 그분들은 못 만났겠네요?

구술자 : 못 만났죠.

면담자 : 김우전씨는 중경은 안 갔잖아요.

구술자 : 중경 잠깐 들렀을껄요? 그래서 저쪽에 미군한테 가고.

면담자 : 선생님은 윤경빈이나 김우전선생은 부양에서 못만나셨군요

구술자 : 네 못 만났어요. 우리가 들어가기 전날 떠났다 그러더라구요.

면담자 : 그럼 선생님은 거기서 만나신 분은 누구 있어요? 부양에서 훈련받거나 6~7개월 같이 계신분.

구술자 : 여기 보면 이름은 있는데, 제대로. 다 잊어버려서

면담자 : 그럼 아까 송병하씨나 송병철 이분들 같이 계셨고. 그럼 거기서는 먹는거는 뭐

구술자 : 내가 생각할 때 참 고생들 많이 했어요. 중국사람들이 밀가루 있잖아요. 밀가루 떡을 기다랗게해서 똥그랗게 솥에서 받쳐서 소련애들 빵처럼 빵을 해서 주고

면담자 : 네 소련 흘래프라는 거

구술자 : 네 소금국에 배춧잎 몇 잎 띄어서 먹고 살고, 그 다음에 중국군대 입던 옷들 입히기도 하고 새옷 해준다 그랬는데 예산 없어서 못하고 고생 많이 했어요

면담자 : 잠은 어디서 잤어요?

구술자 : 잠은, 중국 사람들 옛날 동네 있잖아요. 동네를 요즘말로 중국군대에서 전부 철수 시키고

면담자 : 거기서 숙박하시고

구술자 : 우리말로 공회당 비슷한 곳에 동사무소 같은 사무실 만들고

면담자 : 네 그럼 부양에서 6~7개월 지나시면서 생각나는 거나

구술자 : 나는 김학규 장군 부인생각이 나

면담자 : 김학규 장군은 어떤 사람이세요?

구술자 : 그분은 내가 생각할 때 독립운동 손꼽히는 사람이에요.

면담자 : 원래는 만주에서 독립운동 하시던 분이라 그러던데

구술자 : 그 여기 지금

면담자 : 네 김우전씨가 책을 내셨죠

구술자 : 책 지금 많이 있어요

면담자 : 김학규 장군에 대해서, 그럼 부인은 어떤 분이셨어요?

구술자 : 그 부인이 인물이 굉장히 예뻤어

면담자 : 존함은 어떻게 되세요?

구술자 : 오광심吳光心이야, 마음 심자 쓰고

면담자 : 아 네, 빛 광자 마음 심자, 오광심이라는 분이 김학규 장군 부인이세요?

구술자 : 오광선吳光善이는 국내 지대장하던 사람이고

면담자 : 오광선장군은 오희옥吳姬玉여사 아버님이시고, 네 그러면 그분은 어떠신 분이셨나요?

구술자 : 그분도 내가 볼 때 독립운동 하던 사람이라 그래서 그런지 자기 친아들처럼 거들어주고, 밥이라도 한 그릇 더 먹이려고 그러고, 단추라도 달아 주려 그러고 참 애를 많이 썼어요.

면담자 : 오광심여사가?

구술자 : 네

면담자 : 그러셨군요. 네 그분은 언제까지 사셨나요? 오광심 여사는?

구술자 : 국내 나와서 돌아가신 거 같아

면담자 : 그러면 다른 분 기억나시는 분은 없으시고요?

구술자 : 특별히 기억나는 건 없고, 그때 내가 들어갈 때 송병철이 어린 아이

들 둘 데리고 갈 때 바퀴 하나 달린 걸로 끌고 들어갔어

면담자 : 아 딸 둘?

구술자 : 응. 그리고 또 기억나는 건 장개석 국경선이랑 왕정위 국경선 사이에 강처럼 구덩이를 팠어요

면담자 : 아, 이동 못하게 수렁, 참호같이 못 넘어가게?

구술자 : 그 넓이가 15m 된 거 같아요. 깊이가 10m 될 거 같아요. 압록강 다리처럼 사람 못건너라고

면담자 : 아 국경선이네 왕정위 부대하고 장개석 부대하고

구술자 : 네 그리고 그 다음에 보니까 일본 아이들 탱크 못 들어오게 탱크 빠지면 못꺼내겠더라, 그게 방어선이에요

면담자 : 방어선이구나

구술자 : 그리고 그 다음에 건너가서 부양까지 가는데 하룻밤 중간에 잔거 같은데 돈도 잃어 버렸어

면담자 : 하하 개봉에서 부양까지는 거리가 얼마나 되나요?

구술자 : 부양까지 가려면 걸어가려면 이틀거리 잡아야 될거 같아

면담자 : 그렇게 먼 거리는 아니네요

구술자 : 부양서 개봉 바로 가는 건 없고 대부분 귀덕이라는 곳에서

면담자 : 아까 말씀하신 귀덕을 거쳐서 부양으로 가서 부양에 계시면서 훈련을 좀 받으시고 그 다음에는 부양에서, 계속 부양에 계시지는 않고

구술자 : 부양에서 한 6개월 있다가 거기 주로 하는 일이 군대 팔려간 사람들 지원병 학도병들 근데 내가 볼 때에 지원병들은 사상적으로 뭘 할 줄 모르고, 일요일 날 휴가 나오면 한국 사람 음식점에서 만나서 공작하는 정도고, 학도병도는 완전히 사상이 달라요. 일본에서 2.8 독립선언서도 읽고 대부분 우리 학생들이 동경서 공부를 많이 했거든 그래서 지들끼리 모여서 애국심이 있어

요

면담자 : 학도병들은?

구술자 : 네 그래서 학도병들은 기회만 있으면 도망가려 그러고, 일반 지원병은 일본군에 남아 있으려하고. 보통 연락이 안되니까, 대부분 우리 한국 사람은 냉면집이라든지 점심 먹는데에 만나서

면담자 : 아 그런데서 만나서 자연스럽게

구술자 : 그렇게 하던지, 잘못 만나면 잡혀 들어간다고

면담자 : 말 조심해야죠 하하. 그럼 부양에 있으면서 그런 활동을 하셨군요

구술자 : 그 다음에 제일 뭣한게 돈이야.돈이, 군자금이 없어서 쩔쩔매, 임시정부도 그렇고, 나는 중경까지는 안 들어가 봤지만. 중경에 있던 노인들 한국 나오니까 느끼는 건데 미군정에서도 우리 지금 중경에 있던 원로들 나와서 대우를 안 해줘서 밥도 굶고

면담자 : 그렇죠. 임시정부요인들도 고생하셨죠

구술자 : 거기도 장개석이 정부에서 돈을 주는게 적으니까 힘들게 살았어.

면담자 : 그럼 선생님은 부양에 계시다가, 부양에 계속 계시지 않으셨잖아요

구술자 : 부양에 6개월, 7~8개월 있다가. 가만 생각하니까 돈도 없고 그런데 무슨 생각이 나는지. 형님 친구인지 돈 줄만한 사람이 있었어. 그 사람이 일본 북지北支 파견군에 돼지고기 납품하는 사람이야. 돼지 잡아서 부대에 납품하는 사람이야. 해주에 있었는데 찾아갔더니만 그 잘못얘기해서 고소하면 모르잖아 그래도 형 친구고 알아줄만하고 노골적으로 얘기하니까. 야 내가 돈이 연말 되야 돈이 나오지. 지금은 돈이 없는데 어떻게하냐 그러더라고. 그리고 제일 무서운게 한국사람이야. 밀정들. 알만한 사람들이 친척들이 그러고 중국서는 우리 독립군 한사람 가면 요즘 돈으로 100만원씩 줬어. 그러니까 중국 사람들이 처음에는 아까 얘기처럼 쌀도 주고 한국사람들에게 그랬는데, 그

다음에 김좌진 장군이나 그런 사람들 그 당시 까지는 괜찮았어. 그 이후부터는 일본놈들이 중국 사람을 매수를 했어. 야 너 독립군 하나 붙들어오면 요즘 말로 100만원 준다, 50만원 준다 그러니까 밀정같은 놈들이 고발을 하는 거야. 아무 동네에 몇 명이 있다. 그럼 일본애들이 포위를 해서 잡아가고. 중국 사람들. 일본놈들 망할 때쯤에는 독립운동하기 참 힘들었어.

면담자 : 선생님 부양에 같이 갔던 배재학교 나온 사람 그 사람 이름

구술자 : 맞아요

면담자 : 동생분이 만주 건국대 경제학과 나온 조성식趙誠植씨

구술자 : 맞아요 성직이, 성직, 조성직씨 그리고, 아니 일본 중앙대학 나온 사람이 조성직趙誠稷이고

면담자 : 그러면 선생님 부양에 계시다가 그 다음에는 부양에서 그러시고, 그 다음에는 어떻게 하셨어요?

구술자 : 그 다음에는 8.15 해방되었지요, 내가 얘기를 하면 내가 해주海州 갔다 와서

면담자 : 해주라는 데가 어디에요?

구술자 : 중국에 서주徐州에서 쭉가면

면담자 : 해주는 어떻게 쓰나요?

구술자 : 바다 해자 하고

면담자 : 아 바다 해, 서주에서는 어떻게 가나요?

구술자 : 서주쪽에서 바로 나가면 되요.

면담자 : 아 서주에서 바로 가면 해주, 여기도 안휘성인가요?

구술자 : 거기는 아마 하남성河南省일거에요

면담자 : 아 하남성,

구술자 : 바닷가 쪽

면담자 : 바닷가쪽에

구술자 : 네 안휘성은 육지로 들어와서니까

면담자 : 네네 그래서

구술자 : 거기 갔다가 돌아오는 길에 서주에서 일본 영사관 형사한테 붙들렸어요.

면담자 : 아 서주에서?

구술자 : 그때는 그 사람들이 뭐 독립운동이나 중국에서는 그렇게 심하진 않고, 군대 도망간거

면담자 : 아 탈영병들 잡으려고? 서주에 일본군 사령부가 큰게 있죠?

구술자 : 아 있죠. 서주는 일본애들이 중국 작전 중에 제일 큰 싸움을 한 곳입니다. 남경 다음에 서주대해전이라고 일제시대 크게 싸웠어요

면담자 : 옛날에 장준하 선생이나 윤경빈 선생이나 다 거기서 탈출하신 분들이죠?

구술자 : 그랬을 거에요, 네네

면담자 : 아 그렇구나 서주하고 남경南京이 전투 많이 한 곳이군요

구술자 : 서주는 일본아이들의 포병부대가 있고 힘든데에요. 그 다음에 중국의 진시황 때 운하를 팠거든요. 운하를 팠는데 천진서 서주까지 팠어요

면담자 : 아 천진에서 서주까지 팠어요?

구술자 : 가면 볼만한 게 물이 내려가는지 안내려가는지도 모르는데 옛날에는 진시황 때 했는지는 모르겠는데, 곡식을 갖다 먹으려고 하면 사람이 지어 나르려 그러면 힘들잖아요.

면담자 : 네네

구술자 : 배에다 싣고 끌면 사람 네사람이면 되거든, 양자에서 끌면 물에서 끌면 네사람이 슬슬끌 수 있어

면담자 : 그렇죠

구술자 :군량미도 그렇고, 총도 그렇고, 또 한가지 중국에서 세가지 이상한게. 북경서 서주까지 말이오. 도로를 놨는데 전부 돌을 깔았어. 이렇게 큰 거. 중국은 땅이 황토흙이고 비가오면 차가 못오니까 그 길로 구루마를 끌고 맘대로 다니니까 요즘말로는 아스팔트 고속도로를 만든거에요. 중국에서는 만리장성하고 운하하고 도로하고 중국서는 3대 기적이라 그래요

7) 서주에서의 체포와 해방

면담자 : 그러면 서주에서 선생님이 체포가 되셨다?

구술자 : 영사관 경찰한테 불려들어갔는데 얘기를 쭉 하더라고, 산해관식으로 말이야. 일본을 위해서 어떻고 하니까 이놈들이 너 그럼 고향가서 군대가 그러더라고. 근데 철도 경호대라고 있어요

면담자 : 네 있죠. 철도 경호대

구술자 : 그것은 중국사람들이 요즘은 철도 경찰이야. 그 안에서 사고 나던지 그때 중원군이 차를 습격할까봐 그 사람들이 무장하고 그 사람들이 수갑도 안 채우고 저 새끼 도망갈 거 같지 않고 고향이나 보내면 되겠다 했는지 철도경찰있는 데다가 자리에 앉히더니 이사람 압록강까지 보내라 그랬는데 그때 차가 북경서, 부산서 북경까지 생겼어

면담자 : 그렇죠 부산서 북경까지 생겼죠, 그때가 히까리

구술자 : 아세아 히까리 뭐

면담자 : 네네 여러 가지 있었죠

구술자 : 철도 경찰이라는 건 총이나 가지고 있고 대단하지는 않더라고. 그래서 오밤중에 거기는 우리 형님도 있고 차가 가려고 하는데 후딱 뛰어내리니까 중국아이들이라서 그런지 일본애들이면 눈을 똑바로 그럴텐데 별로 썩 관심

도 없는거 같아

면담자 : 그럼 서주에서?

구술자 : 서주에서 차를 태워 보냈는데, 철도 경찰한테

면담자 : 그럼 어디서?

구술자 : 꺼방즈 서쪽에서 내렸지 그쪽 잘 알잖아

면담자 : 네, 그 동네 잘 아시니까. 그러니까 거기서 옛날에 계셨고 해서 뛰어내리셨구나

구술자 : 가니까 몇 년동안에 많이 달라진게 있고. 박가라 그러는데 이름을 상실했고. 명치대학 나온 아이가 거기 독립운동에 물든 사람들이 몇 있더라고 전장태 그쪽에. 그 사람들이 학도병은 가기 싫어서 도망와 있는 거야. 한 대여섯 됐어요

면담자 : 네네

구술자 : 대여섯 되었고, 한국사람들이 이민들이 와서 많이 살고 중국 경찰이 눈을 밝히진 않고 제일 무서운게 밀정인데, 일본놈들한테 고발할까봐. 그러고 있다가 8.15 해방되었고

면담자 : 그러면 그때 영구쪽에 매형, 매형이 거기서 농장을 경영하고 있었다는데 그렇습니까?

구술자 : 농장을 경영한건 우리 형님일 거에요.

면담자 : 아 형님, 아까 판수형님은 돌아가셨으니까 기자 홍자 형님?

구술자 : 네

면담자 : 기자 홍자 형님이 여기에 사셨군요

구술자 : 근데 중국에서는 농장하기가 참 수월해요. 한국은 뭘 심고 그러잖아요, 중국은 그러지 않고 요하강 같은데 가면 저수가 많이 올라오니까 한 5m 차이가 있어요. 뚝을 높이 막았어 그래가지고 바닷물이 못들어 오게끔. 그 물

이 빠지면 논 물이랑 비슷해요.

면담자 : 네네

구술자 : 그래서 뚝에다가 수문을 만들어서 물대고 싶으면 수문만 열면 물이 들어오는 거에요. 또 물이 나가고. 중국에 있는 한국사람들이 농사를 우리 한국 같으면 몇 만평 혼자 짓지를 못하잖아요. 지을 수 있는 게 아주 간단하게 중국은 지어요. 논두렁을 이렇게 높이 매달에서 줄을 쳐서 못 심을 때에 씨를 뿌려요. 뿌려가지고 싹을 내서, 피라는 것 있잖아요. 벼 말고. 벼 말고 피라는 것이 있는데 피는 물에 떠요. 물에 떠서 물을 쭉 버리면 살려고 높이 뜨거든. 벼는 요만큼 하고. 산더우라 그래서 우리말로 하면 낫이 이거보다 더 커. 그런 걸 가지고 물이 이만큼 오니까 피는 이렇게 올라오고 벼는 요만큼 있으니까 쑥쑥 자르는거야. 피는 위에께 잘라지니까 물에서 썩고 물을 빼면 저절로 벼가 크는 거에요. 우리나라 같으면 그렇게 오천평 한다 그러면 대단한거 아니에요 혼자서. 중국사람들은 오천평 하는건 보통이고 이렇게 중국사람들이 뚝을 막아서 수수같은 것을 심으면 쉽게 말하면 쌀을 열가마 준다든지 스무가마 준다든지 빌려가지고 농사를 짓는 거에요

8) 해방과 귀국

(1) 남한으로 오는 여정

면담자 : 선생님 그럼 꺼방즈에서 계시다가 그 다음에 해방이 되셨군요.

구술자 : 꺼방즈로 해서 옛날에 있던 전장태

면담자 : 전장태 그쪽으로 오셔서 해방이 되셨나요?

구술자 : 그랬어요

면담자 : 해방이 된 다음에는 어떻게 하셨나요? 한국에는 언제 오셨나요?

구술자 : 한국에는 늦었어요

면담자 : 해방이 되시고 선생님이, 해방을 전장태에서 맞으시고 그 다음에 왜 늦게 들어오셨나요?

구술자 : 늦게 들어온 게 신의주가 처갓집인데, 걸어서 기차가 잘 안다녀서 일주일 걸려서 처갓집에 왔어요. 왔는데 10월 달에 이북에서는 10월 혁명이라 그래서 죄인의 농토를 전부 분할해 줬어

면담자 : 45년 10월 달에?

구술자 : 네, 그렇게 했는데. 발표한 그날 요즘말로 하면 백섬인가 천섬인가 이상 하는 사람들 전부. 대부분 천석이상인 사람들 다 죽었어. 지주들 말이야

면담자 : 그럼 그 당시에 처갓집. 사모님 존함이 뭐라고 하셨죠?

구술자 : 홍봉옥

면담자 : 홍봉옥, 홍洪자 봉鳳자 옥玉자이신데 신의주에서 먹고 사셨나보죠?

구술자 : 먹고 살 정도는 아니고, 지금 생각해 보니까 옛날 자동차 운전수는 요즘 비행기 운전수 아닌가.

면담자 : 그렇죠, 그 옛날에는 자동차 운전수 최고죠.

구술자 : 우리 처갓집 장인이 그때 기사에요

면담자 : 운전기사? 그럼 돈 많았겠네요.

구술자 : 돈 버는건 둘째고, 내가 웃기는게 뭐냐면 그 얘기를 하더라고. 수풍댐을 만드는데 전라도, 경상도, 경기도, 충청도 여기 운전수들은 짐을 싣고 수풍댐에 못 간다는거야 길이 험해서. 길이 이렇게 쭉있던지 그러면 평지까지 실어다놓고 우리 장인이 거기까지 끌어다줬어

면담자 : 아 수풍댐까지?

구술자 : 끌어다주면 운전기사들이 돈도 주지만

면담자 : 팁도 주죠

구술자 : 팁은 안받았다 그러더라고 매일 저녁 술사줬다고 그래

면담자 : 아 하하 기생집에서 술사줬겠네요

구술자 : 그 다음에 한 가지 얘기를 해. 그렇게 배급제 되고 일본애들이 그렇게 심하고 그랬는데, 시골 가던지 여관에 가서 자던지 운전기사면 꼭 흰밥 줬대. 쌀밥 주고. 쌀 좀 구해달라 그러면 요즘 말하면 면장이나 그런 사람들이 구해다주고. 제일 힘든 게 버스가, 그때는 목탄버스거든 기름이 없어서 가스를 쓰는데, 우리 시커먼거, 불 때는 거, 숯불을 해 놓고 차가 다녔거든. 차가 힘도 없고 가스가 모자라면 또.. 차 뒤에다가 세워두고, 내가 보니까 장인덕택에 산다 이런 생각이 나요.

면담자 : 아아

구술자 : 신의주로 나와 있는데 소련군이 들어왔어. 소련군이 들어와서 일본사람이 이남에서는 다 그냥 보냈는데 이북에서는 하나도 안보냈어요

면담자 : 아 이북에서는 안보냈어요? 그럼 어떻게 했어요?

구술자 : 내 얘기 좀 들어봐요. 마지막에 보내긴 보냈는데 한 1~2년 있다가 보냈어. 근데 소련군 사령부에서 여자들을 밤에 요구하는 거야. 자기 딸이나 며느리 보내기 싫으니까 할머니들이 화장하고 가는 거야.

면담자 : 하하하하

구술자 : 나는 지금도 생각나는 게. 나도 조금 두면 공산당에 죽을 뻔하고 살아났다 그래. 중국에 있으면 중국공산당 같으면 모택동이가 중국에 대한 것을 잘 알아요. 사람을 죽이는데 총으로 쏴죽이거나 교수형을 하지 않아. 삽으로 자기가 누울 정도 자리를 파. 그래서 거기다가 세워두고 중국놈들은 못 있잖아요, 대못으로 망치로 거기 쿵 쳐버려요.

면담자 : 아 그래요?

구술자 : 그리고 그때 돈으로 8전인가, 요즘말로 8원 정도 했는데 탄약이 아까워서 그렇게 죽였어요. 중국사람들은. 나는 신의주에서 처갓집에 나와 있다

가 조금 두면 죽을 뻔 한게 길가에 나가다가 옛날 중학교 시절에 친구를 하나 만났어

면담자 : 반산중학교?

구술자 : 네. 만났는데 참 반갑더라구. 다 커서 만나니까. 너 어디 있냐 하니 나 여기 공산당 본부 조직부에 있는데 놀러와 그러더라고. 공산당 본부 그러면 이거야. 요즘이랑 달라. 나 공산당 본부에 있다든지 선전부에 있다던지, 옛날에는 선전부가 예산이 제일 많았고, 요즘 중국도 조직부가 돈이 제일 많아

면담자 : 아 그렇습니까?

구술자 : 놀러와 그래서, 가마 그랬는데 가게 되지를 않더라고, 그리고 10월 혁명사건때 신의주에 상계중학교 학생들이 나와서 공산당 반대하는 데모를 했어

면담자 : 아 신의주 학생 의거요?

구술자 : 어어, 소련 아이들이 남신의주 여객항공 비행장인데, 소련의 MIG인가 있잖아. 그게 내려와서 학생들 수백명이 죽었어

면담자 : MIG가 뭐에요?

구술자 : 전투기 이름,

면담자 : 아. 미그기? MIG니까 미그기이다? 옛날에 미그기 하던거?

구술자 : 소련비행기, 아이들이 새카맣게 오니까 기관총으로 막 쏴댄거에요.

면담자 : 아 미그기가? MIG가?

구술자 : 중학교 학생이 전부 다 나왔어요. 중학교 아이들이 모여서 신의주 시내 모여서 공산당 데모를 했거든. 그 다음부터는 데모할 생각도 못하고 데모하면 다 죽여버리니까.

면담자 : 네네

구술자 : 그랬는데 장인영감이 그 얘기를 해. 뭐냐하면 야 너 여기 있다가 안

되겠다 이남가라

면담자 : 아아

구술자 : 나이 많은 사람들이니까 세상 돌아가는 것을 아는 거에요, 그래서 어떻게 가야 됩니까 하니까 우리 장인 영감이 체신부에서 전주같은 거를 실어 나르고 체신부에서 일을 했어. 그러니까 체신부 우리말하면 동기생이 평양에 있었어. 전화를 걸어서 우리 사위 보내니까 잘 좀 봐달라고. 기림리라고 평양에서는 기림리가 부자 동네야

면담자 : 네 평양에 기림리라고 있죠.

구술자 : 부자 동네고 전부 울타리도 있고

면담자 : 거기 소나무 밭도 크게 있는 모양이던데

구술자 : 그건 잘 모르겠는데 가니까 집을 하나 얻어놨더라고. 그래서 친구네 집에서 쌀도 사줘서 먹고 그랬는데 울타리가 있으면 말뚝을 전부 박고 철조망을 하고 깡통을 달아놨어. 소련애들이 여자를 찾으려와. 밤에 들어와서 나쁜 뜻으로 들어오니까 깡통을 흔들면 동네사람들이 다 일어나는 거야.

면담자 : 네네 아

구술자 : 그래서 지금도 생각이 나는게 그 집에서 자는데 불을 때니까 영 불이 들어가지를 않아. 그래서 둘이 자고나면 이부자리가 땀도 아니고...

면담자 : 추워서.

구술자 : 사람이 살려니까 그런지 몰라도 그때 해주로 넘어오면 소련군 아이들이 조금 봐줘서 해주에서 배를 타고오고 그랬어. 근데 이상하게 원산으로 돌아가는 생각이 나더라고. 그래서 원산으로 돌아가서 철원으로 가는 게 나을 거 같아서 무조건 원산 간 거야. 원산 가니까 역에서 샬라샬라 하는데 중국사람들이 한 40~50명 섞여 있어 그래서 물어봤어. 어디가냐니까 산동성 간다는거야. 근데 그때 중국사람하고 관계안할 때야 한국에서. 그래서 서울까

지 가는데 같이가자 하니까 그렇게 하자고 그러는데 애기가 있는데 내가 하나 업고 집사람도 하나 업었어. 중국사람이 뇌물을 참 잘 쓰는거 같아. 중국사람 뇌물 쓰는데 뭐 있어, 그때 철원까지 차가 왔어요.

면담자 : 네네

구술자 : 철원까지 와서 다 내렸는데, 이 사람들이 철원에 지금 말하면 그때 도지사, 도위원장하고 경찰청장하고 뭐 갖다가 약을 먹였는지 암말도 안 해. 그리고 네발 구루마 소나 말이 끄는 그런게 한 댓대 와있더라고. 중국사람 있잖아요 할머니들하고 아이들, 짐가져 온 것도 많이 가져왔어. 그걸 거기다 싣고 지금 3.8선 있는 곳 동두천 위에가 어디죠?

면담자 : 동두천 위에가 연천

구술자 : 어, 연천까지 왔어.

면담자 : 네 거기서? 철원에서.

구술자 : 연천까지 왔는데

면담자 : 철원에서 연천까지는 바로죠.

구술자 : 해가 이만큼 있는데, 건너가면 되겠더라고. 근데 그때 생각으로는, 지금도 생각나는게 경찰서의 서장 장모는 전부 여관만 하는가 그래.

면담자 : 네?

구술자 :여관, 여관만 하는가 그 생각이 나는 게 경찰서 서장 장모가 여관을 해요.

면담자 : 연천서?

구술자 : 네, 지금가면 소련놈이 총으로 쏜다는 거야. 그러니까 내일 새벽에 가야 된다 그러더라고, 그리고 못 간다는데 어떻게요. 그래서 거기다 짐을 내려두고 잤어. 자는데 그 강을 건너는데 짐을 가지고 가는데 차가 못가니까

면담자 : 그 강이 한탄강이잖아요.

구술자 : 그냥 우리가 뭣도 모르고 가면 죽겠더라고. 그 루트를 아는 사람이 이렇게 조금 그 뒤로 따라가니까 발을 이렇게 하는데. 물이 찰랑 찰랑해 여자들은 다 지게를 타고 가라 그러고. 그러고 그때 내가 한국 사람들은 단결이 안 된다 생각한 게 한집에 요즘 말하면 오만원씩 받을 수 있는데, 마지막에 만원인가 얼만가.건너오니까 미군아이들이 DDT 있잖아요 머리에서부터 여기다가 확확 뿌려대요

(2) 서울에서의 정착과정과 군대 입대

면담자 : 아 연천에서 이제 한탄강 넘어서 동두천 쪽으로 왔군요

구술자 : 네, 이렇게 줄이 서있었는데 영문을 모르니까 3.8선에서 총을 쏘는데 한 1Km인가 500m가니까 미군아이들이 있더라고

면담자 : 아 DDT로 막 뿌려요? 하하하

구술자 : 엄청 뿌리더라고. 서울로 오면 어디를 찾아가야하느냐 했는데 아는 사람도 없고 그때 내가 알기로는 8.15 해방 후에 신의주에서 공군, 칼 정비부장

면담자 : 대한항공

구술자 : 일제때 일제항공이죠 정비부장하던 처삼촌이 있었어. 그 양반이 서울로 나와서. 8.15 해방 후에 서울 나와서 지금 말하면 김포 비행장이야 거기 나와 있고 그런대. 집 주소도 모르고 무슨 생각이 났냐면 장호광張虎崗씨 생각이 나더라고

면담자 : 장호광? 광복군. 장군하신 분이요? 나중에..

구술자 : 2~3년 전에 돌아갔어요

면담자 : 키 좀 별로 안 크시고, 그 분은 어디서 만나셨어요? 어떻게 아세요?

구술자 : 그 사람이 일본군 통역이지 않았어요? 중국에서.

면담자 : 아 중국군 일본 통역? 장호광 장군도 나중에 광복군 하지 않았어요?

구술자 : 광복군 들어와서 뒤에 좀 말이 있었죠. 말이 있었고 한국 군대에서 준장까지 하지 않았어요?

면담자 : 그러니까요. 박영준朴英俊 장군 밑에 같이.

구술자 : 근데 이제...

면담자 : 아 장호광씨가, 그럼 한국 와서 그분이 뭐하셨는데요?

구술자 : 그때 철도 경찰대에서 대장을 하고 있더라고. 여순 반란 사건 때문에 철도 폭파할까봐. 옛날에 대우빌딩자리가 한국 빌딩이라 그랬어요.

면담자 : 아 대우빌딩 자리가?

구술자 : 2층에는 한국식당이고 위에는 특경대가, 경찰이 있더라고

면담자 : 장호광 그분은 언제 아신거죠?

구술자 : 중국 개봉서 알았죠.

면담자 : 아 개봉서.

구술자 : 개봉서 그분이 일본 통역도하고 그분이 일본 군대에서 대단한 분이셨어요.

면담자 : 아 일본군대의

구술자 : 한국말, 아 중국말 통역

면담자 : 중국말 통역을 했어요? 아.

구술자 : 뒤에 얘기들이 안나왔는지 몰라도, 일본말로 요미까에로 다이토아라고 휘날리는 대동아라는 시편까지 냈어요

면담자 : 그분이요?

구술자 : 네

면담자 : 일본에서?

구술자 : 아니 일본군대에 있을 때

면담자 : 개봉에 있을 때?

구술자 : 네네

면담자 : 아~

구술자 : 책이 이거보다 적을 텐데 두께가 이런 걸 썼어요.

면담자 : 일제 강점기때?

구술자 : 내가 읽어봤는데, 일본 군 출신들이 무섭다 그럴까, 주눅든다 그럴까 그런 시를 썼더라고

면담자 : 아 일본을 찬양하는?

구술자 : 네 일본을 찬양하는

면담자 : 그런 시집도 냈군요.

구술자 : 그 뒤에 말 때문에 아마 독립유공자 심의할 때도 문제가 있었을 거에요

면담자 : 개봉에 있을 때 조금 아셨군요 조선사람이니까. 네 그 다음에요

구술자 : 그래서 가니까 여순반란사건 때문에 사람이 둘 남았더라고. 둘 남았는데, 집사람도 애기도 없고 그러니까 어떻게 아냐 그래서 중국서 안다 그랬더니 식권을 6장을 줘 아침점심 먹으라고. 그래서 언제쯤 오냐니까 한 이삼일 후에는 들어 올 겁니다 그랬는데 이틀인가 삼일 후에 왔더라고. 그래서 반가워서 처음에는 잘 데가 없어서 장호광의 집에서 한 이틀 잤어. 그 다음에는 송병철이 송복덕이 있잖아요.

면담자 : 그분들은 어디 서울로 들어오셨어요?

구술자 : 들어왔어요. 집들이 없어서 청량리 옆에 철도국 관사가 있어. 독신노인자. 거기 있더라고. 정부에서 돈도 안주고 그러니까 굉장히 살기가 힘든거 같더라고. 우리는 넘어 올 때 내가 지금 생각해도 여자들이 뭐 한거 같아. 장모님이 명주 실 양말 있잖아. 명주실 양말이라 그러나? 얇고 살색나는거 이만

큼 올라오는거. 일제에 배급을 받아서 하나씩 모아둔 게 상당히 많았던 거 같아요. 그걸 딸이 이남간다 그러니까 이거라도 팔아서 써 그러고 가져온 게 동대문 시장에 가니까 요즘 돈으로 한 50만원 된 거 같아요. 한 100켤레 됐는데. 그걸 가지고 송복덕이네, 송병하네 쌀도 사주고 같이 먹고 그랬는데. 그때 배급을 주더라고. 그래서 배급을 탔는데 세 사람, 하나 올려서 세 사람 배급 타니까 보름도 못 먹어. 그래서 송병하 아버지가 그 얘기를 하잖아요. 야 그거 세 사람 올려서 안되니까 한 서너사람 아무 이름이나 올리라고 그래가지고. 자기네들도 사람이 여덟인데 10명분인가 타서 유지하고 있다 그러더라고. 그래서 내가 거기서 오래있었어요.

(3) 제대 후의 직장 생활과 제주도에서의 목회 활동

면담자 : 그러면 선생님 그렇게 지내시다가 남한에, 한국에 오셔서 51년에 군대, 아까 1.4후퇴후에 군에 들어가셔서 군대생활을 16년 하셨다면서요? 그래서 몇 년도에 제대하셨어요?

구술자 : 제대가..

면담자 : 선생님 제대할 때 계급이 뭐 이셨어요?

구술자 : 대위됐어요

면담자 : 대위. 그리고,

구술자 : 소령이 되는데 마흔 여섯인가 마흔여덟 때문에 계급정년 때문에 대위로 제대했어요

면담자 : 대위로? 그게 몇 년도 정도에요?

구술자 : 68년도 인가?

면담자 : 68년도 이면 박정희 대통령 시절이네요?

구술자 : 박정희 대통령 취임하고 한 2년 군대생활 더 한거 같아요

면담자 : 아니죠 68년이면,

구술자 : 5.16인가?

면담자 : 5.16은 61년이니까.

구술자 : 61년이에요?

면담자 : 61년이니까 2~3년이면, 일본이랑 국교 정상화 된 다음에 하셨어요?

구술자 : 그건 잘 모르고

면담자 : 국교 정상화가 65년이니까.

구술자 : 그래요? 5.16있잖아요? 5.16 혁명이라고 군대에서 장교들 절대로 못 나가게 했거든? 부산 육군부대에서 마작하다가 박정희한테 들켰어.

면담자 : 마작하다가? 중국에 오래계셨으니까. 하하하

구술자 : 그 양반이

면담자 : 그 분도 만주에 있었으니까 만군출신이잖아요

구술자 : 2군 사령관으로 올라가서 5.16 났죠. 무슨 일이 있었나 잠깐 내려왔는데, 부산에 자기가 있던 관구사령관이 기억이 났던 거 같아. 관구사령부 기밀실이 있거든 회의도 하고. 용감하게 5.16났는데 그 안에서 마작을 했으니까.

면담자 : 하하

구술자 :이렇게 보고 이 사람들 이래서 돼? 그러고. 박정희 대통령과 같이 몇 번 같이 있어봤는데, 1군사령부 참모장 할 때도 있어봤고. 사람 무서운 사람 아니에요. 사람이 정직하고 뭘 해서 그렇지. 이 사람들 장교들 외출하고 그러는데 외출 안하는거야? 그말하고 나와버리더라고.

면담자 : 그러면 60년대 중반 정도에 제대하셨네요

구술자 : 내가 제대한게 64년도인가?

면담자 : 아까 말씀하시는거 보니까 64년 정도에 제대하시고. 제대하신 다음

에 뭐 하셨어요?

구술자 : 제대 한 뒤에는 노동부에 산하기관인데 대한산업보건협회라는게 있어요

면담자 : 대한산업보건협회?

구술자 : 네, 노동자들 신체 검사해주는 곳이에요. 직업병

면담자 : 여기는 언제까지 계셨어요?

구술자 : 내가 거기 있은 것이 4~5년.

면담자 : 4~5년?

구술자 : 네,

면담자 : 그 다음에는 어디 계셨어요?

구술자 : 제주도 교회에 내려가서 한 10여년 있었어요.

면담자 : 그러니까 그러셨죠. 뭐 이력서 같은거 있으세요?

구술자 : 이력서는 없고

면담자 : 적어 놓은거 계시면, 저희가 역사에 기록할 때 그런 것이 좀 필요해서. 보훈처에 정인완 사무관이라고 있는데 그 분이 제주도 교회계실 때 여러번 뵈었다고 그러더라구요

구술자 : 내가 제주도 있을 때는 지금 화환 보낸사람인데. 조그마한거 저거 보낸사람. 총무부장까지 하고 나간사람 있어요

면담자 : 아유 고맙네요. 제주도 교회에는 무슨 연고가 있으셔서 제주도까지 내려가셨어요?

구술자 : 저는 교회생활 참 열심히 했어요.

면담자 : 그러니까요 만주에 계실 때 유목사님 이죠?

구술자 : 네

면담자 : 유목사님 댁에서 학교다시셨다고.

구술자 : 봉천에 가면 서탑교회라고 있어요.

면담자 : 네네 가봤습니다.

구술자 : 지금은 아마 몇백명 모일거에요.

면담자 : 거기 옛날 교회 옆에 아주 크게 만들어 놨습니다.

구술자 : 거기가 중요한 동기가 뭐냐 하면

면담자 : 어디가?

구술자 : 제주도

면담자 : 어떻게 무슨..

구술자 : 대한산업보건협회를 그만두고 제주도를 놀러갔어요. 놀러갔는데 성읍교회라고 그러는데

면담자 : 성읍교회?

구술자 : 네, 성읍교회라 그러는데 이기풍李基豊 목사님[19]이라고 독립운동한 사람인데 순교하셨다고 그러더라구요. 근데 올 사람이 없다 그러더라구요

면담자 : 교회에?

구술자 : 네, 제주도 가서 교회를 나갔는데. 그래서 놀면 뭐해 그런 생각이 들어가지고 가겠다고 하니까. 내가 대한예수교장로회 총회 일도 보고 지금 영락교회 장로니까. 이 사람들이 저사람은 거짓말하지, 여기 돈 한푼도 안주는

19 1865(고종 2)~1942. 장로교 목사 · 순교자. 평양 출생. 1883년까지 한학을 수학, 1907년 평양장로회신학교를 제1회로 졸업한 7명 중 한 사람으로, 한국인 최초로 목사 안수를 받고 곧 독로회(獨老會)의 파송으로 외지선교사로서 제주도에 파송되었다. 1918년 광주의 북문내교회(北門內教會) 초대목사로 부임하였고, 1920년 전라 노회장 · 장로회총회 부회장, 다음해에는 총회장에 피임되었다. 2년간의 병고로 휴양한 다음에 1923년 전라남도 순천교회, 다음해 고흥교회, 1927년 제주도 성내교회, 1934년에는 칠순의 노구로 여수의 남면 우학리 교회에서 각각 목회활동을 하였다.
1938년 일제의 신사참배 강요에 맞서 호남지방의 교회지도자들과 결속하여 싸우다가 검속되어 광주형무소에 압송되기 직전 심한 고문으로 졸도, 병 보석되었다. 그러나 그 때 받은 심한 상처로 1942년 6월에 세상을 떠났다. [네이버 지식백과] 이기풍 [李基豊] (한국민족문화대백과, 한국학중앙연구원)

데 올까 그런 생각을 하더라고. 그래서 회사를 그만 두려고 그러니까 회사에 있는 최 뭐라는 사람이 하얼빈 실험하는데 있었잖아

면담자 : 하얼빈?

구술자 : 하얼빈 말이에요

면담자 : 네 하얼빈

구술자 : 일본 놈들

면담자 : 아 731부대?

구술자 : 네 그 당시 일제시대에 군도를 타고 다니면서 그거 하던 사람이야. 최영태崔永泰 박사.

면담자 : 네네 최영태 박사

구술자 : 그 사람이 대한보건산업협회 회장을 했어요. 회장을 했는데 그만두겠다니까 못 그만두게 하더라고. 그래도 그만두고 내려왔어. 거기 꼭 만 10년 조금 더 있었는데 전화요금, 전기요금, 쌀 사먹는거 전부 내 돈으로 했어. 교회의자도 그렇고, 마루도 그렇고 고치고 그랬는데 고마운 분들이 많이 있더라고. 마루를 놓고 의자를 고치려 그러니까 웬 분이 와서 의자는 자기가 해주겠다 그러더라고. 그러더니 어느날 트럭으로 두 트럭이나 싣고 왔어 배로 싣고 왔다 그러면서 그분이 의자를 28개인가 해놨어. 그리고 마루도 완전히 깔고. 저는 교회생활을 하면서, 군대생활 하면서 교회생활 열심히 했어요. 왜 열심히 했냐 할거 같으면 새벽기도회를 4시에 나가서 4~5년 채웠으니까. 그리고 부산청에 내려가 있을 때에도 3년 동안 오후 2시차를 타고 집에 오면 10시 되. 주일날 새벽예배 드리고 낮 예배 드리고 저녁예배 드리면 9시 넘거든. 또 10시 차타고 내려가서 근무를 하고 그랬어요. 3년 얼마를 딱 한번 빠졌어. 한번 빠진게 뭐 때문에 빠졌냐면 딸아이가 아파서 세브란스에 입원했어. 그날 저녁에 내려가야 새벽예배를 보는데 도저히 못내려 가겠더라고. 그래서

조박사라는 사람한테 얘기해주고 딸아이 나은거 보고 그 이튿날 오후에 내려왔지. 내가 생각해보니 10년 동안에 한번 빠진게 억울하다 생각이 나더라고. 또한가지 남자들만 알아둬야 할 문제인데 화천이라고 있잖아요

면담자 : 강원도 화천?

구술자 : 제2 이동외과병원에서 보좌관을 하고 있는데, 행정부장을 하는데 어느날 밤에 교회가 한 20명도 모이고 10명도 모이고 그래요. 근데 젊은 사람이 군대갔다온 사람이 있는데 새벽에 쫓아와서 자기 애기가 머리만 내놓고 안 나옵니다 그래. 그러니까 이동외과 병원이니까 간호장교가 10명 있고 간호장교 중 산파 면허 가진 줄 알고 그럴거 같아서 간호장교 숙소가서 깨우니까 산파 면허가지고 있으면 빨리가라 그러니까 난 산파면허 없어요 그래. 하는 수 없이 4Km떨어져 있어 읍하고. 화천읍에 권중률이라고 원장하던 사람이 개업을 하고 있어. 짚을 타고 새벽에 가서 문을 두드리니까 누구요 그래서 아무개라 그러니까 왜 왔어요 그래서 빨리 일어나시라고 애기가 머리만 내놓고 다 죽어간다고 잠옷 바람으로 가방만 들고 나오더라고. 그리고 가니까 우리 집에 애기 서이 낳을 때도 보지도 않았는데,

면담자 : 선생님 자녀분, 네 말씀하세요

구술자 : 여자가 이렇게 있는데 의사가 자꾸 나보고 붙들으라는거야. 매스를 가지고 거길 요만큼 째더라고 그러고 애기가 나와서 앵 울잖아.

9) 여언

(1) 결혼에 대한 이야기

면담자 : 선생님 제가 마지막으로 몇 개만 간단하게 여쭤볼게요. 선생님 사모님이 홍자 봉자 옥자 이시고, 1927년생이시죠? 그러면 사모님이 신의주 출생이시잖아요. 그러면 결혼는 몇 년도에 어디서 하셨어요?

구술자 : 신의주에서 했어요

면담자 : 그럼 언제 신의주에 가셨어요?

구술자 : 아까 결혼한 날짜

면담자 : 언제..

구술자 : 아까 써 있을걸?

면담자 : 없었습니다.

구술자 : 날짜는 5월 12일인걸로 알아

면담자 : 5월 12일이고. 해방 전이시죠? 해방 전에 결혼 하셨죠?

구술자 : 해방 전이에요

면담자 : 그러면 그때 다시 영구 쪽에 오셔서 그때 결혼 하신거에요? 부양..

구술자 : 북경, 한단 그쪽에서

면담자 : 아 매형계실 때? 이경생씨? 그럼 사모님도 한단에 와 계셨나 보네요?

구술자 : 아니 신의주에 있었어요 아까 그 송씨 있잖아요. 송씨가 고모부 된다니까 그렇게 해서 우리 매형하고 송씨 가까우니까. 야 우리 조카딸 있으니까 가보고 결혼해라

면담자 : 아 그러니까 송병철씨나 송병하씨하고 참 인연이 깊으시네요

구술자 : 사돈지간이지요.

면담자 : 사돈지간이네요. 아 그러니까 송병하 하고 송병철 씨 조카딸이 홍봉옥 여사이고 그래서 한단에서 만나신 인연으로 한단에서 결혼하셨구나?

구술자 : 결혼은 신의주에서 했고

면담자 : 그럼 그때 신의주까지 가셨어요?

구술자 : 네 신의주까지

면담자 : 아, 와서 결혼하셔서 다시 한단으로 같이 가셨어요?

구술자 : 네 왔어요

면담자 : 그래서 큰아드님 이름이 이李자 정正자 봉奉자, 그럼 몇 년도에 낳으셨어요? 큰아드님 일산사신다면서요

구술자 : 걔가 결혼하고 2년 지났을 거에요.

면담자 : 그러면 한..

구술자 : 아 그전에 딸을 먼저 낳았지

면담자 : 아 딸, 이李정正숙淑씨가 딸이고, 이분이 첫째고. 그 다음에 둘째가

구술자 : 정봉이,

면담자 : 그 다음에 아들이 셋째고

구술자 : 네

면담자 : 아 그러시구나, 이정현李正賢이고

구술자 : 난 집사람한테 할 말이 하나도 없어. 딸도 그렇고 아들도 그렇고 아들은 5.16 후인가 그때 계엄령이 선포되어서 서울 못들어올 때에요. 못 들어올 때인데 집사람이 부산 국제시장에서 화장품 장사를 했거든? 화장품 장사를 둘이 했는데 친구가 한사람 있어요. 나 서울에 좀 가야겠데. 도강증이 없어서 못들어 가겠다. 그러니까 그 옆에 있는 여자가 내가 도강증 하나 해줄까 그런거에요. 당신이 뭔데 그러냐니까 그게 계엄사령부 검사 부인이야

면담자 : 하하하하

구술자 : 내가 생각할 때에 검사 부인도 먹을게 없어서 화장품 장사를 한 거에요. 그러니까 증인으로 올라간 거에요. 계엄사령부의 재판관계 때문에. 그래가지고 딴 사람은 뒤집어 쓰고 그렇게 가느라 그랬는데. 차를 타고 올라가니까 증명서를 부산서 해서 올라가니까 계엄사령부에서 재판한다 그랬는데 안 보낼 수 없잖아. 그래서 헌병이 그냥 보낸거에요

면담자 : 선생님 제가 하나만 더 여쭤볼게요

구술자 : 하나만 더 말할게요. 이놈이 그렇게 들어왔는데 서울 대학병원 그때 지방법원장네 집일거에요.

면담자 : 네네

구술자 : 어떻게 날 찾아왔는데, 내가 군대에서 전방에 있고 오지를 못하고 갈 데가 없으니까 웬 아주머니가 왜 이러냐니까 남편이 군인인데 갈 곳이 없어서 여관이라도 가려니까 서울이 계엄으로 의사들도 없고 그럴 때에요. 그러니까 우리 집 넓으니까 여기서 쉬다가라 내일 차오면 만나라 그러고 그러다가 거기서 낳았어요. 거기서 낳았는데 나는 지금도 생각할 때 사모님하고 지방법원 원장한테 몇 번 찾아가고 절이라도 열 번 더 했어야 했는데 그게 안되서 참 미안해. 애기 낳고 피가 너무 많이 쏟아지니까 그 부인도 겁이 나서 지서에다가 전화를 걸었어. 지서에 경찰은 훤히 알잖아. 재판장 부원장 주인이고 그러니까 사모님 왠일이오 그러니까 우리집에 애기를 낳았는데 피가 너무 흘러서 그러는데 야단났다 그러니까 그럼 산부인과가 필요하네요 그래 아 맞아 그래서 산부인과 사람을 하려니까 피난 안가고 산부인과 있던 사람 하난가 둘인가 있었던거 같아. 그래서 들고 와서 지혈해서 살았어요 그리고 큰애가 거기서 낳았어요.

(2) 아버지 이사집의 3 · 1운동참여에 대한 검토

면담자 : 선생님 그리고 한두가지만 좀. 아버님 이자 사자 집자 어른. 어느 기록에 보니까 고령에서 3 · 1운동을 하셨다그러는데 맞는 겁니까?

구술자 : 난 지금도

면담자 : 아버님 기억은 없으신 거죠?

구술자 : 없어요. 중국 들어가 있으면서 느끼는게 내가 생각할 때는 그런 일로 우리 사촌들이랑 형들이 뭔 일을 하지 않았나해요. 밤 열한시나 열두시 되면

어머니하고 숙모님하고 뭘 부엌에서 뚜닥거리고 뭘 해요. 그리고 한시쯤 되면 사람이 뭘 지고 오더라고 거기서 식사를 하고

면담자 : 중국에서? 중국어디서요?

구술자 : 지금 생각할 때는 하마태나 그 근처인지..

면담자 : 어디요?

구술자 : 중국의 하마태나, 산골이에요

면담자 : 하마태가 어디에요?

구술자 : 아까 얘기하던 꺼방즈 이쪽에

면담자 : 꺼방즈 쪽에?요녕성 영구 옆에?

구술자 : 큰 동네

면담자 : 네네 큰 동네

구술자 : 산골같아 내생각에는. 그 양반들이 지고 온걸 우리 사촌형들이 또 지고 가더라고

면담자 : 사촌형들도 같이 계셨어요?

구술자 : 우리 중국 들어갈 때 아버님이 돌아가시고 없었는데 형님들하고만 갔던 거 같아. 거기서, 지금 생각해보니 밤에 음식을 준비해서 짐 질고 온 사람들 대접하고 그 마루에 갖다가 놓으면 우리 사촌 형하고 지고 간게 그 당시에 군량미를 지고 갔는지 그런 생각이 자꾸 나요.

(3) 북경에서의 일들

면담자 : 그럼 선생님은 북경에 가신 적은 없고 한단에만

구술자 : 북경에 조금 갔죠

면담자 : 언제 가셨어요?

구술자 : 한단에서, 해주 나왔다가 북경에 갔는가?

면담자 : 선생님 북경에서 저희가 무슨 기록을 보니까 동본원사 주지였던 조 선생하고.. 그거는 언제 이야기에요?

구술자 : 그건..

면담자 : 처음에 그럼 산해관 넘어서 매형이 있는 한단에 가셨다 그러셨잖아요? 그럼 북경은 한단에 있으면서 갔다 오시고 그랬나요?

구술자 : 그 전후 같은데..

면담자 : 그때 일본 불교대학 나온..

구술자 : 조 뭐인가 그러는데 그 사람은 완전히 일본사람 행색을 하더라고. 그래서 일본의 영사관 경찰서나 헌병들이나 간섭도 안하고

면담자 : 그 사람을?

구술자 : 그 사람을 상대로 해서 독립운동한사람 잡혔다 그래도 그 사람이 얘기하면 풀어줄 정도로 권위 있는 사람이더라고

면담자 : 그사람은 어떻게 만나셨어요?

구술자 : 한단서인가? 하여튼 중간에 무슨 일이 있었어. 저기서 들어가서인지..

면담자 : 몇 번 만나신 적이 있군요

구술자 : 불교관계인가, 독립운동 관계인가 그게 있었어요. 근데 사람이 너무 점잖고 일본에서 까만거 승려들이 입는거 입고 있고. 웬만하면 한국말 하다가 일본말이 튀어나오고 그랬어요

면담자 : 근데 일본에 북경에 일본 경도, 교토에 동본원사, 서본원사西本原寺라는 굉장히 큰 절이 있거든요? 그거 북경에 지점 비슷한 거 같은데 그러면 아주 쎈사람이었을거 같은데.

구술자 : 지금 영락교회자리 있잖아요 그것도 그게 그거 절터에요

면담자 : 아 본원사 절터에요?

구술자 : 일본사람 절자리인데, 지금 본당지은 자리에 큰 절이었어요

면담자 : 거기가 옛날에 명동, 충무로가 일본사람들 많이 살던 지역 아니에요. 우리식 말로 하면 무슨 정이죠? 명치정인가요?

구술자 : 아니에요, 거기가 지도를 봐야하는데.

면담자 : 한자로는 어떻게 쓰죠? 거기를?

구술자 : 거기가 지금

면담자 : 무슨 정자를 이런 정町으로 쓰고

구술자 : 본정이 이쪽이고, 명동 그쪽에가 그렇고

면담자 : 황금정이라는 데가 종로 경찰서 쪽이고

구술자 : 황금정은 그쪽이고

면담자 : 그러니까 영락교회쪽에

구술자 : 길하나 건너면 다 달라, 길 건너면 천주교

면담자 : 명동성당이고 길 건너에 영락교회 아닙니까. 거기가 본원사 원래 절이 있었던.. 아 그러니까 그 절이 큰절인데요? 북경에도 큰 절지었을거 아니에요

구술자 : 내가 볼 때 절이 크다 적은거 보다도 명칭에 따라 많이 다른거 같아요. 주지승이 누가 와있고, 유명한 스님이 와있으면 높아지는 거고

면담자 : 그리고 아까 조풍행씨 동생분들, 그분들은 원래는 한단 오기전에는 신경, 장춘에 숨어 있었던 모양이죠?

구술자 : 네. 그렇죠. 그래서 전부다 그 사람들도 중경 들어가, 임시정부에 왔죠

면담자 : 네 그때 오신거고. 저희가 기록을 보니까 선생님께서 윤창호尹昌浩라는 사람을 만난 것으로 되어있는데?

구술자 : 네 윤창호 있어요. 아주 친한 친구에요.

면담자 : 그 분은 어디서 만나셨어요?

구술자 : 그 분이 원래 3지대에 있다가 북경으로 파견나갔을 거에요

면담자 : 그러면 선생님은 이분을 어디서 만나셨어요?

구술자 : 우리가 만난 것은 북경서 연락이 되어서 만난거 같은데.

면담자 : 이분이 광복군 3지대 하셨던 분이죠?

구술자 : 그분도 3지대 있었어요

면담자 : 네.

구술자 : 근데 이제 광복군이 3지대 이름만 걸어놓고 바깥에 있었던 사람도 있고 들어가 있었던 사람도 있고 그래요.

면담자 : 그리고 전월성씨 부부 말씀하셨는데, 그분들은 그러면 이제 부양에 오신 다음에 중경으로 가셨나요? 어떻게 되었나요?

구술자 : 중경으로 가셨어요

면담자 : 중경으로 전월성씨 부부는 가셨고. 네

구술자 : 전월성이가 강원도 사람이네

면담자 : 전월성씨가 강원도 사람이세요?

구술자 : 이 자 이름이 뭐라그랬죠?

면담자 : 조금 전에?

구술자 : 네

면담자 : 윤창호씨

구술자 : 여기 윤창호라고 있네. 평남 나와 있고. 이 사람도 3지대 같으네요

면담자 : 윤창호씨. 네

구술자 :대전 사람이고

면담자 : 고향은 어디라고요?

구술자 : 대전

면담자 : 아까 전월성씨는 강원도 분이시고?

구술자 : 네

면담자 : 이분들은 해방 후에 들어오셨나요

구술자 : 전월성이는 여기 들어왔고, 그 부인은 내가 잘 보지를 못했어요. 윤창호도 들어왔을거에요

면담자 : 네

구술자 : 저도 개인적으로 들어왔거든

면담자 : 그죠 개인으로 들어오셨죠.

구술자 : 그때 이제 공작 나갔다던지, 해외 나가있던 사람은 8.15 해방되고 저쪽에 3지대, 2지대 있던 사람들은 중경서 교류민 보호하느라고 늦었고, 그리고 나가있던 사람들은 8.15해방되는 것도 잘 모르고 3.8선이 막혀서 넘어 오기 힘든, 뒤에 넘어온 사람도 있고

면담자 : 네, 그리고 아까 선생님 일본군 돼지 군납업 했던 사람 송시헌宋時憲씨 그분은 어떤 분이에요?

구술자 : 그분은 완전히 사업가에요

면담자 : 사업가? 해주에 살았던?

구술자 :그 사람들은 이거는 좀 특수한 일인데 중국에 가면 옛날에 쓰던 동전이 있어요. 5원, 1원. 일본아이들이 대포를 만드는데 동이 모자라니까 그걸 굉장히 많이 모아갔어요. 그건 소금하고 바꿔갔어요

면담자 : 순금?

구술자 : 소금. 중국은 소금이 모자라니까. 또 중국서 일본놈들이 동하고, 뭔가 또 한가지 있는데 일본아이들이 돈을 주고서 못바꿔 가는게 있었어요.

면담자 : 네, 이분은 그런 걸 하시는 분이군요. 그리고,

구술자 : 그리고 서주쪽에 가게되면 우리 한국사람들이 사업하는 사람들, 큰

사업하는 사람들이 꽤 있었어요.

면담자 : 서주쪽에? 해주에도 있었고요?

구술자 : 대부분 군납하는 사람 많고, 그 다음에는 안보여서 몰라서 그러지 아편공장하는 사람들이 많았어요. 아편을 상해에서 가져와서 그걸 날라준 놈들이 일본 헌병놈들이에요

면담자 : 아 일본 헌병들이 날라다주고 돈받고, 한국사람들은 아편공장하고?

구술자 : 아편공장한다고 일본놈들은 또 잡고.

면담자 :아편공장한다고 일본놈들은 또 잡아서 풀어준다고 돈받고.. 하하

구술자 : 네

면담자 : 선생님 피곤하신데 오늘 이야기 많이 해주셔서 너무 감사합니다. 저희가 선생님 말씀 잘 정리해서 다시 하도록 하겠습니다. 이것으로 1차 면담을 마치고, 제가 정리를 해서 선생님께 다시 여쭙고 하겠습니다.

2. 이영수 구술 녹취록 2차

구술자: 이영수

면담자: 박환(수원대학교 사학과 교수)

면담주제: 한국광복군의 활동과 독립운동

면담일시: 2015년 3월 6일(금) 10시 55분-12시(65분)

면담장소: 이영수자택(경기도 수원시 장안구 수일로 336-9, 102동 601호)

면담차수: 2차

[상세목록]

1) 독립운동에서의 보급문제
2) 부양에서의 광복군 생활–음식과 정신교육
3) 영구의 지역들에 대한 검토
4) 광복군 3지대 상황
5) 김국주장군 이야기
6) 처갓집이야기
7) 함께 활동했던 동지들 이야기
8) 광복군 특파원증
9) 여언

1) 독립운동에서의 보급문제

면담자: 자택에서 광복군 활동에 대해서 계속 말씀을 듣겠습니다. 선생님 안피곤하세요?

구술자: 괜찮아요

면담자: 여쭤봤던거 중에서 조금 더 궁금한거 제가 여쭤보도록 하겠습니다.

구술자: 네. 그리고 나도 가만히 생각해 보니까 하도 오래되서 중구난방으로 무슨 이야기 하는지 잘 모르겠더라고. 그리고 가만히 생각나는게 뭐인가 할 거 같으면 옛날에 일본군 헌병이 마약제조원료를 가져간 그런 이야기라든지,

그 다음에 보면 팔로군 있잖아요? 모택동이 있는데. 거기에 한국사람 의용군들이 있어 가지고 일본군들을 굉장히 많이 괴롭혔어요. 나는 지금도 생각하는 게 일본사람들이 군사적으로 이렇게 볼 때 미국사람한테 많이 떨어지는 거였어요. 보급문제. 왜 그러냐면 사람은 먹어야 살잖아요? 그 다음에 또 군인은 총을 가져와야 쏘잖아요. 그런데 일본에서 그걸 중국까지 실어놓고 동남아시아까지 실어 나르려면 비행기로 실어 나르든지 기차로 실어 나르든지 마차로 실어 날라야 되잖아요. 그때는 뭐인가 할거 같으면 그때는 지금처럼 디젤이나 전기기관차가 아니고 증기 아니예요? 그때 내가 생각할 때는 저 중국의 중경 저쪽에

면담자 : 예 충칭 저쪽에

구술자: 예 그쪽에 비행장이 있었거든요 거기에서 비행기가 뭐인가 할거 같으면, 그때 비행기는 좀 특수해서, 일본사람들이 쓰는 비행기는, 일본사람들이 들으면 그게 록히드 P-38이라고 그러나봐. 이 비행기가 어떻게 생겼냐 하면은 비행기가 이렇게 있으면 이렇게 하고, 여기에 이제 프로펠러가 있어요. 이게 그 당시에 록히드 P-38이라고 했어요

면담자: 이게 어느 나라 비행기죠?

구술자: 미국꺼예요. 록히드 P-38 .

면담자: 아 록히드 P-38

구술자: 이게 장거리 전폭기. 전쟁도 하고 폭격도 하는 전폭기. 이게 중경서 하면 서울까지 왔다갈 수 있어요. B29 나오기 전에

면담자: 아 그럼 B29 전에는 이 록히드 P-38 이걸로 했나요?

구술자: 네 이건데 쉽게 이야기해서 일본에서 한국을 건너서 만주를 건너서 중국까지 탄약도 그렇고 쌀도 실어 날라야 한단 말이예요. 그때는 일본아이들은 뭐인가 할거 같으면 기차가 이렇게 있으면 칙칙폭폭 해가지고 밀고 나가

는거 아니예요. 여기에 물탱크가 있어 가지고 증기로 가는거 아니예요 .

면담자: 예. 증기로 가는거요

구술자: 이 증기를 가지고 한번이나 두 번 쉬으면 못가요. 물이 다 새버려 가지고 그러니까 이제 중간에 가다가 어떤가는 뭐인가 할거 같으면 여기 맞아가지고 지금도 여기 하나 있는데 수원에서 지나가다가 한번 보세요. 수원역에 지나가다가 보면

면담자: 아 저기 물탑이요?

구술자: 아니 물탑이 아니고 이렇게 생긴 굴이 있어요. 시멘트로 이렇게 해놨는데. 이게 뭐인가 할거 같으면 그 당시에 기관차 대가리 숨기는 거예요

면담자: 아 수원역에요?

구술자: 아니 영등포. 영등포역에 가다보면 저쪽에 길가에 있는데 비행기가 온다고 하면 이 안에 가서 대가리만 숨는거예요. 대가리가 없으면 못 끌고 가잖아. 요즘처럼 전기가 있다던지 기름을 쓴다던지 그러면 모르겠는데 이건 한방 쏴버리면 구멍이 뚫리면 전부 다 증기가 새서 못가거든.

면담자: 아 그러니까 록히드 P-38이 그렇게 했군요.

구술자 : 예. 근데 이 비행기가 그때는

면담자: 그럼 일본군에서는 이것을 제일 무서워했겠네요?

구술자: 무서워 하기도 하고 요뒤에 B29가 나와서 한국까지 올 수 있는 큰 비행기가 생겼어.

면담자: 예. B29 전폭기

구술자:이 비행기를 무서워 하기도 하고 이게 뭐인가 할거 같으면 날개가 중무장이 되어 있어서 시시한 전투기가 오면 이놈을 당해 낼 수 가 없었어. 화력이 좋으니까. 그런데 동남아시아 가는 것도 지금 생각해 보니까 그 생각이 나요. 그 배 있잖아요? 배에다가 뭐 쉽게 말하면 이렇게 배가 불뚝이 있고, 여기

다가 뭐라 그럴까 밥으로 먹을 쌀도 실고, 그 다음에 이제 탄약도 실고 그러잖아요. 이거이 일본의 지금 요코하마나 고베에서 떠나가지고 여까지 갈려면 한달이 더 걸려요. 40일 가까이 걸려요

면담자: 어디까지 가는데요?

구술자: 저기 지금의 남양까지 가려면

면담자: 아 남양군도요? 옛날에

구술자: 네. 필리핀 저쪽까지 갈려면요. 그만큼 걸리는데. 여기는 또 뭐라그럴거 같으면. 비행기가 가 가지고 쏴버리는거예요. 전투기가.

면담자: 아 가는 배들을요?

구술자: 이걸 쏘던지, 육지에서 갔던지. 이게 쏘아 버리니까. 뭐인가 할거 같으면 이것도 비행기가 배도 쏴가지고 물이 들어가면 가라앉잖아요, 그래가지고 이러니까 일본애들이 마지막에는 먹는 거 문제가 굉장히 생기는 거예요. 루손도부터

면담자: 필리핀의 루손섬이요?

구술자 : 네. 남양군도나 6.25 저 8.15 해방 후에 내가 나와서 신의주에서 그 사람들을 만났어요. 우리나라 지원병들. 만났는데 뭐라 그럴까. 사람고기를 먹었다는 거예요. 어른아이하고. 섬이 이렇게 있고 여기 산이 이렇게 있으면 이제 여기에 뭐인가 할 거 같으면 일본 아이들이 그때 2개 사단인가 2개 군단인가 해서 3-4만명 왔어요.

면담자: 어느 섬에요?

구술자: 그게 대만서 좀 더 가서 보면 지도에 나와 있는 이 섬이 굉장히 커요. 일본 아이들은 미군이 여기 저기 미국아이들이 상륙할까봐 전부 이제 여기다 갖다 놓은 거예요.

면담자: 네. 포 같은 것을 갖다 놓았겠네요.

구술자: 네. 갖다 놓고 미국에서는 함정을 여기다가 전부 갖다 놓았어요.

면담자: 미군애들은 섬 바깥에요?

구술자: 네. 7함대 뭐. 그래가지고 대포를 여기다가 막 쏴대는 거예요. 쏴대니까 거기에 있는 병력이라던지 막사라던지 그렇게 되니까 다 어떻게 되냐면 먹을 것도 없어지고 배가 못가니까 뭐 굶는거니까 마지막에는 저희들끼리 사람 잡아 먹고. 그 얘기를 제가 듣는데

면담자: 언제 누구한테 어디서 들으신 이야기예요? 해방 후에?

구술자: 해방 후에 우리 한국사람들이지. 저기 저 지원병으로 갔다 온 사람들, 신의주 시장에 나가서 내가 두사람을 만났어. 원자탄 만난 사람하고 이거 한 사람. 원자탄 만난 사람은 다리가 그렇게 되었는데 이거보다 조금 더 연한 색깔로 탔더라고 그래서 그사람

면담자: 그 때 나가사키나 히로시마에 원폭투하 했었으니까요.

구술자: 네. 이 사람 히로시마에서. 당신 그런데 어떻게 살았냐 하니까 콩쿠리가 원자탄을 굉장히 막았나봐요. 콩쿠리가 이렇게 서있는데 사람이 절반만 노출됐어. 피한다고 피한 게 이제 저 핵은 3가지가 있잖아요. 폭풍하고 광선하고 원자탄의 그 세 가지가 그거거든. 그중에 뭐이냐 제일 무서운 것이 이 광선이예요. 광선 이것은 그 원자탄 사람들 침투가 되고 그때는 쾅 터졌다 그러면 한 10리나 20리 근처는 폭풍이 요즘말로하면 얼마라 그래요. 조그마한 집은 다 날아가 버려요. 그리고 이 자리에서 이야기해서 폭풍하고 광선하고 원자탄 세가지에서 우리가 화산광 배울 때 피 3백 몇 피를 저 화약의 넘버가 나와 있더라고요. 원자탄에 쓰는. 그거와 마찬가지로 보급이 안됐어요.

2) 부양에서의 광복군 생활-음식과 정신교육

(1) 음식

면담자: 선생님 우리 그 저기 부양에 갔었잖아요? 부양에 갔었을 때 우리 광복군 3지대 저건데. 그때 보급은 어땠습니까. 그때 보급

구술자: 보급은 장개석 군대에서 밀가루 줬어요

면담자: 선생님 그러면 밀가루만 맨날 드셨어요? 짜장면 드셨나? 뭐드셨어요

구술자: 중국사람들은 밀가루 종류 전부 거의 밀가루예요. 밀가루나 그렇치 않으면 밀가루에 딴 가루 섞은거

면담자: 그럼 뭐 저기 쌀로 밥 같은건 못드시고?

구술자: 쌀은 거의 못 먹고. 중국 상해 저쪽에 가보니까 중국의 바닷가에 농사 짓는데 가니까 우리 저기 박정희 대통령 때 나온 그 저기 쌀품종 같은 거 만들어놨어요. 농사를 잘 짓더라고

면담자: 그쪽 강남 쪽은 농사가 잘되고 그렇죠.

구술자: 근데 중국은 뭐인가 할거 같으면 일본 사람들이 쌀 갖다 먹었죠. 쌀 갖다 먹었는데 이제 기차가 폭격을 하고 그러니까 쌀이 모자라요

면담자: 그러면 장개석 부대에서 그랬으면 반찬은 어떤 걸 드셨어요? 그 당시에 부양에 계실때

구술자: 주로 야채죠, 야채. 야채에다가 소금.

면담자: 소금 그냥 끓여가지고?

구술자: 네. 내가 지금 생각하니까 소금국 먹었어요.

면담자: 소금국. 된장국 같은 경우는 생각도 못하고요?

구술자: 중국은 된장이 참 귀해요. 왜 중국은 된장이 귀하냐면. 여기 지금 짜장면집에서 나오는 된장은 된장이 아니예요. 그거는 짜장면에 쓰는 중국된장은 진짜 된장이 아니고. 중국 사람들은 된장을 1년 내지 2년 되야 된장을 만들

어요. 큰 독에다가 물을 서너 대접하고 다 내놓고 거기다가 소금을 내놓고 중국 사람들은 그때 지금 생각하니 굉장히 발달한 거 같아. 채광을 해요. 큰 독에다가 해놓고. 그러니까 거기다가 햇빛을 계속 쬐는데. 계속해서 쬐는데 그 사람들 만든게 어떤 걸 만드는냐 할거 같으면

면담자: 네. 독에요?

구술자: 이렇게 잡는걸 만들고 이렇게 해가지고 꼭 항 같은걸 장독에다가 내놓고 햇빛에 이래가지고

면담자: 요거 네모난 거가 밑으로 들어가는 겁니까

구술자: 이게 말하면 요렇게 해놓고 요안에다가 대만 하나 세운거예요. 세워가지고 여기에서 올라오면 장이 들리고 내려오면 또 이제

면담자: 눌르고요? 그러면은 그때 그 식사는 주로 몇 분이서 같이 하셨어요? 그때 계실 때는 뭐 저쪽에 김우전, 김국주金國柱 선생님들 모두 다 가시고,

구술자: 우리 있을때는 20~30명 되었어요. 근데 뭐인가 할거 같으면 요즘말로 그때 빵집에 가면 기다란 빵 있잖아요? 그 절반되는거 하나씩 하고 이런 그릇에 해가지고 소금국에 배추 몇 개 띠운거 가지고 먹고 살았죠.

면담자: 아 그러면 저기 뭐 영양실조 걸리신 분들은 안계세요?

구술자: 영양실조 걸리죠. 근데 이 저 젊은 사람들이니까 견디고.

면담자: 술은 한잔씩 안하셨어요?

구술자: 술은 중국 사람들 있는데 가면 중국사람들은 우리가 말하면 전방에 공작 갔다온 사람들이 돈을 좀 가져오던지 그러면 이제 중국사람들 가게에 가서 든지 한두병 사다가 먹고

(2) 교육

면담자: 그리고 이제 뭐 거기서 정신 교육 같은거 조금 받았다고 하셨잖아요? 그게 무슨 정신 교육을 어떤 교육을 받으신거예요.

구술자: 우리 교육은 내가 볼 때 손문이 있잖아요?

면담자: 네 손문의 삼민주의?

구술자: 삼민주의에 대해서도 말하고 우리 말 할거 같으면 사상교육. 저 광복군이라는 잡지에 나와있더라고.

면담자: 네 광복군 동지회에서 나오는

구술자: 거기 내가 쭉 보니까. 손문이가 그걸 시작했어요. 우리 말하면 교양이라고 그럴까

면담자: 강의는 누가 가르켰어요?

구술자: 중국 사람 장교가 나와서 할 때도 있고, 우리 저기 뭐인가 할거 같으면

면담자: 중국 사람 장교가 하면 중국어로 할거 아니예요.

구술자: 중국어로 하는데 거기 들어가 있는 사람들 중에 통역할 사람들이야 많죠.

면담자: 아 통역으로 그럼 우리 조선 사람 가운데는 뭐

구술자: 조선 사람 같은 가운데는 우리 김학규 장군이나 그 밑에 있던 오래 있었던 사람들. 그러니까 우리 말로 하면 정신교육이예요.

면담자: 그런데 뭐 어떻게 정신교육이 도움은 많이 되셨어요?

구술자: 도움이 되는거 보다 뭐인가 할거 같으면 나라를 사랑해야 되겠다 그러고 중국사람들과의 협력관계

면담자: 아 한중협력, 중한협력관계

구술자: 그니까 뭐인가 할 거 같으면 잘해주든 못해주든 중국 사람들이 준걸로 먹고 살았으니까 고맙다는 생각하라고

면담자: 그러면 이제 뭐 정신교육 받고 식사하시고. 그 다음에는 뭐 특별히 하시는 일은 없고?

구술자: 네 그 다음에 이제 내가 생각할 때는 집총교육을 한번도 안했어. 부양에서

면담자: 부양에서는 총이 없으니까?

구술자: 총을 안줬어.

면담자: 목총도 없고? 나무총도?

구술자: 네. 그래서 중국서는 뭐인가 할 거 같으면 그 교육을 손문이나 이런 사람을 뭐라고 생각하냐면 강좌 있잖아요?

면담자: 네 강좌. 강의한다고 할 때

구술자: 강습이라고 했어. 중국말로

면담자: 아 강습한다

구술자: 우리말로 굉장히 점진적인건데. 중국의 삼민주의에 대한 거라던지 중국의 역사에 대한 거라던지 한국의 역사를 말하던지 대게 한국의 역사는 일제 침략의 역사. 일본사람들이 한국에 들어와 가지고 나라 뺏긴 역사. 그 다음에 왕에게 강제로 항복하도록 꼭 우리나라의 모든 권한을 일 천황에게 준다는 이런

면담자: 그러면 선생님은 저기 뭐 예전에 영구에서 학교도 다니시고 반산에서 중학교 다니시고 그 다음에는 그러니까 한국의 역사라던가 한국에 대한 그런 이야기는 거기서 처음 들어보신거겠네요?

구술자: 한국 역사는 거의 못 봤죠. 뭐 단군 조선이나 이런 거는 생각도 못했고.

3) 영구의 지역들에 대한 검토

면담자: 한국에 대한 이야기는 그래도 이제 여기 부양에서 처음 들으셨겠네요. 그러니까

구술자: 저는 그래도 아까 유득윤 목사님 있잖아요. 교회에

면담자: 그 어디죠? 그 통자

구술자: 네 통지도. 그 목사님인데 거기는

면담자: 거기가 지명이 우리 말로 통자구通子溝죠?

구술자: 네 통자구

면담자: 거기가 반산 옆인가 보죠?

구술자: 아니 거기는 영구현에서 40~50리 떨어진 데예요.

면담자: 아 영구현에서 40~50리 떨어진데

구술자: 그리고 이제 우리가 살던데 호가둔이라는 데에서는 한 10리 되는데 그 학교를 옛날 이제 그 조선 소학교가 있어서 걸어 다녔어요. 한 10리 걸어다니는데 내가 지금도 생각드는데 무슨 생각이 날거 같으면 너무 추워서 이제 우리 한국 사람들 바지 저고리 입고 다녔거든요? 추우니까 꽁꽁 어는데 사람이. 지금도 우리 돌아가신 어머니 생각이 나는데

면담자: 어머니는 호가둔에서 돌아가신 거죠?

구술자: 근데 이제 이렇게 집이 있잖아요. 집이 있으면 다리가 있죠? 햇빛이 쬐면 거기에 눈도 녹고 따스해요. 엄마 나 이제 저기서 앉아서 쉬었다 간다고 하면 여기에 앉으면 얼어 죽는다 해요. 이게 무슨 소리냐 할거 같으면 추운데 앉아있으면 걷기도 싫어지고 동사한다는 거예요. 걸으면 사람이 활동력이 있으니까. 지금도 생각나는게 엄마 치맛자락잡고 추워서 울면서 갔어요.

면담자: 그러면은 이제 통자구라는 데는 영구하고 전장태하고 사이에 있는덴가요?

구술자: 강 하나 사이예요

면담자: 아 전장태하고?

구술자: 네 강에서 조금 건너가서 거기서 들어가면 되요

면담자: 영구에서 전장태 가는길에 거기 사이죠?

구술자: 아니죠. 이제 영구에서 전장태를 가면 전장태 강이 있어요. 강이 있는데. 강 건너가 전장태고, 강 저쪽에서 개울 하나 있어서 길 조금 따라 올라가면 여기가 고방즈예요.

면담자: 선생님 그것을 한번 하나, 여기 저번에 말씀해주신 지역들인데. 여기 그 지도로 하면 어떻게 되나요?

구술자: 지도로 하면

면담자: 예. 여기다가. 제가 지명을 여기다가 써놨으니까

구술자: 여기가 요하강입니다.

면담자: 요하구 쪽이 영구고

구술자: 예. 여기가 큰 바다고

면담자: 예 바다고

구술자: 여기가 영구예요

면담자: 입구가 영구죠?

구술자: 영구인데 여기는 굉장히 큰 항구고. 내가 보니까 지금은 40~50만원 되는거 같아요. 지금도 10만원. 배가 3천톤짜리 2~3개가. 그러고 이제 영구에서 이 영구에서 이렇게 올라오게 되면 여기가 뭐인가 할거 같으면

면담자: 전장태?

구술자: 아니 호가둔. 여기 들어가서 동네가 있어요.

면담자: 네 여기가 호가둔이고. 선생님 여기다가 호가둔이라고 적어주십시오. 오랑캐 호자에다가 집 가자

구술자: 여기서 이렇게 쭉 올라오게 되면 뭐인가 할거 같으면 이렇게 해가지고 여기가 통자구

면담자: 네 통자구. 그 다음에 전장태는 어딨어요?

구술자: 전장태는 여기 건너편에.

면담자: 전장태는 거기는 좀 큰 동네인가 보더라고요

구술자: 이거는 우리말 하면 장이 서는 정도. 이정도라고

면담자: 아 장이 서는 정도? 전장태

구술자: 이게 이제 어떻게 되 있냐면

면담자: 그런 다음에 여기는 어디죠? 그러면은 그 예. 꺼방즈

구술자: 꺼방즈는 이렇게 쭉 내려가가지고. 이 여기 영구죠?

면담자: 네 거기가 영구

구술자: 네. 영구서 이리 쭉 올라가는 기차 철도가 있어요. 여기가 인제

면담자: 여기서는 얼마 거리가 어느정도 되나요? 꺼방즈까지

구술자: 영구서 꺼방즈까지 한 100리는 될거예요

면담자: 예 100리

구술자: 예 여기 정거장이 하나씩 둘씩 있으니까 그리고 이제 지금 여기 그림이 조금 뭐 됐는데 강이 저 요하강이 말입니다.

면담자: 네 요하강이

구술자: 요하강이

면담자: 여기는 상당히 멀죠?

구술자: 꺼방즈는 여기서 이렇게 들어가야 해요. 들어가는 여기

면담자: 아 이쪽에?

구술자: 여기가 꺼방즈고 그리고 영구서 꺼방즈가는 차가 있어요. 기차가. 기차가 있고 그 다음에 이제 이 호가둔이라는 데에 그 뭐 이제 통자거우에서도 여기 이제 갈 수 가 있어요.

면담자: 아 통자거우에서도 여기를 갈 수

구술자: 이게 이렇게 강이 되 있는데 통자거우는 강이 이쪽이 꺼방즈는 이게

이 요하 저 뭐야 요하강입니까? 중국에서 둘째로 큰 강이거든. 이 강 여기서 쭉 이렇게 갔다가 올라오고 따라 올라오가지고 반대로 되었네. 통자거우 건너가고 전장태에서 뭐인가 할 거 같으면 전장태에서 꺼방즈로 가는 길이 있어요. 길이 있고 여기 영구서 바로 올라가는 철도가 있고. 여기도 이렇게 철도가 있고. 여기서는 뭐인가 할거 같으면 심양으로 가는 게 있고 북경으로 가는게 있고

면담자: 네. 통자구. 꺼방즈에서 심양가는 게 있고 북경가는 게 있고요?

구술자: 네 꺼방즈에서 이제 심양 세가지로 나눠지죠. 하나는 심양으로 가고 하나는 영구쪽으로 내려오고, 하나는 북경으로 가고

면담자: 예. 동네가 좀 복잡하네요.

구술자: 예. 복잡해요. 저도 이 지도를 놓고 보면 방향이

면담자: 근데 제가 이 지도를 놓고 보면 꺼방즈가 굉장히 먼 좀 떨어져있는

구술자: 예. 한참 떨어져 있는데. 여기 전장태에서 한참 더 가야지. 이쪽으로 가면. 영구서는

면담자: 지도에서는

구술자: 이게 영구예요?

면담자: 예 이게 영구고. 꺼방즈 할 때 이 방자가 이 밑에 이게

구술자: 그 방자는 중국말로 잘 모르겠는데

면담자: 네 여기있죠. 여기가 반상이고

구술자: 여기 근처이던데

면담자: 여기 꺼방즈 있고

구술자: 꺼방즈가 여기 정도에 기차가

면담자: 여기 꺼방즈가 있고

구술자: 지도가 이렇게 나왔나.

면담자: 예 그러니까. 말씀하신거 하고 조금 다르죠

구술자: 꺼방즈가 여기 있어야 맞는데

면담자: 이쪽에? 이 위쪽인거죠? 그렇죠?

구술자: 예 이렇게 해서 북경서 이리 들어가는 거고 그 다음에 심양으로 가는 거고

면담자: 심양으로 올라가고 북경가고. 이쪽 방향에 반산이고. 그리고 영구로 쭉 내려오고

여기 지도가 맞죠? 여기가 전장태고

구술자: 네 전장태예요

면담자: 그죠? 이 지도가 맞죠

구술자: 지금 맞아요. 여기 강도 잘 그려놨네.

면담자: 네 여기 강이 하구에서 이렇게 쭉 들어가게 되어있고. 음.

구술자: 이거 빨간거 이게 철도인가

면담자: 지금 철도입니다.

구술자: 지금은 철도를 이렇게 놨구나. 영구서 여기 철도가 없고

면담자: 없었군요

구술자: 영구서 가는 이쪽에 철도가 있었어. 이런게

면담자: 그니까 요게 대체적으로는 윤곽이 맞는 거죠?

구술자: 네 맞아요. 맞는데 지금 이게 잘 못된 게 영구서 이 철도가 이쪽으로 나와 있는데 이쪽으로 걸어져 있네.

면담자: 지금은 이제 또 철도가 이렇게 새로 놨나보죠. 옛날하고 달리. 네 그러면은 네 그런쪽에. 제가 지도를 한번 갖고 와 봤습니다.

구술자: 네 잘했어요. 저도 동삼성東三省 지도가 큰거 하나 있는데

면담자: 이쪽은 동삼성 지도 쪽에 잘 안나오더라고요. 조그마해서. 이렇게

상세하게는 안나와서

구술자: 네. 안나와요.

면담자: 네. 그러니까 저기 호가둔이나 통자거우 쪽은 영구 근처네요

구술자: 네. 영구현이예요

면담자: 네 거기는 다 영구현이고. 그러면 선생님이 호가둔하고 통자구 이쪽에서 초등학교를 다니신거네요 그죠?

구술자: 네. 초등학교는 호가둔에서 통지구로 다니다가 그다음에 통지구가서 조금 가차운데 이사를 간거 같아요. 여기는 뭐 산이 하나도 없어 이쪽에.

면담자: 그죠. 거기는 다 들판이죠.

구술자: 네.

면담자: 그러니까 호가둔이 맞네요. 호가진은 아니고

구술자: 네 호가둔이 맞아요

면담자: 네 호가둔이 맞고

구술자: 이게 이쪽으로 나오면 대련이죠?

면담자: 그죠 대련입니다. 그래서 원래는 영구 이쪽이 항이 발달했다가 대련항이 생기면서 여기가 죽어버렸어요.

구술자: 글쎄 그랬는가봐요.

면담자: 네 맞습니다.

구술자: 여기 이제 청도, 상해 가는거

4) 광복군 제3지대 상황

면담자: 그렇죠. 선생님 뭐 저기 그 예전에 부양계실 때 광복군 활동과 관련해서 좀더 기억나시는거 없으세요? 이제 뭐 정신교육 받으시고 식사하시고 그게 한 6개월 계셨어요? 그러니까? 어느 기록에 보니까 2주정도 훈련 받으신걸로 되있던데

구술자: 훈련이라는게 2주도 2주지만 아까 얘기한 것처럼

면담자: 예 별로 그냥

구술자: 그리고 이제 얘기하면은 이런 얘기하면은 안되지만 실질적으로 2지대나 3지대는 집총교육하는데는 거의 없었어요

면담자: 직접 총같고 그런게 거의 없고

구술자: 총을 몇 자루 줘가지고 그런데도 있고. 그 사람들도 자기네 쓸 실탄도 모자르고 이러는데 보급을 안해준 거 같아. 내가 갈 때 부양에 총 한 자루도 없었어요.

면담자: 거기서 무슨 저기 뭐 연극활동이나

구술자: 네 연극같은 거는 대학생들이 나와 가지고 이제 요즘말 하면 뭐라 그럽니까. 그 간단한 저 뭐라고 해 우리말로 촌극이라고 그럴까요. 그런 정도죠.

면담자: 네 촌극. 그런 정도하고 크게 저거는 없고?

구술자: 네

5) 김국주 장군이야기

면담자: 그 광복군 3지대 하신 분들 가운데서 지금 뭐 예전에 같이 했던 사람 가운데 기억나시는 분은 우리 송선생님들 말고는 별로 특별히. 20~30명 되신다고 하셨는데

구술자:스쳐간 사람은 김우전이나 김국주나

면담자: 아 김국주 선생님. 김국주 선생도 원래 만주에서 만주 출생이잖아요 그분도

구술자: 네 그럴거예요

면담자: 해방 후에 장군도 하고. 광복회 회장도 하셨고

구술자: 그 장군은 우리 한국군대에서 했고

면담자: 한국군대에서 장군하셨고

구술자: 소장으로 원주에서 그 보급창 책임자까지 했지.

면담자: 체격도 크시고

구술자: 체격이 좋은데 요즘엔 사람이 아주 못쓰게 되었습니다.

면담자: 그죠. 좀 편찮으시죠. 많이 아프시죠.

구술자: 저기에 교회에 있는 외과의사 아님 죽을 뻔 했어요. 차사고로

면담자: 아 교통사고가 났었어요?

구술자: 네. 다쳤는데 머리에 충격이 있었는데 그거를 피를 안 빼내고 그냥 놔뒀으면 당장 죽는데 외과의사가 교회에 있어 가지고 그걸 갈라가지고 피를 뺐어. 내가 가끔 그 들리고 하는데 사람이 얼굴이 안됐어 지금

면담자: 어디 지금 그럼 보훈병원에 계시나요?

구술자: 병원이요? 병원에 지금 있진 않고 집에 있어요

면담자: 아 집에 있어요?

구술자: 그 이제 뭐인가 할거 같으면 내가 이렇게 보니까 사모님이 훌륭한 거 같더라고. 그것도 간호도 잘 해주고. 저기 저

6) 처갓집 이야기

면담자: 선생님도 사모님이 좋으시니까 이렇게 건강하게 오래 사시죠.

구술자: 나는 여기 두분이 있지만 저 집사람 때문에 사는 거 같아요.

면담자: 선생님 제가 조금 더 여쭤볼게요. 우리 저기 그 사모님 이름이 홍자 봉자 옥자 그러셨죠?

구술자: 네 옥자예요

면담자: 봉은 무슨 봉이죠?

구술자: 새 봉자요

면담자: 아 새 봉자?

구술자: 네 그 집이 형제가 전부 봉자 항렬이예요.

면담자: 네 그다음에 이렇게. 구슬 옥자

구술자: 네

면담자: 홍씨면은 어디 저기 신의주 분이신데 그러면 남양홍씨이신가요?

구술자: 홍씨는 거의 뭐 남양홍씨인거 같더라고

면담자: 네 남양홍씨이고

구술자: 내가 거기 우리 처 조부가 옛날 한문을 많이 하고 그 밑에서 백마산이나 무슨 산인데

면담자: 신의주예요?

구술자: 신의주에서 조금 더 들어가 가지고. 무슨 저기 큰 개울이 있고 정거장이 있어요. 1년에 한번씩 한복입고 가서 시를 읊고 그랬어요.

면담자: 아 시를 읊고? 한학을 하셨나보네요

구술자: 네. 많이 한 분이예요. 우리말로 하면 사주팔주고 뭐 다 봐요.

면담자: 네. 그러니까 장인어른은 인제 운전 신식 운전하셨고. 그럼 집이 신의주에서는 먹고 사셨나보다.

구술자: 괜찮았어요. 그리고 내가 지금도 생각하는데 옛날 사람 사주팔주 봐주고 결혼식 날짜봐주고 요즘은 돈을 받고 그런데. 이 영감은 절대 돈 안받아요. 그리고 이제 또 하나 특이한게 손자들 시간을 해가지고 사주팔자를 봐주고 그놈이 커가지고 사주팔자대로 되는가 안되는가 그거를 체크를 해. 그 당시에 말하게 되면 사서삼경을 읽고 하니까 한문을 서라고 해요. 서라고. 그래서 그때 가니까 이거보다 좀더 큰거 같은데 책을 이만큼 쌓았더라고

면담자: 그때가 기와집이예요 초가집이예요

구술자: 그때 뭐이냐 옛날 기와집 같더라고.

면담자: 그러니까 돈이 꽤 있는 집안이네요. 그죠?

구술자: 옛날 이야기지만 우리 저기 저 처조부님이 여자가 좀 뭐이냐 못됐다 그럴까?

면담자: 그렇게 이야기하시면 안되는거 아니예요? 하하

구술자: 내가 이렇게 보니까 하나는 선비고 그러니까 비가와도 눈이와도 눈 깜짝도 안해. 한 살림 하니까 여자들이 남자가 좀 거들어줘야하는데 고통스러운거지. 그런데 손자사위가 가도 할아버지가 책밖에 모르고 글밖에 모르고 비가 와도 그렇고 마당에 뭘 널어놔가지고 비가 쏟아져도

면담자: 아 꼼짝 안한다고요? 저랑 비슷하네요. 저도 맨날 집에서 구박받는데

구술자: 근데 기본이 이 머리 좋더라고. 책 읽고 그러신 양반이 학자가 돼서 그런지 보니까 풍계야. 학풍이.

7) 함께 활동했던 동지들 이야기

면담자: 그리고 저 이제 개봉에서 만나셨던 그 조풍해씨 하고 그 배재학당 나온. 그 다음에 저 그 조성식씨하고

구술자: 성직이

면담자: 성직이. 이 사람들은 사촌동생이예요? 아니면 친동생들이예요?

구술자: 친동생. 성직이. 성직이가 친동생이고

면담자:아 성직이가 친동생이고

구술자: 직자는 일본 중앙대학 때 사촌이

면담자: 그러니까 성식은 사촌이고

구술자: 성직이 하고

면담자: 성식이

구술자: 성식이가 사촌이고

면담자: 네 성식이 만주건국대학 나온 사람

구술자: 건국대학 나온 사람은 직이예요

면담자: 아 건국대학 나온 사람이 직이예요?

구술자: 네 친동생

면담자: 아 제가 거꾸로 아. 그러니까 건국대학을 경제학과를 나온 사람이 직이고, 그거는 직이 친동생이고. 그 다음에 식은 일본중앙대학 나온 사람이

구술자: 사촌

면담자: 사촌이고? 아 이 사람들은 어떻게 해방 후에 거기 그때 부양에 다 같이 가신거예요 이분들도?

구술자: 근데 제가 이제 바른 이야기를 해드릴게요. 들어가기는 똑같이 들어갔는데.

면담자: 아 부양에? 같이 3지대

구술자: 네. 중간에 저기 저 김두봉金科奉이 있는데로 간거같아.

면담자: 누가요?

구술자: 이 세사람이

면담자:아 그러니까 이제 김두봉이가 있는 연안으로 다 갔군요? 이 세분은?

구술자: 네. 그때 이제 공산주의를 굉장히 젊은 사람이 좋아할 때예요

면담자: 아 예.

구술자: 일본가서 공부한 한국사람 치고 전부 공산당이야.

면담자: 그쪽 연안에. 연안이 서안에서 쭉 올라가면 연안 아닙니까

구술자:네.

면담자: 아 연안에 우리 조선 사람들이 청년들이 많이 갔지요?

구술자: 그 저 팔로군 계통으로 해서

면담자: 네 팔로군 계통으로. 그럼 이사람들은 조풍해씨, 조성직, 조성식. 이분들은 부양에 왔다가 연안으로 갔습니까? 아니면 개봉에서 곧바로 그리로 갔습니까.

구술자: 개봉에서 글쎄 일본의 선을 넘어가지고 중간에 하룻밤 잤거든. 부양까지 가는데.

면담자: 네 부양까지 가는길에

구술자: 그러고 중국사람 저기 저 뭐인가 할거 같으면 그 당시에 장개석이 군대 애들이 부패했으니까 돈으로 많이 바꿔가져가니까 뭐인가 할거 같으면 우리 말 하면 영창에 갔다냈어 우리를. 처음에. 그래가지고 이제 그 전월성이나 이런 양반들이 북양에다가 전화를 하니까 중국계통으로 전화가 와서 빨리 풀어주라고 그랬는가봐. 그게 처음에 멋모르고 들어갔다가는 중국 공산당으로 갈런지 중앙군으로 갈런지 우리가 말하면 김두봉이 밑에 가느냐 뭐인가 할거 같으면 김구선생 밑에 가느냐 그렇게 했지

면담자:그러면 이제 이분들은 김두봉 밑으로 갔군요

구술자: 그런거 같아. 그뒤에 소식을 못들었어.

면담자: 못들으셨구나. 그러면 그분들은 부양까지 안오고

구술자: 부양까지 안오고 중간에서 하루나 이틀 잤거든.

면담자: 잤는데 그때 이사람들은

구술자: 그때 저쪽으로 연락이 됐는지

면담자: 그때 연안쪽으로 김두봉이 밑으로 갔고? 아 그러셨구나 예. 그러면 부양까지 오시다가 중간에 중국군한테 체포가 돼서

구술자: 네. 그 영창에서 잤는데

면담자: 영창에서 잤을 때,

구술자: 잤는데 부양에다가 연락을 하니까

면담자: 전월성씨 그쪽이 이제 그

구술자: 네. 연락을 하니까 뭐인가 할거 같으면 김학규 선생님 있는 그쪽에서 중국군대에서 전화를 한거지. 그때는 전화도 잘 안될 때예요.

면담자: 아 그러셨구나. 예. 그다음에 그 저기 전월성씨. 지금 말씀하신. 그 분은 이제 해방후에 사모님을 못보고 전월성씨는 보셨다고 했잖아요. 이분은 그 부양에 오셨다가 중경으로 가셨어요?

구술자: 중경으로 바로간 거 같아요.

면담자: 중경으로. 바로 갔다가 해방 후에 인제 한국으로 다시 들어오셨군요.

구술자:네

면담자: 그 다음에 한국와서는 이분은 뭐하셨어요?

구술자: 또 한국와서 다 한게 없어요. 노동도 하고 별거 다했죠

면담자: 아 임시정부 활동했는데도

구술자: 지금 저 뭐 이야기를 제대로 안해서 그렇지. 광복군 출신으로 들어와가지고 한전 빽빽이 차장도 하고 도로 까는데 공사하는데도 하고

면담자: 공사 일도 하고

구술자: 네. 뭐

면담자: 제대로 대우를 못받았군요. 들어와서도

구술자: 미군정에서 우리 요인들 있잖아요. 요인들도 제대로 대우를 안해줬어요. 그래가지고 뭐인가 할거 같으면 저 지금 경교장에 있던 사람

면담자: 경교장 지금 강북 삼성병원 근처

구술자: 거기 일제시대에 비행기 한 대를 일본정부에 납품한 사람 최창 뭐인가

면담자: 최창학崔昌學인가

구술자: 네 그 사람이 이제 김구 선생은 뭐인가 할거 같으면 그 사람 별장이에요 그게.

면담자: 아 경교장이?

구술자: 네. 별장인데 뭐인가 할거 같으면 대한민국의 주석이 왔는데 뭘 한다 그래가지고 일본놈한테 비행기 한 대 주는데 그깟 집하나 주는거야 뭐 문제가 되냐

면담자: 아 그 이제 비행기 헌납도 하고 그랬는데. 그러네요. 집 한 채 별장 하나 주는 거는 아무것도 아니네요

구술자: 그러니까 뭐인가 할거 같으면 와서 계시라고 해가지고

면담자: 아 예. 그러니까 전월성씨 이분도 그냥 해방 후에 고생하시고

구술자: 내가 지금 뭐한게 뭐한거 같으면 정부에서 뭘 했건 1960년도인가. 뭐

면담자: 그죠. 5.16 이나 그 이후죠. 원호처 생긴게

구술자: 5.16 군사 전에도 제대로 뭐 해준게 아무것도 없어요.

면담자: 없죠

구술자: 제가 찾아보니까 뭐 나오더라고. 뭐 나오는데 보니까. 야 이거 뭐 이렇게 살았나 생각도 나고. 이게 서울시에서 그때 이제 시에서 준 돈이 4만 8천원인가 얼마 줬더라고.

면담자: 그게 그 당시 저거인가 보죠.

구술자: 네 그때 이제 표창 받고 여기 날짜가 나와 있는데. 액수가 여기 나와 있던데. 하여튼 저기 한달에 죽이나 먹으면 다행일정도로

면담자: 그게 언제 몇년도

구술자: 이게 서울시에서 발행한건데 1980년도. 이건

면담자: 1980년도 면은, 뭐 전두환 정권

구술자: 이건 근래꺼예요.

면담자: 예. 그니까 보훈 혜택이 굉장히 적었군요

구술자: 보훈혜택이라고 할 것도 아니예요. 그러면 그러니까 뭐인가 할거 같으면 전부 나가서 도로공사 나가고 그랬어요.

면담자: 아 해방 후에 군에 들어와서

구술자:네. 전부 광복군 출신들이

면담자: 전월성씨도 그러니까 굉장히 고생했군요

구술자: 네. 고생 많이 했지.

면담자: 이분은 그다음에는 뭐 어떻게 사셨어요?

구술자: 그 다음에는 뭐 뭐인가 할거 같으면 정부가 들어오고 이러니까 옛날 중경에 있었던 사람들이 정모를 해가지고 어데 공장인가 들어가 있다가 돌아가셨어요.

면담자: 아이고 안됐네요. 그리고 선생님 저기 선생님하고 가까우셨던 그 저기 송병철씨나 송병하씨. 이분들은 그러면 인제 해방 후에 여기 남한에 오셔서 한국에 오셔서 이분들은 어떻게 사셨어요

구술자: 다 고생했죠. 또 웃기는 이야기 하면 신익희申翼熙씨 하고 다들 이제

면담자: 신익희? 그 회장

구술자: 네 같이 있고 이랬으니까. 송병철이는 시험도 안보고 경찰이 됐어

면담자: 아 신익희씨 덕분에

구술자: 네. 그러고 그때는 뭐인가 할거 같으면 신익희씨나 중앙 정부서 나온 중경서 나온 요인들 말이라면 정부에서 거의 다 들어줬어. 한국은 저 한국전력의 사장도 그렇고

면담자: 그 박영준 장군도 한국전력사장 했죠?

구술자: 그 양반 때문에 우리 동기들이 한국전력에 많이 들어갔어.

면담자: 아 박영준 장군. 그 박찬익朴贊翊씨 아들인데

구술자: 네 그 양반이 사장을 하고 있으니까 여기서 나온 젊은 사람들 글자라도 아는 사람들 한전에 들어갔어. 그 양반들 편안하게 살았지

면담자: 아 그런 인연으로 한전에 또 많이 가셨군요. 그러면 송병철씨는 경찰을

구술자: 경찰을 했는데 좀 뭐인가 할 거 같으면 원래 술 굉장히 좋아했어요. 술을 좋아했는데 이제 신익희씨나 빼갈먹고 술을 먹고 서장을 뚜드러 팼단 말이야.

면담자: 그래서 이렇게 해직이 되셨나요.

구술자: 네. 그래도 해직을 못시키고 일반경찰로 있다가 철도경찰로 옮겨졌어. 그 철도경찰로 옮겨지니까 차를 타고 갔다왔다 하니까 술 먹고 뭐를 하지 않는거야. 그래서 모가지를 짜를수 없으니까 그 다음에 소방서로 또 돌렸어.

면담자: 아 나중에 소방서

구술자: 소방서로 돌렸는데 어디로 돌릴거 같으면 대전. 대전 소방서 가는데. 아 여기 소방서 서장이 불을 끄라고 할 수 도 없고 가라고 해도 가지도 않고. 술을 이제 소주를 30도짜리 큰 병을 하나 갖다 놓고서 그거가지고 하루 한컵씩 마시면서 지내는거야.

면담자: 아 상팔자셨네요. 그러면 송병철씨 동생이 송병하씨죠

구술자: 네

면담자: 그분은 그러면 해방 후에 어떻게

구술자: 그분은 우리하고 비슷했는데 그분도 조양석유라고 우리말하면 지금 저기 저 한국석유 비슷한 거 저기 저 휘발유 경유 이거 치우는 회사에 취직이 됐었어요. 그때 그 양반은 월급도 타고 좀 살았어

면담자: 그 다음에 그 저기 선생님 송병철씨하고 송병하씨 그 아버님이 송복

덕씨. 송복덕 이분은 해방 후에 한국에 나오셨어요?

구술자: 그럼. 그 양반있을 적에 취사장에 방 하나 마련해서 한 2년동안. 우리 졸병들 보고

면담자: 아 어디에 계실 때?

구술자:내가 7후송병원에 있을 때

면담자: 어느 후송병원이요?

구술자:7

면담자: 제7후송병원. 제7후송병원은 어디에 있었어요?

구술자: 그게 거기가 어디야. 저기 의정부 가는 옆구리에

면담자: 의정부 가는 포천?

구술자: 아니 포천 밑에

면담자: 포천 밑에면

구술자: 서울서 그렇게 멀지 않아요

면담자: 네 의정부는 아니고

구술자: 네

면담자: 미아리 가는데 미아리 쪽 어디인가요.

구술자: 미아리에서 조금 더 갔어요.

면담자: 미아리 조금 더 갔어요?

구술자: 거기 라면 공장 있는데. 삼양라면

면담자: 삼양라면 공장 그쪽에 있나요?

구술자: 거기가 제7후송병원이야

면담자:아 제7후송병원

구술자:내가 거기서 이제 군수과장을 했으니까

면담자: 아 군수과장

구술자: 취사장도 내가 담당하고 그러니까. 그 할아버지나 우리 아버지나 막 먹고 그러다가. 아들들도 잘 사는지 모르겠고. 오시라 그랬. 오시라 그래가지고 취사장 사병들 자는 방이 있어요. 그 방 옆에다가 천막 비슷하게 방을 이렇게 하나 만들어가지고. 야 이놈들아 할아버지 잘 모셔라 하고 소주라도 그렇고

면담자: 그게 1950년대 6.25 후인가 보죠. 50년대인가 보죠

구술자: 그게 내가 볼 때 저 그렇죠. 50년도 후에 전쟁 끝나고 나니까

면담자: 전쟁끝나고 후에. 근데 송복덕 이 할아버지는 존함이 송수헌宋洙憲이라고도 해요?

구술자: 네 이름이 그럴거예요. 수헌이 맞아요

면담자: 근데 지난번에 어저께 해주에서 군납업 하셨던 분. 일본에 그 저 돼지고기 그분은 존함이 송시헌이더라고

구술자: 시헌이예요

면담자: 시헌. 그러면 이분들 친척 아니예요? 다들 헌자 돌림이네

구술자: 그거는 자기들끼리는 잘 모르겠고

면담자: 아 자기들끼리는 모르고

구술자: 확 멀리 떨어져 있으니까 중국하고 한국사이 아니예요.

면담자: 네?

구술자: 중국하고 한국사이서 있으니까. 그리고 업자도 다르고. 뭐인가 할거 같으면 자기네 족보 뒤져보면 나오겠지

면담자: 아 서로 이제 잘. 그니까 서주 동쪽에 해주에 계셨다고 하니까 이쪽은 개봉에 계시고 그러니까 서로 잘 모르는군요. 저는 이게 뭐 글자가 비슷해서 돌림자인가 친척이신가 해서 제가 좀. 그리고 저기 그 매형 이경생씨. 그분은 이제 그 저기 뭐 중국에서도 돈벌이도 잘하시고 이렇게 하셨는데 그분은

한국에 들어오셨어요?

구술자: 못들어오고 중국서 돌아가셨어요.

면담자: 아 중국서?

구술자: 그때 그 내 막. 당기부사인가 그런거

면담자: 해방 후에. 해방 후에 돌아가셨어요?

구술자: 해방 전일꺼예요.

면담자: 아 해방직전에. 그러면 저기 그 여동생 이군희. 거기는 어떻게 되셨어요. 여동생은

구술자: 지금 그 저 지금 나이로 봐서 내가 생각했을 때 돌아갔을거 같아

면담자: 그러니까 한국에 안나왔군요.

구술자: 네 안나왔어요.

면담자: 네 거기 있으니까. 그러고 선생님 통자구에 계실 때 유득윤 목사님 댁에 계셨다고 했죠? 저번에 말씀하실 때 보니까 뭐 그 4~5년전에 한국에 왔다 가셨다는 거 같은데

구술자: 왔다간게 아니고 4~5년전에 돌아갔어요.

면담자:아 4~5년전에? 어디서요 해방 후에 한국에 나오셨어요?

구술자:네 나와 가지고 저 의정부인가 그쪽에 가는 데 서울서 조금가면 새로 생긴 동네가 있었어요. 그쪽이 무슨 구인지는 모르겠어요. 하여튼 거기 6.25때 탱크 못 들어오게 돌로 뭘 쌓아놓고는 그 근처인데. 거기서 이제 해방 후에 여기 나와서 교편 잡지 못하고 그러고 있고. 언젠가 정식으로 한번 기독교 회관에 나오셔서 모실라고 하니까 극구 사양하더라고. 깨끗한데 좋은데 모실라고 하니까 여기가 좋습니다 그러고

면담자: 네 그래도 선생님 저기 영구 근처에 통자구에서 학교 다니실 때 그 죠?

구술자: 네

면담자: 이분 댁에 이분이 많이 돌봐주셨다는거죠.

구술자: 이분이 많이 돌봐줬죠

면담자: 네

구술자:그러고 내가 생각할 때 그선생하고 현선생이라고 또 있어요

면담자: 아 현선생

구술자: 네 검을 현玄자 쓰는. 이 양반은 완전히 독립군이예요. 왜 이럴거 같으면 그 난 지금도 생각나는 게 무슨 이야기라도 물으면 야 너들 이렇게 뛰면 총 맞는다는거예요. 이렇게 뛰라는 거예요

면담자: 아 그래서 선생님이 어쨌든 간에 이렇게 저렇게 부양에 가시기 전에 우리 조선사람들 살고 하니까

구술자: 그 남만주 영구 그 다음에 이 저 뭐이야 전장태, 통자구 이쪽엔 한국사람 많이 살아요.

면담자: 아 그쪽에는 통자구 이쪽은 한국사람 많이 살았군요.

구술자: 그리고 이제 그 뒤에 이제 얘기하도록 구리 농장에서 들어온 사람들 그쪽으로 전장태 이쪽으로는 몇 천으로 들어와 있으니까

면담자: 그 전장태 있는데

구술자: 네 전장태 멀리 20~30리 떨어져 있군요

면담자: 전장태에서 20~30리 떨어진데

구술자: 거기서 장보러 오겠다고 또 머리가 좋은 사람도 가게하고 그러니까 전장태 또 한국사람 많이 살았어요.

면담자: 전장태에도 많이 살고. 그러니까 선생님이 말씀하신 이쪽은 한국 한국사람들이 많이 살았던 곳이네요

구술자:네 남만주. 내가 생각할 때 영구쪽에 많이 살았어요.

면담자: 영구에는 옛날에 그 1933년에 일본애들이 그 영구안전농촌이라고 해가지고

구술자: 그건 내가 잘 모르겠고 영구에서 하나 기억나는게 그 귀신이 있잖아.

면담자: 네 귀신

구술자: 귀신이 있는데 숲속에 이 짚으로 크게 잘 지었어. 잘지었는데 부자가 일본놈이 지었는지 어쩐지 이렇게 중대 들어가는 만큼 크게 지었어. 내가 보니까 큰 사업하는거 같아. 귀신이 나와 그놈의 집이. 밤 12시가 되면 소리가 짹짹 나고. 그러니까 뭐인가 할거 같으면 자기가 못 잊고 일본 수비대 군대가 거기 와있었어요. 우리 어릴 때. 우리 어릴 때 어른들 이야기한거. 군인들 막사가 이렇게 해가지고 있으면 양쪽에 들어오는데 보초를 스고 있거든 밤에. 밤에는 꼭 보초를 서요 하나씩. 그런데 그놈들 사람은 못 보는데 소리가 찡찡 나고 들렸다는거야. 그래가지고 그때 내가 생각하고 동네사람들이 터가 세서 다 그런이야기 하더라고. 그러니까 사람이 집터를 잘 골라서 가야겠더라고

8) 광복군 특파원증

면담자: 네. 선생님 제가 이렇게 말씀을 여러 말씀을 드렸는데 선생님 뭐 어제 오늘 말씀을 해주셨는데 조금 선생님이 저희에게 어제 이렇게 말씀하시고 오늘 이렇게 저희한테 선생님 옛날에 중국에 사셨을 때 이야기 중에 해주고 싶은 이야기 있으시면 뭐 좀 이런 이야기는 좀 하고 싶다 이런 말씀 있으시면 좀

구술자: 내가 이야기하고 싶은거는 이제 그 우리나라에 지금 광복군에 대해서나 독립군에 대해서 독립역사에 대해서 말입니다. 이 8.15해방후에 제대로 정부로 나와서 고쳐진게 고대로 있을거인데 그 저기 군정이 그거를 허락하지 않고 개인적으로 나와 있었기 때문에 그 모든 서류라던지 모든 게 다 없어져버렸어요. 내가 이 3지대 그때 우리 요즘 말 하면 총무과장 비슷한 사람이 마포 하숙집에 보따리 해놓은 3지대 전 재산이고 그게 족보입니다.

면담자: 아 자료가 있었군요.

구술자: 하룻밤에 다 없어져 버렸어. 그러니까 뭐인가 할거 같으면 거기 옛날 들어있던 사람들의 서로 이야기나 해줘가지고 그게 하나의 역사가 된거지. 실질적으로 옛날에 뭐 한거 남는게 없거든. 내가 난 지금도 뭐할게 뭐냐면 겁쟁이가 돼서 그런지 몰라도 38선 넘어올때 꼭 저 그 특파원증을 갖고 왔어요. 우리가 나가서 공작하고

면담자: 누가요

구술자: 그 뭐인가 할거 같으면 우리 중경정부에서. 임시정부에서

면담자: 임시정부에서요

구술자: 특파원증을 명지수건으로 되있는데 색깔이 저런거예요. 그래가지고 이름을 쓰고 특파원증이라고 해가지고 거기다 이름 성명 쓰고 걸쳤거든. 근데 38선 넘어오는데 뒤집든지 그러면 야단날까봐 여기다 메가지고 오다가

면담자: 근데 그건 누구한테 받으셨어요.

구술자: 저 뭐인가 할거 같으면 김학규 장군이

면담자: 아 그러니까 3지대를 떠날 때?

구술자: 아니 부양에서 그냥 떠날 때가 아니고 해주부터 이제

면담자: 공작할 때?

구술자: 네 공작할 때

면담자: 아 그때 특파원증을 주셨군요.

구술자: 그래가지고 이제 뭐인가 할거 같으면 이 저기 저 지난번 이야기했던 원산서 이렇게 넘어오는

면담자: 그렇죠. 원산으로 해서 철원으로 오셨다고 했죠.

구술자: 그래서 여관집 처마 밑에 접어서 꽂아 놨어. 특파원증을 경찰이나 뭐인가 뒤집어가지고 그런 말썽을 일으켜. 그리고 옛날 바지저고리가 이렇게

있잖아요. 여기다 넣어놔. 지금도 내가 그 생각이 나

면담자: 아 그때 특파원증을 줬군요.

구술자: 네. 근데 그게 이야기하면 아까 위에 3지대 족보가 있으면 다 나와있을거 아니예요. 근데 아무것도 지금 3지대 족보가 하나도 없어요. 내가 생각했을 때 3지대뿐만 아니고 1지대나 2지대나 다 똑같을거 같아. 그러니까 그 싸운 사람들이 요즘처럼 컴퓨터로 입력을 한다던지 타자를 친다던지 그렇지 않고 그냥 보따리 싸놓고 여관에 베고 자고 있다가 찾아주고 그러고. 그리고 외출할 때 여관문도 안 잠그고 그러면 쉽게 말하면 나쁜놈 같으면 갖다 불살라버리던지 그러면 모를거고. 사실 이런이야기해서 안되지만 확실치 못한 사람들은 뭐인가 그런걸 할 사람도 있단 말이예요.

면담자: 그렇죠. 아이고 그래도 이제 선생님처럼 오래 건강하게 사셔서 이렇게 이제 광복군 옛날에 역사라던가 살아오신 이야기를 잘 해주시니까 저희가 그거를 잘 기록을 해서 이런 기록을 잘 남겨서 후손들한테 이게 인제 과거에 이제 나라를 빼앗기지 않고 애국심을 길러서 함께 잘 해보자는 그런 일들을 올해 광복 70주년을 맞이해서 잘 하려고 노력을 하고 있는거 같습니다.

9) 여언

구술자: 한 3년전인가 통화성 그때 심양으로해서 통화성으로 해가지고 대련으로 해서 갔다왔는가 그런적이 있어요. 통화성에서 느끼는게 참 많더라고

면담자: 어떤걸 느끼셨어요? 선생님 그러니까 처음에 통화성에 갔는데 길림성으로 해서 갔는지

구술자: 나도 나이가 어리고 그래서 잘 모르겠어

면담자: 통화성에 가시고는 뭘 느끼셨어요.

구술자: 내가 보니까 최무선 장군 전적비가 있더라고

면담자: 아 통화성에? 한국사람인가요?

구술자: 그 집안인가 지안

면담자: 네 지안. 집안

구술자: 지안 쪽에 지안현인가 그쪽에 있는데 가서 내가 섭섭하게 생각한 것이

면담자: 그 중국사람인가요 한국사람인가요.

구술자: 아니 한국사람이지 최무선장군이라고 있어요. 우리 역사에

면담자: 오 집안에 동상이 있다고요.

구술자: 네 집안 통화성에. 버스를 타고 갔는데 버스에 우리 그 저 뭐인가 할 거 같으면 여행사에 있는 사람이 그걸 모르니까 전부 그쪽에 있는 고적들을 잘 알고 있더라고. 여기 내려가 가지고 잠깐 보고 갑시다 했는데 산이 이렇게 되어있는데 산을 이렇게 쌓아가지고 비석만 세웠더라고. 근데 비석 관리하는 사람이 없어. 그래서 그 이야기를 하는데 이거를 한국사람이 와서 관리를 하고 그래야 하는데 앞으로 허물어지거나 없어질지도 모르겠다는 그런 이야기가 나오더라고

면담자: 그게 이제 집안. 통화인가 있단 말이죠

구술자: 집안, 지안

면담자: 지안, 집안. 중국에서는 지안이라고 하죠

구술자: 그런 생각이 들더라고

면담자: 아 지안에 그런게 있군요 집안에

구술자: 네 그래서 옛날에 우리 동지들이나 선배들이나 일제시대에 많은 것을 했는데 그거 한거는 거기 있는 한국사람들이 돈을 모아서 그 비석을 세웠다고 그래요. 우리나라에서 한거예요.

면담자: 아 조선족들이?

구술자: 네 거기 한국사람들 많이 살아요.

면담자: 조선족이 집안에. 우리 거기 뭐 집안에서 압록강 건너가서 북한에 만

포 아닙니까. 여러번 가봤습니다.

구술자: 내가 이이야기를 하는게 내가 그거 하나 마음에 걸리고. 그리고 또 한 가지는 그쪽을 쭉 지내보니까 우리 저 뭐이야 옛날 그 장군이라고 그러나 뭐라 그럴까. 능이 하나 거기 있더라고. 무슨 능이지

면담자: 고구려의 장군총. 광개토대왕릉

구술자: 아 광개토대왕릉이 거기 있더라고

면담자: 네 광개토대왕릉이 있죠. 또, 태왕릉 이라고 해서

구술자: 능이 있는데 그건 이제 가보니까 능을 크게 해가지고 돌을 양자위에 큰 돌을 붙였더라고

면담자: 네 그게 이제 장군총입니다.

구술자: 그 다음에 저기 저 유리를 해가지고 해놓은게 그 비석이 무슨 왕?

면담자: 광개토대왕

구술자: 광개토대왕을 비석을 이렇게 했는데 유리를

면담자: 유리로 막아놓았죠

구술자: 그거를 저 중국사람들이 관리를 하는거 같더라고. 그런데 내가 생각할 때 그런거 같더라고. 저거 관광객에게 돈 몇푼씩 벌어먹고 그러는데 절대로 유료가 돼서 못만지게 해야해 못들어가게. 그 다음에 이제 압록강까지 쭉 와가지고 압록강을 타고 내려오는데 거기 신의주 옆에 중지도 같지는 않은데

면담자: 네 신의주 옆에 조그마한 섬 같은게 하나 있죠

구술자: 그 이게 섬이라 이렇게 하면 섬 절반이 이남이라 중국이라 그렇게 되어있는데 이 섬 저쪽으로 배를 타고 가더라고 이북서 승인을 해줬다고.

면담자: 북한쪽으로 이렇게 가까이

구술자: 보니까 인민군 아이들이 나와가지고 5~6명 애들이 장난도 하고 놀고 있더라고. 그리고 압록강 철교를 중국 사람들이 신의주 쪽으로 3칸인가 부서

져 있는데 그거를 그냥 뜯어버려 고치면 될건데 철로를 새로 놨데

면담자: 중국쪽에서 이번에 새로 놨어요.

구술자: 어 새로 놨더라고. 그래서 그 생각이 나니 저기 건너가면 옛날 우리 처갓집이 있을텐데

면담자: 아 그렇죠 처갓집이 신의주시죠. 그 생각이 많이 나셨겠군요.

구술자: 그리고 이제 일만호텔이라고

면담자: 일만호텔?

구술자: 네 역전에 있는 일본사람들이 경영을 했는지 한국사람이 경영했는지

면담자: 어디 신의주?

구술자: 네 신의주 바로 역앞이예요. 그런게 있었고 . 조금 더 오면 동중학교가 있었고

면담자: 동중학교. 신의주에

구술자: 네 동중학교 그쪽으로 한국서도 중학교로서는 오산중학이나

면담자: 네 정주에 있는 오산중학

구술자: 네 유명한 학교예요.

면담자: 아 동중학교. 신의주에

구술자: 거기서 나온 사람들이 우리 한국군에 장군도 몇 사람 나와 있었고 그랬고 그리고 이제 옛날 처갓집이니까 그 뭐이냐 일만호텔에서 하룻밤 잔 생각도 나고

면담자: 거기가 압록강쪽 가니까 여러 생각이 많이 나셨겠네요.

구술자: 그리고 이제 중국쪽 강가에서 신의주를 이렇게 쭉 건너고 보고서 그냥 왔었거든. 그러고 그 지금 옛날에 섬 있잖아요

면담자: 그 위화도

구술자: 네 그게 압록강 뗏목이 많이 내려왔어요

면담자: 그렇죠 저기 압록강 상류에서 뗏목이 옛날에. 신의주에 옛날부터 목재공장 제재소. 제재소가 신의주에 많았잖아요.

구술자: 그게 지금은 중국으로 들어가는데 옛날에는 한국땅에 있더라고 섬이. 돌려줬다 그러고. 그쪽에 제재소도 많고 우리 그 뭐인가 할거 같으면 처백부라고 그러나. 그 거기서 이제 제재소에서 일을 했어요.

면담자: 아 처백부가. 처의 큰아버지가

구술자: 네 일을 했는데. 또 그 양반 아들이 한국나와가지고 있는데 이 큰 돌리는 통 있잖아요. 일본말로는 오미노코라고 그러는데

면담자: 오미노코

구술자: 그거를 쓰는 사람이었어요.

면담자: 그거 잘 쓸어야지. 안그러면 큰일나죠.

구술자: 그걸 우리 저 공군에 있던 막내 삼촌이 거기가서 옛날 일을 조금 거들었나봐요. 한국에서 그 하는 사람이 없으니까 공군소령으로 있으면서 또 그걸 했어요

면담자: 아 공군소령으로 있으면서요?

구술자: 와서 기술 와가지고 해달라고 밤에가서 쓸어주고

면담자: 그러니까 압록강에 뗏목이 워낙 상류에서 많이 내려오니까

구술자: 아 많이 내려왔어요. 지금은 압록강에 수풍댐말고 댐하나 더 만들었다고 그러데

면담자: 저는 잘 모르겠습니다.

구술자: 아 그 얘기는 못들었구나 못이르니까 하나 더 만들었다고 그런 이야기 하더라고

면담자: 아유 선생님 오늘 그 저 2015년 3월 6일 선생님 2차면담 이거로 마치도록 하겠습니다. 네. 선생님 감사합니다.

구술자: 우리 저기 장소도 불편하고 그런데 이렇게 와주셔서 고맙습니다.

면담자: 아닙니다. 별말씀을 다

구술자: 수고 많이 하셨습니다.

면담자: 선생님 저기 그 제가 한두가지만 여쭤보고. 제가 가지고 가서 공부하는데 그렇게 하겠습니다.

구술자: 난 또 지금 생각나는게 여자들 이렇게 보면 생각나는게 우리 어릴때는 중국에 마적단이 굉장했어. 그 저기 요하강에 뭐인가 강변에 농사를 짓던지 이러면 마적단 놈들이 배를타고 와가지고 한국사람들 집에 들어가서 여자들을 뭐인가 할 거 같으면 건드렸어. 그래서 배가 들어왔다 그러면 여자들이 집앞에 웅덩이가 있는데 머리만 내놓고 다 거기가서 숨었어. 그 생각이 순간 나더라고

면담자: 선생님 저기 그 이때까지 신문사라던가 이런데서 와서 선생님하고 이야기 많이 했었잖아요.

구술자: 안했어요

면담자: 안했어요?

구술자: 네

면담자: 그래도 신문에 선생님 이야기 많이 나오셨던데

구술자: 거의 안나왔을껄

면담자: 선생님 많이 나오셨어요.

구술자: 옛날에 계양신문 있잖아요. 계양신문에 그 저기 뭐이 경제부 기자가 친구가 하나 있어가지고 그때는 조금씩 만나서 이야기하고 그랬는데 내가 여기 수원일보나 와서 그 이야기 했어요. 경제일보 담당했던 계양신문은 만나서 그러면 신문을 발행하면 미리 한 장씩 갖다 줬어요. 수원은 신문도 하나 안 갖다 줬는데 뭐하러 만나냐고

면담자: 하하 그러면 이렇게

구술자: 이렇게 만나는건 처음이죠. 그리고 이제 우리 3지대 친목회 겸 모여요. 지금 친목회 모이면 한 11명 모이는데 남자는 3~4명밖에 안나와. 다들 아프고

면담자: 그죠 연세가 있으시니까

구술자: 3지대 명부를 쭉 보니까 지금 살아있는 사람이 7~8명밖에 안돼. 그때 이제 우리 있을 때만 해도 30명 됐는데.

면담자: 네 7~8명 정도

구술자: 지금 보니까 서울 근처에 있는 사람들 지금 어떻게 됐는지 몰라도 그 우리 고문들이 모두 3지대 사람들이야 광복회 고문. 전부 김학규 장군 밑에서 이제 교육들을 받았던 사람들이고.

면담자: 우리 지사님 잘 모시고 제가 잘 하도록 하고 그리고 저기 책이 나오면 그거 선생님께 꼭 잘 갖다 드리고 예 그렇게 하도록 하겠습니다. 여기 오희영 여사님도 있죠? 그분도 제가 인터뷰했습니다. 한 10년전에

구술자: 우리 대한민국에 오니까 그 양반이 선발대로 아버지가 와 있었어요,

면담자: 그 오광선 장군

구술자: 그게 그 이후에 20년간 동안 한번도 못 만났어요

면담자: 누구를요

구술자: 그 아버지를요

면담자: 네 아버지. 그분은 육군 준장으로 예편했죠. 준장. 별 하나

구술자: 그래요? 그냥 군대생활 내가 별로 안한거 같은데. 광복군에서나 있었는데

면담자: 네 광복군에 있었고 군대생활을 오래는 안했어요.

구술자: 네 지금 대한민국 군대를 위해서 최덕신이 하고 김홍일이 그렇게 있었어요

면담자: 최덕신崔德新?

구술자; 공군

면담자: 최용덕. 최덕신이 아니고. 최용덕. 그분이 공군이고 김홍일 장군이 그렇죠. 그 다음에 이제 안춘생安春生씨. 안춘생씨가 조금 계셨고

구술자: 저기 저 광복군에서 나온 걸 책으로 읽어 보니까 그 두분들은 황포군관학교 정식으로 나왔더라고요

면담자: 네 그분들은 황포군관학교고, 중국 광동에

구술자: 하나는 중국 공사를 나왔어. 중국공군사관학교

면담자: 네 최용덕 장군은

구술자: 그 이외에 사람들은 전부 여기말로 하면 정신교육은 학습

면담자: 아까 강습

구술자: 네 강습. 결국에 이제 중국 사람들이 내가 생각할 때는 그 당시에 자기가 무기가 별로 없었던거 같아. 그러고 그때 중국 군대를 유지하기도 굉장히 힘들었고

면담자; 그래도 중국사람들이 고마워요 장개석 정부가

구술자; 나는 늘 생각할 때 지난번에도 이야기했지만 한국사람 죽을까봐 흰옷 입지 말라는거. 그거 얼마나 고마워요. 그 다음에 이제 우리 어릴 때 뭐인가 할거 같으면 중국 사람들이 굶어 죽을까봐 쌀 거저 줬다니까. 쌀 아니고 수수하고 옥수수. 그래 가지고 농사를 강이 흐르는데 보를 막아가지고 벼를 심어가지고 쌀 나오면 그 양반들 주면 그저 안줘. 쌀을 한가마 주던지 그러면 꼭 하나를 콩이던지 뭐를 주고 그랬어

면담자: 중국사람들이 인심가네요

구술자: 그래가지고 내가 이렇게 볼 때 중국에 있는 장개석이도 그렇고 손문이나 이 사람들도 그렇고 뭐 전에 있던 탕원백이나 이런 군대에 있는 사람들이 우리나라에서 그 저 뭐이 윤봉길이나 이봉창이나 안중근 의사들을 그 때문

에 굉장히 한국사람을 알아줬어. 상해 홍커우 사건은 중국서 그랬다니까. 장개석이가. 중국 15억 인구가 못하는걸 한국사람 하나가 해치웠다고. 이제 역사를 이렇게 보니까 4월 29일이 천황 생일이야. 그날 보니까 6명이 죽었어.

면담자: 네 상해 홍커우 공원에서

구술자: 우스지마 준장이라고 거기 중기 군사령관 준장이 하나 죽었고 요즘말로 하면 대사가 하나 죽었고 그리고 그 다음에 내빈들 중에 요인들이 위에 앉아놓았던 놈 다 죽었어.[20] 그리고 저 동경 가보니까 그 거기 이봉창

면담자: 이중교二重橋

구술자: 이중교를 일본아이들이 역사적으로 이건 내 생각인데 일본도 예전에 전국시대가 있었거든. 그 TV 옛날 같으면 이렇게 되어 있어. 성이 이렇게 있으면 여기 이렇게 들어가는 데 다리가 하나 있고 이렇게 해가지고 여기 또 다리가 하나 있고. 여기 이제 공성이라고 해. 내가 왜 이 이야기를 하느냐면, 오다 노부나가나 도요토미 히데요시 같은 놈이 이까짓놈 왕이 들어갈라고 할 때 여기 쳐들어오면 여기 다리를 끊어 버리고 왕궁을 보호하기 위해서 만든게 아닌가. 그리고 여기 지금 공성이 있는데 공성 앞에 마당이 굉장히 옛날에 넓었어요. 지금은 여기 나무도 심었어. 일본사람도 이젠 천황에 대해서 그만큼 희망이 없는거예요. 존경심이 없고. 일본 한 두어번 가보면, 일본사람한테 배울 거이 있는거는 음식이야. 나는 우리 한국 사람들 초대를 받던지 대접을 해도 그렇고 가서 음식을 먹어도 남기는 법이 없는거야. 일본 동경을 가니까 음식점 이름이 대사관이야. 한식집인데. 거기 김치를 너이 가니까 네조각 줘. 다꽝도 네조각 주고, 거기는 남기는게 없어. 우리는 식당에 가도 그렇고 여기 식

20 1932년 4월 29일 일왕의 생일인 천장절(天長節) 및 상해 사변 전승기념식이 열리는 홍구공원에 들어가 폭탄을 던져 일본 상해파견군 사령관 시라카와(白川義則), 일본 거류민단장 가와바타(河端) 등을 즉사시키고, 일본 제3함대 사령관 노무라(野村吉三郎), 제9사단장 우에다(植田謙吉), 주중일본공사 시게미쓰(重光葵) 등에게 중상을 입혔다[네이버 지식백과] 윤봉길 의거[尹奉吉義擧] (한국근현대사사전, 2005.9.10, 가람기획)

당하는 아줌마들이나 물어보니까 일본식으로 그렇게 하면 안되냐 하니까 일본식으로 하면 손님이 하나도 없대.

면담자: 선생님 저희가 이제 일어나 보겠습니다. 다음에 찾아뵙겠습니다.

구술자: 네 지나가다가 들리세요.

면담자: 네 감사합니다.

찾아보기

ㄱ

ㅈ

저자 **박 환** 朴 桓

경북 청도 출생
휘문고등학교 졸업
서강대학교 사학과 졸업(문학박사)
수원대학교 사학과 교수(1986~)
한국민족운동사학회 회장 역임
고려학술문화재단 이사장
hp2101@hanmail.net

■ 주요 저서

『신흥무관학교』, 선인, 2021.
『독립군과 무기』, 선인, 2020.
『독립운동과 대한적십자』, 민속원, 2020.
『한국전쟁과 국민방위군사건』, 민속원, 2020.
『블라디보스토크·하바롭스크』, 선인, 2019.
『사진으로 보는 3·1운동 현장과 혁명의 기억과 공간』, 민속원, 2019.
『페치카 최재형』, 선인, 2018.
『근대 해양인, 최봉준』, 민속원, 2017.
『간도의 기억』, 민속원, 2017.
『잊혀진 민족운동가의 새로운 부활』, 선인, 2016.
『사진으로 보는 만주지역 한인의 삶과 기억의 공간』, 민속원, 2016.
『만주벌의 항일영웅 김좌진』, 선인, 2016.
『만주지역 한인민족운동의 재발견』, 국학자료원, 2014.
『박환교수와 함께 걷다, 블라디보스토크』, 아라, 2014.
『잊혀진 혁명가 정이형』, 국학자료원, 2013.
『사진으로 보는 러시아지역 한인의 삶과 기억의 공간』, 민속원, 2013.
『민족의 영웅, 시대의 빛 안중근』, 선인, 2013.
『김좌진 평전』, 선인, 2010.
『강우규 의사 평전』, 선인, 2010.
『박환교수의 만주지역 한인 유적답사기』, 국학자료원, 2009.
『러시아지역 한인언론과 민족운동』, 경인문화사, 2008.
『박환교수의 러시아 한인 유적답사기』, 국학자료원, 2008.
『시베리아 한인 민족운동의 대부 최재형』, 역사공간, 2008.
『경기지역 3·1독립운동사 연구』, 선인, 2007.
『식민지시대 한인아나키즘운동사』, 선인, 2005.
『대륙으로 간 혁명가들』, 국학자료원, 2003.
『재소한인민족운동사』, 국학자료원, 1998.
『러시아 한인 민족운동사』, 탐구당, 1995.
『만주한인민족운동사연구』, 일조각, 1991.